Der Kaiser

Hans Blickensdörfer

Der Kaiser

Die Franz Beckenbauer Story

SÜDWEST
GFU VERLAG

Herausgeber: Dieter Reiber
Bildergeschichten: Ludger Schulze – Titelphoto: Rainer Martini
Graphische Gestaltung: Fredy Knorr
Gesamtherstellung: SCHULIST DRUCK

GfU VERLAG GmbH – Gutenbergstraße 8, 8807 Heilsbronn

ISBN 3 – 9802290 – 1 – 7
Vertrieb: SÜDWEST VERLAG München GmbH & Co. KG
ISBN 3 – 517 – 01269 – 6

Man möcht' noch einmal zwanzig sein ...

... und so verliebt in den Fußball wie damals. Eine Photo-Rarität aus dem Nürnberger Stadion nach dem Europacup-Endspiel der Pokalsieger, das Bayern München 1967 gegen Glasgow Rangers 1:0 gewann. Nach Borussia Dortmund die zweite deutsche Mannschaft, die einen Europacup geholt hat.

Inhalt

Das Buch in Bildern

Zwischen dem damals besten Torhüter der Welt und deren bestem Mittelstürmer, die die Allerweltsnamen Maier und Müller trugen, stand der beste Libero der Welt. Deshalb wurden sie Weltmeister, auf die logischste Weise der Welt.

Nicht ganz so logisch war, daß dieser beste Libero namens Franz Beckenbauer 1990 auch als Teamchef Weltmeister wurde.

Was hat ihn, der sich in der Art eines großen Maestros in den Klaviertasten eines Spiels nie vergriff, in diesem faszinierendsten aller Spiele bleiben und höchste Ziele erreichen lassen? Warum steht er im „who-is-who" an erster Stelle?

Es sind diese Fragen, die mich in dieses Buch geradezu hineingetrieben haben. Dies umso mehr, als ich das Glück hatte, ihn überallhin begleiten zu dürfen und sein Freund zu werden. Deshalb habe ich mehr einbringen können als die Ergebnisse von flüchtigen Interviews, mit denen heute so manch schräges Bild gezeichnet wird. Mein Ziel war: Der Mann soll so aus dem Buch heraussteigen, wie er tatsächlich ist.

Hans Blickensdörfer, Autor

Als Mahl beganns und ist ein Fest geworden…

Darf man es wagen, Rilke zu zitieren, wo es doch nur um Dinge geht wie das Sammeln von Hintergrund-Informationen und die Auswahl von Bildern zur Illustration von Hans Blickensdörfers neuestem Sportbuch „Der Kaiser“? Nun denn: Am Anfang findet man das Alltägliche. Doch dann tauchen unter vielen Geschichten und mehr als tausend Photos diese Raritäten auf, die wir uns für die Franz-Beckenbauer-Story gewünscht haben, und die Erinnerungen wachrufen an wahre Fußballfeste.

Unser Verlag hat sich das besondere Buch zum Ziel gesetzt, kurzweilig und hintergründig für den Leser unserer Zeit. Kein Buch, das man in einem Zug von vorne bis hinten durchliest. Viel mehr ein Buch, das man immer wieder in die Hand nehmen kann, und sei es nur, um eine schöne Geschichte zu lesen oder Bilder anzusehen.

„Jahrhundert-Fußball im Fußball-Jahrhundert“ war ein solches Buch, „Der Kaiser“ möge ein solches sein.

Dieter Reiber, Herausgeber

Sternstunden

Titel, Tore und Triumphe: Die einzigartige Karriere des Franz Beckenbauer, der so gut wie alle Pokale des Fußballs gewonnen hat.

Fußballer des Jahres

Franz Beckenbauer wurde von den Sportjournalisten viermal zu Deutschlands bestem Fußballer gewählt: 1966, 1968, 1974 und 1976, öfter als jeder andere Spieler.

Deutscher Pokalsieger

Vier DFB-Pokale stehen im Rekord des Titelsammlers Franz Beckenbauer.
1966, 1967, 1969 und 1971 war er mit Bayern München in diesem Wettbewerb erfolgreich.

Europacup der Pokalsieger

Ihren ersten großen Erfolg auf internationaler Ebene feierten die jungen Bayern 1967.
Den Siegtreffer zum 1:0 gegen die schottischen Rangers aus Glasgow erzielte Mittelfeldspieler Franz „Bulle“ Roth.

Deutscher Meister

Fünfmal durfte Franz Beckenbauer die Meisterschaftstrophäe in Empfang nehmen: Mit den Bayern in den Jahren 1969, 1972, 1973, 1974 und noch einmal 1982 mit dem Hamburger SV.

Europameister

Mit der stärksten Nationalmannschaft, in der er mitgespielt habe, wie Franz Beckenbauer sagt, wurde er 1972 Europameister: Neben dem Kapitän und Bundestrainer Helmut Schön waren Hans-Georg Schwarzenbeck, Jupp Heynckes, Gerd Müller, Horst-Dieter Höttges und Günter Netzer (stehend von links) sowie Erwin Kremers, Herbert Wimmer, Paul Breitner, Sepp Maier und Uli Hoeneß (sitzend von links) mit von der Partie. Beim nächsten Anlauf auf die EM scheiterte das Team des Kaisers gegen die ČSSR erst im Elfmeterschießen.

Weltmeister

Höhepunkt der fußballerischen Laufbahn Franz Beckenbauers war zweifellos der Gewinn des Weltmeistertitels 1974 im Münchner Olympiastadion. Strahlend reichte der Kapitän seinem herausragenden Torhüter Sepp Maier die WM-Trophäe zum Siegerkuß. Auf dem nebenstehenden Photo sind Rainer Bonhof, Bundestrainer Helmut Schön, Gerd Müller, Paul Breitner, Franz Beckenbauer und Wolfgang Overath zu sehen.

Europacup der Landesmeister

Den begehrtesten europäischen Titel für Vereinsteams eroberten Bayern München und sein Libero Beckenbauer dreimal hintereinander in den Jahren 1974, 1975 und 1976.

Weltmeisterschaft 1974

Sieg über die Angst

Weltmeisterschaft in der Bundesrepublik, Festtage für den deutschen Fußball. Es war ein steiniger Weg, den die Nationalmannschaft zu gehen hatte, ehe sie die goldene Trophäe in Empfang nehmen durfte: Die Vorrunde mit den mageren Spielen gegen Chile und Australien, die Niederlage gegen die DDR, und dann die Regenschlacht gegen die so starken Polen.
Selbst im Finale gegen Holland schwankte das Team lange zwischen Hoffen und Bangen. Der Schock durch Neeskens Elfmeter Sekunden nach dem Anpfiff, Breitners Ausgleich und Müllers 2:1 ließen das Olympiastadion schier bersten vor Begeisterung. Zum Schluß der zähe Widerstand gegen die pausenlos rollenden Angriffe der Oranjes. Franz Beckenbauer warf alle seine spielerischen Tugenden über Bord und fegte den Strafraum leer wie der Chef einer Reinigungstruppe. Für Beckenbauer, der im Laufe der WM-Tage das Kommando innerhalb des deutschen Trosses übernahm, war der Titel weniger ein Geschenk als ein Muß. Der hohe Erwartungsdruck des eigenen Publikums, die beinahe krasse Favoritenrolle und die schleichende Angst vor einer Blamage saßen den Deutschen im Nacken. Sie haben diese psychologische Hürde elegant genommen – wahre Weltmeister eben.

Packende Kampfszenen aus einem spannenden Endspiel: Torhüter Sepp Maier, Berti Vogts und Johan Cruyff (Bild oben), Franz Beckenbauer und Johan Neeskens (Bild rechts).

Die Siegerelf von 1974: Hoeneß, Breitner, Vogts, Overath, Müller, Grabowksi, Hölzenbein, Bonhof, Schwarzenbeck, Maier und Beckenbauer (von rechts).

Pleite nach Maß

Jürgen Sparwassers Tor setzte dem bundesdeutschen Alleinvertretungsanspruch in Sachen Fußball ein abruptes Ende. Keine Niederlage hat das DFB-Team je so hart getroffen wie das Hamburger 0:1 gegen die DDR – und im selben Maß aufgerichtet. Dort begann die Mannschaft ihren Siegeszug, der am 7. Juli 1974 in München mit dem Gewinn des WM-Titel endete.

Mann ohne Nerven:
Andreas Brehme (Nr. 3) verwandelt den Elfmeter zum 1:0 gegen Argentinien.

Endstation auf der Via triumphalis: Das Siegerteam von Rom wird von Bundespräsident Richard von Weizsäcker beglückwünscht.

Auf Schritt und Tritt wurde Diego Maradona von seinem Gegenspieler Guido Buchwald verfolgt. Der Stuttgarter Abwehrrecke ließ den Argentinier nicht aus den Augen.

Das Endspiel von Rom

Italia '90

Nein, sagt Franz Beckenbauer, dieser Titel sei nicht wirklich wichtig für ihn gewesen, er habe als Spieler schon alles erreicht. „Aber“, fügt er hinzu, „es lebt sich halt schöner und leichter damit.“ Der Teamchef, früher mal als „schlampiges Genie“ bezeichnet, war in den Jahren der Vorbereitung auf diese Weltmeisterschaft zum harten Arbeiter und intelligenten Strategen gewachsen. Beinahe wie ein Bildhauer hatte er seine Mannschaft gemeißelt, hier ein wenig gefeilt, dort ein bißchen gehobelt. Schließlich bildeten die 22 Italien-Fahrer eine verschworene Gemeinschaft großartiger Individualisten, im kalten Profigeschäft eine absolute Rarität. „Auch der letzte Ersatzspieler hat hellauf gejubelt, als wir das Finale gegen die Argentinier gewonnen hatten“ – vielleicht die größte Genugtuung für Franz Beckenbauer.
Den außergewöhnlichen Geist und die Energie seiner Männer hat der Perfektionist auf der Trainerbank gespürt und sorgsam gehegt. Und deshalb hat er seine Weltmeister „gemocht wie keine andere Mannschaft zuvor“. Mit seinem Kapitän Lothar Matthäus, neben Andreas Brehme und Guido Buchwald engster Wegbegleiter des Kaisers auf seinem italienischen Triumphzug, schloß er Freundschaft. Deutschland wurde zum dritten Mal in der Fußballgeschichte Weltmeister, weil es die besten Spieler besaß, und weil ein genialer Fußballdenker am Spielfeldrand Regie führte.

Ein Team, das weit mehr als eine Elf war: Die deutsche Mannschaft mit den Trainern Osieck und Beckenbauer, Augenthaler, Reuter, Mill, Klinsmann, Buchwald, Riedle, Steiner, Berthold, Köpke, Kohler, Möller, Pflügler, Vogts (stehend von links), Littbarski, Thon, Maier, Brehme, Matthäus, Illgner, Bein, Hermann, Häßler, Aumann (kniend) und dem liegenden Völler.

Meisterlich in jeder Lage: Rudi Völler als Herr der Lüfte und Franz Beckenbauer als gefeierter Mittelpunkt im Kreise seiner Spieler (rechts).

3

Kaiserkrönung

Kapitel eins

... in welchem davon die Rede ist, was in einem Mann vorgeht, der den Mount Everest bestiegen hat – und auf den die Weltpresse wartet

Olympiastadion Rom, 8. Juli 1990, 21 Uhr 49. Ein Mann sucht und findet Einsamkeit, die eigentlich gar nicht sein kann im wabernden Kessel, aus dem die Blasen der Begeisterung in den Nachthimmel aufsteigen. Und die Technik läßt das Bild des Einsamen um die Welt gehen. Nicht Regie ist's, aber ein unsichtbarer Regisseur trägt den Alleingang eines Mannes, der von weit herkommt, in Häuser und Hütten der Welt.

Es sind keine tausend Schritte. Ein paar dutzend nur, weil mehr gar nicht erlaubt sind für einen, der vom Irrationalen zurückkehren muß zu dem, was mit dem Schlußpfiff Sache geworden ist. Deutschland ist Weltmeister im Fußball, und das ist etwas ganz anderes als ein Titelgewinn anderer Art. Es ist der Plafond, über dem nichts mehr kommt. Aber es ist auch eine irrationale und irr-nationale Sache zugleich.

Reden wir später drüber, und bleiben wir bei dem Mann, dessen Schritte von trancehafter Ziellosigkeit sind auf dem Rasen, der eben noch zertrampelt worden ist für ein großes Ziel. Wie ein Schlafwandler bewegt er sich, die brodelnde Kulisse nicht wahrnehmend, die Hände in den Hosentaschen und den Oberkörper leicht nach vorne gebeugt, und vielleicht ist er im weitesten Sinne vergleichbar mit einem, der den Mount Everest erstiegen hat. Aber er weiß es nicht. Weiß überhaupt nichts und spielt deshalb auch kein Theater, obwohl Theatralisches in die Wohnstuben der Welt getragen wird.

Glücksgefühl? Einstellen wird es sich. Das ist das einzige, was er spürt in dieser Arena, die zum Vorzimmer dieses Gefühls geworden ist. Und die Tür ist offen. Niemand kann ihn mehr am Durchspazieren hindern, ihn, der durch unzählige Vorzimmer gelaufen ist, unter deren Falltüren abgrundtiefe Enttäuschung lauert. Die Fahrer der Tour de France, die einen ganz anderen und den sicherlich härtesten Individualsport betreiben, nennen diese Falltür die Hexe mit den grünen Zähnen.

Franz Beckenbauer kennt sie, und seine Angst vor ihr ist nicht kleiner als die aller großen Champions. Und bei diesen einsamen Schritten auf dem olympischen Rasen realisiert er nicht, daß er sie alle geschlagen hat mit einem Comeback, das alle Rekorde schlägt. Später wird er sagen, daß es Traumwandeln auf der einsamsten aller Wiesen war. Der Kopf war nicht bei den Beinen, so, wie es immer gewesen war, wenn er spielte.

Erst als sie ihn zurückholten, weil die Girlanden der Gratulation nicht nach dem Verdauungsprozeß des Erfolgs, sondern nach einer Feier schreien, hat ihn ein Glücksgefühl angesprungen, dessen Spannweite keinem vor ihm zuteil geworden ist.

Kaiserkrönung also?

Hm. Zwei Milliarden Menschen haben nie bei so etwas zugeschaut, aber zig Millionen von ihnen haben es durchaus so gesehen. Aber man muß auch den Oberlehrer Krümelsucher sehen, dem Monarchen heilig sind, weshalb er ebenso seinen Senf absondern muß wie der Feuilletonist Gscheidle, der der wahren Kunst verpflichtet ist. Bei Fußball muß er sich mit gebührender Süffisanz weigern.

Warum Franz Beckenbauer im facettenreichen gesellschaftlichen Spektrum trotzdem zu den Künstlern gehört, wollen wir darzustellen versuchen.

Beckenbauer hat nach der „Krönung" gleich ein Beispiel dafür gegeben. Zur Konferenz der Weltpresse hat er antreten müssen, aber der Champagner des Siegs ist dazwischen gewesen, und der ist kein Ratgeber für einen Kopf, der erklären soll und selbst Erklärungen sucht.

1954 hat es nach dem Berner Endspielsieg gar keine Pressekonferenz von Herberger gegeben. Vielleicht, weil Journalisten damals gleich an die Arbeit gingen und gar nicht darüber aufgeklärt werden mußten, was sie gesehen hatten.

Man war schon fast am Ende, und der Franz sehnte sich nach dem gemütlichen Teil mit der Mannschaft, als ein Ausländer wissen wollte, ob die Deutschen nach der Vereinigung mit der DDR wohl noch stärker im Fußball würden.

Der frischgebackene Weltmeister, heiß noch vom WM-Ofen, aus dem er gezogen worden war, bejahte es. Einfach so. Es war ihm wurscht. Zum Feiern war's ihm und sonst zu nichts, und wenn schon der Morgen naht zur triumphalsten Heimkehr, die sich vorstellen läßt, ist übermorgen so weit weg wie der Mond.

Unschlagbar auf Jahre hinaus? Einen Jux wollt' er sich machen, aber da Pressekonferenzen zu bierernsten Sachen und wichtiger als Spiele geworden sind, ist er in einem Fettnäpfchen gelandet. Und das Echo seiner Flapsigkeit hat ihm gestunken. Um so mehr, als er seine Lektionen von Mexico '86 gelernt hatte. Trotz Fehlern, die in einem gemeinsamen Quartier mit der Presse begonnen hatten, sich fortsetzten mit Streitigkeiten im Kader und manch anderem, das er auch heute noch für sich behält, war man ins Endspiel gegen Argentinien gekommen. „Wenn ihr schwach seid", sagte ihm damals Frankreichs Nationaltrainer Michel Hidalgo, „kommt ihr ins Halbfinale, wenn ihr gut seid, kommt ihr ins Endspiel, und wenn ihr das spielt, was ihr wirklich könnt, seid ihr Weltmeister."

Natürlich war's höfliche Übertreibung, aber es schwang neidvolle Bewunderung mit und ein bißchen Trauer darüber, daß Frankreichs beste Nationalmannschaft aller Zeiten sowohl 1982 in Spanien als auch 1986 in Mexiko mit ihrem Brillantfeuerwerk am Realismus der Deutschen gescheitert war. Beckenbauer, den die Franzosen „Libero de charme" genannt haben, weil er ihnen französischer vorgekommen war als Deutsche eigentlich sein dürfen, hat das nicht vergessen. Er hat sowohl französische Kreativität im Spiel geschätzt als auch diesen gallischen Drang nach glitzerndem Feuerwerk verurteilt, das den angeschlagenen Gegner demütigen soll. Da wird er Realist, da denkt er profihafter. Und wenn er an Sevilla '82 denkt, an diese Verlängerung, in der die Deutschen mit einem 1:3-Rückstand stehend k. o. waren, geht der Mittelfinger an eine Stirn, die sich runzelt vor Verständnislosigkeit. „Wenn ich in der Verlängerung mit 3:1 führe, geht kein Ball mehr an den Gegner. Da ist auf die Galerie gepfiffen, und sie kriegt alle Bälle, die ich in sie hineinschießen kann!"

Er weiß, wovon er redet, wenn's um Fußball geht, aber er weiß auch, daß er '86 in Mexiko zuviel geredet hat. In Italien ist er sparsamer und auch professioneller zur Sache gegangen. Bloß der eine Fauxpas in der Euphorie des Sieges ist ihm passiert, und wenn man den Franz nicht hineingetrieben hätte in diese Pressefütterung, wäre ihm eingefallen, was ihm Argentiniens Nationaltrainer Carlos Bilardo 1986 in Mexiko mitgegeben hatte: „En boca cerrado no entran las mosques."

In ein geschlossenes Maul fliegen keine Mücken, heißt das. Er hat es behalten und beherzigt wie so manches Sprichwort aus Südamerika, durch das ihn der Fußball geführt hat wie durch den europäischen Kontinent, und immer sind ihm Sprichwörter sinniger vorgekommen als mit Souvenirs vollbepackte Koffer. Man trägt leichter an ihnen, und sie verstauben nicht. Lehrreich sind sie auch. Ihre Logik gefällt ihm, und manchmal läßt ihn eines grinsen wie jenes, das er aus Buenos Aires mitgebracht hat: Die Erfahrung ist ein Kamm, den du bekommst, wenn du kahl bist.

Es beschäftigt den Perfektionisten Beckenbauer morgens beim Rasieren schon mächtig, daß das Haupthaar nicht mehr so sprießen will wie der Bart. Es wird lichter, und reich würde sein Friseur werden, brächte er ein Wässerlein zum Aufforsten an.

Jung will er bleiben, und mit der Eitelkeit kokettiert er nicht nur, wenn's um den Habitus geht. Daß er im Smoking wie ein spanischer Grande aussieht, ist ihm ebenso selbstverständlich wie umgekehrt das Bild des solchermaßen verkleideten Gerd Müller. Der würde darin wohl eher wie ein watschelnder Pinguin aussehen.

Pat und Patachon sind da gar nicht so weit hergeholt, zumal dann, wenn man an die erfolgreichen Abenteuer des Tandems Beckenbauer-Müller denkt.

Aber Vergleiche hinken halt immer. Ein amerikanischer Journalist hat doch tatsächlich geschrieben, der junge Beckenbauer habe ausgesehen wie Shirley Temple, die in den dreißiger Jahren Hollywoods Traumkind war. Augen und Gesichtsschnitt erlauben den Vergleich sogar, aber von femininen Eigenschaften war nun wirklich nichts zu spüren bei dem Buben, den sie zu Hause den „Stumpen" nannten, weil er einfach nicht wachsen wollte und in den ersten Schuljahren immer zu den Kleinsten gehörte.

Der Stumpen, der nicht wachsen wollte: Der kleine Beckenbauer auf einem Familienphoto.

Als der Meister noch ein Schüler war: Franz Beckenbauer (untere Reihe, Zweiter von links) im Kreis seiner Klassenkameraden.

Der Stumpen

Kapitel zwei

... in welchem Mutter Antonie erzählt, wie ihr neun Jahre alter Stumpen die Weltmeister von 1954 in München willkommen hieß, während Vater Beckenbauer, der Oberpostsekretär, vom Fußball nicht viel hielt: Davon kann keiner leben...

Hineingeboren worden ist er am 11. September 1945 in die Zeit, in der Not und Hunger durch die zerbombten Münchner Straßen schlichen, und es war nicht der Oberpostsekretär Franz Beckenbauer, der da viel lindern konnte. Auf dem schwarzen Markt, der seine sowohl dunkelste als auch blühendste Zentrale am Matthäser hatte, kauften andere ein. Und wenn Fleisch auf die Teller der Buben Walter und Franz kam, waren da mütterliche Kraftakte vorausgegangen, über die nicht gesprochen wurde.

Man muß Antonie Beckenbauer kennen, um diese Fürsorge, die kein Aufhebens macht, zu begreifen, – aber auch um die Mutterbindung dessen, der aus dem grauen Arbeiterviertel Giesing in eine Welt hochgestiegen ist, die ihm nicht vorgezeichnet war. Heute wohnt sie ganz nahe da, wo die Schleißheimer Straße ins Olympiagelände hineinstößt, im fünften Stock eines einfachen Mietshauses, und wenn man oben ist, weiß man, was die Nachbarn gekocht haben und wie sie geschnauft hat, ehe die Einkaufstaschen in der Wohnküche stehen. 78 ist sie jetzt, aber man gibt der Witwe glatt zehn Jahre weniger. Und man sieht junge Augen und weiß, daß sie hübsch gewesen ist, als sie den Franz aus dem Weltbrand herausgetragen hat.

In der bescheidenen Wohnküche ist der Tisch das größte Stück, denn der Franz kommt oft von Kitzbühel rüber, und selten alleine. Der Hackbraten, den sie besser als jeder Chefkoch macht, muß dann schon mal für acht oder zehn Leute reichen, die anschließend zum FC Bayern ins Olympiastadion wollen, und nach dem Spiel schmeckt Mutters Zwetschgendatschi besser als der Hummer im VIP-Raum des Stadions. Oft genug wartet die Mutter geduldig, weil einem ein solcher Sohn nicht alleine gehört.

So ist's auch heute. Ich bin mit dem Franz bei ihr zum Mittagessen verabredet und läute um zwölf. Aber er hat vor einer halben Stunde aus Kitzbühel angerufen. Man hat ihn aufgehalten, und auch auf der Autobahn läuft's zäh. „Wissen's was", sagt Antonie Beckenbauer, „mir zwoa fangen o. Der Hackbraten ist eh fertig, und wer woaß, wie lang die noch brauchen, der Franz und die Sybille. Mögen's a Weißbier dazu?" Natürlich mag ich, weil die Hitze aus weißblauem Himmel hereindrückt und die Gemütlichkeit auf den Sitzkissen der bäuerlichen Eckbank größer wird, wenn der Durst geht.

„Wissen's, auf was Sie sitzen?"

„Keine Ahnung."

„Auf fünfhundert Briefen aus der DDR, und jeden Tag kommen neue. Der Franzi bringt's halt her, und seine Autogramme dazu. Seit '66, wo's angefangen hat, mach ich ihm das."

Auf einer großen Truhe sitze ich, und dies ist die spezielle DDR-Abteilung, bei fünfhundert Briefen kostet sie 500 Mark. Weil die drüben nämlich noch nicht die gleichen Briefmarken haben, können sie kein Rückporto beilegen. Der Franzi wird also fünf Hunderter für seinen Hackbraten zahlen müssen, und dafür hätten wir auch zu zweit beim Käfer tafeln können.

Sie lacht, und es ist das Lachen vom Sohn.

Und der Hackbraten ist gut. Bloß beim Austeilen muß man sie bremsen. Beim Erzählen wär's falsch, und es ist ganz gut, daß der Franz jetzt im Stau auf der Autobahn sitzt, weil er die Geschichte ja nie erzählt hätte, die jetzt kommt.

Manchmal brauchst du, wenn du anders herankommen willst an einen als andere, eine Mutter: Also neun Jahre alt ist der Franz gewesen, als die „Berner" am 5. Juli 1954 mit dem goldenen Weltpokal in München eingezogen sind. In den Zeitungen war der Weg beschrieben, den die Kolonne der offenen Wagen zum Rathaus nehmen würde, aber die Antonie Beckenbauer mochte ihren Stumpen „bei so vui Leut" nicht mit dem Bruder und den anderen Großen gehen lassen, die ihn leicht verlieren konnten im Gedränge. Sie sparte, wie man's gewohnt war, am Tram-Zehnerl, aber nicht an der Sorgfalt, marschierte stramm mit ihm von Giesings Höhen zur Innenstadt und nahm ihn bei der Hand, als die Straßen schwarz von Menschen wurden.

Aber alle mütterliche Liebesmüh war umsonst. Der Stumpen war einfach zu klein. Ein Scherenfernrohr hätte er, eingekeilt zwischen aufgeregten Hünen, gebraucht, um der Weltmeister ansichtig zu werden. Ja, wenn ihn der Vater auf die Schultern genommen hätte! Aber der war bei der Arbeit, und außerdem war ihm der Fußball im Gegensatz zu seinen beiden Buben ziemlich egal. „Davon", pflegte er zu sagen, „kann keiner leben."

Ein glatter Metzgersgang wär's für den Franz gewesen, wenn ein Trumm von einem Mannsbild nicht seine Not begriffen hätte. Er hob ihn aufs Dach einer dieser Baubaracken, die wie Pilze zwischen den Ruinen standen, und wohl nie hat er einen so schönen Tribünenplatz bekommen, als er später zu denen gehörte, die nur noch mit Ehrenkarten in ein Stadion gehen.

Erkannt hat er aber nur Fritz Walter, und gewundert hat er sich, daß der goldene Pokal, den er sich viel größer vorgestellt hatte, nicht von dem geschwenkt und herumgezeigt wurde, sondern von einem dicklichen Herrn, der bestimmt nicht mitgespielt, aber einen größeren Stolz im Gesicht hatte als alle anderen. Er hörte laute „Servus Hansi"-Schreie, wußte aber nicht, daß es der Huber Hans, Vizepräsident des DFB, war. Wichtig mußte er schon sein, wichtiger vielleicht als der Fritz, wenn er das Ding allen Leuten zeigen durfte.

Damals aber hat er, mit großen Augen, den ersten Hauch fußballerischer Faszination gespürt und glatt übersehen, daß die Tränen in den Augen der Mutter andere waren als die der Leute. Von der Baracke, auf der er saß, war sie von der Menge abgedrängt worden und hatte nach dem Buben geschrieen, den niemand von seinem Dach runterholte. Bis wieder ein Samariter kam und den auf den Boden holte, der einmal hinaufklettern sollte auf die höchste Plattform dieses Spiels. Es gibt keine Steigeisen dafür. Und schwieriger als alles andere ist es, oben zu bleiben. Je höher du steigst, um so größer wird das Problem der zweiten Karriere.

Beim Spiel ist er geblieben, das auch seine Besten heimschickt, wenn um die 35 Jahre herum die Pensionierung ansteht, wenn Rotznasen anfangen, Bälle durch Beine zu schieben, die auf dem Feld zu herrschen gewohnt waren.

Die Familie Beckenbauer: Der künftige Weltstar neben Vater Franz, Mutter Antonie und Bruder Walter.

Der Retter des Kaisers:
Mit seinem Tor im WM-Qualifikationsspiel gegen Wales bewahrte Thomas Häßler seinen Teamchef vor einer schlimmen persönlichen Niederlage, vor allem aber vor Spott und Häme.

Zitterspiele

Kapitel drei

... in welchem vom Teufelszwerg Wales die Rede ist,
der dem Kaiser die Krone vom Kopf reißen wollte.
Und vom ersten Länderspiel des jungen Franz
in Schweden um die Fahrkarte nach England

Mit 45 hat er wieder Weltmeister werden wollen. Und wäre beinahe der erste deutsche Bundestrainer geworden, der über die eigenen Beine stolpert. Von allen großen Fußball-Ländern haben die Deutschen die wenigsten Nationaltrainer verbraucht. Nur Otto Nerz, Seppl Herberger, Helmut Schön, Jupp Derwall und Franz Beckenbauer. Weit über fünfzig haben die Russen verschlissen in ihrem vergeblichen Bestreben, an den Weltpokal heranzukommen.

Beckenbauer aber tanzte vor diesem Italia '90 auf dem Rand eines Abgrunds. Die Qualifikation für Italien hing am dünnsten aller Fäden. Immer hatten sich die Deutschen für die Endrunde qualifiziert. Wäre der Faden gerissen, Beckenbauer wäre der erste gescheiterte Nationaltrainer der Deutschen gewesen.

Seine ganze Reputation hing an diesem Spiel gegen Wales. Ein Zwerg, aber einer von diesen britischen Teufelszwergen, deren Kampfgeist alle Rechnungen zertrümmern kann. Wenn das so kommt, ist alles nichts gewesen. Sagen wir so: Alles wird zu nichts, wenn der Zwerg gewinnt. Ein einziges Spiel macht hunderte kaputt, läßt Volkes Stimme aufschreien und treibt Ratten aus Löchern, die immer schon gewußt haben, daß man sich von kaiserlichem Glanz hat blenden lassen. Eine vereinigte Trainerschaft wird ihm Diplome unter eine zu hoch getragene Nase halten, und es fallen ihm genug „Kollegen" ein, die mit Häme Gefolgschaften zusammentreiben werden wie der Rattenfänger von Hameln.

Warum hat er sich eingelassen auf dieses Teufelsspiel? Warum hat er sogar den Rat von Robert Schwan ausgeschlagen, der die feinste aller Nasen hat für Risiken, die vertretbar, und für solche, die irrwitzig sind?

Im Sommer '89 hat ihm Lew Jaschin, der größte Torhüter aller Zeiten, bei seinem 60. Geburtstag in Moskau gesagt: „Franz, wenn der Sommer vorbei ist, geht man nicht mehr in den Wald auf Himbeeren." Wieder so ein Sprichwort mit Widerhaken. Es hat ihn an die Erfahrung erinnert, an diesen Kamm, den du bekommst, wenn du eine Glatze hast. Hat Jaschin an sich selbst gedacht oder an ihn, an dieses Pokern um ein weit entferntes, riesiges Ziel und eine Blamage, die ganz nah ist und unkurierbar sein wird? Es hat nie einer tiefer fallen können. Auch Herberger nicht, wiewohl Parallelen zum Seppl, als er 1962 gen Chile zog, erkennbar sind. Es war die letzte Weltmeisterschaft für ihn, und er trug schwer an seinem Plan, den er wie ein Staatsgeheimnis hütete.

Es sollte die Renaissance des Mythos Fritz Walter werden. 40 war er geworden, und der Seppl, der sich mit Bauernschläue und Besessenheit dagegen wehrte, ein Fuchs im Ruhestand zu werden, lief von einem Ernährungswissenschaftler zum anderen und hatte auch die Frischzellenkuren des 86jährigen Bundeskanzlers Adenauer im Kopf.

Ich bin einer der wenigen Eingeweihten gewesen und weiß selbst nicht, warum er mir vertraute, zumal junges journalistisches Ungestüm oft genug mit mir durchging, wenn wir am Kachelofen oder vor dem Mandelbaum auf der Terrasse an der Bergstraße saßen, die mir auf der Anhöhe von Hohensachsen immer wie das Adlernest des deutschen Fußballs vorgekommen ist.

Der Fritz sollte also als Geheimwaffe zur Weltmeisterschaft 1962 nach Chile. Er aß, was ihm der Seppl befahl, aber er hieß nicht Beckenbauer. Und sein Naturell war anders, wenn man davon absieht, daß der Franz ganz ähnliche Kämpfe ums spielerische Überleben führte. Auch er ging auf die 40 zu, als er in Hamburg – nicht in München, wie es sich gehört hätte – sein Abschiedsspiel machte.

Schwer kommen sie davon los. Es ist die Angst der Außergewöhnlichen vor dem Gewöhnlichen. Und nichts anderes ist es gewesen, das den Franz die Herausforderung annehmen ließ, die deutsche Mannschaft als Teamchef zum Weltmeistertitel zu führen – das Pokerspiel eines Arrivierten.

Anzukommen auf dem Gipfel eben, für den es keine Steigeisen gibt. Fritz Walter, sagen wir's volkstümlich, schnallte ab. Alle biologischen Versuche Herbergers scheiterten an der Psyche eines begnadeten Spielmachers, der seine Grenze erkannte.

Er ging nicht nach Chile, und es war das Ende einer einmaligen Allianz zwischen dem genialen Kapitän auf dem Feld und dem Steuermann auf der Bank.

Im Viertelfinale von Santiago de Chile gegen Jugoslawien kam Herbergers Abschied. Von diesem Moment an ist er ein alter Mann gewesen, und nie vergesse ich diese begreifende Resignation im verwitterten Gesicht des Mannes, der vor dem letzten Gipfel umkehren mußte, den er sich gesetzt hatte. Er ist nie mehr der gewesen, der er war, aber es half ihm die Weisheit des Alters, auf die sich Beckenbauer nicht hätte stützen können, wäre ihm der Coup gegen Wales nicht gelungen.

Und das war ja bloß der Türöffner für Italien. Ungleich problematischer als die des Alten war seine Lage. Ein Ausscheiden im Viertelfinale hätte ihn vielleicht einige Zakken in der Krone gekostet, aber er hätte sie nicht absetzen müssen. Aber gar nicht hinkommen? Weitaus aufreibender als ein Finale war dieses Spiel gegen Wales. Alle Bundestrainer vor ihm sind in die Endrunden hineinspaziert. Durch's große Tor. Nur Bekkenbauer hat sich durch den Hintereingang hereingedrückt. Und er hat am Spielfeldrand gebrüllt und gezittert wie nie in seinem Leben, nachdem Thomas Häßler mit einem dieser Volleyschüsse, bei denen man sich nicht wundern würde, wenn sie eine Rauchfahne nach sich zögen, das Tor erzielte, das das Tor aufmachte.

Aber erst beim Schlußpfiff war man durch. Glück läßt sich weder beschreien noch beschwören, aber wenn es dir um den Hals fällt, fällt alles andere ab.

Im allgemeinen. Diesmal war's anders. Der Teamchef hatte das Spiel nicht hinter sich wie sein Team. Weil er viel höher als alle anderen gespielt hatte. Wochen später noch kamen Ängste im Schlaf bei einem, der früher in Endspiele um den Europapokal hatte hineingehen können wie in ein Freundschaftsspiel gegen Unterhaching.

Aber auch das ist nicht immer so gewesen. Der Mann, der so vielen als aufreizender Kaltblütler des Spiels im Gedächtnis ist, ist durch die Täler des Selbstzweifels gegangen wie alle Virtuosen. Und er hat als Teamchef die Latte der Herausforderung nicht immer selbst hochgelegt wie bei dieser Sache gegen Wales. Du weißt, wie's geht, aber du kannst ihnen von draußen nicht helfen.

Gar ängstliche Spätzlein können sie sein, wenn sie zum erstenmal das Trikot mit dem Adler tragen. Und gerade zwanzig sind. Fritz Walter ist noch jünger gewesen.

Es ist später geschrieben worden, der Franz sei mit der Selbstverständlichkeit des Ausnahmekönners hineingewachsen, aber das ist Unsinn wie so vieles, das den Großen hurtig angedichtet wird.

Nicht einmal willkommen ist er gewesen. Ein Risiko eher, zumal Helmut Schön an diesem Septembertag des Jahres 1965 sich in einer ähnlichen Situation befand wie dieser Franz Beckenbauer vor dem Spiel gegen Wales. Mit dem Unterschied, daß er sich nicht selbst zum Chef des Teams gemacht hatte, sondern von Herberger zum Nachfolger designiert worden war.

Aus dem Schatten des Großen heraustreten! Helmut Schön war der Berti Vogts von 1990, aber der Vorgänger hatte ihm nicht das Bett gemacht. Und der sensible Sachse wußte, daß der Alte hinter den Vorhängen seines Adlernestes von Hohensachsen herausluchste, so wie die Latteks und die Rehhagels nach dem Ausrutscher des Franz Bekkenbauer luchsten. Nicht offiziell natürlich. Aber Latteks Ghostwriter konnte schon mal freudvolle Stilübungen für den Fall des Scheiterns machen.

Wer Helmut Schön kennt, kann sich seine Gemütsverfassung am Vorabend dieses Länderspiels gegen Schweden vorstellen, das Deutschland gewinnen mußte, um die Tür zur Weltmeisterschaft 1966 in England aufzustoßen. Und da ich Zeitzeuge war, kann ich sie sogar beschreiben. Ich verdanke sie einem dieser Zufälle, die zu Glücksfällen werden im Reporterleben, das einen beschenkt, wenn man's intensiv lebt.

Warum ich nach einem prallen journalistischen Arbeitstag noch einmal zur Kungsgatan hinuntergelaufen bin, weiß ich nicht. Es ist die Pracht- und Einkaufsstraße von Stockholm, und jetzt, wo's auf Mitternacht zugeht, ist sie leerer als die Hotelbar, wo Journalistenköpfe zu Fußbällen werden, die sich hineinreden in ein ungespieltes Spiel.

Auch berufliches Kalkül spielt mit. Wenn Deutschland gegen Schweden verliert, werden viele Zeitungen die Reise nach England streichen. Das sind kleinkarierte Reportergefühle, die bekämpft werden müssen. Reden für Deutschland werden gehalten. Und auf der Kungsgatan herrscht provinzielle Ruhe. Schläfrig pendeln Autos zwischen den Ampeln. Skandinavisch Städtisches wäre überhaupt nicht zu spüren, wenn nicht kleine Gruppen von jungen Burschen auftauchen würden. Mit dem Länderspiel haben sie nichts am Hut, sondern sie beschimpfen lauthals Wirte, die nichts mehr ausschenken.

Wenn Schweden morgen rausfliegt, denke ich, fällt keiner in Ohnmacht von denen. Drunten in Hamburg, wo sie gerne anlegen mit ihren Freß- und Saufschiffen, gäb's schon mehr Ärger im Fall einer deutschen Niederlage.

Und der Bundestrainer könnte den Hut nehmen. Die Deutschen sind immer in die Endrunde gekommen. Bloß 1950 in Brasilien hat man sie nicht brauchen können nach dem großen Weltbrand, den sie angezündet hatten.

Und jetzt ist Helmut Schön, den seine Spieler den Langen nennen, so wie sie Sepp Herberger den Muckel genannt haben, in höchster Gefahr, ein verdammter Zwerg zu werden. Er weiß es besser als jeder andere, und man hat es gespürt bei der Pressekonferenz, die er gegeben hat. Blaß und leicht zu irritieren ist er gewesen. Kein Herberger, der sich immer vorher überlegt hat, aus welcher Ecke unangenehme Fragen kommen könnten. Zum Beispiel die: „Ist Beckenbauer kein Risiko für Sie?"

Was sollst du da sagen, wenn du schon einen Uwe Seeler nicht als sicheren Trumpf in dein Blatt stecken kannst? Dieser Neuling Beckenbauer würde gar nicht drinstekken, wenn er ihm nicht von Dettmar Cramer aufgedrängt worden wäre. Gerade 20 ist er geworden, und in den Kopf des Langen will nicht recht hinein, weshalb der kleine Cramer mit seinen gedrechselten Sätzen vollmundig von einer sich früh manifestierenden Weltklasse spricht. Den Kopf wird er, der Bundestrainer, hinhalten müssen dafür, und es kann leicht sein, daß er dann rollt. Halb schätzt er, halb verwünscht er diesen Assistenten Cramer, der ihn zum Narren machen kann, weil er einen Narren an diesem Beckenbauer gefressen hat.

Die beiden sehr unterschiedlichen Männer gehen mir durch den Kopf bei den tausend Schritten, die ich auf der Stockholmer Kungsgatan mache. Gemeinsam ist ihnen nur die Glatze, aber die eine liegt zwei Köpfe tiefer. Und kahl tut sich ein Langer allemal leichter als ein Kleiner. Ein Napoleonskomplex kann da ins Spiel kommen wie beim Stuttgarter FIFA-Schiedsrichter Kreitlein, von dem noch die Rede sein wird.

Die Straße fällt ab nach dem Torbogen, der wie eine mittelalterliche Burg über ihr thront, und ich biege ab in eine noch stillere Seitenstraße. Kein Auto, kein Mensch. Stockholm schläft wirklich.

Aber ich glaube plötzlich zu träumen. Da ist doch einer. Ein einsamer Langbeiniger stakst vor mir her, und das so eigenartig aus der Hüfte schlenkernde Bein, das vor seinen Operationen viele Tore geschossen hat, läßt keinen Zweifel. Auf dem Kopf die schottische Schildmütze. Helmut Schön braucht kein Bett vor dem Tag, der sein wichtigster ist. Fußball, Zeitvertreib für die meisten, kann von unheimlicher Intensität für Hauptbetroffene werden. Der deutsche Adler auf wackelnden Schultern? Komm, sag ich mir, nimm das Pathos raus. Stoß ihn in die Hüfte und trink ein Bier mit ihm. Aber Stockholm ist wie die Wüste. Keine Oase. Erlaubt ist der Hüftstoß. Er braucht zwei Sekunden, weil er von weit her kommt. Wir stehen unter einer dieser Laternen, die auch rosige Gesichter weiß machen, und dann lachen wir beide.

„Auch nicht im Bett?"

Er zuckt mit den Schultern. „Bin einfach davongelaufen. Es reicht, wenn die Spieler schlafen, und das ist auch nicht sicher bei jedem."

„Logisch", sage ich.

Und dann bricht's durch. Alles. Er muß etwas loswerden, und es ist nicht gieriger Journalismus, der mich zuhören läßt.

Er meint, daß er in eine Enge getrieben worden sei, aus der ihn nur Glück rausholen kann. Zwei Unbekannte stecken in seinem Spiel, Seeler und Beckenbauer. Medien und Volkes Stimme haben sie hineingetrieben, den erfahrenen Unverzichtbaren und den unerfahrenen Neuling.

Uns Uwe, nationaler Tormacher, zum Denkmal erhoben bei den Weltmeisterschaften von 1958 und 1962 und von eminenter Wichtigkeit für die Moral des ganzen Teams und für die Durchschlagskraft des Sturms. Einen Seeler ersetzt man nicht.

Aber das Denkmal hinkt. Man kann die gerissene Achillessehne durch eine künstliche ersetzen, aber elend kurz ist die Periode der Rekonvaleszenz gewesen. Groß genug freilich, um die Nationalmannschaft in die Situation von Stockholm zu bringen.

Jetzt muß man gewinnen, und das Denkmal muß laufen. Adi Dassler, dieser Fanatiker des fußgerechten Sportschuhs, hat in Herzogenaurach mit einer Akribie, die im Fußball noch nicht dagewesen ist, einen Spezialschuh für ihn angefertigt, und es ist ein Vater-Sohn-Geschenk.

Helmut Schön weiß es, aber er weiß auch dies: „Wenn der Uwe nicht durchhält, machen mich Millionen vom Bundestrainer zum Schinderhannes!"

Und an der nächsten Straßenecke sind wir beim nächsten Sorgenkind. Diesem Franz Beckenbauer fehlt jede internationale Erfahrung, und es kann sein, daß sein Talent nicht schwerer als die Schwanenfeder auf dem Wasser wiegt in einem Spiel, das nicht verloren werden darf.

Oh, er hat sich überzeugt von diesem Talent. Aber er hat im Rasunda-Stadion auch diese Einpeitscher erlebt, die mit ihrem „Heja Sverige frisk humör" schwedische Beine leicht und fremde schwer machen, sogar solche von gestandenen Profis. Wie will man wissen, wie das einem Debütanten in die Glieder fährt?

Deshalb hat er ihm den als Zimmergenossen zugewiesen, den er für den abgebrühtesten Profi hält: Horst Szymaniak. Er spielte bei Catania in der ersten Liga Italiens, und die Sizilianer haben sich gesagt, daß einer, der mit Herbergers Grätsche einen halben Torraum abdeckt, im italienischen Dschungelkrieg der Strafräume nicht fehl am Platz sein kann. Was Szymaniak bewiesen hat.

Als ich mich von Helmut Schön trenne, kündigt sich von Osten her schon der große Tag an, und der Trainer ist ein bißchen lockerer geworden, weil er zwar dem Uwe nicht viel helfen kann, aber wenigstens alles für den Franz getan hat. Denkt er. Aber das Innenleben eines Fußballers ist von viel mehr Imponderabilien abhängig, als man denkt. Dieser Szymaniak, den sie Schimmi nennen, wird für den Profineuling fast so etwas wie ein Schlüsselerlebnis. Realisieren wird er es allerdings erst später, weil er vor seinem ersten Länderspiel viel zu sehr mit sich selbst beschäftigt ist. Unterschwellig spürt er, daß dieser Szymaniak kein Vorbild für ihn sein kann. Gut, es mag vielleicht kein Gnadenbrot sein, das er jetzt bei Tasmania Berlin frißt, aber es ist klar, daß bloß noch die internationale Erfahrung ihn in der Nationalmannschaft hält.

Schimmi weiß das. „Du machst", sagt er, „deine erste Kohle und ich meine letzte. Nimm mit, was du kriegen kannst. Es ist wie beim Zirkus. Wir sind nur interessant, solange wir rennen können."

Der Franz zieht den Satz nicht in Zweifel, er ist ihm geblieben, hat mitgewirkt an seiner Einstellung zu einem Beruf, den er anders sieht als der unkomplizierte Kumpel Horst Szymaniak, der nun wirklich bald nicht mehr interessant sein wird wie die meisten, deren Zeit abläuft. Über der knolligen Nase sieht er Hundeaugen, die mehr brav gucken als knitz, und er ist froh, daß sein Zimmernachbar ihn ablenkt von Dettmar Cramers langatmigen Einflüsterungen über Ove Grahn und Kurre Hamrin. Alles soll er auswendig lernen über die Eigenarten der beiden gefährlichsten Schweden und sie dann neutralisieren, so einfach ist das.

Der Schimmi schimpft lieber über Funktionärsflaschen bei Tasmania, aber Helmut Schön scheint nichts von seinen nächtlichen Eigenarten zu wissen. Er ist, erfährt der Franz später, Schlafwandler der schweren Kategorie. In jener Nacht fährt Horst leichteres Geschütz auf, aber dem aus dem Schlaf hochschreckenden Zimmergenossen reicht's. Aufrecht, als ob er einen Spazierstock gefressen hätte, sitzt der Schimmi im Bett und brüllt Unverständliches, das sehr italienisch klingt.

Nach zwei Rippenstößen knickt er um und schnarcht weiter. Der aufgescheuchte Beckenbauer aber fragt sich, ob die Wurschtigkeit, die altgediente Nationalspieler zur Schau tragen, vielleicht nur Tünche ist. Und er fängt wieder an, sich mit dem linken Fuß von Kurre Hamrin zu befassen, über den der Cramer eine Stunde ohne Punkt und Komma geredet hatte. Und mit Schlaf ist nichts mehr.

Viele Spiele hat er vergessen, aber das erste Länderspiel vergißt man nie. Es ist mehr als die erste Liebe, schon deshalb, weil die jeder hat. Aber nicht bei jedem wird gleich ein kleiner Thomas draus wie beim Franz. Schon zwei Jahre ist der, aber im Moment interessiert das noch keinen, weil der Vater nicht berühmt ist. Aber er sorgt für den Buben, wie es sich gehört, und es ist ein Thema, das niemanden was angeht.

20jähriger Debütant mit einem Lampenfieber ist er, über das er mit keinem reden kann. Könnte ja sein, daß einer zum Bundestrainer rennt, der vielleicht schon bereut hat, daß er sich das Greenhorn hat aufschwatzen lassen.

Unerwartetes geschieht in der Kabine, und auch darüber wird er lange mit keinem reden. Als er das weiße Trikot mit dem Adler überzieht, weiß er, daß er jetzt Nationalspieler ist, aber er weiß nichts vom Schwur, den er zu leisten hat, als Schön und Cramer den „Kreis" fordern. Der ist Herbergersches Erbe. Zur germanischen Thingstätte wird der Raum unter der Tribüne des Rasunda-Stations. Sie geben einander die Hände, als ob Ringelreihen anstünde, und Uwe Seeler spricht den langen Schwur, einen aus dem Geist von Spiez gezogenen Extrakt, in dem Kampf beschworen und Feigheit verurteilt wird.

Aber der Neuling erschauert nicht. Einfach nicht aufnahmefähig ist er für diese Überraschung, und nichts von der Feierlichkeit springt ihn an, die er in manchem Auge sieht. Wie Zirkusdirektoren kommen ihm Schön und Cramer vor, und am liebsten würde er sich losreißen und hinausrennen in die Manege, und wie durch eine Wand von Watte hört er das Murmeln und Stampfen der Galerie.

Jahre später wird er auf großen Reisen die Macumba der Brasilianer ebenso kennenlernen wie die Gebete der Spanier und Italiener in ihren Stadionkapellen, und er wird mehr Verständnis für kultische Beschwörungen aufbringen. Allerdings wird Bekkenbauer viel später als Teamchef keine Kabinenschwüre verlangen, sondern draußen auf dem Spielfeld vor allem das Singen der Nationalhymne. Und er wird, wie aus dem Herrenjournal ausgeschnitten, dabeistehen.

Tant de bruit pour une omelette? So viel Lärm um einen Pfannkuchen? Voltaire erzählt von einem Dichter Desbarreaux, den er ob seines trockenen Witzes schätzte, diese Anekdote: An einem Freitag, also an einem Fasttag, bestellte Desbarreaux in einem Wirtshaus einen Eierkuchen mit Speck, während ein Gewitter aufzog. Widerstrebend trug der Wirt das Gericht auf, und als es zu donnern begann, sank er vor Entsetzen in die Knie. Da ergriff der Dichter den Eierkuchen, warf ihn in den Regen hinaus und schnaubte: „Tant de bruit pour une omelette!“

Dem junge Beckenbauer, weder Dichter noch Denker, sondern blutiger Anfänger mit entsprechendem Pulsschlag unter dem nationalen Trikot, ist im weitesten Sinne ähnliches passiert, als er im Kreis die Hände seiner Nebenmänner spürte, und es hätte ihn nicht mehr verwundert, wenn Schön und Cramer noch dazu gesungen hätten: „Heilig Vaterland, in Gefahren, deine Söhne sich um dich scharen.“

„Ich war doch ein Kind“, sagt er heute, „und meine Angst war viel größer, als ich zeigen durfte.“ Und er weiß nicht, daß er da ein echter Zwillingsbruder von Pelé gewesen ist. Den haben sie in eine Art von Trance versetzt, um ihm die Angst vor dem ersten Länderspiel zu nehmen, das ebenfalls von außergewöhnlicher Wichtigkeit war.

Und in beiden Spielen haben die beiden, die den Gipfel des Weltfußballs stürmen sollten, seltsamerweise unter blankem schwedischem Himmel, einen Einstand gefeiert, der alle Fragezeichen wegwischte. Es hängt zusammen mit dem Bewußtsein, die Mannschaft zu brauchen, und dem Gespür dafür, Brauchbares für die gemeinsamen Anstrengungen beisteuern zu können. Und dann wird aus Brauchbarem plötzlich Erwünschtes. Talent bricht durch, springt über die undefinierbare Hürde, die sich zwischen Handwerk und Kunst aufbaut. Franz Beckenbauer kann so wenig wie Pelé sagen, wann er diese Hürde in seinem ersten Länderspiel übersprungen hat, und ob es überhaupt so war. Es ist ihm bescheinigt worden. In einem Maß sogar, das ihn verwundert hat. Denn die Erinnerungen sind von fast dürftiger Blässe nach der Anspannung, die außergewöhnlich war und in einer seltsamen Normalität mündete. Hamrin und Grahn waren ihm eingetrichtert worden. Aber er hat eigentlich nur zehn gelbe Phantome gesehen. Und natürlich den Ball. Und das Mittelfeld ist nicht so vollgepackt gewesen wie heute. Es hat schon noch Raum und Zeit gelassen für den Moment, in dem du den Ball führst und einen Adressaten suchst. Auch zum Angreifen für den rechten Läufer Bekkenbauer. In der ersten Halbzeit hat er natürlich auch den Alibi-Paß gemacht. Eigene Entsorgung sozusagen. Den anderen zur Initiative zwingen. Aber in der Mitte der zweiten Halbzeit hat es 1:1 geheißen. Die Tür zur Weltmeisterschaft in England war zu, nachdem die Schweden „Eia“ Krämers Führungstor ausgeglichen hatten.

Ein Blick zum Spielfeldrand zeigte einen bewegungslosen Schön und einen hurtig umherrennenden Cramer. Er sah aus, als ob er sich gleich hinlegen würde, um Rasunda-Gras zu fressen.

„Angreifen!“ schrie er, und noch mehr. Und obwohl er nicht das Megaphon der schwedischen Einpeitscher hatte, war auch der Schrei „Franz“ zu hören.

Dem war's recht. Es entsprach seinem Gespür für die Situation, dessen Entfaltung später zu einem der wichtigsten Trümpfe werden sollte, die er auszuspielen hatte.

Er stürmte mit, und es war sein Ball, der das Spiel überraschend auf die rechte Seite verlagerte. Scharf und flach kam die Flanke, und nur mit der Fingerspitze konnte sie Schwedens Torhüter ablenken, genau dahin, wo Uwe Seeler stand. Nicht sehr günstig, aber ein Tormacher wächst glatt zehn Zentimeter, wenn er sich in den Ball hineinschmeißen muß.

Aus der Rückenlage zuckt der linke Fuß vor, daß man an die Zunge einer Schlange denken muß, und es gibt eine dieser Gerade-noch-Berührungen mit den Zehenspitzen. Langsam, unendlich langsam und doch unaufhaltbar rollt der Ball über die Linie.

Beckenbauer weiß nur noch, daß Cramer jetzt „dichtmachen“ schrie, daß ihn Hans Tilkowski am liebsten neben sich auf der Torlinie gesehen hätte und daß er nach dem Schlußpfiff einen Moment an Helmut Schöns Brust hing. Deutschland war für die Weltmeisterschaft 1966 in England qualifiziert, und er wußte auch, daß er einen nützlichen Beitrag dazu geleistet hatte.

Aber das euphorische Presselob überraschte ihn. Sie verglichen ihn mit einem, der den Marschallstab im Tornister hat. Dabei war's nur die Fahrkarte nach England, und das war auch schon was.

Für einen, der angefangen hatte beim SC Giesing 1906 und nach der Volksschule als Stift zur Allianz ging, um Versicherungskaufmann zu werden. Und mitten in der Lehre zum FC Bayern, um Profi zu werden. Weil der Ball vor Füße gesprungen war, die ihm mehr zu sagen hatten als andere. Und nichts mehr hatte ihm ein Vater zu sagen, der Sicherheit in Versicherungen sah.

Schulterschluß vor dem Debüt: Mit Bundestrainer Helmut Schön beim innigen Spaziergang vor dem großen Spiel gegen Schweden.

Ein Neuling, der mit Lob überschüttet wurde: Franz Beckenbauer zählte beim Sieg über die Schweden, der die Teilnahme an der WM in England brachte, zu den Besten.

Ein Duo, das Geschichte schrieb: Der 17jährige Pelé (links) und der virtuose Rechtsaußen der brasilianischen Weltmeisterelf, der Paradiesvogel Garrincha.

Kometen am Schwedenhimmel

Kapitel vier

... in welchem geschildert wird, warum im Fußball Weltklasse nicht mit Doping gemacht werden kann, und warum gegen Weltklasse kein Kraut gewachsen ist

Pelé, der Beckenbauers großer Freund werden sollte, hatte einen ganz ähnlichen internationalen Start, aber Fußball als Beruf machte ihm Angst, weil er einen familiären Mißerfolg erlebt hatte. Sein Vater war als bescheidener Profi früh zum Invaliden geworden, und dafür gab's keine Versicherungen bei kleinen Klubs. Das kaputte Knie und der Krückstock des Vaters verfolgten den 17jährigen Pelé auf der weiten Reise nach Schweden. Angst vor dem Ball hatte der, der sein größter Virtuose werden sollte, und auch die Macumba konnte sie ihm nicht nehmen.

Die Macumba. Beschwörung der Geister durch den Medizinmann. Was Beckenbauer sieben Jahre später in der Kabine von Rasunda in deutscher Version erlebte, war eine höchst zivilisierte Aufmunterung dagegen.

Damals, 1958, habe ich im Hotel der Brasilianer in Hindas eine Macumba erlebt. Es war nur eine kleine, sagte man mir, eine improvisierte für die jungen Spieler, die das Heimweh plagte. Die Älteren, sagen wir, die brasilianischen Szymaniaks, saßen empfangsbereit in der Halle oder im Park, weil der späte Nachmittag die Zeit war, in der der Bus aus Göteborg mindestens zwei Dutzend der schönsten blonden und langbeinigen Mädchen ausspuckte, die je von brasilianischen Augen erblickt worden waren. Sie waren sehr zugänglich und kamen nicht zufällig. Garrincha hat zwischen den Spielen zwei von ihnen zu Müttern von kaffeebraunen Knaben gemacht, ohne daß seine akrobatischen Vorstellungen, die noch nie ein Rechtsaußen geboten hatte, darunter litten.

Open House war das wenigste, was man zum Hotel der Brasilianer sagen konnte, und so bin ich unbelästigter Zeuge der Macumba geworden für die Jungen, die viel zu sehr mit sich selbst beschäftigt waren, als daß sie sich mit den Schwedinnen hätten beschäftigen können, die das Hotel umschwärmten, umschwärmt von Spielern, die ganz andere Freiheiten hatten als jene in Sepp Herbergers schwedischem WM-Quartier. Sogar die Serviermädchen hatte der Alte durch Männer ersetzen lassen. Die jungen Brasilianer aber hatten ihre Macumba. Man konnte einfach zuschauen, weil sie nichts zu verbergen hatten wie die Russen, die nur einen Steinwurf weiter wohnten. Zwar gab's keine Drahtzäune und Hochsitze, aber hinter jedem Baum ihres Parks stand ein Geheimer. Es war ihre erste Weltmeisterschaft, und nun stand ihr Spiel gegen den erklärten Favoriten Brasilien im Göteborger Ullevi-Stadion bevor.

Die Macumba der jungen Brasilianer hatte damit zu tun. Man mußte das als Mitteleuropäer erklärt bekommen, und es muß auch gesagt werden, daß es eine herrliche Zeit der Entdeckungen war. Wer als junger Reporter nicht auf den Kopf gefallen war, konnte ganz andere Eindrücke sammeln als heute, wo des Fußballs Poesie verschüttet wird von Geld und Zerstörungsdrang. Einer wie Beckenbauer hat das Glück gehabt, in die Periode der Wandlung, die das Spiel noch gestattete, hineinzurutschen.

Pelé, und das läßt sich leicht beweisen, ist 1958 in Schweden Star und Weltmeister wider Willen geworden. Diese Erkenntnis verdanke ich meinem Freund Albert Laurence, der mich zur Macumba geführt hat. Er war ein Franzose und das, was die Franzosen einen grand Reporter nennen. Seit mehr als 20 Jahren lebte dieser journalistische Romancier, der unmittelbar nach dem Krieg in Moskau eine Bolschoi-Tänzerin geheiratet hatte, in Brasilien, und wir arbeiteten beide für „L' Equipe", die nicht nur Frankreichs, sondern Europas bedeutendste Fachzeitung ist.

„Zuerst", sagt Albert, „zeige ich dir was, und dann erklär ich's dir."

Von der Terrasse des Kurhotels von Hindas, auf der die Sonnenschirme flatterten vom Wind, der aus dunklen Tannenwäldern herüberweht und die Schwüle vertreibt, der das bevorstehende Mittsommerfest ankündigt, schlendern wir zur Halle hinunter und dann durch eine kleine Tür. Hinter ihr ist eine Treppe, auf deren Stufen fünf oder sechs junge Spieler in Trainingsanzügen sitzen.

Ganz unten der Jüngste. Das sieht man sogar im Halbdunkel, das eine dicke Kerze nicht aufhellt. Alle Farben, die Milch im Kaffee anzurichten vermag, stehen in den Gesichtern der Burschen, und erst, als sich das Auge ans Halbdunkel gewöhnt hat, sieht es mehr als das blanke Weiß von Augen, die unwirklich groß erscheinen.

Wegen der Macumba. Vor ihnen steht ein schwarzer Mann, der, mit langen Armen fuchtelnd, Litaneien brüllt oder flüstert, und seltsam weiß werden die Hände, wenn sich die Faust öffnet zur Waagschale. Und immer größer werden junge Augen, und der, der ganz unten mit übereinandergeschlagenen Beinen sitzt, wippt so heftig mit dem linken Fuß, daß es schon fast ein Zittern ist.

„Das", flüstert Albert Laurence, „ist Pelé."

Er flüstert, weil wir hinter dem Medizinmann stehen. Es ist nicht der kahlköpfige Americo, der große Betreuer, von dem sie Wunderdinge erzählen. Ein Ersatzmann eben, gut genug für die Jungen wohl.

Aber wer ist Pelé? Nie gehört. Ein Ersatzmann wohl auch, aber Ersatzkind wäre besser. Oder Balljunge. Ich sehe große Augen im Gesicht eines Knaben, der sich unter Erwachsene verirrt hat und deren Pflichten auf seinen Schultern spürt, ohne von ihren Rechten Besitz ergriffen zu haben. „Er ist das größte Naturtalent", sagt Albert, „und er soll morgen gegen die Russen spielen. Aber er will nicht." „Warum?" „Kniekomplex. Er hinkt absichtlich, behauptet Americo, und der hat Krach mit Trainer Feola gekriegt, weil man seinen Massagekünsten nicht mehr traut. Aber nach dem 0:0 gegen England muß Pelé spielen und Garrincha dazu. Feola hat gar keine andere Wahl, sonst wird er gelyncht, wenn er heimkommt!“ Seltsam genug, wenn man an heute denkt. Nur in Brasilien kannte man das ungewöhnliche Talent von Pelé und Garrincha, aber war es sieben Jahre später mit Beckenbauer anders?

Später, als wir wieder auf der Terrasse saßen und der laue schwedische Sommerabend die Nacht mit sanfter Gewalt der „blauen Stunde“ entgegenzuschieben schien, die den neuen Tag ankündigt, erfuhr man, daß die Macumba Pelé nicht umgestimmt hatte. Und man sah es auch. Drunten im Park machten Dr. Hilton Gosling, Trainer Feola und Paulo Machado de Carvalho, der Delegationsleiter, einen Spaziergang, der ganz offensichtlich nicht der Verdauung diente. Nervös waren sie, und jeder Schritt schlauchte den dicken Feola, der aber nicht nur deshalb schwitzte.

Und Albert Laurence wußte, was kommen würde: „Jetzt bringen sie dem Dicken bei, daß er Pause hat und daß der Psychiater her muß.“

Psychiater? Man hatte im Zusammenhang mit Fußball noch nie von einem gehört.

Albert lachte: „Dies ist die erste Nationalmannschaft, die mit einem Seelendoktor reist, und es gibt in Brasilien keinen berühmteren als Professor Carvalhais. Der Mann hat es mit einer vielköpfigen Hydra zu tun: überschäumendes Temperament, Mangel an Disziplin, Individualismus, Aberglaube und schließlich auch Heimweh. Hat Pelé nicht wie ein Hund ohne Herrchen geguckt? Wollen wir wetten, daß ihm der Professor das Knie heilt und Rußlands Trainer Katschalin staunen wird, wenn er morgen die Aufstellung von Brasiliens Sturm liest? Sie wird so heißen: Garrincha, Didi, Vava, Pelé und Zagalo.“

Sie hieß auch so. Damals kamen nach altem englischem Vorbild noch fünf Stürmer aufs Papier, und auf dem Rasen waren es immer noch vier. Zagalo hing zurück, und Brasilien praktizierte ein lupenreines 4–2–4, das bald weltweit nachgeahmt wurde. Aber zu Rezepten gehören Zutaten, und solche wie Pelé und Garrincha gab’s nur einmal. Wär’s anders, würde der Fußball in einem Wald von Weltmeistern ersticken.

Pelés internationales Debüt war noch glanzvoller als das Beckenbauers, weil da die ganze Genialität des Instinktspielers durch den einfachen psychologischen Trick der Macumba blankgelegt wurde. Musik und Poesie zugleich wurde sein Spiel, und auf der Pressetribüne hat mir Albert Laurence seinen Feldstecher gereicht: „Schau dir seine Augen an! Blitzen anders als gestern, was?“

Ich habe nie fröhlichere bei einem Fußballer gesehen. Moralisches Doping war’s, das Intuition und Virtuosität nicht nur freisetzte, sondern bündelte zu einem Strauß, der der bunteste gewesen wäre, den je ein Stadion hervorbrachte – wenn da nicht noch Garrincha am rechten Flügel gewesen wäre. Du kannst hundert, ach was, tausend Spiele sehen, in die nicht ein Bruchteil hineingepackt ist von dem, was Garrincha unter dem blanken schwedischen Himmel zauberte. Rein optisch hat er Pelé die Schau gestohlen, aber wer genauer hinschaute als die in Extase geratenen Bewunderer von Garrinchas Dribbelkünsten, begriff, daß Pelé für die Koordination der Anstrengungen wichtiger war als der „exterritoriale“ Rechtsaußen. Er spielte für sich, aber selbstverständlich gegen alle, die ihn daran hindern wollten. Je mehr kamen, um so satanischer wurde er, und Kusnetzow, Rußlands linker Verteidiger und sein direkter Gegenspieler, hat Wochen und Monate gebraucht, um sich von dem Schock zu erholen, den ihm dieser schwarze Teufel verpaßt hatte. Parallele dazu: Werner Kohlmeyer, linker Verteidiger Deutschlands im Herbst 1954 gegen England in Wembley, war nach seinem total verhagelten Rendezvous mit Stanley Matthews nicht mehr der gleiche Mann und wurde nie mehr in die Nationalmannschaft berufen.

Aber es gibt keine Flügelstürmer mehr. Das moderne Spiel hat sie gefressen, weil deren Bühne den Interessen der Sicherheit hat weichen müssen. Der Fußball hat seine Poesie verkauft und Kauflüste entwickelt, die phantasielosen, aber athletischen Balltretern zu den irrsinnigsten Millionentransfers verhelfen. Es macht ihn nicht besser, aber auch nicht krank wie die Leichtathletik, die das Schizophrene ihres Schreis nach Weltrekorden tunlichst überhört, wohl wissend, daß sie praktisch nicht mehr machbar sind ohne chemische Hilfe. Die Athleten sind austrainiert, und auch die Fußballer sind es. Sie sind's noch mehr in der DDR gewesen als bei uns, aber das Korsett, das den Talentierten ins Kollektiv zwang, konnte drüben keinen Beckenbauer wachsen lassen, ganz abgesehen davon, daß die Pelés, Garrinchas und Beckenbauers auch sonstwo nicht an den Bäumen hängen.

Weil das im Individualsport so hilfreiche Doping im Mannschaftsspiel Fußball ein Aberwitz ist, dem nur schwachsinnige Trainer, die sich für scharfsinnig halten, anhängen. Oh, es hat Versuche gegeben, und sie reißen nicht ab, weil Gewinnstreben vor nichts halt macht.

Franz Beckenbauer, der keine Trainerlizenz, aber ein sehr natürliches Gefühl für die natürlichen Gegebenheiten des Spiels hat, lächelt nur mild über Leute, die den terrierhaften Verteidiger mit Schaum vor dem Mund jenem vorziehen, der Fußball spielen kann. Und er fragt sich, wie die durchdachte oder intuitive Finte, die das Überraschungsmoment schafft, mit chemischer Hilfe zustandekommen soll.

Einfachster Nenner: Weltklasse wird im Fußball nicht mit Doping gemacht, und gegen Weltklasse kann man nicht „andopen".

Der Parallelen zwischen Pelé und Beckenbauer sind viele, wiewohl die Unterschiede groß sind zwischen dem Instinktspieler mit den unbegreiflichen Reflexen und dem fast kontemplativen Spielmacher, der so oft ausgesehen hat wie der Erfinder des „Fußschachs". Gleich waren ihre beruflichen Perspektiven als Buben, bei allen Unterschieden zwischen dem brasilianischen Provinznest Bauru und dem Münchener Arbeiterviertel Giesing in seiner grauen Nachkriegs-Tristesse. Pelé, fünf Jahre früher geboren mit dem Namen Edson Arantes do Nascimento, wurde zwar öfter satt als der kleine Franz, weil da, wo der Kaffee wächst, auch die eßbaren Früchte nicht fehlen. Aber trotz Rassenvermischung, die nirgendwo als unschuldiger bezeichnet werden darf als in Brasilien, ist auch dort ein Grundsatz unumstößlich: je dunkler die Farbe, um so härter die Arbeit. Nicht viel anderes wäre ihm geblieben, als im Hafen von Santos Kaffeesäcke auf die Frachter zu schleppen. Aber auch Beckenbauers Erwartungshorizont als Stift bei einer Versicherung war bescheiden genug.

Die Alternative? Du kannst mit 17 Profi werden oder mit 50 Abteilungsleiter, was dann schon eine Traumkarriere nach einer Ochsentour wäre.

Die Ochsentour ist Pelé und Beckenbauer erspart geblieben. Der eine stieg beim FC Santos in den schnellen Lift, der andere beim FC Bayern, und das hat er dem Glücksfall einer Ohrfeige verdankt. Denn zum Giesinger Paradeklub TSV 1860 hatte er gewollt. Aber eine Watschn, die bös brannte im damals noch höchst jähzornigen Gesicht vom Franzi, wie die Mutter sagt, trieb ihn zum FC Bayern nach Harlaching. Einen kräftigen Abwehrrecken der Sechziger hatte er als Jugendspieler des SC 1906 mit einem frechen Kick durch die Beine zum Gespött gemacht. So kam's zur Watschn. Die wiederum löste Franzens Trotzreaktion aus, er unterschrieb beim Lokalkonkurrenten, bei Bayern, seinen ersten Profivertrag. Grundgehalt DM 160,–.

Wenn Pelé seine ersten Cruzeiros beim FC Santos hätte umrechnen können, wäre noch weniger herausgekommen.

Spielen wollten sie, und schnell kam zum Wunsch das Selbstwertgefühl. Es ist kein Geschäft wie jedes andere. Betrügen geht nicht. Protektion nützt nichts. Vor Tausenden stehst du auf dem Prüfstand, und wenn du als zu leicht befunden wirst, kommst du gar nicht ins große Spiel, bei dem das Fernsehen die Millionen-Kundschaft bringt.

Und dann mußt du dich konstant steigern. Der Glücksfall einer oder auch einiger frappierender Aktionen ist zu wenig. Die Leute müssen spüren, daß du es kannst, daß du nicht nur wiederholungs-, sondern sogar steigerungsfähig bist. Und daß du das hast, was die Engländer „Personality" nennen.

Die Zahl der Begabten, denen sie fehlt, ist Legion. Von Experten ist Franz Beckenbauers fünf Jahre älterer Bruder als der Begabtere angesehen worden. Heute spielt er in der AH-Mannschaft des FC Bayern immer noch Fußball.

Begabung kann sich nur entfalten, wenn Selbstwertgefühl und Durchsetzungsvermögen dazukommen.

Es gehört zu Franz Beckenbauers positivsten Eigenschaften, daß er Talent und Glück Dankbarkeit entgegenbringt, die sehr verwandt ist mit der von Pelé. Zwei Beispiele unter vielen mögen es beweisen: Er war zu einem Forum meiner Zeitung nach Stuttgart gekommen. Als Teamchef, um über die bevorstehenden Europameisterschaften zu diskutieren. Voll war der Saal und bemerkenswert sein Geschick, banale und emotionale Fragen, die unvermeidlich in solchen Fällen sind, ebenso sachlich abzuhandeln wie fachliche. Und niemand wollte nach Hause, weil man von solchen Diskussionen möglichst viel mitnehmen und an die Stammtische tragen will. Zuvor, am Nachmittag, hatte ein Arzt bei der Zeitung angerufen. In einem Krankenhaus lag ein schwer krebskranker zwölfjähriger Junge, dessen heißer Wunsch es war, Franz Beckenbauer zu sehen. Ich hatte es ihm mitgeteilt, aber er war auf der Autobahn in Staus geraten und mit Verspätung bei uns eingetroffen. Ein Besuch in der Klinik war nicht möglich.

Als die Diskussion vorbei war, enttäuschte er Autogrammjäger, die nie satt werden. Einen dringenden Termin in München schützte er vor, und niemand hat das Recht, bei einem Teamchef dringende Termine anzuzweifeln. Und jeder weiß, daß es nicht immer termingerecht rollt auf der Autobahn. Aber als wir draußen waren, sagte er: „Los, komm, fahren wir in die Klinik zu dem Jungen, ich hab was im Auto für ihn. Der hat mehr davon als Leute, die nicht heim wollen." Und unterwegs: „Ich habe so viel Glück im Leben gehabt, und er hat nicht einmal eines vor sich." Es ist anzunehmen, daß Pelé das Gleiche gemacht hätte. Sie vergessen ihre Wurzeln nicht, und die Geschichte von Pelé und dem Amsterdamer Jungen Kees mag mehr darüber sagen als hundert Seiten.

Sie beginnt im Amsterdamer Olympiastadion, wo noch ein paar Minuten zwischen Holland und Brasilien zu spielen sind. 0:0 steht es, und wenn es so bleibt, ist das ein Riesenerfolg für die Holländer, weil die Brasilianer anfangs der sechziger Jahre die gekrönten Könige des Weltfußballs sind.

Aber die Holländer halten sie nicht nur in Schach. Sie greifen mit einer Gewalt an, die die kaffeebraunen Männer in den pastellfarbenen Hemden und blauen Hosen all ihre Kunst vergessen läßt. Zum Stall wird ihr Strafraum, in dem der Oranje-Fuchs einen Hühnerhaufen scheucht – und zehn Sekunden vor Schluß rammt Peterson den Ball zum Siegestreffer in den brasilianischen Kasten.

Auf der Ehrentribüne umarmen sich Menschen, die sonst nur mit den Fingerspitzen zu applaudieren pflegen, und in den Kurven würden sie tanzen, wenn's Platz gäbe. Das überfüllte alte Stadion platzt schier aus den Nähten, und der 15jährige Bub, der sich durch die Menschentrauben wühlt, muß froh sein, daß sie ihm nur Ellenbogen in die Rippen stoßen.

„Laßt mich durch, ich muß weg!"

„Bleib still, Wanze! Hoep, Holland, hoep!"

Aber er kommt durch, findet seinen Weg, und niemand beachtet den Burschen, der Minuten später, als im Salon des Stadions die Sektkorken knallen, in großen Sätzen der Arena entflieht.

Vier Wochen später wird er einen Brief an den FC Santos nach Brasilien schreiben:

„Sehr geehrter Senhor Pelé!

Ich wollte Ihnen schon viel früher schreiben, aber ich fand einfach nicht den Mut dazu. Ich wußte nicht, wie ich Ihnen einen unverzeihlichen Fehler gestehen soll. Der Pfarrer ist schuld daran, daß ich mich jetzt endlich dazu entschlossen habe. Ich habe nämlich gebeichtet, und er sagte mir, daß ich mein Gewissen durch ein volles Geständnis an Sie erleichtern solle.

Ich habe Sie in Amsterdam bestohlen, Senhor Pelé. Ja, ich bin ein ganz windiger kleiner Dieb, für den es keinen größeren Wunsch gab, als Ihr Trikot, das mit der Nummer 10, zu besitzen. Ich wollte meine Kameraden mit dem berühmtesten Trikot der Welt überraschen. Gewalt habe ich nicht angewendet, denn die Tür zur Umkleidekabine war offen.

Zu unserem ersten Training nach dem Länderspiel bin ich eine halbe Stunde vor den anderen auf den Platz gegangen. Ihr Trikot, das ich aus meinem Sportsack gezogen habe, ist zerknittert gewesen, und am rechten Ellenbogen war ein großer brauner Fleck. Vielleicht rührte er von dem Sturz her, bei dem Sie sich verletzten. Oh, hätte ich Ihnen diese Verletzung abnehmen können! Aber ich habe etwas Schlechtes gedacht und es dann gemacht. Als Sie vom Platz gegangen sind, habe ich gedacht, vielleicht schmeißen Sie Ihr Trikot nur hin, und vielleicht kann ich es finden, wenn noch niemand vom Spielfeld zurück ist.

So ist es gewesen, aber heute weiß ich, daß das sehr dumm war. Ich habe Ihr Trikot aber nur zwei Minuten getragen. Als ich mich im Spiegel unserer Kabine sah, habe ich mich geschämt und das Trikot wieder in den Sack gesteckt, ehe meine Kameraden kamen. Aber ich hatte vergessen, daß man jede Rechnung bezahlen muß. Ich habe an diesem Tag so schlecht wie nie zuvor gespielt, und ich habe sogar die ganze Freude am Fußball verloren. Ich habe Ihr Trikot zu Hause in meinem Schrank versteckt und bin seither nicht mehr zum Training gegangen. Als ich es nicht länger aushalten konnte, ging ich zur Beichte. Der Priester hatte Verständnis und riet mir, Ihnen das Trikot mit einem Entschuldigungsbrief zurückzuschicken.

Das habe ich nun getan, aber noch empfinde ich keine Erleichterung, da ich Ihre genaue Adresse nicht kenne und befürchten muß, daß Sie die Sendung nie erreichen wird. Sollte das aber der Fall sein, so bitte ich Sie, mir zu verzeihen. Vielleicht verstehen Sie einen kleinen Fußballer, der eine Dummheit begeht, weil er davon träumt, ein großer zu werden.

Verzeihen Sie mir und seien Sie von Herzen gegrüßt von Ihrem Bewunderer Kees, Amsterdam."

Die Chancen, daß Pelé diesen Brief lesen würde, waren minimal. Wenn die Fanpost sackweise aus aller Welt kommt, ist der Star überfordert. Aber an diesem Tag wunderte sich die Klubsekretärin über ein frisch gewaschenes und sorgfältig gebügeltes Hemd mit der Nummer 10. Ob es ein Hotel zurückschickte?

Sie übergab es dem verwunderten Pelé nebst einem unverständlichen holländischen Brief, und was das bedeutete, wollte er nun doch wissen.

Er ließ sich den Brief übersetzen, und Kees aus Amsterdam kam in den Besitz folgender Antwort:

„Mein lieber Kees,

ich habe mich sehr über Deinen Brief gefreut. Du bist kein Dieb, sondern Du liebst nur den Fußball, so wie ich ihn liebe. Deshalb sende ich Dir mit der gleichen Post dieses Trikot zurück, als Erinnerung an Pelé und die gesamte brasilianische Nationalmannschaft. Sicher werden wir bald wieder einmal nach Holland kommen. Dann erwarte ich Dich in unserem Hotel. Ich will Dich unbedingt kennenlernen. Sei herzlich gegrüßt von Deinem Pelé."

Es sind die kleinen Dinge, bei denen die Berühmten zeigen, ob sie große oder kleine Champions sind.

Der Champion, der sich noch Kinderschuhe anziehen kann, hat nicht vergessen, wo er hergekommen ist.

Der Schuster der Nation: Adi Dassler, Vater des Hauses adidas. Er wurde weltberühmt durch die Erfindung der Schraubstollen, die erstmals Anpassung an die Bodenverhältnisse erlaubten.

„Adi, stolle auf!“ lautete die Anweisung von Bundestrainer Sepp Herberger während der WM 1954. Adi stollte auf – und das hochmoderne Schnürwerk half den Deutschen, den Titel zu gewinnen.

Der Schusterkrieg

Kapitel fünf

... in welchem die Episode von Raymond Kaelbel erzählt wird, der aus der elsässischen Fähigkeit, zwei Herren dienen zu können, ein Stück Fußball-Marketing machte

Nie vergesse ich den Komödiantenstadel, zu dem das Stockholmer Rasunda-Stadion beim Halbfinalspiel zwischen Brasilien und Frankreich der Weltmeisterschaft 1958 geworden ist. Die Brasilianer haben klar gewonnen, aber im Spiel sind Sachen gelaufen, von denen niemand etwas ahnt und die das Schnaufen nicht vertragen.

Man muß dazu wissen, daß diese Weltmeisterschaft den Schusterkrieg von Herzogenaurach so richtig angekurbelt hat. Puma gegen adidas hieß das Spiel, beziehungsweise der Kampf im Hintergrund. Untergrund wäre noch besser.

Ich hab's am Vortag des Halbfinales im beschaulichen französischen Quartier in Saltsjöbaden gemerkt. Es ist nicht nur von Schlachtenbummlern umschwärmt worden, sondern auch von den feindlichen Herzogenauracher Brüdern Dassler. Sepp Herberger, Fuchs, der er war, hatte die deutsche Nationalmannschaft vertraglich an adidas gebunden. Puma schäumte, adidas lächelte. Und Puma wollte expandieren. Bloß, mit den Brasilianern war nichts zu machen. Sie schworen auf eigenes Schuhwerk, so wie sie auf Café do Brasil schworen. Verrat wäre es gewesen, die kostbaren Füße der Nation in fremde Schuhe zu stecken. Aber sie spielten ja gegen die Franzosen, und mit denen mußte man reden. Französisch am besten.

Genau deshalb kam ich in die Schußlinie des Schusterkriegs. Armin Dassler, Junior-Chef von Puma, wußte, daß ich für „L' Equipe" arbeitete und lud mich in Saltsjöbaden zu einem Drink ein. Aber er trug die damaligen geschäftlichen Kinderschuhe, und ich, ausgestattet mit viel journalistischer Ethik und einem bißchen Blauäugigkeit, war ziemlich entsetzt über sein Ansinnen. Mindestens einen Franzosen sollte ich ihm liefern, der bereit war, dieses Halbfinalspiel mit Puma-Schuhen zu bestreiten.

Sogar zu einem Honorar war er bereit, aber ich habe nur den Kognac genommen und eine Idee gehabt, die mich aus der Sache raushalten würde: „Ich bringe Ihnen einen Spieler, der deutsch spricht, und was Sie mit ihm machen, ist Ihre Sache."

„Gut", sagte Armin Dassler, „aber es muß ein Stammspieler sein." Und ich bin ziemlich erleichtert gewesen, weil ich nicht den blöden Bauern bei diesem schusterlichen Schachzug spielen wollte. Ich suchte Raymond Kaelbel, den Elsässer aus Straßburg, auf. Er war einer der wichtigsten Abwehrspieler, und sein Einsatz stand hundertprozentig fest. „Paß auf, Puma will dir ein Angebot machen, aber ich will nichts damit zu tun haben." Raymond Kaelbel sagte: „Okay, reden kann man ja immer." Er hat draußen im Park einen kleinen Spaziergang mit Armin Dassler gemacht, und sie sind mit den Gesichtern von Männern zurückgekommen, die sich einig sind.

Für 2000 schwedische Kronen sollte Kaelbel für Puma spielen. Aber am nächsten Tag lief er mit adidas im Rasunda-Stadion ein. Der Puma-Chef saß keine fünf Meter von mir entfernt auf der Tribüne, und seine Gesichtsfarbe wechselte zwischen scharlachrot und käsigem Weiß.

Nie bin ich erleichterter über ein Geschäft gewesen, das ich nicht getätigt habe. Und dem Geschädigten muß klar gewesen sein, daß man bei Vertragsbruch bei schwarzen Geschäften dieser Art in eine ziemlich miese Röhre guckt. Wenn er mich anschaute, zuckte ich mit den Schultern, und kein Mensch wußte, was es bedeutete. Bei Halbzeit floh ich in den Presseraum, um Ruhe zu haben.

Aber dann passierte das Unfaßliche. Raymond Kaelbel erschien zur zweiten Halbzeit mit Puma-Schuhen! Und der Juniorchef, zuerst ungläubig mit dem Kopf wackelnd, fing zu grinsen an. Es war eine herrliche Geschichte, aber außer uns beiden hat sie wohl kaum jemand registriert, wenn man vom betroffenen Doppelagenten absieht.

Mitte der zweiten Halbzeit fing Raymond Kaelbel nämlich zu hinken an, und das mag nicht unerheblich zu Brasiliens klarem Sieg beigetragen haben.

Aber nicht einmal Trainer Albert Batteux hat etwas von den Wasserblasen geahnt, die seinen Abwehrrecken drückten, obwohl er vorher, zwecks erhöhter Geschmeidigkeit des Leders, in die neuen Schuhe gepißt hatte.

Frankreich hatte das Spiel verloren und sein Soll nicht erfüllt, aber seinen Vertrag. Adidas war zwei Stunden später mit einem besseren gekommen, und Raymond Kaelbel hat eine Tugend aus der elsässischen Fähigkeit gemacht, zwei Herren dienen zu können.

Erste Schritte können mühsam und schmerzlich sein, aber das sind auch Pionierzeiten für die Verbindung Sport und Werbung gewesen. Beckenbauer und die Werbung sind aufeinander zugegangen wie Verliebte, die einander wollen und brauchen. Man kann da tatsächlich amouröse Züge im weitesten Sinne entdecken, genau wie beim Rendezvous des geschäftlichen Erfolgsmenschen Bernard Tapie und dem sportlichen Erfolgsmenschen, der es fertiggebracht hat, das Wort Kaiser auf französischen Zungen zergehen zu lassen. Dabei war der preußische Beigeschmack auf diesen sehr feinfühligen Zungen fatal gewesen.

Tapie kaufte adidas aus beruflichem Expansionsdrang, und heißer Wunsch nach sportlicher Grandeur trieb ihn auf den Mann zu, der mit Italia '90 das höchste aller Podeste bestiegen hatte. Wer, wenn nicht er, konnte Olympique Marseille endlich einen Europapokal verschaffen?

Ein Künstler und sein Handwerkszeug: Jongleur Franz Beckenbauer mit dem Ball, der seine Karriere begleitete. Der Kaiser ist dem Hause adidas von Anfang an bis heute eng verbunden gewesen. Bernard Tapie, Präsident von Olympique Marseille, ist seit 1990 Mehrheitsaktionär des fränkischen Sportartikel-Konzerns.

Der Richter in Schwarz: Zu einem Skandal kam es bei der WM 1966, als der deutsche Schiedsrichter Rudolf Kreitlein den argentinischen Spielmacher Rattin (Nr. 10) vom Platz stellte. Zum Schutz vor den aufgebrachten Südamerikanern, die in numerischer Unterzahl gegen die Engländer verloren hatten, mußte der Unparteiische von Polizisten in die Kabine begleitet werden.

Schwarze Taten

Kapitel sechs

... in welchem die einzigen Richter der Welt aufs Korn genommen werden, die 90 Minuten lang laufend, keuchend und pfeifend zu richten haben, und dabei pausenlos beschimpft werden dürfen

Marseille – da war sie wieder, diese Herausforderung, ungeplant, aber wie selbstverständlich. Genau wie 1966. Und wieder taucht bei mir die Erinnerung an Pelé von 1958 auf, wenn ich an die Selbstverständlichkeit denke, mit der Beckenbauer in England durch seine erste Weltmeisterschaft spazierte. Mit frappierender Leichtigkeit und Eleganz nahm er Stufe um Stufe bis hin zur Plattform, auf der die Größten standen, und er hatte nicht nur ein nationales, sondern ein internationales Presse-Echo, das viele Köpfe verdreht hätte.

Wie vor ihm Pelé war er vom ersten Spiel an eine automatische Wahl, und der Weg ging durch bis ins Finale – dessen „Wembley-Tor" für die Deutschen schwarze Fußball-Historie geworden ist.

Aber vielleicht war es gut für ihn, daß er nicht als Weltmeister zurückgekommen ist. Satt machen kann der ganz frühe Erfolg, und 1974 hat der Franz einen ganz elementaren Hunger gebraucht, um den Titel im eigenen Land zu ergattern.

Für Deutschland? Natürlich auch. Aber in erster Linie für sich. Längst nannten sie ihn den Kaiser, aber ohne Krone tritt kein Kaiser ab. Oh, es war noch nicht die Rede davon, aber bei dieser Weltmeisterschaft in Deutschland war er 29, und schwer tun sich die Karriere-Planer mit dem Vierjahres-Rhythmus der Weltmeisterschaften.

1966, beim gegen England verlorenen Endspiel in Wembley, lernte er schiedsrichterliche Macht kennen, ohne zu wissen, wie sehr sie die Weltmeisterschaft beeinflußt hat, seit sie erstmals 1930 im Centenario-Stadion von Montevideo ausgetragen wurde.

Fußballerische Steinzeit ist es gewesen, und es ist kein Geheimnis, daß dem smarten und polyglotten belgischen Schiedsrichter John Langenus, der die meisten Spiele pfiff, nahegelegt worden war, für das Traumendspiel der beiden südamerikanischen Erzrivalen Uruguay und Argentinien zu sorgen.

Es kam zustande wie an der Pfeifenschnur gezogen, die am Hals des eleganten Belgiers hing, der mit Knickerbockers, Weste und Krawatte pfiff. Wie ein Oberkellner sah er aus, als er zwei Bälle ins Stadion balancierte, einen aus Argentinien und einen aus Uruguay. Die Argentinier durften mit dem eigenen beginnen und führten bei Halbzeit; aber nach der Pause wurden die Urus mit dem eigenen Weltmeister. Schusterkrieg gab's zum Ballkrieg nicht, aber schon wehte das Gerüchlein vom Bonus des Veranstalters durchs Centenario-Stadion, das aus Anlaß dieser Weltmeisterschaft und des 100. Geburtstages von Uruguay gebaut worden war und an Berühmtheit mit Wembley konkurriert. Wie ein reifer Apfel mußte Uruguays Weltmeistertitel einfach hineinfallen in diese gewaltige Betonschüssel.

Ein Buch über heftige und sanfte WM-Protektion ließe sich füllen, aber gnädigerweise schlummern die Beweise in den Archiven. Und vernünftigerweise läßt man die Heldentaten die schwarzen Taten überstrahlen. Menschlich ist eben das von Menschen betriebene und von Menschen gelenkte Spiel.

Nie ist das deutlicher geworden als vier Jahre später in Italien. Vor den Augen des Duce. Sie hypnotisierten die Schiedsrichter wie die Schlange das Kaninchen. Und so war Italien auf einer Sänfte ins Endspiel getragen worden, und hätte es niemals erreicht, wenn ihm der Schweizer Schiedsrichter Mercet im Viertelfinalspiel gegen Spanien nicht mit der skandalösesten Kette von Fehlentscheidungen, die es je gab, ins Viertelfinale hineingepfiffen hätte.

Auch beim siegreichen italienischen Finale von Rom sind die Tschechoslowaken die besseren gewesen, aber da hat die fanatische Publikumsunterstützung mehr Gewicht gehabt als die Schiedsrichterleistung.

Nichts genutzt hat der Bonus des Heimvorteils beim Endspiel von Rio 1950, als Uruguays Rechtsaußen Ghiggia in der Totenstille des Maracana den Siegestreffer erzielte. Pikantes Detail: Die Italiener sind nicht nur die Heldenklaus des modernen Fußballs. Sie haben diesen Ghiggia postwendend gekauft, genau wie Juan Schiaffino, den Spielmacher der Urus.

Unbestreitbar aber ist, daß die Engländer '66, die Deutschen '74 und die Argentinier '78 einen ansehnlichen Heimbonus eingelöst haben, und wer Fußballgras wachsen hört, der konnte bei dieser ersten WM Beckenbauers von '66 ahnen, daß ein Finale England – Deutschland für maßgebende Kreise angenehmer war als ein Zusammenprall der Engländer mit Argentinien oder Uruguay.

Ich habe damals meine verrückteste Fußballwette gewonnen und würde es gar nicht wagen, von ihr zu erzählen, wenn ich keinen über jeden Zweifel erhabenen Zeugen benennen könnte, nämlich den Verlierer.

Was mich zu der Wette getrieben hat, sind unterschwellige Gefühle gewesen, die einen gelegentlich anfallen, wenn man sich nicht nur im Stadion und in Hotelbars mit dem Spiel befaßt. Und mit seinen pfeifenden Schwarzröcken.

Es fing auf dem Weg zum Viertelfinalspiel gegen Uruguay an. Nach Sheffield mußten wir fahren, und das Hillsborough Stadion von Sheffield United war für diese WM mit einer schmucken neuen Tribüne ausgerüstet worden. Warum, fragte ich mich während der Fahrt im Bus, pfeift heute hier ein Engländer und zugleich in London ein Deutscher? Ganz heiße Musik waren diese beiden Viertelfinals Deutschland – Uruguay und England – Argentinien. Der Deutsche Kreitlein pfiff in Wembley, der Engländer Finney in Sheffield. Könnte es sein, daß aus Sheffield ein Schutzschild für Deutschland wird durch diesen Mr. Finney und Wembley etwas ähnliches für England durch Rudolf Kreitlein? Sollte es Protektion geben für ein Endspiel England – Deutschland? Jedenfalls war die Wahl der Schiedsrichter auffallend. Oh, zwei europäische Schiedsrichter erschienen durchaus angebracht gegen zwei Teams, die als die größten Kampfhähne Südamerikas galten. Aber warum ausgerechnet ein Engländer in Sheffield und ein Deutscher in Wembley?

Ich nagte daran herum, aber ein Diskussionsthema war's natürlich nicht. Aber war's eine Wette wert? Man blödelt bei solchen Spielen, zu denen man früh erscheint, auf den Presseplätzen immer ein bißchen herum, um sich vor der Arbeit die Zeit zu vertreiben, und plötzlich stach mich der Hafer.

„Heute", sage ich wie beiläufig zu meinem Nachbarn, „gibt's Platzverweise."

Es ist der treffliche Günther Wolfbauer vom „Münchner Merkur", und wir hatten schon viel in Sachen Fußball auf der Welt erlebt. Er ist auch mit einem gesunden bayerischen Humor gesegnet, aber diese Behauptung muß ihm zu blöd gewesen sein. Er tippt mit dem Zeigefinger ans Gestänge seiner Brille.

„Spinnst du?"

„Paß auf, ich wette, daß der Kreitlein heute in Wembley den Rattin vom Platz stellt, und hier fliegt auch einer raus. Ich weiß bloß nicht wer."

Wolfbauer nimmt die Brille ab, wie das Kurzsichtige manchmal tun, wenn sie Durchblick brauchen.

„Wieviel?"

„Eine Kiste Wein. Für mich eine Kiste Trollinger, aber du kannst einen fränkischen haben, wenn du gewinnst."

„Abgemacht. Aber wie kommst du überhaupt auf diesen Blödsinn?"

„Intuition", sage ich. „Wart's ab."

Und es geht gar nicht schlecht los für mich. Die „Celeste" aus Uruguay – man nennt die Mannschaft wegen ihrer himmelblauen Trikots so – beginnt furios. Die Deutschen strampeln verzweifelt, und der Verteidiger Karlheinz Schnellinger tut's nicht nur mit den Beinen. Mit einem schwer übersehbaren Handspiel verwehrt er dem Ball den Weg ins Tor, aber Schiedsrichter Finney pfeift den Elfmeter nicht. Nie mehr hätte er Frau und Kinder wiedergesehen, wenn er sich das in Montevideo geleistet hätte.

Und die Himmelblauen sehen ein Rot, das nicht von der europäischen Welt ist. Besonders Horacio Troche. Er säbelt seinen Gegenspieler Uwe Seeler nicht nur mit einem Foul um, das für drei Platzverweise gereicht hätte, sondern er versetzt ihm noch eine Ohrfeige, die bis unters Tribünendach schallt.

Wette halb gewonnen. Aber was macht Kreitlein in London?

Wolfbauer glaubt immer noch an seine Kiste Wein, aber plötzlich leuchtet es auf der elektronischen Anzeigetafel: „England 1, Argentine 0. Rattin expulsed."

Ich muß zugeben, daß ich hochgesprungen bin und Wolfbauer mich angeguckt hat wie einen Geist. Rattin vom Platz gestellt. Nie habe ich eine verrücktere Wette gewonnen! „Ich verlange", sagt er, als er wieder Luft kriegt, „eine Erklärung!" „Also paß auf. Rattin ist bei den Argentiniern der Größte. Fast zwei Meter. Und der größte Meckerer, das weiß man. Der Stuttgarter Schneidermeister Kreitlein aber ist der Kleinste, und es kommt noch was dazu."

„Was kommt denn noch dazu?"

„Er hat eine Glatze wie der kleine Cramer, und wenn das zusammenkommt, wird's kritisch. Der eine ist Fußball-Pastor geworden und der andere, sagen wir, Fußball-Richter. Und wenn der zu einem hochgucken muß, der ständig das Maul aufreißt, hat dieser schlechte Karten. Außerdem ist klar gewesen, daß es Zoff in Wembley gibt. Der Kreitlein hat sich einfach reiben müssen am Rattin, das wirst du überall morgen lesen."

Und man hat's ausgiebig tun können. Sogar Polizeischutz hat das tapfere Schneiderlein gebraucht, und gern haben ihn die siegreichen Engländer beschützt. Bei uns in Sheffield hat's sogar ein deutsches 4:0 gegen die nach Troches Platzverweis total von der Rolle gekommenen Urus gegeben. Deutschland und England marschierten auf's Endspiel zu, und Franz Beckenbauer machte sich seine ersten Gedanken über die Bedeutung von Schiedsrichtern bei anwachsender Bedeutung von Spielen.

Vertiefen konnte er sie beim Finale. Es ist möglich, daß er als Weltmeister heimgekehrt wäre, wenn der Schweizer Schiedsrichter Gottfried Dienst nach Rücksprache mit dem sowjetischen Linienrichter Bachramow nicht auf Tor entschieden hätte, als der Ball nach dem Schuß von Geoff Hurst vom Querbalken nach unten sprang.

Wohin? Staubte die Kreide der Linie auf? Beckenbauer schwört's und viele tun's, aber solche Schwüre sind keine Beweise, und selbst wenn das Fernsehen einen hätte liefern können, wär's zu spät gewesen, weil der Schiedsrichter auf der Stelle das zu treffen hat, was man Tatsachen-Entscheidung nennt. Das Recht auf Irrtum ist da eingeschlossen, aber nach den Erfahrungen von Italia '90 darf angenommen werden, daß die FIFA trotz aller Einwände, die in der Natur einer unnatürlichen Sache liegen, in Zweifelsfällen demnächst die Technik der Videotafel heranzieht.

Unnatürlich und vorsintflutlich ist es nämlich, wenn eine Milliarde Menschen mit Hilfe moderner Technik sich zur gleichen Zeit auf dem ganzen Erdball von der Gültigkeit eines Treffers überzeugen kann, und der einzige auf der Welt, der über die Gültigkeit zu entscheiden hat, nicht im Bild ist. Oder es nicht sein will? Franz Beckenbauer wäre nicht der, der er ist, wenn er nicht erkannt hätte, daß die Macht der Schiedsrichter mit der Bedeutung des im Spitzenfußball involvierten Geldes gestiegen sind.

In seinem Fall kann sogar die auf den ersten Blick absurd erscheinende Behauptung aufgestellt werden, daß ihn Bernard Tapie gar nicht mit einem Angebot, das auf der ganzen Welt noch nie einem Teamchef gemacht wurde, an sich gezogen hätte, wenn Olympique Marseille im Halbfinale des Europapokal 1990 nicht von einem Schiedsrichter betrogen worden wäre. Ein eklatantes Handspiel in Lissabon gegen Benfica führte zum Tor, das dem französischen Meister die Tür zum Wiener Endspiel gegen den AC Mailand zuschlug. Marseille, da schwören sie nicht nur in den Bistros rund um den Alten Hafen Stein und Bein, hätte dieses Endspiel gewonnen, weil es stärker war als Benfica und weil die Mailänder unter dem Formtief ihrer holländischen Edelimporte Gullit und van Basten litten. Zwar wiegen solche nachgereichten Rechnungen nicht schwerer als das Holzscheit auf den braunen Kräuselwellen des Alten Hafens, aber darin stecken Argumente, die zu einer Behauptung führen, die nicht abzuschmettern ist: Der Europapokal der Landesmeister ist der größte aller fußballerischen Wünsche des mit napoleonischem Ehrgeiz ausgestatteten Marseiller Präsidenten. Hätte er ihn 1990 gewonnen, wäre Beckenbauer nicht zum Alten Hafen gerufen worden. Er muß übrigens mit Schlips und Maßanzug hineinspringen, wenn der große Fischzug gelingt. Das ist heiliger Brauch in Marseille.

Die Fehlentscheidung eines Schiedsrichters also hat ihn hingebracht, woraus man sieht, welch seltsame Lukrativität aus seltsam verschlungenen Wegen des großen Spiels entstehen kann.

Die zu Staatsanwälten des Fairplay ernannten Schwarzröcke sind einerseits bedauernswerte und andererseits beneidenswerte Geschöpfe, wenn man ihre Sache durch ihre Optik betrachtet.

Sie sind Herrscher. Und es ist gesicherte Erkenntnis, daß gerade die, die sich durchboxen bis zu den großen internationalen Wettbewerben, unterschwellige Anbeter der Macht sind und sich selbst anbeten, indem sie sich erheben zum Mächtigen, an dessen Tatsachenentscheidung Millionen und Milliarden nichts ändern können, auch wenn es Mächtigere unter ihnen gibt.

Faszinierend ist in der Tat die Möglichkeit des unstudierten Richtertums, das sogar noch die Einspruchsmöglichkeit ausschließt. Ein prächtiger Gummibonus ist das, weil Irren menschlich und verzeihlich ist. Das muß ihnen einfach eingeräumt werden. Unverzeihlich, aber nicht ausrottbar, sind Dummheit, Laxheit oder gar Bestechlichkeit. Wäre der Profi-Schiedsrichter eine Lösung? Franz Beckenbauer verneint es: „Die Leistungen würden nicht besser, aber es ist unsinnig, daß da einer für 70 Mark Tagesspesen Millionengeschäfte dirigiert. Eine Tribünenkarte kann doch nicht teurer als der Schiedsrichter sein!"

Richtig. Der nicht wegzudeutelnde schiedsrichterliche Masochismus wird durch einen Betrag, der selbst als Taschengeld lachhaft ist, noch vergrößert, und wer die Psychologie der Pfeifenmänner kennt, kann sich nicht wundern, wenn da der heimliche Wunsch mit ins Spielfeld hineintrabt, den Herren Stars mal zu zeigen, was eine Harke ist. Für Franz Beckenbauer ist der Schiedsrichter kein Feindbild wie für so manchen, der nichts als einen verdammungswürdigen Verteiler von Roten und Gelben Karten in ihm sieht.

Weil er das Spiel, das ihn größer gemacht hat als alle anderen, in seiner ganzen Spannweite erfaßt hat. Mit einer Geduld, die freilich nichts Engelhaftes hat und deshalb begrenzt ist, versucht er seinem Sohn Stefan klarzumachen, daß schwache Leistungen nicht stärker werden durch Schimpfen über Schiedsrichter oder Trainer. Natürlich trägt der Junge, dessen Begabung unstreitig ist, schwer an seinem Namen. Viel schwerer, als Uwe Seeler an dem seines Vaters Erwin, des Arbeitersportlers, getragen hat. Genau gegenteilig ist die Sache da gelaufen. „Uns Uwe" ist er geworden, weil er die kämpferischen Qualitäten seines Vaters veredelt hat. Aber wenn du Beckenbauer heißt, kannst du nichts mehr veredeln. Weil Stefan mit der Erwartungshaltung eines Publikums, das weder Schonzeit noch die Milde der Vernunft kennt, nicht leben kann, ist er von 1860 München zu den Offenbacher Kickers gewechselt, aber einen zweiten

Beckenbauer wird die Bundesliga nicht erleben, weil der Stefan, bei aller unbestreitbaren Begabung, eben nie ein Franz werden wird.

Im Gegensatz zu ihm hat der Vater im Schiedsrichter immer mehr gesehen als ein notwendiges Übel. Und da trifft er sich, auf höchster Ebene, wieder mit den ganz Großen, Pelé, Fritz Walter, Bobby Charlton oder Di Stefano. Das Verständnis, das sie für einen Schwarzrock zeigen, entspringt eigenem Selbstverständnis. Sie erkennen die Aufgabe des Lenkers, weil sie selbst Lenker sind und fertig werden müssen mit den tausend Unwägbarkeiten des Spiels.

Franz Beckenbauer, den der Professionalismus im Sport als ganz jungen Mann gepackt hat, kennt sehr genau die Probleme des einzigen Amateurs, der nicht nur hineinläuft in ein Spiel mit den Profis, sondern der es nach bestem Wissen und Gewissen so gestalten soll, wie es die Regeln vorschreiben.

Es gibt den Schiedsrichter der alten Engländer nicht mehr. Den unantastbaren Gentleman, dem man das Recht auf Irrtum ebenso einräumte wie man an seinen fast königlichen Gerechtigkeitssinn glaubte. Die Profis von heute sind freilich auch keine Cambridge-Studenten, die das Fairplay so hochsteckten, daß sie einen Elfmeter absichtlich verschossen, wenn er ihrem Gerechtigkeitssinn widersprach.

Die Profis von heute treten zum Sieg um jeden Preis an. Beckenbauer gehört zu ihnen, aber er vergißt die Männer nicht, deren Aufgabe immer schwieriger wird im Spiel, das zum Kampf um Millionen geworden ist.

Er sieht ihn vor sich, den Mann, der durch die Decke der Umkleidekabine das Trampeln der Menschen auf der Tribüne hört. Er sieht ihn deshalb vor sich, weil auch er durch die dicke Wand das Summen ihrer Stimmen hört.

Freilich kommt das erst jetzt. In der aktiven Zeit hat er die eigenen Schuhe geschnürt und sich nicht gekümmert um den Mann, der vor fast einer Stunde, als das Stadion noch leer war, den Rasen geprüft hat.

Er ist jetzt nervös. Fickrig, sagt die Fachsprache. Genau wie die Spieler. Mehr vielleicht. Der linke Fuß, den er auf die blank gescheuerte Bank stellt, zittert ein bißchen, als er die weißen Bänder von Fußballschuhen festzurrt, die gar keinen Ball berühren dürfen. Es ist so etwas wie ein Festbinden des Helms der Soldaten.

Als der einsamste Mensch unter 70 000 fühlt er sich, aber niemand weiß es, wenn man von den beiden Linienrichtern absieht, die mit ihm diese Kabine teilen. Aber sind sie mehr als Meßdiener für den Pfarrer, der auf die Kanzel muß? Und vielleicht ist ihm einer neidisch, weil die Pfeife nicht an seinem Hals hängt? Längst sind sie fertig für die Hilfsdienste, für die sich keiner der 70 000 interessiert. Ein Kinderspielchen ist das Winken mit der Fahne gegenüber dem, was er zu tun hat. Die Klötzchen ihrer Fußballschuhe machen ein kratzendes Geräusch auf dem Steinboden der Kabine, und es stört ihn wie die Witze, die sie zu reißen versuchen. Drei Männer in der Enklave eines Stadions, das sie schützt. Momentan noch. Der Mann in der schwarzen Sporthose, der jetzt die Bluse zurechtzupft, wird dienstlich: „Geht schon mal raus und schaut nach, ob die Sanitäter in ihrem Raum sind oder wenigstens am Spielfeldrand. Manchmal sitzen diese Heinis auf der Tribüne, als ob sie bezahlt hätten!“

Die beiden Linienrichter blicken ein wenig verwundert, aber sie gehen, weil er ihren Blicken ausweicht und sich wieder mit seinen Schuhen beschäftigt.

Ein Trick von ihm ist's, weil er sie nicht genug kennt. Zum ersten Mal sind sie ihm zugeteilt worden, und als sie draußen auf dem Gang sind, dreht er von innen den Schlüssel um, geht an seinen Spind und entnimmt der ledernen Tragtasche den Flachmann. Zweimal setzt er ihn an, und der Kognac brennt wie Feuer in der Magengrube und nimmt ihm den Atem.

Dann schraubt er den Flachmann zu, der ein Geschenk seiner Frau ist, die er nach dem Spiel wiederzusehen hofft, und schließt die Tür wieder auf.

Sein langgezogener Pfiff hallt durch das Labyrinth unter der Tribüne, und wie so oft muß er an die Kasematten einer Festung denken, die ihm gleich keinen Schutz mehr bieten wird.

Es ist nicht die einzige Erinnerung an seine Militärzeit. Dieser schrille, aufreizende Pfiff heißt „Fertigmachen zum Raustreten", und es ist ein Signal, das weit hinausgeht über das eines Hauptfeldwebels.

Von nun an hören 22 Spieler und 70000 Zuschauer auf sein Kommando. Das sind zwei Divisionen. Folglich ist er nicht Hauptfeldwebel, sondern General.

Das ist ein überwältigendes Gefühl. Immer packt es ihn, wenn er die Spieler über den langen Gang treibt wie Raubtiere, die in die Manege müssen. Er ist der Dompteur, und seine Pfeife ist die Peitsche. Oder umgekehrt.

Aber es gibt auch die Angst des Dompteurs. Deshalb hat er den Flachmann gebraucht, und die beiden jungen Linienrichter brauchen es nicht zu wissen.

Niemand braucht es zu wissen, und auch niemand erfährt es, weil zwei Schlucke einen Mann nicht umwerfen, aber etwas für sein Selbstvertrauen tun. Er braucht es, wenn er das erste Foul gegen die Platzherren pfeift und die Galerie knurrt. Nicht bösartig, aber warnend.

Er braucht diese Resonanz sogar. Sie zeigt, daß schiedsrichterliche Macht viel größer ist als die der Galerie, und wenn das Fernsehen dabei ist, dann kann er sie sogar vor Millionen demonstrieren. Es hat Schiedsrichter gegeben, die große Spiele in die Verlängerung hineingepfiffen haben, um 30 zusätzliche Fernsehminuten zu haben. Keinem Staatsmann und keinem Showmaster ist das vergönnt.

Warum machen sie's? Fast nie Anerkennung, fast immer Kritik und nicht selten Gefahr bringt's ein, und man braucht schon eigenartige Gesellen für den Job, ohne die kein Spiel läuft. Idealismus, Hilfsbereitschaft, Rechtschaffenheit, Masochismus, Ehrgeiz, Machthunger und auch Neid sind die Komponenten ihrer Psyche, und es ist eine Mischung, die sie immun macht gegen die vordergründige Tatsache, daß sie von Spielern und Publikum als notwendiges Übel betrachtet werden. Sie sind die einzigen Richter der Welt,die 90 Minuten lang laufend, keuchend und pfeifend zu richten haben und dabei pausenlos beschimpft werden dürfen. Auch wenn sie gut sind. Aber wann sind sie gut? Ein verschwindend kleiner Prozentsatz des Publikums ist fähig und guten Willens, die Leistung des Unparteiischen unparteiisch zu sehen, und völlig indifferent steht die Masse dem schiedsrichterlichen Erfolgserlebnis gegenüber.

Sehr menschlich ist das, genau wie das Sich-Durchboxen des Schiedsrichters zur höchsten Klasse sehr menschlich ist. So menschlich, daß man die Erklärung am besten im Tierreich sucht.

Unter diesen Spitzenleuten findet man nämlich Hähne, Pfauen, Bulldoggen und Stiere, aber keine Lämmer, weil die in den unteren Klassen hängenbleiben. Aber auch Radfahrer kommen weiter, um nicht nur den zoologischen Vergleich zu bemühen.

Freilich ist den meisten unbekannt, daß irgendwo auf der Tribüne ein Mann versteckt ist, der 90 Minuten lang an einem Fragebogen arbeitet. Es handelt sich um den sogenannten Schiedsrichter-Beobachter, einen schiedsrichterlichen Pensionär meist, vor dem der Schwarzrock auf dem Rasen mehr Angst hat als vor allen, die ihn als das größte Arschloch der Fußballgeschichte bezeichnen.

Denn der und nicht die Galerie entscheidet über seine Karriere. Aber wie soll er vom Hochsitz aus beurteilen, was der zu Beurteilende hautnah auf dem Rasen erlebt? Es gibt da Fälle, bei denen in dubio pro reo – zugunsten des Angeklagten – zu entscheiden ist, aber das kannst du nur erkennen, wenn du in der Hitze des Gefechts stehst. Und am besten vielleicht, wenn du selbst gespielt hast und kein Paragraphenhengst bist.

Mit einem Erfahrungsschatz, den nicht viele haben, vor allem aber aus einem psychologischen Kenntnisreichtum, mit dem keiner konkurrieren kann, betrachtet Franz Beckenbauer das immer heißer werdende Problem der Spielleitung.

Und wenn er von vernünftigerer Entschädigung für Schiedsrichter spricht, dann weiß er, warum. Immer wieder wird von Funktionären gewünscht, Berufsspieler mögen sich nach dem Ende ihrer Karriere der Schiedsrichterei widmen.

Der Wunsch ist ebenso verständlich wie naiv. Verständlich, weil der Ex-Profi ein viel intensiveres Gespür für das Spiel hat als Männer, die einen Ersatz dafür suchen, daß sie nicht in der Lage waren, es professionell zu betreiben. Naiv ist er aber, weil der abtretende Profi nicht die geringste Lust verspürt, auf dem Rasen, dem er aus biologischen Gründen adieu sagen muß, den Buhmann zu spielen.

Aber Beckenbauers Idee würde die Sache attraktiv machen für so manchen, der gerne im Spiel bleiben würde, das ihn ernährt hat, aber eben nicht so, daß sich automatisch die zweite Karriere anschließt.

Daß nicht die Honorare von PR-Günstlingen herausspringen können, versteht sich am Rande, aber ebenso klar ist, daß bei entsprechendem Anreiz ein verläßlicher Stamm früherer Profis zur Schiedsrichtergilde stoßen könnte. Es ist möglich, daß das die Puritaner unter dem Unparteiischen nicht gerade begrüßen würden, aber wieviele Reformen haben ihre Hürden überspringen müssen, ehe sie begrüßt wurden?

Franz Beckenbauer und die Schiedsrichter – eine unendliche Geschichte.
Häufig hat sich der Weltstar mit den schwarzen Männern angelegt. Im Finale der WM 1966 schloß der Münchner durch das Trio Bachramow, Dienst und Dr. Galba (von links) Bekanntschaft mit der Willkür der „Unparteiischen". Dieses Schiedsrichtergespann erkannte das berühmte „Wembley-Tor" für England an.

Harlekin

Kapitel sieben

... in welchem das Rollenspiel auf dem Rasen mit dem großen Welttheater und der Torwart mit dem furchtlosen Ritter aus dem Märchenbuch verglichen werden

Die Hürden, die Franz Beckenbauer während seiner Spielerkarriere und danach genommen hat, sind nicht vergleichbar, weil der Mann nicht vergleichbar ist. Sicher, die Behauptung schreit nach Einspruch, weil es unendlich viele Leute in unendlich vielen Berufen gibt, deren Tätigkeit als wichtiger bezeichnet werden kann und die ständig im Vergleich stehen.

Aber es geht hier um nichts anderes als um das große Spiel, in dem er als Künstler und Erfolgsmann unvergleichlich ist. Natürlich schwimmt im Kielwasser der Bewunderung stets Neid, aber nichts Wesentliches von dem, was er angepackt hat, ist ihm aus der Hand gefallen, und wer kann von sich behaupten, mehr Menschen mehr Freude gemacht zu haben. Irrationales kommt dazu. Wem die Antenne für dieses Spiel fehlt, der wird nie begreifen, warum es Beckenbauer auf diese einsame Stufe gehievt hat. Mit dem Seziermesser der Ratio sind keine Erkenntnisse zu gewinnen über ein Ensemble von Männern, das nichts anderes im Sinn hat, als einen Ball per Fußtritt oder Kopfstoß in einem Rechteck von Stangen unterzubringen, das Loch und Netz hat wie ein Schmetterlingshamen. Und er wird nie begreifen, warum zwei Milliarden auf dem ganzen Erdball sich bannen lassen von der Faszination eines Weltmeisterschaftendspiels. Wildfremde fallen einander um den Hals, Fahnen werden geschwenkt oder verbrannt, Autos hupen, Böller krachen, Feinde versöhnen sich und Freunde werden Feinde, und von den Tränen von Freud und Leid wollen wir gar nicht reden.

Das Geheimnis ist die fehlende Hand. Mit ihr pflegt der Mensch alle anderen Spiele zu lenken, ob Tennis, Handball, Basketball oder Hockey auf Eis oder Rasen. Aber die grandiose Idee, den Menschen zum Spiel seiner natürlichen Greifwerkzeuge zu berauben, ist von so theatralisch-circensischer Einmaligkeit, daß der Fußball geradezu brüllt nach Witz und Kreativität, nach der künstlerischen Darbietung eben. Aus der Finte, die von Kopf und Körper kommt, entsteht subtile gemeinschaftliche Aktion, denn nicht nur Ballspieler, sondern Rollenspieler sind am Werk, das ein Drama ohne Skript ist, und wiederholbar und immer neu, ohne das Solo auszuschließen, das alle anderen in Sekundenschnelle zu Statisten macht. Wem kommt da nicht Siegfried in den Sinn?

Wer hat nicht schon Don Quichotte gegen Windmühlenflügel kämpfen sehen, wenn einer furchtbar daneben säbelt vor einem Tor, das ihn wie eine häßliche Fratze angähnt? Wer nicht?

Mythen und Epen stecken in diesem Spiel wie in keinem anderen, und das ist es, was diese zwei Milliarden in ein Weltfinale treibt, viel viel mehr, als jemals den Faust seit seiner Uraufführung im Theater gesehen haben. Bei Sepp Herbergers 80. Geburtstag hat Bernhard Minetti, der wohl der größte aller Faust-Darsteller war, eine halbe Nacht vom Faszinosum des Schauspiels Fußball geschwärmt und von Figurencharakteren, die ihn inspirierten.

Bei Beckenbauer ist das seither etwas strapazierte Wort Lichtgestalt gefallen, aber wer würde dem Mimen nicht Pathos verzeihen, wenn funkelnder Wein ihn animiert. Viel bemerkenswerter war sein Rollenverständnis, und es hat eine Menge mit dem Glück zu tun, das für Franz Beckenbauer nicht nur Türöffner einer beispiellosen Karriere war, sondern ständiger Begleiter.

Am Anfang stand die Backpfeife bei jenem Giesinger Jugendspiel gegen 1860 München. Sie war es, die ihn zu den Bayern brachte, und wenn es auch sicher ist, daß sein Talent in jedem Klub gestrahlt hätte, so hätte ihm frühes Glück nirgendwo anders zufallen können als beim FC Bayern.

Es war die Mittelachse. Beckenbauer eingerahmt von den beiden Allerweltsnamen Maier und Müller und von zwei Alleskönnern.

Sie wurden Weltmeister zusammen, aus dem höchst einfachen Grund, weil der weltbeste Libero hinter sich den weltbesten Torhüter seiner Zeit und vor sich den weltbesten Mittelstürmer hatte. Und sie wären es auch geworden, wenn der Pfarrer von Pasing Bundestrainer gewesen wäre.

Fast wundersam ist diese Konstellation gewesen. Beckenbauer hat hinten Sicherheit gespürt und nach vorne, nimmt man Bernhard Minettis Worte, die Lust zum Fabulieren. Für ihn spielte Beckenbauer zwischen Harlekin und dem Artecchino aus der Commedia dell' Arte.

Gerd Müller einzusetzen, sei's durch den geschlenzten Langpaß, dessen provozierend lässige Eleganz genau jenen Effet produzierte, der den Gegner machtlos macht, sei's mit dem blitzschnellen Doppelpaß durch Räume, die eng wie Nadelöhre waren, gehört ebenso zu Beckenbauers markantesten frühen Erfolgserlebnissen wie Klasse und Besessenheit des Mannes hinter ihm, mit dem er eigentlich gar nicht spielte, aber dessen Verläßlichkeit eigenes Risiko erlaubte. So konkurrenzlos ist die Klasse des Maier-Sepp gewesen, daß er behauptet, der Maier-Sepp hätte den Rekord von Stan Matthews gebrochen, der noch mit fünfzig für Stoke City in Englands erster Division spielte.

Ich habe mich dieser Prognose angeschlossen, aber dann ist der 14. Juli 1979 gekommen, und es ist anderes zu schreiben gewesen, nämlich dies:

Es war einmal ein kleiner Bub, der wünschte sich vom Christkind riesige Handschuhe und die Unüberwindbarkeit der furchtlosen Ritter aus den Märchenbüchern. Groß genug war er, um zu wissen, daß es sie nicht gibt, aber noch zu klein, um zu wissen, daß es den unüberwindlichen Torhüter nicht gibt. Der wollte er werden, aber er wußte nicht, daß jede Mannschaft verwundbar sein muß, weil es sonst das große Spiel nicht gäbe. Als er Torhüter wurde, lernte er schnell. Aber er lernte auch alles andere, was man lernen kann, und zählte bald zu den Besten im Lande, zu denen, die in die Nationalmannschaft berufen werden.

Aber das war ihm nicht genug. Der beste der Welt wollte er werden, und als er es zum ersten Mal öffentlich sagte, wurde er belächelt, weil es unheimlich viele gute Torhüter gibt. Ihr Bester zu werden ist beinahe so schwer, wie König zu werden.

Man muß dazu geboren sein, und der Josef Dieter Maier war es, genau wie der, der neben ihm zum Kaiser geworden ist. Er ist der König der Torhüter der Welt geworden, weil seine Begabung und Klasse so groß wie seine Besessenheit waren.

Er ist es auch geblieben zu einer Zeit, in der andere nicht nur mit Bällen, sondern mit der Last der Jahre zu kämpfen haben. Aber dann ist am 14. Juli 1979 der Autounfall gekommen. Nicht nur Arm- und Rippenbrüche, auch innere Verletzungen von einer Schwere, die jeden Gedanken an Leistungssport absurd machten. Männer mit viel geringeren Schäden sind lebenslang Invaliden.

Aber dieser Maier-Sepp ist von einem Lager, das sein letztes hätte sein können, aufgestanden, um zu trainieren, weil er zur Sonderrasse der Besessenen gehört. Er hat die Natur, die ihn in überreichem Maß beschenkte, zwingen wollen, seinem Willen zu gehorchen. Kann man das? Es gibt Beispiele dafür.

Darf man das? Es gibt Grenzen, deren Überschreiten der Arzt verbieten muß. Aber wer will einen bremsen, dessen Wille Risse am Zwerchfell flickt, die medizinisch irreparabel erscheinen? Warum dieser verzweifelte Kampf um eine Rückkehr, der, vernünftig betrachtet, unnötig ist für einen, der alles bewiesen hat?

Die Antwort ist nicht nur im unbezähmbaren Betätigungs- und Bestätigungsdrang eines Energiebündels zu suchen. Die ganze Seelenwelt des Torhüters spielt mit. Seine insulare Einsamkeit im prickelnden Spannungsfeld des Mannschaftskampfes, die mit keiner anderen vergleichbar und nicht übertragbar ist wie draußen von Strafraum zu Strafraum. Die Galerie entdeckt diese Einsamkeit erst, wenn sie blitzartig Tatsache ist, und noch viel ahnungsloser ist das große Fernsehpublikum.

Denn die kleinen Ausschnitte der 90-Minuten-Dramen, die sich auf den sogenannten zählbaren Erfolg konzentrieren, sind zur modernen visuellen Krankheit geworden. Allemal zeigen sie den Torhüter als Verlierer, was immer er auch geleistet haben mag, und das gängigste Bild in der Zeitung am Montag ist das des Torhüters, der ins Gras beißt, und das des Balles, der im Netz zappelt. So wird der Mann zwischen den Pfosten noch mehr zum Masochismus getrieben, als er es schon ist. Die sportliche Konsumgesellschaft in ihrer deutlichen Mehrzahl bekommt mehr von seinem Unglück als von seinem Glanz zu sehen, weil nur das zählt, was er zu verhindern hat, nämlich die Tore.

Vergessen, ausgelöscht sind dann die Fehler, die weit ab vom Tor von den Mannschaftskameraden gemacht worden sind. Es erhebt sich höchstens noch die akademische Frage, ob der Treffer haltbar war oder nicht. Aber hat da nicht oft genug auch ein Libero namens Beckenbauer sich den Zorn des Maier-Sepp zugezogen, wenn er ausgeflogen war in des Gegners Hälfte, anstatt für Ordnung zu sorgen vor seinem Torhüter? In solchen Fällen hat der Maier-Sepp ganz anders brüllen können als ein feiner Herr. Aber wer merkt's, und wer will wissen, wie viele „Unhaltbare" er herausgeholt und wer den eigentlichen Fehler gemacht hat, der nun plötzlich ihm angekreidet wird?

Den letzten beißen die Tore, und wenn vor ihm reihenweise die Schlafmützen gestanden sind. Torhüter müssen mit dieser Philosophie leben. Sie müssen sich auch herbe Kritik gefallen lassen, wenn sie kalt erwischt werden, obwohl jeder wissen sollte, wie schwer es ist, warme Muskeln und blitzschnelle Reflexe aufzubieten, wenn du im winterlichen Kampf eine halbe Stunde tatenlos gefroren hast und plötzlich der Überfall kommt. Deshalb sind alle Torhüter, die groß werden, außergewöhnliche Männer, die sich nicht nur durch den Pullover von denen unterscheiden, die das Spiel machen.

In gewisser Hinsicht hat der Mann zwischen den Pfosten sehr wohl mit der Ritterrüstung der Unbezwingbaren des Märchens zu tun, und sehr gut erinnert sich der Maier-Sepp an Toni Turek, der beim Berner Endspiel von 1954 die Ungarn mit seinen Paraden zur Verzweiflung brachte. Und es hätte den Knirps Maier überhaupt nicht gewundert, wenn der Riese Turek mit Helm und Hellebarde zwischen seinen Pfosten gestanden hätte.

Wer darüber lacht, kann sich nicht in zehnjährige Buben versetzen, die ohne Europapokale und Fernsehen aufwuchsen und deren Idole aus Wien oder Prag kamen, Städte, die damals weiter entfernt waren als heute Rio oder Montevideo.

Unzweifelhaft hat die Verherrlichung der großen Torhüter mit der fernsehlosen Zeit zu tun, denn was an Legenden von ihnen über die Grenzen drang, vergrößerte sich mit der Entfernung zum Wundersamen.

Man denke an Rudi Hiden, den schwarzen Panther aus Wien, der neben der Rolle vor- und rückwärts den weißen Rollkragen einführte und damit eine nie dagewesene Eleganz. Als er zum Racing-Club de France ging, kam das in der launischen Diva Paris hervorragend an, aber der junge französische Berufsfußball konnte ihm nicht die Ausstrahlung geben, die seine Zeitgenossen Zamora in Madrid und Planicka in Prag hatten. Der Spanier war der Göttliche, der Tscheche die Katze von Prag.

Sie sind es gewesen, die den Übermenschen im Tor kreiert haben, getrieben von einem von der Galerie geforderten und von ihnen bis zum Exzess praktizierten Wagemut. Jeder von ihnen hat sämtliche Rippen und Arme gebrochen, ganz zu schweigen von Kopfverletzungen, die sie in Serie hinnahmen. Und mit ihnen ihre Nachahmer. Der sich kopfhals ins Getümmel stürzende Torhüter war ein gefährliches Markenzeichen des Fußballs zwischen beiden Weltkriegen, und er hat nicht nur den Ruhm der einsamen Männer zwischen den Pfosten vermehrt, sondern auch die Zahl ihrer Verletzungen.

Erst nach dem Zweiten Weltkrieg ist der Größte von allen gekommen: Lew Jaschin. Der Mann mit der breiten und scheußlichen Schildmütze eines sowjetischen Fabrikarbeiters, die er auf dem Markt als Tasche benützen konnte für ein Dutzend Eier nebst Henne, hat die Kunst des Toreverhütens viel eindrucksvoller entwickelt als seine Mannschaftskameraden von Dynamo Moskau und der Nationalmannschaft die Kunst des Toreschießens. Aus dem höchst einfachen Grund, weil er, wie Beckenbauer, seine Aufgabe weitsichtiger als andere erfaßte. Es war klar, daß zwischen diesen beiden Männern, wenn sie das Spiel zusammenführte, Freundschaft entstehen mußte. Beide haben im eigenen Labor geschafft, was zu einer weitgehenden Unabhängigkeit und bei Jaschin zu einer Befreiung vom Kollektivdenken führte, mit dem die Russen den Weltfußball erobern wollten.

So wurde er in einem Land, das den Individualismus im Spiel ablehnte, ihn aber dem Torhüter nicht verbieten konnte, der erste authentische Star.

Und er sprengte die Grenzen. Er ist der einzige Torhüter, der die Wahl zu „Europas Fußballer des Jahres" gewann, die seit 1955 von Frankreichs großer Fachzeitschrift „France Football" durchgeführt wird. Auch die Besten nach ihm sind ohne Chance gegen die geblieben, die zur Produktion von Toren antreten und nicht zu ihrer Verhinderung. Franz Beckenbauer, zweimaliger Gewinner dieses begehrten Goldenen Balles von Europa, kann besser als jeder andere ermessen, was es bedeutet, wenn ein Torwart die Phalanx derer durchbricht, die das Spiel machen.

Lew Jaschins Karriere endete, als die des Sepp Maier begann. Aber trotz einer Besessenheit, die getrost als übermenschlich bezeichnet werden darf, hat der Münchner nach seinem schweren Unfall das Comeback nicht schaffen können. Immerhin ist er Torhüter-Trainer der Nationalmannschaft geworden und Spaßmacher geblieben. Aber niemand hat gemerkt, daß Harlekin viel Trauer getragen hat.

Lew Jaschin

Kapitel acht

... in welchem zu lesen ist, wie der junge Beckenbauer die deutsche Elf ins WM-Finale 1966 schoß gegen den größten Torwart aller Zeiten. Und wie es zu einer tiefen Freundschaft kam

Halbfinalspiel Deutschland – Sowjetunion 1966 im Goodison-Park von Liverpool. Wer gewinnt, geht nach Wembley zum Endspiel. Franz Beckenbauer ist 20, Lew Jaschin 36. Der könnte, biologisch gesehen, sein Vater sein. Und seine Erinnerungen gehen zurück an jenen Tag, an dem er den schwarzen Mann zum ersten Mal gesehen hat.

Was ihm zuerst einfällt, ist tatsächlich schwarz. Schwarz von oben bis unten. Dazu unheimlich lange Arme und Hände, die einem Fußball keine Chance zum Wegspringen lassen, auch wenn sie ihn von oben greifen.

Oh, er sieht das aus unüberbrückbarer Entfernung. 1955, gerade zehn Jahre ist er alt, und diese erste Begegnung mit Jaschin findet in einer überfüllten Giesinger Wirtschaft statt, in der ein Fernseher steht. Viele Kriegsveteranen, die noch gar nicht so alt sind, kriechen fast in den Bildschirm, obwohl es nur eine Aufzeichnung ist. Es gibt noch nicht das Live der Eurovision, aber unwirkliche Bilder sind's für die Männer, die in jenem Land haben Krieg machen müssen und aus Moskau jetzt nicht nur die deutsche Nationalhymne hören, sondern ein richtiges Spiel sehen, wie man es gewöhnt ist, und bei dem Russen und Deutsche sich sogar gelegentlich umschmeißen, ohne daß sich der Himmel über Moskau verdunkelt.

Franz, der immer noch der Stumpen ist, weil er nicht recht wachsen will, sieht bloß etwas davon, weil er mit anderen Buben auf dem Boden hockt vor den Stühlen der Männer. Nur um's Spiel geht's ihm, und es läuft so, daß man es gewinnen könnte mit Weltmeistern wie Fritz Walter, Morlock und Rahn.

Zwei Tore schafft dieser deutsche Sturm auch gegen den schwarzen Mann im russischen Tor, aber die Männer mit den roten Jerseys um Igor Netto schaffen drei, und der kleine Franz weiß natürlich nicht, daß es nie einen wichtigeren Fußballsieg für die Herren im Kreml gegeben hat. Mindestens 20000 deutsche Kriegsgefangene hocken noch am Ural und in Sibirien, und leichter wird es für Adenauer, ihre Entlassung durchzusetzen, weil sich die Russen im größten Spiel der Welt gegen den Weltmeister durchgesetzt haben. Es ist tatsächlich ein sehr wichtiges Spiel und eine nützliche Niederlage gewesen.

Und jetzt Liverpool ’66, Halbfinale. Der Name Beckenbauer ist bekannt geworden auf dem Weg dorthin, aber was ist das gegen die durch den Eisernen Vorhang gedrungene Popularität von Lew Jaschin! Noch ist er weit entfernt von kaiserlichem Glanz, ein Talent nur, dessen Weg man verfolgen wird.

Aber im russischen Tor steht ein Monument. Und es steht nicht bloß. Zum ersten Mal sieht Beckenbauer einen Torhüter, der sich auf ganz ungewöhnliche Weise bewegt. Er kommt aus seinem Käfig heraus wie ein Papagei, der Mitspracherecht verlangt, aber es ist nicht nur Geplapper, weil er tatsächlich mitmacht.

Fast Libero-Arbeit ist das. Nicht einmal die Strafraumgrenze kann ihn bremsen, und der, den sie noch nicht den Kaiser nennen, spürt so etwas wie eine dritte Dimension. Der schwarze Mann spielt sozusagen schwarz mit. Soll heißen, daß er aus seinem Kasten kommt, um den zwölften Mann im Feld zu spielen, wenn ihn sein Gefühl für die Spielentwicklung von der Linie treibt.

Abgesehen vom geschickten Abwurf mit den gewaltigen Pratzen zum freien Mann ermöglicht ihm das noch viel mehr: die Fußabwehr zur Rettung, den gescheiten Paß zum freien Mann, der postwendend den Konter lanciert.

Nur unterschwellig nimmt es Beckenbauer auf, weil bei einem Halbfinale außer dem Sieg nichts zählen kann, aber da ist ein Keim zur Verehrung des schwarzen Mannes gelegt, der wachsen wird. Und er schießt ihm ein Tor, das zu denen gehört, die er nicht vergißt. Es ist das 2:0 in der 68. Minute, und es ist der Einzug ins Endspiel. Ein solches Tor gegen den Größten der Welt, auch wenn der schon 36 ist! Beckenbauer hat seine internationale Visitenkarte.

Jaschins Freund konnte er damit nicht werden. Das ist später gekommen. Ich habe dieses Glück früher gehabt, und es hat mit einem Interview angefangen, das eigentlich gar nicht hätte stattfinden dürfen. Weil es verboten war. Denn geradezu unvorstellbar für heutige Begriffe war das Mißtrauen der Russen gegenüber westlichen Journalisten 1958 in Schweden, bei der ersten Weltmeisterschaft, an der sie teilnahmen.

Nationaltrainer Katschalin gab Pressekonferenzen, die dürftiger waren als das Angebot einer Moskauer Bäckerei an Tagen, an denen es nur Schlangen und kein Brot gibt. Und die Spieler waren unter Verschluß.

Bis auf einen. Ich hatte herausgefunden, daß Lew Jaschin sich sogar beim bärbeißigen Katschalin Privilegien erkämpft hatte.

Er war leidenschaftlicher Sportangler und durfte gelegentlich draußen in Hindas an einem stillen, von hohen Tannen umrahmten See nach den Fischen schauen. Ohne Bewachung sogar, was in einem kaum faßlichen Widerspruch zum Kollektivgedanken stand. – Später habe ich es begriffen. Auf Grund seiner Klasse, die unverzichtbar war, konnte sich der Mann „klassenfeindliches“ Verhalten erlauben.

Ich aber lieh mir bei einem schwedischen Fischer Angelgerät und Montur, doch ist es mir nicht gelungen, diese Requisiten später als legitime Spesen bei meinem schwäbischen Buchhalter, dessen Wiege in einem Kassenschrank gestanden haben muß, zu verrechnen. Ideenreicher Journalismus wird zwar akzeptiert, aber selten vergütet.

Als schwedischer Fischer habe ich neben Jaschin eine gute Stunde geangelt. An Land gezogen habe ich nichts außer dem einzigen Interview, das dem russischen Torhüter bei dieser Weltmeisterschaft aus der ungewöhnlich großen Nase gezogen wurde. Katschalin hat geschäumt, weil sich der ganze internationale Blätterwald auf das Produkt unserer gemeinsamen Bemühungen in einem fürchterlichen russisch-englischen Kauderwelsch stürzte.

Aber es hat Jaschin nichts geschadet, weil ihn sein Trainer brauchte und er so souverän war wie später Beckenbauer. Und er hat natürlich gemerkt, was für ein armseliger Angler ich war. Wo immer wir uns später auf der Welt trafen, fragte er grinsend: „Wollen wir zuerst angeln oder gleich reden?"

Er hat viel Humor gehabt, der Lew Iwanowitsch Jaschin, und Humor ist ein Trillingsbruder von Klugheit und Menschlichkeit. Es ist eine Trilogie, die bei vielen großen Champions zu finden ist und von der sich speziell Franz Beckenbauer angezogen gefühlt hat, wohl wissend, daß in seinem Rampenlicht Sterntaler fielen, die einem Jaschin nicht vergönnt waren.

Verblüffend freilich haben sich ihre Anfänge geglichen. Da waren Elternhäuser von gleicher Bescheidenheit, aus denen Berühmtheiten so selten zu wachsen pflegen wie die Rose neben dem Löwenzahn des Bahndamms. Und beide haben, als sie gepackt wurden vom Fußball, nichts anderes im Sinn gehabt als Tore zu schießen.

Aber als er anfing, war der kleine Lew schon viel größer als der Stumpen Franz. Und er hatte auch einen Vater, der dem Fußball freundlicher gesinnt war als der Oberpostsekretär Beckenbauer in München-Giesing. Er spielte selbst in der Werksmannschaft der Moskauer Tuschino-Fabrik und beorderte seinen Sohn, den er für einen vielversprechenden Mittelstürmer hielt, in die Jugendmannschaft. Vorteile konnte ihm das bringen wie den Ruhr-Knappen der zwanziger und dreißiger Jahre, die als gute Fußballer von der Arbeit unter Tage befreit wurden, um dem Spiel mehr Zeit widmen zu können. Und als eines Tages der Torhüter der Jugendmannschaft ausfiel, beorderte der Trainer keinen Stumpen zwischen die Pfosten, sondern seinen langen Mittelstürmer.

„Du wirst sehen, das kannst du auch. Ist ja bloß für heute!" Es sollte der Anfang einer Karriere werden, einer der längsten und glanzvollsten.

Und noch etwas Hochinteressantes kommt da ins Spiel. In ein Spiel, bei dem nur einer die Hände gebrauchen darf, aber auch die Füße und möglichst den Kopf.

Der dies dachte, als er den Lew Iwanowitsch Jaschin zum ersten Mal sah, war kein anderer als Arkadi Tschernitschew, und das ist in einer Epoche gewesen, in der die Russen noch glaubten, Mannschaftsspiel sei Mannschaftsspiel, und man könne folglich Eishockey und Fußball in einen Topf schmeißen. Dieser Arkadi Tschernitschew trainierte tatsächlich sowohl die Eishockey- als auch die Fußballmannschaft von Dynamo Moskau, und die langen Arme und die großen Hände von Lew Jaschin inspirierten ihn um so mehr, als er merkte, daß sie von einem gescheiten Kopf gelenkt wurden. Und das Talent, mit dem der Junge antwortete, erfreute ihn.

Das Debüt in der ersten Mannschaft war fürchterlich. Womit bewiesen wäre, daß Torhüter in viel höherem Maße Gefangene ihrer Fehler sind als Feldspieler. Spartak

Moskau war Dynamos Gegner. Ein Derby von Erbfeinden. Und im Tor ein maßlos nervöser Debütant namens Jaschin. Noch viel zappeliger als der Neuling Beckenbauer im Stockholmer WM-Qualifikationsspiel gegen Schweden.

Bloß, wenn du bei einem Derby Dynamo – Spartak versagst, beißen dich nicht nur die Hunde, sondern die Taiga-Wölfe.

1:0 führte Dynamo eine Viertelstunde vor Schluß, und die Sache schien im Sack. Zwischen seinen Pfosten bekam Lew Jaschin beinahe Lust auf eine Zigarette. Mit acht Jahren hatte er, wie so mancher Moskauer Gassenjunge, mit dem Rauchen angefangen, und ins Wodka-Glas spuckte er auch nicht. Später werden sie manches Fläschchen in den Trainingslagern der Nationalmannschaft leeren, und sie wissen, daß es keinen Platz in der Fußballfibel des gehorsamen Pioniers für sie gibt.

Aber jetzt, in den Schlußminuten, als Lew Jaschin sich vorbereitete auf das Lob für ein gelungenes Debüt, kam die eiskalte Dusche. Er unterlief einen Flankenball, weil er auf einen eigenen Mann prallte, und – hilflos im Gras liegend – mußte er zusehen, wie Spartak ausglich.

Der Trainer tobte, die Mannschaft tobte. Und weil es auch noch gegen Spartak passiert war, verschwand das zu früh hochgelobte Jungtalent für zwei Jahre in der Reserve. So streng waren die Bräuche, und sie lehrten Jaschin, daß du als Torhüter nicht so leicht Mensch sein darfst wie draußen im Feld.

Aber er war mit Leib und Seele Torhüter geworden, und nichts Menschliches war ihm fremd. Und wichtiger, als sie für den Russen sowieso schon ist, war ihm die Seele. Das hat Franz Beckenbauer mehr zu ihm hingezogen als zu allen anderen Stars des Weltfußballs.

Doch Jaschin konnte seine Gefühle auch abschalten. Besonders dann, wenn beim Torhüter der Spaß aufhört. Das geschieht unweigerlich beim Elfmeter.

Fragt sie mal, die Penalty-Könige aus aller Herren Länder, wie ihnen die Knie schlackerten, wenn der, den sie die schwarze Spinne nannten, weil alles schwarz an ihm war, von den Stutzen bis zu den Handschuhen, zwischen den Pfosten stand. Nur die Mütze war gräulich-braun und scheußlich kariert, und er hat sie gnädigerweise durch eine Baskenmütze ersetzt, als er aufhörte.

Der Elfmeterschütze hatte, wenn er vor Jaschin stand, die Vision eines grimmigen Wächters aus einem finsteren Krimi, der mit riesigen Pratzen vor dem Tresor steht. Hagen von Tronje, würde Bernhard Minetti sagen.

1968 mußte der gewiß nicht zimperliche Sandro Mazzola beim Halbfinale Italien – Sowjetunion zum Elfmeterschuß gegen Lew Jaschin antreten. Sandro, Sohn des großen Valentino Mazzola, der 1949 bei der Flugzeugkatastrophe von Superga ums Leben kam, hat vom Vater Klugheit und Kaltblütigkeit geerbt. Aber diese schwarze Spinne war zu viel für ihn. Sie hypnotisierte ihn, und er ertrug die schwarzen Augen über dieser riesigen Nase nicht, die die Ecke zu riechen schien, die er sich ausgesucht hatte.

Moment mal, Gospodin Jaschin! Hab ich sie überhaupt schon ausgesucht? Woher willst du wissen, was ich mache? Sandro dreht ihm, was für Elfmeterschützen völlig ungewöhnlich ist, brüsk den Rücken zu. Das ist Angst und List in einem, weil er

Augen und Schnuppernase dieser schwarzen Spinne nicht erträgt. Eine Rückennummer soll die sehen und sonst nichts, und blitzschnell wird er sich umdrehen zum ganz kurzen Anlauf. Und dann der Schuß. Er kommt nicht mit der üblichen Wucht und Präzision, und Jaschin blockiert ihn mit der Selbstverständlichkeit, mit der ein Ritter ohne Furcht und Tadel einen Säbelhieb pariert.

Es war einer der ganz wenigen Elfmeter, die Sandro Mazzola verschossen hat.

Lew Jaschin hat solche Erfolge zu Dutzenden gefeiert. Nicht nur, weil er ein großer Menschenkenner mit Blick in die Seele des Schützen war. Das Unerlernbare besaß er, wie Beckenbauer, im Übermaß, und der hat von Anfang an die Wellenlänge gespürt, für die räumliche und politische Entfernung nicht zählt.

Jaschin auch. Aber die Verhältnisse waren gegen die Entwicklung einer Freundschaft, die sich Ausnahmekönner allemal wünschen. Doch sie ist tiefer und hintergründiger gewesen, als man glaubt, und das hat sich gezeigt, als sich Lew Jaschins viel zu kurzes Leben seinem Ende zuneigte.

Er hat die Kerze, wie so mancher Außergewöhnliche vor ihm, an beiden Enden angezündet. An Fausto Coppi erinnert das, der so früh gehen mußte, aber in gewisser Weise auch an Gino Bartali, den sie wegen seiner Frömmigkeit den Mönch nannten, obwohl er von Askese gar nichts hielt. Ein halbes Päckchen Gauloises hat er in der Nacht vor schweren Gebirgsetappen der Tour de France geraucht – und die dann gewonnen.

Lew Jaschin war der einzige sowjetische Fußballer, der sich bei Halbzeit in der Kabine zum Tee eine Zigarette anstecken konnte unter den machtlosen und deshalb duldsamen Augen eines Trainers. Seltsam genug war's, obwohl russische Kabinen mit Sesseln, Tischen und Samowar ausgestattet sind wie richtige Wohnzimmer. Und einfach Mensch wollte Jaschin, der Menschenfreund, sein.

Was ihn nicht hinderte, eine phantastische zwanzigjährige Karriere zu machen. 15 Jahre davon als Nummer eins der Welt, und als er mit 42 Jahren sein Abschiedsspiel gegen eine Weltauswahl machte, gehörte er zu den Besten auf dem Platz.

Das war 1971, aber Franz Beckenbauer fehlte bei diesem Spiel in Moskau. Das war eine große Enttäuschung für Jaschin. War er zu sehr kaiserlicher Geschäftsmann geworden und ignorierte nun einen, der nie Geschäfte mit seiner fußballerischen Kunst hatte machen können und sich dafür den Lenin-Orden anheften durfte?

War sein Abschied nicht wenigstens genauso wichtig wie jenes Spiel einer Weltauswahl, zu dem sie gemeinsam in die gewaltige Schüssel des Maracana von Rio eingelaufen waren? Lew Jaschin zweifelte an Beckenbauers Freundschaft, weil ein Abschied so sehr mit der Duscha, der Seele, zu tun hat.

Sie verloren sich aus den Augen. Abgetretene sowjetische Fußballer reisen nicht mehr viel, aber den größten Torhüter aller Zeiten traf es härter. Ein Raucherbein machte ihn zum unbeweglichsten von allen, und in akute Lebensgefahr brachte ihn eine Thrombose 1984 bei einer Reise sowjetischer Fußballveteranen nach Budapest. Mit einer Sondermaschine der Luftwaffe wurde er nach Moskau geflogen, aber nur noch die Amputation des rechten Beines konnte sein Leben retten. Mehr als andere hat er im Fußball-Ruhestand gelitten, und je mehr der Abschied auf Franz Beckenbauer zugekommen ist, desto stärker spürte er die Verpflichtung, dem Mann seine Reverenz zu erweisen, der tiefer als andere von der Ruhmesleiter des Sports gestürzt war.

Er besucht ihn in Moskau, Tschapajewski-Gasse 18. Kein Traumhaus wie das von Kitzbühel, aus dem er kam. Graue Mietskaserne mit säuerlichen Kohldüften, die aus Türen dringen, die keine Namen, sondern Nummern tragen.

Aber im Wohnzimmer der Jaschins ist aufgetragen wie zu einer Fürstenhochzeit. Russische Gastfreundschaft, das weiß der Franz, kämpft siegreich gegen die Planwirtschaft, aber dieser Tisch biegt sich unter Köstlichkeiten, die Münchens Renommierköche hätten staunen lassen: Kaviar neben dem Stör, der ihn hervorbringt, Lachs, Hühnchen, Hummer und dazu ein Potpourri von Fleisch und Salat, als ob zwei Mannschaften zum Bankett erwartet würden. Und was daneben an Wein und Kognac und Schampanskoje aus Grusinien und Armenien steht, würde auch reichen.

Aber es ist nur die Vorspeise, und sie hat immer mit Vorreden zu tun, bei denen man Messer und Gabel weglegt und zum Glas greift. Russische Trinksprüche sind sehr anstrengend, weil das Glas mit dem Trinkspruch leer sein muß. Sollte. Lew Jaschin ist nachsichtig mit dem Gast, wie es die Trainer mit ihm gewesen sind.

Aber er will jetzt wissen, warum Franz 1971 nicht zum Abschiedsspiel ins Dynamo-Stadion gekommen ist. Alle waren sie da, Gerd Müller, Willi Schulz, Eusebio, Bobby Charlton, die ganze fine fleur. Bloß der Größte nicht, jawohl, der Größte, und gerade noch schafft er es, den gängigsten Fluch des Volksmundes, der mit „job twoiju…" beginnt, wegzulassen. Nicht ganz salonfähig, aber zu allen Gelegenheiten passend.

Der Franz schluckt's und hilft sich mit dem vollen Glas dazu: „Es ging wirklich nicht, Lew, und ich weiß, daß ich dir hätte schreiben sollen. Nierensteine sind's gewesen, und ich hatte striktes Spielverbot vom Arzt."

Lew Jaschin will's glauben, aber der Franz hat eine feine Antenne für die Melancholie dieses Mannes, dem nicht nur ein Bein fehlt. Alles ist ihm genommen, und von einer zweiten Karriere, wie sie der Jüngere nun angepackt hat, hätte er sowieso nur träumen können.

Etwas ähnliches gibt es nicht in der Union der Vereinigten Sowjetrepubliken. Aber Beckenbauer erfährt von Unterschieden. Erfährt, daß Mannschaftskameraden aus der Nationalelf, wie die Georgier Slawa Metreveli oder Gewi Tschucheli, bemerkenswerte zweite Karrieren in Angriff genommen haben. Slava als sehr kapitalistischer Besitzer der größten Bar von Tiflis, Gewi als Polizeipräsident der Stadt.

Die Georgier sind keine Russen, und sie mögen jene auch nicht. Eher mit Griechen kann man sie vergleichen, und ihr Land ist fruchtbar wie deren Land. Und was sie nach Moskau schicken, geht in den schwarzen Markt und macht sie reich. Beckenbauer erfährt vieles, was bei Fußballreisen verborgen bleibt und bekommt ganz andere Eindrücke von der unermeßlichen Weite des Landes.

Viel leichter als die Briten, die zu Weltmeisterschaften England, Schottland, Wales und Nordirland melden, könnten sie vier starke Nationalmannschaften stellen, denkt man nur an Rußland, Georgien, die Ukraine oder Armenien. Der Koloß ist nie Weltmeister geworden, aber vielleicht könnte es auf diese Weise gelingen? „Ich", sagt Lew Jaschin und hebt sein Glas, „werd's nicht mehr erleben." Resignation schwingt mit, und er erklärt sie auch. „Auf die Sechzig gehe ich, und wie du siehst, lebe ich nicht wie einer, der hundert werden will. Wozu? Essen und Trinken schmecken mir noch, und auf die Ärzte ist geschissen, job twoiju madj! Ein Bein, sagen sie, könne keine zehn Kilo Übergewicht tragen, behaupten sie. Dabei kann ich noch zur Parade auf den Roten Platz, wenn's sein muß!"

Aber dem Franz kommt er sehr alt vor, und er weiß, daß es nicht mehr viele gemeinsame Feste geben wird. Deshalb läßt er Termine Termine sein, als im Sommer 1989 die Einladung zu Lew Jaschins 60. Geburtstag kommt. Kapitän einer Weltauswahl soll er im Spiel zu Ehren des größten aller Torhüter in Moskau sein. Und diesmal gibt es keine Entschuldigung, obwohl ein Knie zwackt.

Und auch andere wissen, was sie Jaschin schuldig sind, Eusebio, Bobby Charlton, Carlos Alberto oder Karl-Heinz Rummenigge. Alle wissen, daß das kein Abschiedsspiel wie jedes andere ist und daß man keine Gage verlangt, um einen zu ehren, der dem Spiel so viel gegeben hat. Oft, aber nicht immer, geht der Profi im Gleichschritt mit dem Profit. Und der Jubilar gibt den Erlös an die Kinder von Tschernobyl.

Es ist der 10. August 1989, und es müßte heiß sein in Moskau. Aber regenschwangere Herbstwinde haben den Hochsommer vertrieben. Aus bleigrauen Wolken trommeln die Schauer auf eine dieser Staatslimousinen, die so lang sind wie ein Tag ohne Brot, und deren Heck ein halbes Wohnzimmer ist, weil gegenüber der Sitzbank noch zwei Sessel ausgefahren werden können. Am Boden bunte kaukasische Brücken und an den Fenstern Vorhänge. Russische Bonzen nehmen so viel blechverkleideten Komfort mit auf die Straße, daß weder das Scheppern der Karosserie in den Pfützen noch das geräuschvolle Kuppeln des livrierten Chauffeurs stört.

Und wir kommen viel schneller vorwärts als die Moskwitschs, weil wir auf dem staatlichen Mittelstreifen fahren dürfen.

Beckenbauer sitzt drin, und es fällt mir die Geschichte ein, die mir Max Urbini, Chefredakteur von „France Football", erzählt hat, als er 1963 nach Moskau flog, um Lew Jaschin mit der Überreichung des Goldenen Balles zum europäischen Fußballer des Jahres zu machen. „Sie haben mich vier Tage lang mit einem solchen Auto durch Moskau gefahren und von einem Bankett zum anderen geschleppt. Es muß damit zusammenhängen, daß sie nie Weltmeister waren und doch plötzlich einen Weltmeister hatten."

Am Roten Platz gibt uns der Chauffeur Schirme. Man kommt nicht so oft, als daß man da, wo Rußlands Herz schlägt, im Auto sitzen bliebe.

Auf breitflächiges Kopfsteinpflaster prasselt Regen und löscht die feurige Farbenpracht der Kuppeln der Basilius-Kathedrale, die in der Sonne flammenden Pilzen gleichen. Fast leer ist der riesige Platz, und nur ahnen kann man vom Spassky-Turm aus die rotbraunen Umrisse des Historischen Museums auf der anderen Kopfseite. Rechts, an der Längsseite, die geduckte und lange zaristische Fassade des Kaufhauses GUM mit dem smaragdgrünen Dach. „Kein Geburtstagswetter für den Lew", sagt der Franz.

„Glaubst du, daß die Leute kommen? Es gibt kein Dach im Dynamo-Stadion." Und ich sage: „Sie kommen, weil er ein Monument ist. Vielleicht anders als das da drüben, aber viel lebendiger." Ich deute hinüber zum Lenin-Mausoleum, wo die Männer der Garde wie gemeißelte Figuren stehen.

Aber Pathos paßt nicht. Und weil uns Tristesse packt mit dem Regen, der auf die Schirme klatscht, probiere ich einen dieser Kalauer, die Stimmungen auflockern können: „Es ist doch besser im Mercedes als auf dem Roten Platz per pedes. Das weiß auch der Gorbatschow, glaub's mir!"

Raus aus trüber Stimmung sind wir, und hinein gehen wir ins Kaufhaus GUM, weil uns der Wind die Schirme aus der Hand reißt. Aber diese Idee haben viele. Es ist ein Geschiebe wie bei uns im Schlußverkauf. Bloß – es gibt nichts. Lenin-Büsten aus Gips und Holz en masse, aber davon kannst du nicht runterbeißen. In die Läden hat die Perestroika nichts gebracht. Die Angebote gleichen denen, die es hierzulande vor der Währungsreform 1948 gegeben hat. Wer will sich noch den Lenin aufhängen oder eine Tasche aus Plastik umhängen? Und wen reizt der eingemachte Kohl in der Lebensmittelabteilung? Du mußt deine Rubel auf den schwarzen Markt tragen, den sie längst nicht mehr den schwarzen, sondern den freien nennen, und wenn du Devisen hast, kriegst du alles in den dafür eingerichteten Läden.

Es stimmt übrigens gar nicht, daß die Russen nichts wahrnehmen mit Blicken, die mit gewolltem Desinteresse ihrer Umgebung zu entfliehen scheinen. Da muß ein Spezialblick im Augenwinkel stecken. Und dieser Beckenbauer kann sich nirgendwo verstecken. Jüngere Leute zumeist, aber sogar alte Frauen stehen plötzlich vor ihm und kramen einen Zettel für ein Autogramm aus der Handtasche. Und gerade diese Babuschkas streifen mit der Souveränität des Alters alle Hemmungen ab: „Franz", sagen sie, als ob er zu ihnen gehöre, und überrascht schaut der Franz in die Herzensgüte der russischen Frau hinein. Bei den jungen Burschen ist's eher verlegene Höflichkeit, und außer dem „Spassiba", dem Dankeschön, kommt nichts, obwohl man spürt, daß sie eigentlich stundenlang reden möchten mit ihm.

Dann ist Mittagessen im Hotel Sojus. Gespielt wird am späten Nachmittag, aber es regnet immer noch, und Franz Beckenbauer kämpft mit sich und Problemen, von denen Lew Jaschin jetzt nichts wissen darf.

Soll er spielen? Beim verregneten Spaziergang hat er das Knie gespürt, und im Gegensatz zu Fritz Walter hat er seifigen Rasen nie geliebt.

Lange hat er nicht mehr gespielt, von Trainieren gar nicht zu reden, und eine ungeschickte Bewegung auf glitschigem Boden kann böse Überraschungen für so einen Meniskus bringen. Normalerweise würde er nicht spielen. Soll heißen, als Aktiver des FC Bayern. Da sagt der Arzt: nein, basta. Aber muß er jetzt nicht? Kann er für Jaschin einfliegen und dann die Fliege machen? Er hat ihn schon bei seinem Abschiedsspiel sitzen lassen, und jetzt, bei dem Jubiläumsspiel, das Jaschin nur sitzend erleben kann, geht das eigentlich nicht.

Er schaut nicht fröhlich beim Dessert im Hotel Sojus und schiebt die viel zu üppig aufgelegte Sahne weg. Resultat der Überlegung: Er wird die Kapitänsbinde der Weltelf einem anderen geben und auf der Bank sitzen. Sind ja genug Große da, und der Lew wird es verstehen. Ich sage ihm, daß er das nicht tun wird, ganz einfach nicht tun darf. Man muß ihm jetzt sehr trocken kommen. Und er legt Schnupftabak zwischen Daumen und Zeigefinger, es ist, als ob das Hirn das jetzt inhalieren und die richtige Antwort ausspucken solle.

„Probier's wenigstens. Eine Halbzeit reicht ja auch."

Er nickt. Der Kapitän bleibt auf der Brücke.

Und im Dynamo-Stadion warten 60 000 im Regen, lange schon, bevor das Spiel beginnt. Früh treffen sich die Männer in der „Welt"-Kabine, und sie werden rote Jerseys und weiße Hosen tragen, genau wie Bobby Charlton früher bei Manchester United, Franz Beckenbauer bei Bayern München und Eusebio bei Benfica Lissabon.

Man spricht Englisch. Beckenbauer hat da einen großen Vorsprung vor Eusebio und Carlos Alberto, und wenn von nebenan ein Russe reinschaut, merkt man, wie isoliert die Sowjets gewesen sind. Oleg Blochin, ja, der kann mithalten. Sogar mit handfesten deutschen Brocken, weil er jetzt in Österreich spielen darf. Einer der letzten großen Flügelstürmer, Sproß einer aussterbenden Rasse ist er gewesen, und seiner mit Pretiosen behängten Frau sieht man an, daß er gutes Westgeld verdient.

Für Jaschin ist das alles viel zu spät gekommen, denkt Beckenbauer. Aber wir wollen ihm zeigen, daß er kein einbeiniges, mit Orden behängtes Denkmal, sondern einer von uns ist. Alle denken so, auch wenn Späße gemacht werden, die es in Umkleidekabinen nie gibt vor großen Spielen. Auch jetzt haben sie ein großes vor sich, aber es ist von ganz anderer Art.

Alle sind sie einmal irgendwo auf der Welt Gegner gewesen, und bei der WM 1970 hat Beckenbauer in der mexikanischen Gluthitze von Leon seine Jugend legitim und so grausam gegen Bobby Charlton ausgespielt, daß Englands Kapitän, dem Kollaps nahe, vom Platz ging. Ein Tor von Beckenbauer, eines von Uwe Seeler und eines von Gerd Müller brachten den 3:2-Sieg nach einer englischen 2:0-Führung, und auf meinem Notizblock lag plötzlich das Gebiß eines drei Reihen hinter mir sitzenden Kollegen. Mit dem Urschrei eines Hammerwerfers hatte er sich von der schier unerträglichen Spannung befreien müssen.

Und jetzt Beckenbauer und Charlton im gleichen roten Trikot für Jaschin. Bobby sagte dazu: „Ich bin der einzige von den eingeladenen Briten, aber für Lew wäre ich um die Welt geflogen."

Bei ihm, man spürt es, kommen die Gedanken von weit her. Als blutjunger Bursche hat er 1958 die Münchner Flugzeugkatastrophe von Manchester United überlebt. Ohne Kratzer fast, aber das Haar ist in einer Nacht grau geworden. Charlton schien verloren zu sein für den Fußball, und die anstehende Weltmeisterschaft in Schweden hat er als unbeschäftigter Ersatzmann mitgemacht. Und dann hat ihn sein väterlicher Freund Matt Busby, der nach der Katastrophe nur durch ein Wunder dem Tod von der Schippe sprang, zu Englands größtem Spieler der Nachkriegszeit gemacht.

53 ist er jetzt, aber dann, draußen auf dem seifigen Rasen, wird er der Größte von allen. Wenn er den Ball hat, ist es, als ob die Zeit stehengeblieben wäre. Klar ist das

Auge auch bei anderen, sichtbar auch der Spielwitz, der sie alle groß gemacht hat, aber Bobby zwingt der Körper keine Fesseln auf. Er schwingt in jede Bewegung hinein, und eigentlich kann man gar nicht glauben, daß hier der älteste von Veteranen an einem Werk ist, das Spieler beschämen müßte, deren Vater er sein könnte.

Bobby Charlton drechselt die schönste aller Kerzen für Lew Jaschins Geburtstag.

Aber auch Franz Beckenbauer kann sich sehen lassen. Nicht nur mit den langen Pässen, die er dem, den er einst knüppelhart bekämpfte, mit dieser magischen Außenseite des rechten Fußes zuspielt und die als herrliche späte Freundschaftsgrüße verstanden werden von einer enthusiastischen Galerie.

Und draußen weint Lew Jaschin, weil er spürt, daß das auch ihm gilt und daß aus dem Krater des Dynamo-Stadions die Seele des großen Spiels für ihn steigt.

Wer das Spiel liebt, schickt, wenn solches geschieht, die Ratio zum Teufel. Alte Klasse hat da eine ungemein sympathische Wallfahrt zur Quelle gemacht, und wer da Rußlands Wesen nicht spürt, hat kaltes Blut in den Adern. Alles war umrahmt mit Volkstänzen und auch mit der Kalinka, zu der Lew Jaschin mit den Krücken den Takt geschlagen und gelacht und geweint hat.

Und es ist noch etwas zu erzählen, das Franz Beckenbauer betrifft. Rote Nelken sind ein russisches Verehrungssymbol, und die Ballerina vom Bolschoi-Theater kann sie korbweise einsammeln, wenn sie einen guten Abend hatte.

Aber auch im Dynamo-Stadion sitzen Leute mit roten Nelken. Mädchen vornehmlich, die nicht so recht hierher passen, und nur ein paar Meter entfernt von mir sitzt eine hübsche Blonde, Regenschirm in der einen, langstielige Nelke in der anderen Hand. Für wen mag die sein?

Immer wieder reibt sie den Stiel zwischen Daumen und Zeigefinger. Fehlt bloß noch, daß sie an der Blüte zupft: Er liebt mich, er liebt mich nicht. Aber dann kann sie sie ja nicht mehr verschenken.

Als ich mich bei Halbzeit an ihr vorbeidrängen muß, riskier ich's.

„Für Jaschin?"

Erstaunter Blick und dann Kopfschütteln. Langes Haar schwingt mit und ein bißchen Neugierde, die mir Mut macht.

„Für wen?"

„Beckenbauer."

„Beckenbauer charascho?"

„Bolschoi charascho. Aber Sie können deutsch reden."

„Darf ich Sie einladen?"

„Wozu?"

„Kleiner Drink da unten im Ehrengastraum. Ich kann Sie mitnehmen."

Ein kleines Zögern, dann steht sie auf. „Gutt bei Regen", sagt sie, und es klingt ein bißchen nach Rechtfertigung.

Man kann die Schirme zuklappen, und es gibt Kaviar- und Lachsbrötchen und dazu Schampanskoje wie im Foyer des Bolschoi. Walentina studiert Sprachen. Auch Englisch und Französisch kann sie, und ihr Lieblingsspieler ist Beckenbauer.

„Warum?“

„Weil er so elegant ist und nicht so sehr deutsch aussieht.“

Ich muß grinsen, und sie gibt ein gutes Lachen zurück.

Aber verkneifen kann ich mir's nicht: „Deutsche sehen halt im allgemeinen deutsch aus und Russen russisch.“

„Exakt. Aber meine Nelke kriegt der, den ich mag.“

„Nasdrowje auf den Franz, Walja“, und sie staunt, weil es die Koseform von Walentina ist. Und da mache ich gleich mit dem „du“ weiter, ohne daß sie es stört.

„Ich fürchte, du wirst ihm die Nelke nicht geben können.“

Sie lacht. „Will ich ja gar nicht. Wir sitzen direkt über den Kabinen, und sie fliegt ihm vor die Füße, wenn er vom Platz geht. Hebt er sie auf, bin ich glücklich.“

„Aber ich glaube, er kommt gar nicht raus zur zweiten Halbzeit.“

„Warum?“

„Er hat Probleme mit dem Knie, und der Boden ist gefährlich für ihn.“

Weg ist das Lächeln. Es ist wie bei diesen russischen Liedern, wenn dem Crescendo die große Traurigkeit folgt.

„Wenn er nicht mehr kommt, mußt du ihm die Blume geben, aber ich werde es nicht sehen.“

Aber er ist gekommen. Er hat durchgespielt, und nur Bobby Charlton ist besser gewesen. Szenenapplaus wie eine Primaballerina hat er gehabt, und Walentina hat mir zugewinkt, als er ihre Nelke aufgehoben und sie angelacht hat.

Für einen Moment bin ich im Kielwasser eines Weltstars geschwommen.

Ich habe Walentina auch noch eine Autogrammkarte ihres Helden besorgt, aber zum Bankett habe ich sie nicht einschleusen können. Da sind die Russen noch strenger als der DFB, doch es sind bei diesem Bankett zu Ehren des größten Spielers des Landes noch ganz andere und höchst eigenartige Bräuche aufgefallen.

Landsmannschaftlich saßen sie zusammen, und veritable Festungen sind die Tische der Armenier und Georgier gewesen. Man stelle sich eine Fete von Uwe Seeler im „Atlantic“ vor, bei der Bayern und Schwaben sich abkapseln und Maultaschen und Geselchtes aus Rucksäcken ziehen, die unter dem Tisch liegen.

In der Tat war Lew Jaschins Geburtstagsmenü nicht übermäßig festlich. Der Lage im Lande angepaßt eher, auch wenn Wodka und Wein nicht mangelten für die pausenlos auf ihn niederprasselnden Trinksprüche.

Aber Georgier und Armenier hatten eigene Weine dabei und natürlich Kognac, der nur in ihren Regionen gedeiht. Dazu Pfundbüchsen mit Kaviar, für die du in Moskau ein halbes Auto kriegst, und das alles haben sie aus den Rucksäcken unter dem Tisch hervorgeholt und an keinen einzigen russischen Tisch weitergegeben.

„Setz dich zu uns“, grinste mein alter Freund Simonjan, der aussieht wie ein Fuchs im Ruhestand, „damit du den Unterschied zwischen Herren und Knechten siehst.“

Und natürlich war auch Beckenbauer willkommen. Aber erstens wird er nach Mitternacht im Gegensatz zu Armeniern und Georgiern, die da erst anfangen, ziemlich asketisch und greift lieber zum Schmalzler als zum Glas, und zweitens war er für seinen

Freund Jaschin gekommen. „Man lernt“, sagte er, „bei jeder Reise.“ Auch das unterscheidet ihn vom Profi, der nach Ankunft im fremden Land die Spielkarten herausholt und feststellt, daß alle Hotels gleich sind.

Nur noch einmal sollten sich die beiden größten Spieler ihrer Länder treffen. Das ist in Lew Jaschins letztem Winter gewesen, am Vorweihnachtstag 1989 in Paris.

Und es war eine Reise, die ein traditionsverwurzelter Deutscher wie er eigentlich nicht macht. Wer verreist einen Tag vor Weihnachten, um vielleicht gerade noch am Heiligen Abend heimzukommen?

Er hat mich angerufen. „Gehst du hin?“

„Ja“, sagte ich. „Weil es dem Lew seine letzte Reise ist.“

„Glaubst du?“

„Ja. Er hat aus Israel eine neue Prothese bekommen, aber es geht abwärts. Das ist seine letzte Reise, und ich weiß, daß er dich sehen will.“

„Ich komme“, sagte der Franz.

Und schnell hat er gemerkt, daß es richtig war. An diesem 23. Dezember 1989 hat es in Paris nicht nur ein fußballerisches Fest zwischen den Jahren, sondern auch zwischen zwei Welten gegeben. Ein bißchen unwirklich vielleicht, weil der Fußball seine Prioritäten setzt und seine Anhänger von Ereignis zu Ereignis peitscht.

Aber dies ist ein ganz eigenartiges Fest derer des fußballerischen Gotha gewesen.

Bloß, der Deutsche reist nicht an Weihnachten. Die Kreuzfahrer wohl, aber die Kreuzbraven nie. Deshalb haben auch Gerd Müller und Karl-Heinz Rummenigge die Einladung abgelehnt. Und Franz Beckenbauer kam nicht deshalb, weil er Ruhm ernten, sondern weil er Lew Jaschin sehen wollte.

Lew Jaschin steht nicht mehr im Tor. Das nebenstehende Bild stammt aus Franz Beckenbauers Privatarchiv, es zeigt den Kaiser am Grab seines großen Torhüter-Freundes in Moskau.

P Q R S T U
СССР

Der Nachfolger: Frankreichs Michel Platini erreichte annähernd Franz Beckenbauers Niveau, jedoch nicht dessen Erfolge. Diese Bilder zeigen den Regiseur beim harten Einsatz während der WM 1986, wo die Franzosen wieder einmal unglücklich ausschieden.

Herbstliche Nostalgie

Kapitel neun

... in welchem Ausnahmekönner zu Wort kommen,
die dem Fußballspiel mehr gaben als die Statisten,
ohne die sie wiederum nie groß geworden wären

„France Football", das seit 1956 mit dem Einsatz der internationalen Fachpresse den europäischen Fußballer des Jahres wählt, hatte die Superstars aus allen Ecken Europas geholt, und so mancher, der glaubt, daß große Fußballer mit kleinen Köpfen ausgerüstet seien, hätte gestaunt über die witzigen Doppelpässe, die über die Tische liefen. Welch ein Berg von Erinnerungen baute sich auf! Und es war, als ob die Fahnen der Orchesterchefs auf ihm gehißt würden.

Pathos? Moment mal. Wer das Spiel in allen Erdteilen erlebt hat, spürt seine Wurzeln und seine Blüten. Und wenn die zusammenkommen, die die auffallendsten davon getrieben haben, kommt Poesie ins Spiel. Ihresgleichen wird man nicht mehr erleben, weil zwar Handwerker vergleichbar sind, Künstler aber nicht.

Herbstliche Nostalgie war nicht nur angesagt. Sie war unvermeidlich wie Naturgesetze, die den eigenartigen Beruf des Profis stoppen, wenn in anderen Berufen fast noch Frühling ist. Früh kommt der Herbst des Fußballers, und da wir in Paris waren, fiel mir Anatole France ein: „Je vais vous dire ce qui me rappelle toutes les années le ciel agité de l'automne, les premiers diners à la lampe et les feuilles qui jaunissent dans les arbres qui frissonnent. C'est le temps, où les feuilles tombent une à une sur les blanches épaules des statues."

Denn es ist die Zeit, in der die Blätter, eins nach dem anderen, auf die weißen Schultern der Statuen fallen.

Vom Jardin du Luxembourg spricht er, und es war, als ob die Blätter auch im Saal fielen. Da saßen sie nun, die dem Spiel so viel mehr gegeben hatten als seine Statisten, ohne die sie wiederum nicht groß geworden wären, und sie konnten kein fallendes Blatt dorthin zurückbringen, wo es herkam.

Herbstliche Erinnerungslese war. Alfredo Di Stefano, Real Madrids unvergessener Angriffslenker, bei dem schon in aktiver Zeit keine Haare mehr fallen konnten, erklärte Benficas schwarzer Perle Eusebio, daß der Real das Europacupfinale von 1962 nicht wegen Eusebios unbestreitbarer Klasse, sondern wegen unverzeihlicher Fehler verlor. Denis Law, größter schottischer Fußballkünstler der Nachkriegszeit und mit einem Humor gesegnet, der trockener als das trockenste Kaminscheit ist, fand einen Traumpartner in Josef Masopust, dem Prager mit dem sympathisch-pfiffigen Schwejk-Gesicht, und Florian Albert, der fröhliche Stürmer aus Budapest, wollte von Platini wissen, warum er eigentlich nicht für Frankreichs Nationalmannschaft spielt, sondern sie trainiert.

Tatsächlich war Platini mit 33 der Jüngste. Auch Franz Beckenbauer hat ihn gefoppt und sich gleich an eine andere Geschichte erinnert, die nicht ganz so harmlos und ein bißchen schmerzhafter für Platini gewesen war.

Es passierte an einem Februartag 1975 in Beckenbauers 103. und letztem Länderspiel im Parc des Princes von Paris. Der junge Platini hatte erst drei oder vier hinter sich, und ich hatte ihn am Vorabend bei einem Empfang auf den Martini-Terrassen hoch über den Champs Elysées kennengelernt.

„Was", wollte ich wissen, „erwarten Sie vom Spiel?"

Er kratzte sich am Kinn, schaute hinauf zum Triumphbogen, als ob er hingestellt worden sei für ihn, und sagte grinsend: „Einmal den großen Beckenbauer verarschen."

Ein paar Stunden später hat mich Franz Beckenbauer im Hotel der deutschen Mannschaft gefragt: „Na, was sagen die Franzosen?"

„Platini", sagte ich, „will dich verarschen. Einmal wenigstens."

Seine Augen wurden ein bißchen schmal. „Wer sagt das?"

„Er selber."

Dann war kaiserliches Schweigen. Am nächsten Tag aber ist der ganze Prinzenpark laut geworden. Vielleicht zehn Minuten waren gespielt, als Michel Platini im Mittelfeld, Ball am Fuß, auf Beckenbauer zulief.

Eine Spur zu lässig, um den Kaiser nicht hellwach zu machen. Was der Bursche im Sinn hatte, hätte Franz wohl kaum ohne Vorwarnung gerochen. So aber kam, was kommen mußte. Rüdes Spiel ist nie Beckenbauers Art gewesen, aber er ist auch nicht wie ein Schaf durch mehr als hundert Länderspiele gegangen. Da läßt du dich nicht wie ein Tanzbär vorführen von einem Spund, der mit gallischer Überheblichkeit seinen Szenenapplaus will.

Es gibt keinen, sondern höllisches Gebrüll prasselt auf den Kaiser nieder, weil er den anderen mit gestrecktem Bein niederstreckt. Kein Foul aus der untersten Schublade, aber für den, der nicht weiß, daß es ein programmiertes Prestigeduell ist, wirkt es höchst unkaiserlich, zumal es sich hier um belanglose Dutzendware im Mittelfeld handeln sollte.

Fast Staatsaktion wird sie, weil es rrrumms macht und der Platini sich mit ungläubigen Kinderaugen am Boden windet. Verletzt ist er nicht, weil ein Beckenbauer nicht zuschlägt wie die Metzger von La Vilette, welches das große Pariser Schlachthaus ist, aber ein bißchen Theater darf man schon spielen vor Leuten, die ja nicht wissen können, worum es gegangen ist.

Deshalb steckt der Kaiser souverän die Buh-Rufe weg, und der Platini steht, leicht hinkend noch, wie es sich gehört, wieder auf. Und er verschiebt die Revanche auf's nächste Länderspiel. Fast mit Samthandschuhen gehen sie in der Folge um miteinander, und ihr Händedruck nach dem Schlußpfiff ist schon fast der von Freunden, die einander achten. Aber es wird dieses nächste Länderspiel nicht geben. Der Franz hat, was in diesem Moment keiner weiß, schon für Cosmos New York unterschrieben, weil es tausend Gründe für einen Tapetenwechsel gibt und Warner Brothers einen dieser Dollar-Verträge angeboten haben, zu denen man schlecht nein sagen kann. Marseilles Präsident Bernard Tapie wird das nach Italien '90 wiederholen, aber das ist eine andere Geschichte.

Auch der Franz hatte bei dieser Pariser Weihnachts-Gala von 1989 noch keine Ahnung davon. Aber er begriff, und das läßt sich nur begreifen bei Kontakten, die das Reisen ermöglicht, daß Nationaltrainer in Frankreich etwas ganz anderes ist als in Deutschland.

Die Franzosen hatten sich nicht für die Weltmeisterschaft 1990 qualifiziert, aber Platini war Nationaltrainer geblieben. Ohne Widerspruch. „Wenn dir das bei uns passiert", sagte der deutsche Franz dem französischen Michel, „nimmt kein Hund mehr ein Stück Brot von dir."

Er wußte, wovon er sprach. Aber er wußte nicht, daß Bernard Tapie ein halbes Jahr später aus akkurat demselben Grund auf die Idee kommen würde, in Franz Beckenbauer den mit Gespür und Kraft zupackenden Goldfinger des Fußballs zu sehen, der Olympique Marseille zu den Höhen führen könnte, von denen er träumte.

Und dann hat Franz sich aus den versammelten Stars dieser Pariser Gala Gianni Rivera herausgegriffen, der ihn 1970 in Mexico um ein WM-Endspiel gebracht hatte. „Du hast uns im Halbfinale im Aztekenstadion beim 3:4 erschossen. Wie konntest du nur!"

„It was my duty", sagte Rivera in der Umgangssprache der Weltstars und mit diesem unbekümmerten Jungenlächeln, das auch dem Franz liegt, wenn der nicht gerade am Spielfeldrand Fehlleistungen verdauen muß, die ihm maßlos gegen den Strich gehen.

Von Gianni Rivera hat er die Eleganz, aber Rivera hat von ihm nicht die Risikobereitschaft für die zweite oder gar dritte Karriere im Fußball. Italienischer Parlamentsabgeordneter ist er geworden, und wenn Regierungen in Italien auch nicht vor Langlebigkeit strotzen, findet er seinen Sessel doch bequemer und nicht bedeutungsloser als die Schleudersitze des Fußballs.

Ins Schwärmen und ins Träumen gekommen sind sie alle bei dieser Pariser Gala, bei diesen tempi passati des Fußballs von Europa und der Welt, aber keine Begegnung läßt sich vergleichen mit der von Franz Beckenbauer und Lew Jaschin.

Alle haben den Herbst gespürt, der ihre Lorbeeren heruntergeschüttelt hat, aber keiner hat intensiver erfaßt, daß ein einbeiniger Russe noch einmal herausgekommen war aus seinem tiefsten Winter. Seine Umarmung mit Beckenbauer gehört zu den bewegendsten Eindrücken, die ich dem Spiel in allen Erdteilen verdanke, losgelöst vom Schauspiel der Arena, eine in der Seele des Spiels wurzelnde Männerfreundschaft, die nicht faßbar ist für den flüchtigen Betrachter und natürlich nie erfaßt werden kann an den Bildschirmen, diesen so mächtig gewordenen Vorgauklern.

„Das, Franz, ist meine letzte Reise", hat Jaschin gesagt, „und es hat sein müssen, daß sie mich zu dir führt. Du hast noch viel vor dir, und ich nichts mehr. Ich habe viel falsch gemacht, aber vielleicht doch nichts, weil uns alles vorgezeichnet ist. Als die Kräfte für den Leistungssport nachließen, hast du andere eingesetzt. Ich nicht. Sie sind nicht dagewesen, und ich habe auch in einer anderen Welt gelebt als du. Manchmal sind wir aber auch ein bißchen gleich gewesen. Ich meine, wenn der Pokal des Erfolgs vor uns gestanden ist. Aber vielleicht habe ich mich zu sehr festgeklammert an ihm, und du hast weiter gedacht. Ist das richtig?"

Dem Franz ist der Händedruck leichter gefallen als die Antwort, aber vielleicht ist der Unterschied zwischen zwei der erfolgreichsten Männer des großen Spiels in zwei Sätzen nie markanter herausgestrichen worden.

Noch ein Unterschied: Beckenbauer konnte ein Medien-Star, aber Jaschin niemals ein Medien-Zar werden. Die Verhältnisse waren verschieden.

Man muß die Legende wecken, um das zu erfassen.

In die Einsamkeit der Taiga muß man gehen, zu Menschen, deren Isolation nicht faßbar ist für den Mitteleuropäer mit seinen vielfältigen Kommunikationsmöglichkeiten. Und die Hellebarde des trutzigen Ritters ohne Furcht und Tadel wird sichtbar.

Herbst 1956: Der Transsibirien-Expreß bringt die sowjetischen Fußballer, die bei den Olympischen Spielen von Melbourne die Goldmedaille errungen haben, nach Moskau zurück.

Schon der Zug ist eine Legende, aber es sitzt auch eine in ihm. Man fährt mit Dampf und Kohle, und es gibt nicht viele Stationen für die Aufnahme von Proviant für Mensch und Maschine. Irgendwo muß der Zug halten, dessen Sirene dem Taiga-Schrei der Wölfe gleicht, und die sind Begleiter, die die Fahrgäste auch hören können. Unter den Frauen mit den Kopftüchern, die den Reisenden Butter und Eier anbieten, ist auch ein weißhaariger alter Mann. Mehr als hundert Kilometer hat er mit Pferd und Panjewagen zurückgelegt, um die Helden von Melbourne zu sehen.

Stimmt nicht. Einen nur. Sie steigen aus, um sich ein bißchen die Füße zu vertreten, die in Australien so gut mit dem Ball umgegangen waren. Da ist Igor Netto, der Kapitän, den sie wegen Hals und Nase, die unsäglich lang sind, die Gans nennen, da ist Walentin Iwanow, der Schrecken aller Abwehrspieler, und da ist Nikita Simonjan, der listige Armenier, der wie ein unabhängiger Zauberer herumtollt in einem Ensemble, das das eigentlich gar nicht brauchen kann, weil es ein Kollektiv mit gleichen Rechten und Pflichten für alle sein soll.

Aber einem Armenier ist das wurscht. Er ist gegen das Kollektiv, doch man hat einsehen müssen, daß er Einfälle hat, die dem Kollektiv nützen. Phantasie hat er ins Spiel gebracht wie der junge Beckenbauer später, aber es wird lange dauern, bis ein gewisser Valerij Lobanowski in Kiew eine Mannschaft aufbauen darf, in der Stars wie Blochin und Protassow geboren werden. Die Geburtswehen eines Fußballs, in dem der Individualist etwas sagen darf, haben erst begonnen.

Aber es gibt einen, der im Kollektiv steht und doch außerhalb, und deshalb, trotz anderer Tätigkeit, viel Ähnlichkeit mit Franz Beckenbauer hat.

Lew Jaschin eben. Für ihn, und nur für ihn, ist der weißhaarige Alte mit seinem Gaul angetrabt. Ihm und keinem anderen will er die Hand drücken. Mehr als das.

Abgreifen will er ihn und hören will er von ihm, wie man das macht, daß die Gesetze der Stürmer ihre Gültigkeit verloren haben. Das geht durchaus in eine ähnliche Richtung, die Franz Beckenbauer, der damals als Elfjähriger in Giesing kickt, einschlagen wird. Sie sind schon Verwandte, Jaschin und er.

Und der alte Mann wird zurückkehren in sein Dorf, um allen zu erzählen, daß er die wichtigste Hand des größten Spiels gedrückt hat, und um eine Legende zu verbreiten, die in diesem von den Wölfen umheulten Taiga-Nest nie mehr zu vertreiben sein wird. Es ist die Legende der schwarzen Spinne, die sich nie wiederholen kann. Lew Jaschin hat sein Wiedersehen mit Franz Beckenbauer und den anderen europäischen Stars nur um wenige Wochen überlebt. Wenn Beckenbauer Kaiser wurde, hätte er eigentlich Zar werden müssen, aber zu ungleich waren eben die Verhältnisse.

Mächtige Medien haben sich vor Beckenbauers Karren gespannt, und manchmal hat er ihre Eilfertigkeit kaum begreifen können. Hat er eigentlich mal ans Aufhören gedacht, solange es lief? Nun, es hat Momente gegeben, aber so gravierend, um den laufenden Wagen anzuhalten, waren sie nicht.

Im Gegensatz zu Jaschin. Der hatte bei der Weltmeisterschaft 1968 in Chile ein Tief, das ihn fast aufgefressen hätte. Man bedenke, er, der Gigant mit seinen Einskommafünfundachtzig an Höhe, kassiert ein direktes Tor per Eckball, und dann knallen ihm die Kolumbianer vier Stück ins Kontor, nachdem die Russen 4:1 geführt hatten!

Oh, es gab Entschuldigungen. Verheerende Abwehrfehler waren vorausgegangen, aber niemand wollte davon wissen. Und es konnte auch niemand wissen, weil ein einziger sowjetischer Journalist das Riesenland mit lächerlich dürftigen Zeilen informierte. Außerdem hatte er vom Fußball keine Ahnung. Es war der politische Korrespondent der UdSSR in Chile, der sich von Pseudoexperten erklären ließ, daß Jaschin an allem schuld gewesen sei. Deshalb mußte Jaschin sich verstecken, als er nach Moskau zurückkam. Tot erschien die Legende der schwarzen Spinne, und als Verräter lief der herum, den sie so oft als Retter gefeiert hatten.

Aber er gab die Antwort der Männer von Klasse, die auch immer die von Beckenbauer in schwierigen Situationen gewesen ist. Ein Jahr später wurde er Europas Fußballer des Jahres, und es ist möglich, daß er es nur deshalb wurde, weil er in Arica, am Rande der chilenischen Wüste, an den Rand des Absturzes getrieben worden war.

Vor diesem Rand stand Beckenbauer nie. Aber dafür stand er, genau zu dem Zeitpunkt, an dem er bei der WM '66 gegen den Veteranen Jaschin die Tür zum Einzug der Deutschen ins Endspiel aufstieß, am Rande einer Sonderstellung, die es nie gegeben hatte und die auch nicht vergleichbar ist mit der eines Fritz Walter, eines Puskas oder eines Di Stefano.

Noch war der Name Kaiser nicht geboren, noch hatte Deutschlands Fußball nichts anderes als ein neues Talent, als die Nationalmannschaft ohne Krone, jedoch mit viel Anerkennung bedacht, aus England zurückkehrte.

Aber es begann etwas Eigenartiges, das man geldmeisterlich nennen könnte. In München hatte Robert Schwan, der sich vornehmlich mit Versicherungsgeschäften befaßt hatte und nach eigenem Bekunden weder Experte noch Fan des Fußballs war, die wohl feinfühligste Antenne für die geschäftliche Seite dieser so unerhört populären Sache ausgefahren. Das Geheimnis eines Doppelpasses im Spiel interessierte ihn wenig, aber mit geradezu schlafwandlerischer Sicherheit erfaßte er Doppelpässe, die außerhalb zu spielen waren. Deshalb wurde er Manager des FC Bayern. Und persönlicher Manager, Steigbügelhalter, Buchhalter, Berater, väterlicher Freund des kometenhaft hochsteigenden Stars. Weit war er seiner Zeit, was Vermarktung angeht, voraus, und natürlich löffelte er überall mit, nicht nur, wenn der Franz fröhlich am Bildschirm in Suppen löffelte.

Eigenartig genug und ein absolutes Novum in dem noch in Kinderschuhen laufenden deutschen Berufsfußball war die Allianz Schwan-Beckenbauer-Bayern. Der Manager führte Siegprämien und Trainingslager ein, aber sein größtes Kunststück ist es gewesen, das eigene Zugpferd im Stall zu haben, ohne den Futterneid der anderen zu erregen. Wenigstens keinen spürbaren. Daß so etwas in einer Mannschaft, besonders wenn sie gut ist, immer mal schwelt, ist logisch, aber Schwan gehört zu denen, die wissen, daß es ohne Spannung kein Licht gibt.

Und Ruhm wäre für ihn eine total abstrakte Größe geblieben, wenn er nicht seine Triebfeder für die Möglichkeiten der Vermarktung entdeckt hätte. Das Glück, das sich wie ein roter Faden durch Franz Beckenbauers Karriere und Karrieren zieht, ist durch Robert Schwan zu einem warmen Regen mit goldenen Tropfen geworden.

Alles paßte zusammen. Der deutsche Fußball stand nach den Ären von Fritz Walter und Uwe Seeler vor einem Abschnitt, der nicht Renaissance genannt werden kann, weil es sich nicht um eine Wiedergeburt, sondern um eine Neugeburt handelte.

Die Bundesliga räumte nicht nur mit amateurhaftem Gedankengut auf, wiewohl viele brave Funktionäre in ihren Wolkenkuckucksheimen stöhnten, sie räumte auch mit regionaler Kirchturmspolitik auf und verschaffte dem neuen Star Beckenbauer ein ganz anderes Entrée, als es die alte Oberliga vermocht hätte.

Vermutlich wäre ohne die Bundesliga niemals der Begriff Kaiser geboren worden, und die Bayern hätten ihn mit ihrem König Ludwig verglichen, dem er tatsächlich ein wenig ähnelt.

Und diese Bundesliga hat auch Internationalität gebracht. Es hat unter den Trainern damals eine Menge von Feldwebeltypen gegeben, die mit Sicherheit versucht hätten, das Talent Beckenbauer auf ihre Weise und mit ihrem unterentwickelten Sinn für Eleganz und Ästhetik zu schleifen.

Der es auf ganz andere Art schliff, war neben dem geschäftlichen Glücksfall Schwan der fußballerische Glücksfall Zlatko Cajkovski, den sie nur Tschik nannten.

Ein Glücksfall für den Fußball-Kaiser: Manager Robert Schwan sorgte dafür, daß sich Franz Beckenbauers Fähigkeiten auch in klingender Münze niederschlugen.

Erste Triumphe mit dem jugoslawischen Kugelblitz: Trainer Tschik Cajkovski formte den Libero Beckenbauer entscheidend. Der einstige Weltklassespieler führte die Bayern zum Gewinn des Europapokals der Cupsieger.

Tschik und sein Solitär

Kapitel zehn

... in welchem der größte Libero aller Zeiten mit dem Virtuosen unter den Außenstürmern, der Romanfigur Garrincha, verglichen wird, auf dem Spielfeld und im Leben

Tschik Cajkovski war nicht nur ein jugoslawischer Weltklassespieler gewesen, er wurde auch einer dieser Trainer, die Frohsinn nicht nur ausstrahlen, sondern versprudeln, und mit einem ungemein feinen Fußballverstand ausgestattet sind. Weniger lag ihm die Lehre von der Disziplin, die der deutschen Sportschule hehrstes Gut ist.

Der junge Franz Beckenbauer hätte keinen besseren Mentor finden können.

Schnell erkannte Cajkovski, der sich in Edelsteinen auskannte, daß ihm da ein Solitär in die Hand gefallen war. Und sofort dachte er nicht nur an Spezialbehandlung, sondern an Spezialrolle.

Nicht an Spezialistenrolle. Das ist eine sehr feine Nuance.

Der kleine, dicke Jugoslawe, der sich auf dem Trainingsplatz zwischen den Spielern wie eine hüpfende Billardkugel bewegte, hatte Intuitionen, die ihm nicht jeder zutraute, der der deutschen Sprache mächtiger war als er.

In Italien war der Begriff „Libero" geboren worden für einen Mann, der sich frei von taktischen Zwängen als letzter Mann der Abwehr seine Aufgaben selbst suchen durfte. Ausputzer sagten die Deutschen zunächst dazu, und sie dachten auch mehr an den Mann mit dem eisernen Besen, zumal Aufräumungsarbeiten vor dem Torhüter von unbestreitbarer Nützlichkeit sind.

Aber der Tschik dachte an etwas ganz anderes. An einen aus dem Mittelfeld nach hinten versetzten Dirigenten nämlich, den ein Vorstopper von obskurer Deckungsarbeit befreit und der, ausgestattet mit dem Gefühl für die Entwicklung gegnerischer Angriffe, sowohl an deren Neutralisierung teilnehmen als umgehend auch den geschickten Konter lancieren kann. Ja, sogar selbst, weit in der gegnerischen Hälfte, teilnimmt an ihm.

So können aus einem Mann in Sekundenschnelle zwei werden, und hier haben wir Beckenbauers Libero-Verständnis in einer Nußschale. Wie oft hat er einen von ihm weit hinten gestarteten Angriff in der Hälfte des Gegners fortgesetzt und sogar selbst erfolgreich abgeschlossen! Das ist, als ob du plötzlich einen Mann mehr auf dem Feld hättest, und daß es keine Spezialistenrolle ist im hergebrachten Sinn, sondern eine

Spezialrolle, in die du hineingeboren sein mußt, haben alle erkennen müssen, die Franz Beckenbauer nachahmen wollten.

Die Franzosen haben es auf einen ebenso treffenden wie prächtigen Nenner gebracht: „Libero de Charme“.

Charme lernt man nicht. Das ist wie beim Humor und bei der Phantasie. Es mag Leute geben, die von all dem mehr als Beckenbauer haben, aber wo ist der, der es mit mehr Gewinn in seine Tätigkeit eingebracht hat?

Es geht um das Umsetzen von Fähigkeiten und Talenten, die dir in die Wiege gelegt worden sind, und wer will, so gescheit er auch sein mag, Gegenbeweise für die Behauptung erbringen, daß Franz Beckenbauer auch da ein Weltmeister ist?

Man braucht die Universität nicht zum Erfolg, ganz abgesehen davon, daß sich mancher studierte Krümelsucher, der einen wie Beckenbauer mit dem Skalpell der Ratio zerlegen will, beweist, daß ihn sein Studium nicht klüger gemacht hat.

Der Mann hat seinen Beruf studiert und mehr einbringen können als alle anderen. Zunächst nur unterschwellig, aber sehr bald erkannte er, daß sich das Spiel, als er in dessen Rampenlicht trat, in einer bemerkenswerten Phase der Evolution befand.

Beispielsweise stutzte man ihm die Flügel. Das radikalste Beispiel von allen gab Englands Team-Manager Alf Ramsey, der bei der WM '66 seine Außenstürmer zurückzog und seine Außenverteidiger marschieren ließ. Wenn ich die Flügel abbaue, sagte er sich, habe ich mehr Zerstörungspotential. Er hatte Erfolg. Und alle machten es nach. So ist aus dem Flugzeug ein Panzer geworden.

Leider kann man nicht sagen, daß der Tod der Flügelstürmer dem Fußball mehr Leben gebracht hätte. Im Grunde sind die Außen seine eigentlich unverzichtbaren und herrlichen Clowns gewesen. Freigestellte Wilddiebe sozusagen. Und damit seine ersten Liberos. Man sollte freilich Liberi sagen, weil das der italienische Plural ist.

Liberi deshalb, weil sie nicht teilnehmen mußten an diesen Massendemonstrationen im Mittelfeld, die das Spiel zerhacken und die Überraschungsmomente verkleinern, die nur dann angenehm sind, wenn man sie selbst schafft. Man hat in England, auch nach der Einführung des Stoppers, mit dem der Safety-First-Gedanke einzog, nicht an der grandiosen Attraktivität der Flügelstürmer rütteln wollen.

Das hat mit britischem Traditionsdenken zu tun. „Play the Game“ war immer noch wichtiger als „Tod dem Spiel“. Und so sind phantastische Flügelstürmer wie Stanley Matthews von Stoke City oder Tom Finney von Preston Northend unbehelligt von der Safety-First-Welle geblieben, bis in die Nachkriegszeit hinein.

Wer hätte einem Matthews Frondienst im Mittelfeld zumuten wollen? Wenn man dem Mittelstürmer mit einer Sonderbewachung zusetzte, war das eine legitime Antwort der Manager auf die Frechheit der Flügelstürmer, die mit ihren Flanken nach den Hexentänzen draußen an der Eckfahne den Kopf im Zentrum suchten. Aber auf das faszinierende Spektakel draußen im Niemandsland der Flanke verzichten? No, Sir.

Franz Beckenbauer hat eine unauslöschliche Erinnerung an den letzten und größten Flügelstürmer aller Zeiten, an Garrincha. Aber er räumt ein, daß er Stan Matthews, den er nie am Werk gesehen hat, damit vielleicht Unrecht tut. 13 ist er gewesen, als er bei der WM '58 in Schweden Garrinchas Hexentänze am Bildschirm erlebte, und er hatte es nicht für möglich gehalten, daß man mit Ball und Gegner so viel anstellen kann wie dieser Irrwisch am rechten Flügel der Brasilianer.

Alle physikalischen Gesetze schienen außer Kraft zu sein. Die besagen, daß dort, wo ein Körper ist, kein anderer sein kann. Aber Garrinchas Dribbelkunst blies sie in die Luft.

Zu Luft wurden die Verteidiger, als ob der dunkelhäutige Bursche größer als alle Zauberer der Macumba wäre.

Beckenbauer begriff, daß das nicht sein Spiel war, doch Garrinchas unfaßliche Demonstrationen mögen mitgeholfen haben, ihm seinen Weg zu zeigen.

Aber noch wichtiger war, daß er Garrinchas Abstieg erlebte. Als Nationalspieler schon, denn mit fast wahnsinnigem Aberglauben hatten die Brasilianer den von Arthrose geplagten Veteranen Garrincha in die Mannschaft genommen, um den 1962 in Chile gewonnenen Titel 1966 in England zu verteidigen.

Deutschland traf nicht auf Brasilien, aber am Bildschirm erlebte Beckenbauer den traurigen Abschied Garrinchas von der internationalen Bühne. Man verdrückt mit 20, und wenn man noch dazu ein Endspiel anstrebt, keine Tränen für die, die von der Bühne gefegt werden, aber Gedanken an dieses Trauerspiel Garrinchas sind zurückgekehrt. So sollte seine Karriere, die gerade begonnen hatte, nicht enden.

Garrincha, das war die total einseitige Begabung. Beckenbauer ließ sich, als er bei Cosmos New York Pelés Freund wurde, viel erzählen vom großen Künstler des Dribblings, und er erfuhr physiologische Details, die ihn an Gerd Müller erinnerten. Brasilianische Wissenschaftler hatten bei der Untersuchung des Phänomens Garrincha herausgefunden, daß die furiose Dribbelkunst sozusagen geboren wurde aus einem ungewöhnlich tief sitzenden Körperschwerpunkt. Kurze Beine unter einem normalen Oberkörper können heftiger wirbeln, und der Franz bringt es auf einen sehr kurzen bayerischen Nenner: „Nie auf der ganzen Welt bin ich von einem Gegner so verarscht worden wie vom Gerd im Training! Der Hundling hat mir Bälle durch die Beine gespielt, bei denen du im Stadion zur reinen Schießbudenfigur wirst!“

Aber so etwas ist auch nützlich. Es hat ihm, dem vergleichsweise Langbeinigen, die richtige Einstellung zu den wuseligen Knirpsen gegeben. Indes ist er nicht unfroh darüber, daß er es nie direkt mit dem Garrincha der großen Tage zu tun hatte. „So einer gibt dir keine Chance, und er läßt die Leute aufheulen vor Schadenfreude.“

Garrincha, das war die Intuition in ihrer unschuldigsten Reinheit. Eine Laune der Fußballnatur und ihre bunteste Blüte. Eine Kerze freilich auch, die dreimal schneller abbrannte als andere, geradezu unwirklich flackernd.

Aber Genialität in diesem Ausmaß ist nicht erlaubt und wird nicht verziehen. Dafür kann man Beispiele außerhalb des Fußballs zitieren. Auf alle Fälle ist dieser Manoel dos Santos, der Garrincha wurde, weil alle großen brasilianischen Fußballer ihren Kriegsnamen brauchen, aus den Urwäldern heraus und hinein in eine Welt getreten, die ihn feierte und erledigte. Da ist er zwar nicht der einzige, aber ein typischeres Beispiel von einem Aufstieg, der kometenhafter war als der des Franz Beckenbauer. Und einen Fall, der tiefer war, gibt es nicht.

Wenn Beckenbauer der geborene Happy-Endler ist, dann ist Garrincha der geborene Pechvogel mit dem buntesten aller Gefieder. Eine Romanfigur, vor der alle, die das Spiel lieben, den bunten Hut mit Trauerrand ziehen.

Schaun mer mal, wie's ihm ergangen ist.

Mit der Vernunft betrachtet, der sich der Fußball freilich immer wieder entzieht, hätte es eigentlich nie einen Garrincha geben dürfen. Geboren wurde er als Krüppel in den Urwäldern von Pau Grande in der Nähe von Petropolis, und nur die gewagte, fast sinnlos scheinende Operation eines unbekannten Arztes erhielt ihn am Leben. Freilich blieb ein Fehler zurück, denn der kleine Manoel hatte deformierte Beine. In den Formen von O und X waren das rechte nach innen und das linke nach außen gebogen, und außerdem war das linke etwas kürzer.

Trotzdem konnte der kleine Farbige mit den anderen Kindern spielen, und außer dem Fußball zogen ihn die bunten Vögel in den Wäldern an, die Garrinchas. Er war der Beste beim grausamen Spiel mit der Gummischleuder, und er traf sie im Flug, weil seine Hand so sicher wie sein Auge war. Deshalb nannten sie ihn Garrincha.

Aber er war auch der beste Dribbler beim Fußball, und als er 17 wurde, nahm ihn ein Freund mit nach Rio. Der Mann hatte Mut, denn er führte ihn nicht zu einem kleinen Vorstadtklub, wie man es mit den jungen Leuten aus der Provinz macht, sondern direkt ins Stadion von Botafogo.

Es ist der 19. Juni 1953, und der Trainer wirft einen langen, mitleidigen Blick auf die Beine des Jungen. „Seit wann schickt man mir Krüppel? Ihr wollt mich wohl auf den Arm nehmen!"

Doch sei es, weil er guter Laune ist oder sich einen Jux machen will, fragt er: „Was spielst du am liebsten?"

Manoel dos Santos, der es nicht gewagt hatte, sich als Garrincha vorzustellen, sagt die Wahrheit: „Rechtsaußen."

„Warum?"

„Weil ich da machen kann, was ich will."

„So so, was du willst." Der Trainer grinst. „Laß dir Trikot und Schuhe geben, in zehn Minuten geht's los." Schnell wirst du zurückflüchten in deinen Urwald, denkt er. Denn er wird nicht nur Brasiliens, sondern ganz Südamerikas besten Verteidiger vor dieses Bürschlein stellen: Nilton Santos.

Doch Garrincha, der weder lesen noch schreiben kann und von einem mürrischen Hilfstrainer die ersten Fußballschuhe seines Lebens hingeworfen bekommt, hat noch nie etwas von ihm gehört.

Nach fünf Minuten aber lernt Nilton Santos Garrincha kennen. Als der Ball endlich auf den rechten Flügel kommt, stoppt Garrincha ihn und wartet beinahe provozierend, bis Nilton herankommt. Dann macht er eine Körpertäuschung nach links und läuft mit blitzartigem Antritt rechts davon, als ob er es nicht mit einem Verteidiger der Weltklasse, sondern mit einem Mehlsack zu tun hätte. Ein halbes dutzend Mal macht er das, und jedesmal sitzt Nilton Santos hilflos auf dem gelben, verdorrten Rasen des Botafogo-Stadions und blickt ihm verdutzt nach.

Eine Stunde später hat Garrincha nicht nur seinen ersten Vertrag in der Tasche, sondern auch einen großen Freund und Bewunderer. Und Nilton Santos hat ihm seine Freundschaft bewahrt, als die anderen anfingen, ihn zu ignorieren.

Man kann sagen: Was im Botafogo-Stadion von Rio passierte, war die Geheimgeburt eines Stars. Aber man kann auch sagen, daß sich alles wiederholt. Oder alles schon da war. Denn der dicke Trainer Feola hatte bei der WM 1958 in Schweden ähnliche Probleme wie Helmut Schön sieben Jahre später beim entscheidenden WM-Qualifikationsspiel in Stockholm. Dem einen sein Garrincha war dem anderen sein Beckenbauer. Versagende Debütanten können Abschiedsvorstellungen von Trainern sein.

Eigentlich hat Nilton Santos Garrincha gegen die Russen aufgestellt. Dem Trainer war er zu eigenwillig und zu unberechenbar, aber gerade darauf setzte Santos gegen die Russen, die den Weltfußball mit dem Kollektivgedanken revolutionieren wollten.

Garrincha wußte nichts davon, und mit ihm über Taktik zu reden war sinnloser, als einen Hilfsschüler in die Atomphysik einführen zu wollen. Aber Nilton Santos wußte, wie man mit ihm reden mußte; einen einfachen Geist scharf zu machen, ist dem Dressurakt nicht unähnlich. Santos war sich klar darüber, daß Panik bei den Russen ausbrechen mußte, wenn Kusnetzow, der beste und in vielen internationalen Kämpfen erprobte linke Verteidiger des Landes, vorgeführt werden würde wie ein Tanzbär.

Und Garrincha stürzte sich auf sein Opfer wie der dem Käfig entsprungene Panther. Noch keine Minute war gespielt, als er mit unheimlicher Wucht tief unten an den Pfosten knallte. Wie ein Irrwisch spritzte der Ball zurück und wurde, Sekunden später, von Pelé abermals ans Holz geknallt! Lew Jaschin hatte nicht einmal eine Reflexbewegung machen können, und nicht nur der hilflose Kusnetzow, sondern die ganze Mannschaft konnte sich während der Folgezeit nicht mehr von dem Schock erholen, den sie durch den furiosen Start Garrinchas erlitten hatten.

Mittelstürmer Vava schoß beide Tore zum 2:0, aber entscheidend war Garrinchas Vorarbeit wie bei 70 Prozent aller Tore, die Brasilien in Schweden erzielte.

Ein Bandit war das, der alle gültigen Gesetze des Fußballs außer Kraft setzte. Dabei hat er eigentlich nie etwas anderes gemacht, als den Angreifer heranzulocken und ihn mit einer Körpertäuschung auf den falschen Fuß zu stellen. Dann kam der Ausbruch, vornehmlich nach rechts, und obwohl jeder es wußte, fand keiner ein reguläres Abwehrmittel gegen Tempo und katzenhafte Geschmeidigkeit.

Wenn der Ball zu Garrincha kam, begann das Spiel neu. Festgefahren schien es oft, aber gerade dann, wenn es vollends in der Sackgasse steckte, riß Garrinchas Intuition eine neue Gasse auf, und nie stand die Bedeutung des Solisten am rechten Flügel in hellerem Licht als bei der Weltmeisterschaft 1962 in Chile. Pelé war schon in der Vorrunde verletzt ausgeschieden, und nur Garrinchas Dribbelkünste sicherten einer um vier Jahre gealterten und längst nicht mehr so selbstsicher wie in Schweden aufspielenden Mannschaft erneut den Titel. Niemand nahm es in der Euphorie des Sieges ernst, daß Garrincha mit einer Knieverletzung heimflog. Und sein Klub Botafogo dachte nur daran, die Gunst der Stunde zu nutzen. Eine Tournee löste die andere ab, und immer mußte Garrincha spielen, obwohl die Arthrose tiefer in seine deformierten Beine kroch und beide Menisken zu streiken anfingen. „Du mußt spielen, Garrincha!“ Die Dollars lockten, und der Klub kannte keine Gnade, wenn sein Star vor Schmerzen stöhnte und humpelnd in die Umkleidekabine schlich. Und als er sich bei einem Turnier in Paris weigerte, da mußte der tobende Garrincha von vier Männern gehalten werden, damit ihm der Arzt eine Kokainspritze verpassen konnte.

Und dann verliebte sich Garrincha, das Kind des Urwalds, hoffnungslos in die Schlagersängerin Elza Suarez. Sein Streit mit Botafogo fiel mit seiner Scheidung zusammen, und der finanzielle Ruin ließ nicht lange auf sich warten, denn die Alimente sind teuer, wenn ein halbes Dutzend kleiner Mädchen versorgt werden muß.

Der Garrincha, den wir bei der Weltmeisterschaft 1966 in England erlebten, war kein Star mehr, sondern ein armseliger Clown, der von der großen Bühne heruntergejagt worden war. Manchmal erweckte sein ungewöhnliches Ballgefühl die Illusion, daß der Hexentanz am rechten Flügel Brasiliens beginnen würde wie in alten Zeiten, aber dann blieb er hilflos hängen in Situationen, die er früher mit gefesselten Beinen gemeistert hätte.

Trotzdem, und das ist die Tragik des bunten Vogels, der aus den Urwäldern gezogen war, um die Welt in Erstaunen zu setzen, glaubte er noch, etwas vom alten Glanz zurückholen zu können. Von Zeit zu Zeit erhielt er Angebote kleiner Provinzklubs für ein Jubiläumsspiel in Städten, wo man den größten Rechtsaußen aller Zeiten noch nie gesehen hatte. Aber dann nahmen ihm Spieler, über die er früher nur gelacht hätte, die Bälle weg, und er wurde zur traurigen Figur wie der alte Joe Louis, der für eine miserable Gage wieder die Boxhandschuhe anzog, um sich mit Dilettanten zu messen, die er in seiner Glanzzeit mit verbundenen Augen aus dem Ring gefegt hätte.

Lange hat der gedemütigte Garrincha nicht begriffen, daß er vom Nationalhelden zur lächerlichen Figur geworden war. Aber als ihn Kinder auslachten, die nicht wußten, daß er für Brasiliens stolzeste Stunden gesorgt hatte, fingen Gedanken zu dämmern an, die ihn zur Flasche greifen ließen.

Er wollte sie vernichten und vernichtete sich dabei. Unterschwellig spürte er, daß ihm die Natur nichts anderes mitgegeben hatte als ein außergewöhnliches Geschick in zwei ungleichen Beinen. Und er fragte sich, ob es nicht ein unseliger Scherz von ihr war, ihn zum größten Virtuosen des Dribblings zu machen, ohne eine bescheidene Dosis Vernunft beizugeben.

Aber wär er's dann geworden?

Hätte er dem großen Spiel etwas gegeben, das wir wohl nie mehr erleben werden? All das, was man nicht lernen kann, besaß er in solcher Fülle, daß er glaubte, es verschleudern zu können – und dem Trugschluß erlag, nie etwas lernen zu müssen. Und als die Kraft aus den Beinen wich, da stürzte Manoel dos Santos tiefer als alle anderen großen Sportler vor ihm. Und er glich, auch im Sturz, den bunten Garrinchas, die, ohne zu begreifen, warum, jäh im Flug von den Schleudern der Buben getroffen werden.

Garrincha ist nur 50 geworden. Sein Klub, der viel Geld verdient hatte mit ihm, hätte ihn aus den düsteren Hafenkneipen von Botafogo herausholen können, in denen sich saufende Schwachköpfe makabre Späße mit ihm machen wollten. Sie hielten ihn frei und warteten auf den Moment, in dem er ihnen beweisen wollte, daß er nichts verlernt hatte. Dann konnte es sein, daß Garrincha unter Donnergelächter ein Glas an die Wand kickte und umfiel.

Ein Einzelfall ist er nicht. Ruhm und Geld wollen verkraftet sein, und auch das ist schon eine Leistung für den, der die Sprossen von ganz unten nimmt und die oberste Stufe erreicht.

Es führt kein Fahrstuhl hinauf, aber mit absoluter Sicherheit steht für die allermeisten ein Fahrstuhl nach unten bereit. Zumindest der, mit dem auch die Popularität abwärts fährt. Im Gegensatz zum Geld läßt sie sich unendlich schwer konservieren, und wer sie gar mehren will, steht vor der Quadratur des Kreises.

Es gibt keinen, der so selbstbewußt mit ihr umgegangen ist wie Franz Beckenbauer. Er, dessen materielle Sicherheit der eines Pelé nicht nachsteht, sondern eher umgekehrt, ist mit einer Risikobereitschaft, die Pelé nicht besaß, beim Spiel geblieben, das ihn groß gemacht hat.

Mit dem Erfolg, den man kennt, und der gleich wieder eine französische Herausforderung gebracht hat, die die hergebrachten Dimensionen sprengt.

Ein kongeniales Duo: Günter Netzer und Franz Beckenbauer verhalfen der deutschen Nationalmannschaft zu ihren schönsten Spielen. Unterschiedliche Meinungen auf dem Rasen mündeten meistens in kreativen Gemeinschaftsaktionen.

God save Football

Kapitel elf

... in welchem von einer Sternstunde zweier Genies und dem wohl besten Spiel der deutschen Nationalmannschaft zu schwärmen ist

Bernard Tapie, den sie den Monsieur mit einer Million Volt nennen, konnte bei seiner Suche nach dem Mann, der den ersten Europapokal nach Frankreich holen sollte, einfach nicht vorbeigehen an dem, den sie Kaiser nennen. Er sah keinen Besseren, und da neben seiner Million Volt die Millionen stehen, mit denen er sich alles leisten kann, mußten die beiden zusammenkommen wie weiland der Franz mit dem Schwan, als er noch kein Kaiser war.

Eine Maxime von Henri Desgrange, dem Begründer von „L' Equipe“ und Erfinder der Tour de France, spielte mit: „La tête et les jambes.“

Der Kopf und die Beine.

Bei Garrincha hat der Kopf gefehlt. Deshalb war er Begnadeter und Verfluchter zugleich, und auch dafür haben die Franzosen einen dieser Sprüche, die den Nagel mit einem Schlag einrammen: „Un con beni par Dieu.“

Ein gottbegnadetes Arschloch.

Vielleicht war Garrinchas grandiose Beinarbeit nur möglich, weil sie von keinem Gedanken geführt oder gebremst wurde. Instinkt ist ein Selbstläufer, aber wenn er sich mit Verstand verbindet, ergibt sich die Kombination, die Beckenbauers Spiel auszeichnete. Was einer im Kopf hat, wird im Spiel sichtbar. Da sind Garrincha und Beckenbauer die prächtigsten Beispiele, die sich denken lassen.

Es gilt natürlich auch für die Füße, und da ist mir eines Tages ganz Eigenartiges aufgefallen. Man geht bei uns nach dem Spiel nicht in die Kabinen wie in Südeuropa oder in Südamerika, wo die Reporter wie Heuschrecken einfallen, aber im Maracana von Rio bin ich plötzlich neben dem Franz gesessen, der nicht einmal ein Handtuch um sich hatte und schwer atmend die nackten Beine ausstreckte. 98 Prozent Luftfeuchtigkeit ließen die Perlen des Schweißes wetteifern mit denen der Dusche, aber was mir auffiel, war etwas ganz anderes.

Franz Beckenbauers Füße sind Greifwerkzeuge. Nicht nur ungewöhnlich groß sind die an Finger erinnernden Zehen, sondern merkwürdig groß sind auch ihre Abstände voneinander. Der Mann hat vier Hände, und mit absoluter Sicherheit läßt sich daraus folgern, daß diese weiten Pässe über 40 oder 50 Meter, die keine Anstrengung verraten, sondern aus dem Fußgelenk geschleudert scheinen, ihre billardähnliche Akkuratesse Greifwerkzeugen verdanken, die anderen nicht gegeben sind. Ähnlich, aber doch wieder ganz anders als bei Garrincha, hat die Natur hier ihre Wurzeln zur Genialität gelegt. Gäbe es den Fußball nicht, hätte er nichts anfangen können mit Zehen, die größer und feinfühliger sind als die anderer Leute.

Und tatsächlich ging der Mann anders als andere. Schon als Giesinger Jugendspieler zog er den rechten Fuß leicht nach innen, wenn er gar keinen Ball vor sich sah. Und wenn er ihn vor sich hatte, war es, als ob er einen Kumpel in ihm sähe, mit dem Kapital zu machen war. Am meisten in der von Tschik Cajkovski verordneten Libero-Rolle beim FC Bayern. Er ging auf in ihr wie eine Wunderblüte, die den rechten Boden gebraucht hat. Doch diese Rolle, die ihm da zugefallen war und in die er hineinschlüpfte wie in einen maßgeschneiderten Handschuh, paßte nicht in die Nationalmannschaft. Das zu begreifen, war nicht ganz leicht für einen, dessen Leichtigkeit im Kampf hinreißend für Galerie und Kritiker war.

Die Nationalmannschaft ist eine heilige Kuh der Deutschen, und dazu hat Sepp Herberger 1954 in Bern mit den Männern um Fritz Walter, die noch nicht einmal Halbprofis waren, viel beigetragen. Helmut Schön, trotz der Vizeweltmeisterschaft 1966 noch nicht herausgetreten aus dem Schatten des Alten, mochte Experimente nicht, selbst wenn sie sich offensichtlich auszahlten im Verein.

Für ihn gehörte Beckenbauer ins Mittelfeld. Hinten stand, mit dem eisernen Besen, ein Ausputzer namens Willi Schulz. Und der scheute sich nicht, seinem Bundestrainer diesen eisernen Besen zu zeigen, wenn er Gefahr für seinen Erbhof witterte.

Oh, er konnte auf Erfolge pochen. Der säbelbeinige Westfale hatte die besten Stürmer der Welt, einschließlich Pelé, neutralisiert, hatte die Abwehr zusammengehalten wie ein Schäferhund die Herde. Und wie ein solcher hatte er jeden zurückgebellt, der sich für seine Begriffe zu weit nach vorne wagte.

An Schulz kam kaum einer vorbei. Und Franz Beckenbauer mußte die Erfahrung machen, daß das nicht nur für die Gegner auf dem Spielfeld galt.

Er kam mit einer Extrawurst, die Schulz nicht braten mochte. Und Helmut Schön, nicht gerade ein kämpferischer „Diescher“, um es in der Sprache seiner sächsischen Landsleute zu sagen, kam in Nöte. Beckenbauer war groß genug geworden, um in der Nationalmannschaft Ansprüche stellen zu können; Schulz war noch groß genug für die Rolle des Erbhofbauern, der nicht übergeben will.

Die Dissonanz ging bis in die Weltmeisterschaft 1970 von Mexiko hinein. Schulz hinten, Beckenbauer im Mittelfeld. Siegfried im Kampf mit Hagen von Tronje.

Die Idylle im mexikanischen WM-Quartier in Comanjilla bei Leon trügt. Der säbelbeinige Willi Schulz will Polier einer Betonabwehr bleiben, und er hat es nicht schwer, Stimmen zu sammeln. Auch bei Helmut Schön. Kein Trainer der Welt ist gegen Sicherheit, und Willi Schulz, dieser grimme Hagen, hat oft genug bewiesen, daß er sie bieten kann. Und die Nationalmannschaft ist nicht der FC Bayern, der Beckenbauer Sonderrechte gewährt. Mit Erfolg, zugegeben. Aber hat Schulz nicht recht, wenn er sagt, einer, der Weltklasse sein wolle, müsse im Mittelfeld zurechtkommen? Und der Bundestrainer bekommt, wenn er das Problem durchkaut, Magenschmerzen. Sie sind nicht nur symbolisch. Er wird sich nach der Rückkehr aus Mexiko einer Magenoperation unterziehen müssen.

Daran wirkt auch ein gewisser Dettmar Cramer mit. 700 Kilometer entfernt, in der Hauptstadt Mexiko City, hält er im Hotel Maria Isabel veritable Pressekonferenzen, und was da nach Comanjilla dringt, ist nicht weniger als dies: Er sägt gewaltig am Ast, auf dem der Bundestrainer sitzt, und fühlt sich schon als dessen Nachfolger.

Beckenbauer könnte es recht sein. Er weiß Cramer auf seiner Seite, aber instinktiv spürt er auch Schöns Nöte, Nöte, die in der Natur dieses verdammten Postens eines Bundestrainers liegen.

Nie, sagt er sich, werde ich so etwas machen.

Er versteht Helmut Schön, und er versteht auch Willi Schulz. Da kleben zwei, auf sehr unterschiedliche Weise freilich, an ihren Stühlen. Und nun kommt einer, der nicht vorgesehen ist im hergebrachten taktischen Kalkül, und beansprucht Privilegien.

Begründen kann er das leicht: „Ich bin Libero geworden und will kein Zwitter sein. Das ist eine Spezialrolle, und wenn ich sie vertauschen soll mit einer Spezialistenrolle im Mittelfeld, sinkt meine Leistung. Wenn ich in der Nationalelf meinen Ruf ruiniere, verzichte ich lieber auf sie."

Vier Jahre nach England kann sich einer, den sie jetzt Kaiser nennen, solche Töne erlauben. Sie erlauben gleichzeitig die Frage, ob Deutschland mit dem Libero Beckenbauer nicht den Sieg im denkwürdigen Halbfinale geschafft und ins Endspiel gegen Brasilien eingezogen wäre.

Festzuhalten ist, daß Willi Schulz, dessen Meriten als Eisenfüßler so unbestritten sind wie die von Hans-Georg Schwarzenbeck, den sich Beckenbauer als Vorstopper heranzog, seinen Erbhof nach dieser mexikanischen Weltmeisterschaft räumte. Und daß Helmut Schöns unbeschwerteste Zeit als Bundestrainer mit der idealen Mixtur Bayern München/Borussia Mönchengladbach begann.

Höhepunkt war Wembley 1972. Dieser deutsche 3:1-Sieg über England führte nicht nur zum Gewinn der Europameisterschaft. Nein, wir reden vom vielleicht besten Spiel der Nationalmannschaft aller Zeiten. Sie leistete sich den Luxus von zwei Liberos namens Beckenbauer und Netzer. Abgesprochen war das gar nicht, aber es gibt Tage, an denen zwei Geniale alle Sterne des Fußballhimmels herunterholen und jonglieren mit ihnen in einer Artistik, die das Publikum jauchzen und die Gegner erstarren läßt.

Wenn ich die Augen schließe, sehe ich, wie die königliche Gardekapelle in purpurroten Uniformen auf den tiefen und nassen Rasen von Wembley marschierte und die Nationalhymne intonierte. Das ist nicht üblich, aber in der Ehrenloge stand die Königin. Die Spieler, schon auf dem Weg in die Kabinen, blieben in kleinen Gruppen bewegungslos stehen, während der Abmarsch von den steilen Rängen – wie durch Zauberhand gebremst – stoppte.

Es klang wie God save the Football. Was die gespielt hatten! Englands Sonntagszeitungen griffen in Tasten, die nie berührt worden waren, wenn es um die Deutschen ging. Wenn Kunst so pur und glanzvoll präsentiert wird, überstrahlt sie nationalen Ärger. Die großen Meister hießen Beckenbauer und Netzer. Wie die in ständigem Wechselspiel aus der eigenen Abwehr heraus die englische aufrieben, war selbst für den fußballerischen Tempel Wembley der Gipfel.

Die Endrunde dieser Europameisterschaft '72 wurde in Belgien ausgetragen, und nach einem hart erkämpften 2:1-Halbfinalsieg über die Belgier in Antwerpen gewannen die Deutschen das Brüsseler Endspiel gegen die Sowjetunion durch Tore von Gerd Müller und Herbert Wimmer fast mühelos mit 3:0.

Das machte sie zum Topfavoriten für die Weltmeisterschaft 1974 im eigenen Land. Dynamik und Ausgewogenheit der Mannschaft beeindruckten Nationaltrainer in aller Welt. Sie beneideten Helmut Schön, in dessen Spiel sie nicht nur ein As namens Bekkenbauer, sondern einen Garantieschein sahen.

An Worldcup-Willi kam keiner vorbei: Auch Franz Beckenbauer benötigte Jahre, um den knorrigen Eisenfuß aus Westfalen vom geliebten Libero-Posten zu verdrängen.

Geheimnisumwitterte Busfahrt: Der FC Bayern bei der Anreise zum Europapokalspiel gegen den DDR-Meister Dynamo Dresden.

Manndeckung: Volkspolizisten hinderten Fußballfans aus der DDR, ein Autogramm von den Fußballstars aus dem Westen zu ergattern.

Auerbachs Keller

Kapitel zwölf

... in welchem ein Soldat der Volksarmee durch Autogramme von Müller und Beckenbauer dem drohenden Arrest entgehen wollte, als die Bayern bei Dynamo Dresden spielten

Vorrang vor der Nationalelf hatte im 73er Jahr der FC Bayern, der mit großen Ambitionen nach dem Europapokal der Landesmeister strebte. Aber im Achtelfinale bekam er einen Stolperstein vorgesetzt, der dem Präsidenten Neudecker den Schlaf raubte. Da hat man schon Zeit zum Denken, und wenn Politik einsteigt in den Zug, der auf Meisterkurs steuert, kann schon Eigenartiges und sehr Bayerisches herauskommen.

Dynamo Dresden brachte ihn um die Nachtruhe. Abonnementsmeister der DDR und Stasi-Klub dazu. Alles, was Dynamo hieß, stand sozusagen unter Polizeischutz. Dem braven CSU-Mann tanzten Wanzen im Hotelzimmer vor den Augen und auch Hotelküchen, in denen Dinge angerichtet wurden, die seinen Stars die Kraft rauben konnten.

Das brachte den Präsidenten, nach Abwägen aller Möglichkeiten, zu einer in der Geschichte des Europapokals einmaligen Entscheidung: Die im Hotel Newa reservierten Betten wurden gestrichen, und der FC Bayern reiste per Bus am Spieltag an.

Niemand in Dresden wußte es. Hunderte von Fans standen sich vor dem Hotel in Erwartung von Beckenbauer und Co. die Beine in den Bauch, aber das war den Potentaten des Landes ebenso recht wie der Stasi. Wilhelm Neudecker hatte einen unfreiwilligen Doppelpaß gespielt mit ihnen, und über seine Begründung wurde süffisant gelächelt. Nichts anderes als Akklimatisierungsprobleme wollte der flotte Rechner vermeiden: München liegt nämlich 518 Meter über dem Meeresspiegel und Dresden nur 106.

Weniger lustig empfanden es die Reporter, die zwei Tage vor dem Spiel in Unkenntnis des einsamen Entschlusses von Wilhelm Neudecker angereist waren, zumal sie in eine typische DDR-Schikane hineinliefen. Wegen eines Ärzte-Kongresses, sagte man ihnen, gäbe es keine Zimmer in Dresden.

In Leipzig quartierte man uns ein. Damit war den Bestimmungen der Europäischen Fußball-Union, die besagen, daß den Medienvertretern zwei Tage vor dem Spiel die Einreisegenehmigung erteilt werden muß, Genüge getan. Man war im Land, und daß man nicht an Ort und Stelle war, lag eben an den Verhältnissen. Leider.

Montag abend also in Leipzig. Man würde ihn rumbringen und am Dienstag zum Empfang der Bayern nach Dresden fahren. Keiner dachte daran, daß die gar nicht kommen würden. Daraus ist die Sache mit Willy entstanden. Niemand ahnte, daß er ein Bayern-Opfer werden würde. Die Geschichte muß erzählt werden, weil der Fußball seine Blüten nicht nur in der Arena treibt, sondern auch an ihrem Rande.

Auerbachs Keller, Montag abend. Wer ein bißchen Phantasie hat, mag das historische Fluidum, und wenn damals auch noch nicht von Wessis und Ossis die Rede war, so galt doch die Regel, daß der zahlungskräftige Westler auch bei guter Füllung des Kellers seinen Kellner fand, der wiederum Platz fand für ihn. Ein halbes Dutzend waren wir, und schnell hatten wir die kleine Peinlichkeit weggesteckt, die entstanden war, als uns der Ober Platz schuf an einem großen Tisch.

Und dann kam Willy. Noch heute sehe ich ihn vor mir, wie er mit großen Kinderaugen unschlüssig auf der breiten Treppe stand, die hinunterführt in das massige Gewölbe mit den breiten Säulen.

Willy war Soldat der Nationalen Volksarmee. Er nahm die Schildmütze, die nach altem Militärbrauch in Lokalen abzunehmen ist, in eine Hand, aber er wußte nicht so recht, was er mit der anderen machen sollte. Zögernd nahm er Stufe um Stufe, und der suchende Blick fand keinen freien Tisch im brodelnden Betrieb des weiten Raumes.

Nicht selbstsicher wie der Doktor Faust, den Goethe auf einem Faß diese Treppe hinaufreiten ließ, sondern eben so, wie man als hungriger Rekrut beim ersten Ausgang vor besetzten Tischen steht. Dreimal machte er die Runde, aber immer schüttelten die Leute an den wenigen Tischen, wo es noch freie Stühle gab, die Köpfe.

Als Willy seine vierte Runde drehte und immer hungriger guckte, rückten wir zusammen, und wir fanden auch noch einen Stuhl. Dankbar nahm er an, weil ihn seine Metzgersgänge genervt hatten, aber kaum daß er saß, wollte er auch schon wieder aufstehen.

„Ihr seid wohl alle aus dem Westen“, brummte er mit einer Enttäuschung, die sein Jungengesicht hilflos machte, und es entging keinem von uns, daß von einem der Nebentische ein paar Unteroffiziere mißbilligende Blicke herüberwarfen.

„Ich sollte mir einen anderen Platz suchen“, knurrte Willy. Aber es muß wohl der Hunger gewesen sein, der ihn mutig machte. „Steht schließlich in keiner Dienstvorschrift, wo ich mich hinsetzen soll.“

Bis jetzt wußten wir natürlich noch nicht, daß er Willy hieß. Das kam nach dem zweiten Bier, und nach dem dritten meinte er, daß wir ruhig „du“ sagen könnten.

Willy fing an, die Uniform abzustreifen. Einfach Mensch wollte er sein, wenn auch mit viel simpleren Ansprüchen als weiland der Keller-Stammgast Doktor Faust.

Mit prächtigem Appetit schlug er in einen riesigen Schmorbraten nebst Kartoffelberg hinein, und man spürte, wie es ihn immer weniger störte, an einem vorübergehend volksenteigneten Tisch zu sitzen. Und als er gar hörte, daß wir zum großen Spiel gekommen waren, wollte er nur noch vom Fußball im allgemeinen und vom FC Bayern im besonderen hören.

Und noch Bier haben. Unseren Wein lehnte er ab, denn das hätte für die Nebentische als Einladung ausgesehen. Es ist natürlich trotzdem eine gewesen, Glas um Glas.

Zum großen Spiel konnte er freilich nicht. Erstens hatte er Dienst, und zweitens gab es keine Karten. Das Dynamo-Stadion ist klein, und groß ist die Zahl derer, die privilegiert sind für solche Anlässe. Aber Willy wollte ein Souvenir. Fünf Autogramme von Beckenbauer, fünf von Gerd Müller.

„Damit", sagte er, „kann man mehr anfangen, als ihr denkt."

Und das war kein Problem. „Morgen abend", sagte ich, „hast du sie." Wir würden nach Dresden fahren, den beiden Stars fünf unterschriebene Fotos aus der Tasche ziehen und sie dem Willy neben einem neuen herzhaften Essen auf den Tisch legen. Einfacher geht's nicht, und der Willy hat fröhliche Augen gehabt.

Aber dann hat er auf die Uhr geguckt und ist erschrocken. „Ich muß um zwölf in der Kaserne sein!" Es war 23.45 Uhr, und er hatte eine halbe Stunde strammen Fußmarsch vor sich. Zapfen wichsen wegen uns?

Wir hatten einen Wein getrunken, der aus Ungarn kam und Stierblut hieß und der uns die Angelegenheit nicht sonderlich dramatisch erscheinen ließ. Einer sagte prost und lud den Willy in sein Hotelzimmer ein.

Aber der Münchner Fotograf Fred Joch schaltete Blitzlicht ein. „Ich besorge dir ein Taxi, Willy!" Und schon rannte er die Treppe hinauf. Willy ging langsamer, weil seine Beine ziemlich schwer vom Bier geworden waren. Es war, als ob er sich festhielt an den Autogrammen von Beckenbauer und Müller. „Morgen abend", sagte er noch schnell, „hole ich sie ab."

Als er oben war, sah ich, daß seine Mütze noch am Haken hing. Ich rannte mit ihr los und konnte sie gerade noch ins Taxi werfen. Fred Joch hatte die Fuhre schon mit D-Mark bezahlt. Dann haben wir noch einen auf die glückliche Heimkehr des sympathischen Bewachers seines Staats getrunken.

Am nächsten Tag fuhren wir nach Dresden, um den FC Bayern, den hochkarätigen sportlichen Vertreter seines Staats, zu empfangen. Jetzt erst erfuhren wir, daß der FC Bayern in der Gegend von Hof übernachtet hatte und durften uns stinksaure Bemerkungen von DDR-Kollegen anhören. Und natürlich auch von den vielen Fans, die stundenlang mit ihren Fotoalben gewartet hatten.

Wir setzten unsere Kommentare an unsere Zeitungen ab, ehe wir wieder nach Leipzig fuhren. Einer meinte sogar, die Bayern würden das Spiel platzen lassen, aber das hätte ja ein kampfloses Ausscheiden mit Millionenverlust bedeutet. Und Neudecker und Schwan waren gute Rechner.

Und dann merkte ich, daß ich über den ganzen Trubel den Willy vergessen hatte. Erst auf der Autobahn, auf der man mit Tempo 100 schleichen mußte, fiel er mir ein, und es ging schon auf acht. Um 22 Uhr waren wir in Auerbachs Keller, mit leeren Händen. Willy saß tatsächlich da. Er hatte sogar zwei uniformierte Kumpels mitgebracht, und die Begrüßung war so herzlich wie die Enttäuschung entsetzlich war.

Blankes, ungetrübtes Mißtrauen in den Augen des Trios. Nein, das konnten sie uns nicht abnehmen. In allen Zeitungen war die Ankunft der Bayern gemeldet worden, und vielleicht waren wir gar keine richtigen Journalisten, sondern großmäulige Touristen. Davon gab's ja genug. Wären wir echt, würden wir in Dresden wohnen, oder? Wir haben uns tatsächlich ausweisen und die Pressekarten für das Spiel vorzeigen müssen. Dann ist's besser geworden, aber nicht lustig. Erst das dritte Bier hat dem Willy die Zunge gelöst.

„Ihr habt ja keine Ahnung, wie beschissen ich dastehe", brummte er und schaute uns an wie einer, der orientalischen Teppichhändlern auf dem Leim gegangen ist. „Mit dem Taxi hat's gerade noch geklappt, aber der große Mist kam am Morgen, als die ganze Kaserne kalt war."

„Was kannst du dafür, wenn die Kaserne kalt ist?"

„Sehr viel", sagte Willy mit dünnem Lächeln. „Ich hatte nämlich Heizungsdienst."

Das hatte er wegen der diversen Biere vergessen, und als er mit schwerem Kopf erwachte, machte ihn ein frierender Hauptfeldwebel gewaltig zur Sau.

Jedem, der Soldat war, ist deshalb klar, daß Willys erneute Anwesenheit in Auerbachs Keller an ein Wunder grenzte. Ich sage das mit unverhohlener Bewunderung dessen, der viel unter der fast göttlichen Allmacht von Hauptfeldwebeln gelitten hat.

Und da verklärten sich Willys Züge. „Als ich merkte, daß er mich zu drei Tagen Bau verdonnern wollte, fielen mir die Autogramme ein. Ich erklärte ihm, daß ich heute fünf von Beckenbauer und fünf von Müller bekommen würde. Und daß ich natürlich bereit sei, zu teilen."

Er guckte uns an wie Mark Twains Tom Sawyer. Und man spürte diese verrückte Macht des Fußballs, die auch einen Mächtigen der Kaserne umzubiegen vermag. Auch der Spieß war ein Fan. Und ein Beckenbauer/Müller-Billett bedeutete ihm mehr als Entschädigung für einen kalten Kasernen-Morgen.

Folglich wurde Willy nicht eingesperrt, sondern ausgeschickt, um die Beute zu holen.

Aber Willy und seine beiden Freunde saßen im gleichen Boot und im gleichen Schlamassel wie wir. Es gab den dünnen Hoffnungsstrahl, daß die Zeitungen am nächsten Morgen unseren Unschuldsbeweis antreten würden, aber der war zu dürftig, als daß sich der Willy hätte festhalten können an ihm. Und ich hegte sogar den Verdacht, daß ihm zwei Aufpasser mitgegeben worden waren.

Am nächsten Tag ging's zur Sache. Es gab für uns keine Rückkehr nach Leipzig. Die Bayern, im Bus, der keine Wanzen hatte, Speisen vom Nobelrestaurant Käfer verzehrend und taktisch Geheimes mit Trainer Udo Lattek besprechend, betraten das kleine Dynamo-Stadion mit großen Ambitionen. Weggeblasen waren Willy und seine Probleme, und ich muß mit einiger Beschämung sagen, daß ich mich erst Wochen später um seine Autogramme gekümmert habe.

Sie sind an seine Kaserne gegangen, aber ich habe nie erfahren, ob sie angekommen sind und von dem Nutzen waren, den er sich versprochen hatte.

Viel wichtiger war, was im Rampenlicht passierte. „Die im Dunklen stehen", hat Bert Brecht gesagt, „sieht man nicht."

Es ist das Spiel des Uli Hoeneß gewesen, und vielleicht hat er nie ein besseres und ein wichtigeres für den FC Bayern gemacht. Zwei Tore legte er vor, und sie entsprachen der schlichten Tatsache, daß sich die Dresdner nicht einstellen konnten auf ein Täuschungsmanöver: Ein weit zurückhängender Gerd Müller brachte seinen Leibwächter in tausend Nöte. Hoeneß nützte das mit Geschick und Glück, und als es beim Stande von 2:3 noch einmal problematisch wurde, stieg Müller aus der Trickkiste und machte das 3:3, das die Tür zum Viertelfinale aufstieß.

Über ZDSK Sofia und Dosza Ujpest Budapest kam man ins Finale von Brüssel gegen Atletico Madrid, in dem „Katsche" Schwarzenbeck, der „Putzer des Kaisers", die unglaublichste Rettungstat in der Vereinsgeschichte des FC Bayern vollbrachte.

In der letzten Minute der Verlängerung gelang ihm beim Stand von 0:1 mit einem dieser Weitschüsse, die nicht mehr sind als allerletzte Verzweiflungstat, der Ausgleich.

Das Reglement wollte damals noch kein Elfmeterschießen, sondern die Wiederholung. Und zwei Tage später fertigte der FC Bayern Atletico Madrid im Heysel-Stadion durch je zwei Tore von Uli Hoeneß und Gerd Müller mit 4:0 ab. Kapitän Franz Beckenbauer nahm den ersten Europapokal der Landesmeister entgegen.

Vorbereiter und Vollstrecker: Gerd Müller und Franz Beckenbauer, das schlagkräftigste Paar der Fußballgeschichte.

Anfang mit Schrecken: In der ersten Minute des WM-Finales brachte Neeskens Holland mit 1:0 in Führung.
Ende mit Jubel: Nach Toren von Breitner und Müller feierten Helmut Schön und Assistent Derwall den 2:1-Sieg.

Der Chef des Chefs

Kapitel dreizehn

... in welchem hinter die Kulissen des größten Fußballspektakels auf deutschem Boden geschaut wird: WM-Endspiel 1974 in München. Aktuell, als wäre alles erst heute geschehen

1974 war das Jahr der Weltmeisterschaft in Deutschland. Beckenbauers dritte. Mehr erreicht man ganz selten, denn lang ist der Vierjahres-Rhythmus im schnellebigen Spitzensport. Für Beckenbauer bedeutete das: jetzt oder nie. 28 war er, und obwohl man auch mit 33 noch Weltmeister werden kann, wollte er die Sache im Zenit seiner Leistungskraft machen.

Um jeden Preis.

Aber das sagt man so. Die Mannschaft wollte nämlich nicht um jeden Preis spielen und sie übertrug dem Kapitän Aufgaben, die nun wahrlich nicht zum Alltag des braven Ritters ohne Furcht und Tadel gehören, wie ihn sich der stattliche und damals vom Professionalismus noch unberührte Funktionärstroß des Deutschen Fußballbundes vorstellte. Die Herren lebten in Sepp Herbergers Zeiten und sahen das so: Unsere Ämter sind Ehrenämter. Wir opfern unsere Zeit zum Wohle des deutschen Fußballs, und die Herren Nationalspieler haben es auch so zu halten. Aber wir sind trotzdem keine Unmenschen und lassen, zu gegebener Zeit, auch über eine Prämie mit uns reden. Im Rahmen von Zucht und Ordnung, versteht sich.

So begann für Franz Beckenbauer diese WM, ehe sie wirklich begann, mit einem Kapitel, das er mit unwürdig überschreibt.

Vom DFB-Präsidenten Dr. Gösmann war keine Hilfe zu erwarten. Der war mittlerweile ein etwas seniler Ehrenpräsident, der an Heinrich Lübke erinnerte und bei dem die Funktionärs-Kameradschaft schon mal zitterte, wenn er einen Pokal überreichen mußte. Der Verlierer hatte nämlich die gleiche Chance, ihn zu bekommen, wie der Sieger.

Der brave Notar aus Osnabrück saß nur noch seine Dienstzeit ab. Längst hatte sein rühriger Vize Hermann Neuberger die Fäden in der Hand. Aber er zog sie nicht im Trainingslager von Malente, sondern in Hamburg, wo er organisatorische Aufgaben zu erledigen hatte.

Hausherr in Malente war der Delegationschef Hans Deckert aus Schweinfurt, ein Bilderbuchfunktionär aus den Zeiten, in denen siegreichen Mannschaften mit Schulterklopfen und warmem Händedruck gedankt wurde.

Hermann Neuberger, Fuchs, der er war, hatte das Prämiengerangel von Malente kommen sehen und den Deckert mit dem Stiernacken zum Versuchskaninchen gemacht. Der Mann hatte seine Instruktionen, als Beckenbauer, gedrängt von der Mannschaft, bei ihm wegen der Prämien vorsprach. Mit gönnerhafter Jovialität zog er einen Zettel aus der Tasche: „30000 Mark für den ersten, 25000 für den zweiten und 20000 für den dritten Platz." Es muß zu seiner Funktionärsehre gesagt werden, daß er das Angebot für großzügig hielt.

Der Kapitän des FC Bayern und der Nationalmannschaft kommt sich vor wie einer, der vom Profiklub zum Profitklub versetzt worden ist. Schön ist's, für's Vaterland zu siegen, denkt er, aber der DFB ist nicht das Vaterland, sondern der reichste Sportverband des Landes und wahrscheinlich von ganz Europa. Und den Italienern hat man für den WM-Sieg 120000 Mark geboten. Das kleine Holland bietet 100000, und wenn der Kapitän jetzt die 30000 akzeptiert, braucht er gar nicht erst zur Mannschaft zurück.

Der deutsche Berufsfußball ist noch jung, kaum mehr als zehn Jahre alt, aber der, der in ihn hineingestiegen ist, fast ohne dessen Kinderkrankheiten zu spüren, glaubt jetzt, einem Hundertjährigen gegenüberzusitzen, der noch die Torstangen aufs Feld getragen und nichts dazugelernt hat.

Weltmeister will auch die Funktionärsriege werden, aber außer Hermann Neuberger, der aus der Entfernung zuschaut, wie dieses Duell Deckert/Beckenbauer ausgeht, scheint keiner zu ahnen, daß sie ein schlechtes Blatt hat.

Längst weiß der DFB-Vize, daß man die Prämienfrage viel früher hätte angehen müssen. Jetzt reizen gereizte Spieler, die wissen, daß ohne sie nichts geht, ihre Karten aus. Weiß es Deckert nicht, oder will er es nicht wissen? Wissen sollte er immerhin, daß ein Beckenbauer nicht feilscht. Einer mit seinen Meriten und PR-Möglichkeiten hängt nicht ab von der Gnade der Verbandsherren. Aber um die Mannschaft geht es, und er ist ihr Kapitän.

Natürlich gibt es auch den Bundestrainer, aber der kann wegen seiner Abhängigkeit als braver Arbeitnehmer des DFB in dieser Frage nicht Vermittler sein, und kein einziger im Spieleraufgebot fühlt sich als Arbeitnehmer des Verbandes. Die Sache muß auf den Tisch. Und Hans Deckert soll an diesem Abend sehr viel Frankenwein gebraucht haben, um die vom Kapitän im Namen der Mannschaft vorgebrachten Argumente hinunterzuspülen.

Aber damit war's nicht getan. Die Sache schwelte weiter, und das war nicht gut, weil ein Camp, in dem Deutschlands zweite Weltmeisterschaft vorbereitet werden sollte, zur Kasernierung zu werden drohte.

Das waren nicht mehr die jungen Männer, die Herberger nach dem Chaos zusammengerufen hatte. Der Geist von Spiez hätte ziemlich alt ausgesehen in Stuben, in denen der Zeitgeist arbeitete. Und was dem DFB-Vize Hermann Neuberger zu Ohren kam, war ein anderes Kettenrasseln als das von Männern, die es nicht erwarten können, losgelassen zu werden auf ihre Gegner.

Es war höchste Zeit für den DFB, sich aus ihrer Schußlinie zurückzuziehen. Aber 100000 Mark für den Titelgewinn? Beckenbauer hatte sie auf Deckerts Tisch geschmissen, und die Mannschaft hatte ihm gratuliert dazu. Und zwischen Neuberger und Deckert glühte der Draht. Mit dem Ergebnis eines neuen Gesprächs zwischen Franz Beckenbauer und Hans Deckert.

Diesmal bot der DFB 50000. Aber als letztes Wort. Deckert saß da wie ein Unternehmer, der Erpresser zum Teufel jagen und gleichzeitig Vernünftige in das Paradies führen will.

Aber die Mannschaft der Funktionäre kann nicht selbst Weltmeister werden. Bloß die richtige.

In der sprachen einige von Heimreise, was durchaus mit Streik gleichzusetzen war. Helmut Schöns heile Fußballwelt zerbrach, und das ging so weit, daß er selbst mit der Abreise drohte.

In Paul Breitner, dem Bärtigen, sah er den Revoluzzer. Streit zwischen zwei so unterschiedlichen Typen konnte bei der Brisanz der Sache nicht ausbleiben. Breitner sprach nicht nur von Kofferpacken, er tat es. Dabei war ein WM-Buch mit seinem damaligen Intimfreund Uli Hoeneß und mit Udo Lattek geplant.

Komödiantenstadel oder unlösbare Krise? Rückzug der Deutschen aus der Weltmeisterschaft im eigenen Land?

Aber so schnell schießen sie dann doch nicht. Weder die Preußen noch die Bayern. Und es mag, menschlich ist menschlich, in dem 22er Aufgebot Ersatzleute gegeben haben, die Morgenluft witterten.

Geld hatte die Krise verursacht, aber um Geld ging's gar nicht mehr. Beckenbauer, der Weltmeister um jeden Preis werden wollte, mußte Risse kitten. Er brachte sogar eine Art von halbherzigem Versöhnungsgespräch zwischen Schön und Breitner zustande, und er schaffte es, daß die 70000 Mark akzeptiert wurden, die Neuberger anbot mit der Miene eines Mannes, der immer schon gewußt hat, daß man dem Ochsen, der da drischt, das Maul nicht verbinden soll.

Aber war das noch eine Truppe, die Weltmeister werden konnte? Die Öffentlichkeit wußte wenig von den Querelen des Trainingslagers, ahnte nicht, daß so ziemlich alles konträr gelaufen war zum Geist deutscher Sportschulen, in denen Kameradschaft, Disziplin und kämpferischer Mut ihre heiligen Ehrenplätze haben.

Es geht hier nicht um die Frage, wie die Sache ohne Franz Beckenbauer ausgegangen wäre. Tatsache ist, daß diese Weltmeisterschaft wie kein anderes Ereignis an die Wurzeln von Klasse, Klarsicht und Popularität des Mannes heranführt, der die höchsten Sprossen im Weltfußball erklommen hat. Hier gab er mit nicht zu überbietender Deutlichkeit die praktische Demonstration des Begriffs Klasse und bewies, daß sie in noch ganz andere Bereiche hineinspielt als in die, die dem sportlichen Konsumenten vorgeführt werden.

Und dem ist, aus bundesdeutscher Sicht, im Spiel gegen die DDR in Hamburg ganz Schreckliches vorgeführt worden. Weil es im Fußball drei Sorten von Niederlagen gibt: die leichtverdaulichen, die schwerverdaulichen und die unverdaulichen. Letztere Sorte drehte bundesdeutsche Mägen um, als die DDR im ersten und einzigen deutsch-deutschen Länderspiel durch ein Tor von Jürgen Sparwasser den Goliath aufs Kreuz legte.

Sensationen, die wie Bomben einschlagen, haben immer zu Weltmeisterschaften gehört; man denke nur an Englands unfaßliche Blamage gegen die USA 1950 in Brasilien oder an Italiens Debakel gegen Nordkorea 1966 in England.

Aber die Demütigung, die die reichen Onkel in Hamburg von den ostdeutschen Habenichts-Vettern bezogen, sprengte die Rahmen, die sich das Spiel gezimmert hat. Sie krochen in die Kabinen des Volksparkstadions wie in Mauselöcher, und ein geprügelter Hund ist ein strammer Max gegen den Bundestrainer, der ratlos und wie vom Donner gerührt in der Pressekonferenz saß.

Was nützte der mildtätige Spruch, daß man eine Schlacht verloren habe und nicht den Krieg? Für den von Sachsen besiegten Sachsen Helmut Schön war das Waten durch Hohn und Spott unerträglich.

Beckenbauer aber war die verkörperte blanke Wut. Hohn und Spott? Die kamen nicht ran an ihn. Er, der wohl ahnte, daß er zu seiner letzten Weltmeisterschaft als Spieler angetreten war, war nicht bereit, sie sich von Spielern vermasseln zu lassen, die Mund und Hände fürs Geld aufmachten und als Hasenfüße auf den Platz liefen. Das war zu korrigieren. Nichts anderes. Daß Gift, Galle und Süffisanz gespuckt wurden, weil der David den Goliath auf den Arsch gesetzt hatte, machte ihn nicht schamrot. Sein Rot war das des Zorns über hausgemachte Nachlässigkeiten.

Klarsicht ist ein Zwillingsbruder der Klasse. Es kann behauptet werden, daß Deutschlands Nationalelf 1974 nicht Weltmeister geworden wäre ohne diese kombinierten Eigenschaften seines Kapitäns. Und 1990 auch nicht. Teamchef war er nun freilich. Aber war er's nicht auch 1974?

Das Innenleben einer Mannschaft, das kaum in die Medien und schon gar nicht ins Fernsehen strahlt, ist durch Interviews nicht auszuloten, wie die meisten Reporter und ihre Konsumenten fälschlicherweise glauben. Da müssen Funken geschlagen werden, die nicht zu sehen sind, die aber überspringen.

Man lernt das auf keiner Trainerschule, aber Beckenbauer kann diese Funken nicht nur schlagen, sondern auch überspringen lassen. Das läßt ihn lächeln über die, die sein fehlendes Diplom monieren und denen so unendlich viel fehlt von dem, was Klarsicht und Klasse bedeuten.

So einer braucht kein Gesellenstück zu machen. Die Mannschaft siedelte am Tag nach der Niederlage gegen die DDR in die Sportschule Kaiserau über, und was er da gemacht hat, ist schon ein kaiserliches Stück gewesen. Nicht mehr und nicht weniger als die Weichenstellung fürs Endspiel.

Und die DDR hat mitgeholfen. So kann Ursachenforschung zur gebotenen Reaktion führen. Hätten die Westler mit 1:0 gewonnen, wären sie nicht aufgewacht und mit einer kaum gerechtfertigten Selbstzufriedenheit ins nächste Spiel gegangen. Und kein Beckenbauer wäre auf die Kommandobrücke gestiegen.

Notlagen fordern Entscheidungen, und wer Klarsicht hatte, wußte, daß der von einem bedenklichen Schockzustand gepackte Bundestrainer nicht in der Lage war, diese zu treffen. Die Situation in Kaiserau hatte diffuse Züge von Larmoyanz und Trotz, und es kam Groteskes hinzu. Ganze Straßenzüge wurden um die Sportschule herum abgesperrt, als ob grausam Gedemütigte geschützt werden müßten vor einer Meute sensationslustiger Peiniger.

Der DFB vergaß ganz schlicht, daß Weltmeisterschaften von hohem öffentlichem Interesse sind und daß man durchaus wissen will, was ein Ball, der im falschen Tor gelandet ist, alles auslösen kann. Deshalb wurde die Pressekonferenz abgesagt. Ohne es in seiner Ratlosigkeit zu ahnen, trieb der Deutsche Fußball-Bund in eine weitere Blamage hinein. Mehr als hundert Journalisten aus In- und Ausland standen erst murrend, dann schimpfend vor den verschlossenen Toren der Sportschule. Richtigen Schildwachen standen sie gegenüber, und, wie in Malente, fehlte wieder der Herr Neuberger, um einer geschockten Funktionärstruppe beizubringen, daß das Hineinkriechen ins Mauseloch keine Antwort auf Niederlagen ist.

Was tun? Die Ausländer lästerten, die DDR-Kollegen waren von betont friedlicher Überheblichkeit, und die unseren meinten, man müßte so etwas hineinschicken in die Festung wie einen Parlamentär mit weißer Fahne, damit die da drinnen wußten, daß man eigentlich nur ein bißchen sprechen wollte miteinander. Warum die Aufgabe auf mich fiel, weiß ich nicht. Vielleicht, weil ich ein friedliebender Mensch bin.

Helmut Schön war schlimm dran. Er lag im halbdunklen Zimmer auf seinem Bett und löffelte Brei. Gäbe es in diesem seltsamen Fußballgeschäft so etwas wie ein menschlich-juristisches Pardon, man hätte ihn wohl als nicht verhandlungsfähig betrachtet. Aber ein Bundestrainer muß sich in solchem Fall stellen, auch wenn er kaum stehen kann. Der Mann, das war klar, brauchte einen Krückstock. Eine Stütze mußte man ihm beigeben für den Auftritt vor Leuten, die nichts als eine Berufspflicht zu erfüllen hatten.

„Nehmen wir", schlug ich vor, „einen Spieler mit."

Und es konnte logischerweise kein anderer sein als der, der schon in Malente den Karren aus dem Dreck gezogen hatte.

Ein bleicher Helmut Schön trat mit einem trutzig entschlossenen Franz Beckenbauer zur Pressekonferenz an. Schmutzige Wäsche wollte er nicht waschen. Reibereien waren unvermeidlich, aber sie mußten en famille bleiben. Nicht nur angesichts der Lage. Vernunft war gefragt beim scharfen Wind, der allen ins Gesicht blies, und es ging keinen etwas an, daß der Kapitän nicht auf der gleichen Wellenlänge mit den beiden eigenwilligen Youngsters Breitner und Hoeneß lag. War denen die Mannschaft wichtiger oder ihr WM-Buch? Jedenfalls waren sie ihm beim Telefonieren engagierter vorgekommen als beim Trainieren, und außerdem war er der Meinung, daß das Abitur, das sie im Gepäck hatten, von geringem Nährwert für die gemeinsame Sache sei.

Aus Siegfried wurde der grimme Hagen: „Nicht alle haben mitgezogen, und das wird Konsequenzen haben. Bedeutende sogar. Es sind Umstellungen auf dem Feld und in den Köpfen nötig!"

Der Bundestrainer nickte. Vermittelnder Schöngeist, der er war, ließ er den anderen im Alleingang weitermachen. Seine Sprache war das nicht, und hier stand einer auf, der buchstäblich und sinngemäß in der Mitte des Spiels stand, alle Fäden an sich zog und nichts mehr dem Zufall überlassen wollte.

Es war einer der wichtigsten Momente in der erfolgreichen aktiven Fußballkarriere des Franz Beckenbauer.

Dieser Augenblick entsprang der Kombination von Klarsicht und Klasse, die nicht zu erlernen ist, wie das Komponieren einer Melodie. Und es entspricht Beckenbauers Überzeugung, daß Fußball komponiert werden kann. Der verstaubte Spruch auf der alten Viktoria, die aussah wie das Denkmal von Rüdesheim und die der Wanderpreis des DFB für die Deutschen Meister war, mochte noch für Funktionärsvitrinen taugen. Er hieß: „Elf Freunde müßt ihr sein, um Siege zu erringen."

Der Mann, der sich da auf die Kommandobrücke geschwungen hatte, wollte kein Feld-, Wald- und Wiesenspiel gewinnen, sondern die Weltmeisterschaft. Und er wußte, daß eine aus dem ganzen Land zusammengeholte Elite zwangsläufig mit Individualisten befrachtet ist, bei denen nicht jeder jedermanns Freund sein kann. Das ist beim Theater-Ensemble nicht anders, und es kann dennoch prächtig harmonieren.

Das war es, was er anpeilte. Und deshalb darf getrost von einem Meisterwerk Franz Beckenbauers in Kaiserau gesprochen werden. Aber es ist besser, es nicht mit Pathos zu tun, sondern mit einem Schuß Humor, nach dem der vom Bierernst bedrohte Fußball so oft vergeblich schreit.

Man könnte beispielsweise von Franz' List reden. Oh, nicht vom großen Komponisten, der sich mit „sz" schreibt. Aber mit Kunst hat die Sache schon zu tun, wenn man um die Probleme des subtilen Steuerns des mannschaftlichen Innenlebens weiß.

Franz' List ließe sich etwa so formulieren: „Was ist nur mit jung Uli los?" fragte Opa Helmut den Onkel Franz und kratzte sich besorgt da, wo er früher einmal einen Scheitel hatte. Auch Onkel Franz machte ein nachdenkliches Gesicht, aber im Gegensatz zu Opa Helmut, dessen Nerven von 22 Sorgenkindern, welche die Sportpresse Schützlinge nennt, arg strapaziert waren, wußte er Rat: „Jung Uli", sagte er und spielte gedankenverloren mit seinen dunkelbraunen Locken, „ist arg schnell groß geworden. Er denkt zuviel an das Bilderbuch, das er zusammen mit dem Paul und dem Udo machen darf. Und zuviel Taschengeld hat er auch gekriegt. Wenn ich denke, wie knapp man mich in seinem Alter gehalten hat!"

„Und mich erst", seufzte Opa Helmut und wartete mit zitternder Spannung, was der Onkel Franz vorschlagen würde, um aus dem zornig stampfenden Jung-Uli wieder ein wichtiges Mitglied der Gemeinschaft zu machen.

„Ich wüßte schon was", sagte der Onkel Franz mit einem dünnen, aber bestimmten Lächeln. „Wir lassen ihn einfach nicht mitspielen!"

Da erschrak Opa Helmut zutiefst, weil Jung-Uli zwar vorlaut, aber auch ein starker Bayer aus dem Schwabenland war, den man nicht so ohne weiteres ungestraft auf die Strafbank setzt. Aber schnell erhellte sich seine Miene, als Onkel Franz, der größte der Bayern und kaiserlicher Kapitän, versprach, die Sache in die Hand zu nehmen. „Jung-Uli", sagte Onkel Franz schelmisch, „wird auf die Bank gesetzt. Das wird ihm sowohl weh als auch gut tun, denn er bekommt das Gefühl, daß wir ihn nicht brauchen."

„Aber eigentlich brauchen wir ihn doch", wagte Opa Helmut einzuwenden. Wieder grinste Onkel Franz mit der Überlegenheit, um die ihn Opa Helmut eigentlich so beneidete. „Natürlich brauchen wir ihn, doch wir müssen eben so tun, als ob wir ihn nicht bräuchten. Zu den anderen aber werden wir sagen: Seht, dort sitzt der starke Uli, weil er unartig war. Aber gleich wird er mitspielen, wenn wir einen sehen, der nicht laufen will!"

Da klatschte Opa Helmut vor Begeisterung in die Hände und erklärte Onkel Franz zum Reserve-Kolumbus, weil damit der ganze Eiertanz um die Aufstellung beendet war. Und als dann der Herbert wimmerte, weil er mehr gelaufen war als er vertrug, schickte Opa Helmut mit dem augenzwinkernden Einverständnis von Onkel Franz Jung-Uli wieder auf die Spielwiese. Vor lauter Begeisterung rannte der schneller als alle anderen und verhalf Klein-Gerd unverzüglich zum 2:0, womit die ganze Arbeit gegen Jugoslawien erledigt war.

Opa Helmut und Onkel Franz aber zwinkerten einander zu und beschlossen, keinem zu sagen, wie geschickt sie das Ding gedreht hatten. Sportgelehrte, die in solchen Fällen von Gruppendynamik, Reizeffekten und sonst was reden, hätten die Sache natürlich viel wissenschaftlicher und unverständlicher dargestellt.

Sie ist auf alle Fälle das Paradestück auf dem Weg ins Endspiel gewesen. Heimspiel auch noch für den Kaiser und seine Bayern. Welch ein Weg nach München!

Am Marienplatz wird mir ein erstklassiger Sitzplatz für 1200 Mark angeboten. Haupttribüne Mitte, bittschön, einmalige Gelegenheit. „Wann's net zugreifen, san's blöd. Jeder Holländer zahlt's Doppelte!"

Am Matthäser will einer nur sechs Blaue, aber er bietet auch nur einen Kurvenstehplatz, und der Schwarm der holländischen Schlachtenbummler ist noch nicht in München eingefallen. Man kann sich an diesem Vortag des Endspiels in der Kaufinger Straße noch vergleichsweise frei bewegen und über die freien Preise der Schwarzhändler meditieren, denen das Glück zweigleisig die Spürnasen hinaufläuft, weil ihr Traumfinale Wirklichkeit geworden ist. Der deutsche Fan brüllt nach Karten, und der holländische lechzt gar wie ein Verdurstender nach ihnen, weil man nicht von Amsterdam nach München fährt, um dann in die Fernsehröhre zu gucken. In den Kleinanzeigen der „Abendzeitung" dominiert nicht die junge Masseuse, sondern die ebenfalls Freude verheißende Endspielkarte. Aber selbst exotische Freuden sind im halben Dutzend billiger als das Plastiksesselchen ohne Lehne zwecks visueller Endspielteilnahme.

Drei Tribünenkarten haben den Wert eines gut erhaltenen Autos. Wer hätte das seinerzeit für möglich gehalten, als die Deutschen 1954 mit Bahn und Bussen zu ihrem ersten Endspiel nach Bern fuhren!

In die Sportschule Grünwald konnte kein „Geist von Malente" eindringen. Vor der Tür stand der goldene Weltpokal, und es war, als ob jovial auftretende Funktionäre ihn wie eine Monstranz vor sich hertrügen. Man saß in einem Boot wie eine große Familie, sapperment, und man würde die Sache schon schaukeln!

Franz Beckenbauer begriff dieses „man" sehr gut. Es stellt sich immer ein vor den ganz großen Ereignissen. Das Boot wird zum riesigen nationalen Schiff. Aber nur Rudern für Deutschland? Schlichte Gemüter mögen es so sehen und herrschaftliche dazu, denn hochkarätig waren die Ehrenlogen besetzt mit Bundespräsident Walter Scheel und Bundeskanzler Helmut Schmidt an der Spitze.

Heimspiel der Heimspiele. Bedeutungsvoller als sonst klingt die Nationalhymne, und unter dem Zeltdach wabert ein Zusammengehörigkeitsgefühl, das leicht gereizt wird durch die niederländischen Schlachtruf-Kaskaden „Hoep Holland, hoep!".

Die, die sich drunten in den Katakomben die Schuhe gebunden haben und jetzt in der Arena den Helm festbinden, sind viel mehr mit sich selbst als mit vaterländischen Gedanken beschäftigt. Geschäftsleute in Sachen Fußball? In Malente mag das so ausgesehen haben, aber Unsinn ist das jetzt. Auserwählt sind sie, und die Angst vor dem Versagen ist durchaus verwandt mit dem Lampenfieber des Schauspielers vor der Premiere. Bei einem Endspiel um die Weltmeisterschaft stehst du im grellsten und unerbittlichsten Rampenlicht, und wenn du Beckenbauer heißt und spürst, daß du da zum letzten Mal dabei bist, wird es noch viel greller.

Und du willst gewinnen, um jeden Preis. Auch um den, daß du aufgibst, was dich groß gemacht hat. Daß du dich, wenn es sein muß, in einen Vogts verwandelst und auch in einen Schwarzenbeck.

Daß du dein Dirigentenstöckchen zum Besenstiel machst.

Noch nie ist er mit solchen Gedanken in eine Sache gegangen, die viel mehr als ein Spiel ist. Das ist anders bei den anderen. Er kann viel mit ihnen reden, aber genau darüber nicht.

Zum Teufel mit unterkühlter Imagepflege. Er hat sie betrieben und gerechtfertigt mit Einfällen, die im günstigsten Fall zur Eingebung für andere wurden. Das ist Feldherrenart, aber sie ist nicht gerechtfertigt in einem Endspiel.

Da mußt du von der Kommandobrücke auch in den Heizraum hinunter. Überall mußt du sein.

Unterschwellig spürt er, daß das leichter für ihn sein kann als für den Superstar der Holländer. Johan Cruyff führt beim Gegner eine betont stürmende Regie. So einen kann man anders beharken als den sich jeder Bewachung entziehenden Libero.

Berti Vogts wird man ansetzen auf ihn. Das hat keiner langen Beratung mit Helmut Schön bedurft. Der kleine Gladbacher mit dem riesigen Kämpferherzen wird nicht den hergebrachten Außenverteidiger spielen, sondern den hautnahen Sonderbewacher Herbergerscher Prägung. An dem Fürther Mittelläufer Herbert Erhardt erinnert man sich, der den großen Di Stefano bei einem Frankfurter Länderspiel gegen Spanien zur Verzweiflung gebracht hatte.

Und wenn das Genie Cruyff gefesselt ist, entfesseln sich wohl keine holländischen Angriffe.

Es wird, im Zusammenhang mit fußballerischer Taktik, gelegentlich von Rasenschach gesprochen, und wenn man es so sieht, hat die zurückgezogen spielende deutsche „Königin" Beckenbauer der sehr offensiven holländischen „Königin" Cruyff in Berti Vogts eine Mischung aus Bauer, Springer und Läufer vor die Nase gesetzt, mit der diese nicht fertiggeworden ist.

Keiner der beiden Deutschen hat an diesem 7. Juli 1974 geahnt, daß der eine im Juli 1990 als weltmeisterlicher Teamchef abtreten und dem anderen, Berti Vogts, die bundestrainerlichen Würden übergeben würde.

Aus gemeinsamem Boden sind da zwei ganz verschiedene Bäume gewachsen. Und nie sind sie einander näher gewesen als am 7. Juli 1974 in München, als der Geniale, aus seiner Haustür tretend, dem Kämpfer die Hand reicht. An diesem Tag will er sein wie er, und der andere will zeigen, daß auch ein Schuß Genialität dazu gehört, um einen Genialen auszuschalten.

Aber der Anfang ist katastrophal. Endspiele pflegen mit einem gegenseitigen Belauern loszugehen wie Weltmeisterschaftskämpfe von Boxern im Schwergewicht. Doch diese Holländer halten nichts von Tradition. Noch ehe Vogts, der Terrier, das Weiße im Auge von Cruyff gesehen hat, umkurvt ihn der Bursche nach dem holländischen Anspiel in einem Bogen, der viel zu groß für die kurzen Beine des Gladbachers ist. Im Strafraum kann Hoeneß zwar noch dazwischenfahren, aber der über das gestreckte Bein stolpernde Holländer hat seinen Elfmeter.

Es sind genau 58 Sekunden gespielt. Und es ist noch kein deutsches Bein im Spiel gewesen, außer dem, das Unerlaubtes tat. Und der englische Schiedsrichter John Taylor deutet auf den Punkt wie einer dieser englischen Richter mit den gelockten weißen Perücken, unter denen so viel Common Sense und Weisheit steckt, daß du gar nicht anzustänkern wagst dagegen.

Die Galerie stöhnt und zieht das Genick ein. Und Sepp Maier, Deutschlands einsamster Mann in diesem Moment, öffnet die Fäuste und spielt den Jaschin. Zehn ausgespreizte Finger unter riesigen Handschuhen sollen dem Schützen zeigen, daß das Tor verrammelt ist.

Aber dieser Neeskens, der sich den Ball hinlegt, tut, als ob es Maier gar nicht gebe. Direkt in die Mitte des Tores jagt er den Ball mit einem Gewaltschuß, den die Fußballfans „Hammer“ nennen. Wenn der Sepp stehengeblieben wäre, hätte der ihn getroffen. Und wahrscheinlich ins Tor geschmissen.

Alles vorbei, bevor es angefangen hat? Für Sekunden sind auch die Optimisten von dieser Idee gepackt. Die anderen brauchen länger, aber es ist sicher, daß der Kapitän Beckenbauer den Schock mit der kürzesten Reaktionszeit überstanden hat.

Nicht Leistung, sondern Geschenk ist dieses Tor für den Gegner. So und nicht anders muß das gesehen werden. In Dreiteufelsnamen!

Er brüllt es aus sich heraus. Nicht nur, weil er es darf. Weil er es muß.

Und weil er kein Kapitän wäre, wenn er jetzt den Künstler spielen wollte. Seht her, Leute! Libero ist kein Druckposten! Ich renne wie jeder, und ich werfe mich in die Breschen wie der Katsche!

Er tut es. Und schlägt Bälle nach vorne, die kein kaiserliches Gefühl verraten und keinen Adressaten haben. Beckenbauer als Schulz, als Vogts, als Mädchen für alles.

Das wirkt. So haben sie ihn noch nie gesehen. Es ist ein eigenartiges Gefühl der Zusammengehörigkeit, das der Kapitän erzeugt, indem er den Besen in die Hand nimmt.

Ganz andere Funken als sonst schlägt er. Oh, er hat später nie darüber geredet, will seinen Anteil an der Wende, die sich ganz langsam abzuzeichnen beginnt, nicht überbewertet haben. Sie beginnt auch wahrlich nicht mit genialen Funken, sondern mit dem zähen, fast verzweifelten Aufbäumen des um Rehabilitierung bemühten Berti Vogts.

Wenn ihm, sagen wir, beim Jonglieren nach der dritten Berührung der Ball auf den Boden fällt, zuckt er mit den Schultern: „Ich bin kein Rastelli, das ist mein Bier nicht." Wenn ihm aber einer wegläuft, den er bewachen soll, sträuben sich die Haare wie beim Terrier. Zur Reizfigur wird dieser Johan Cruyff, der ohnehin schon genug Reizstoff versprüht für einen wie den Berti. Beckenbauersche Nonchalance ist ebenso dabei wie ein bißchen Provokation des Supertechnikers. Höchste Befriedigung scheint er zu finden, wenn er einen Angreifer lächerlich machen kann. Feuer bringt das in Bertis Nüstern, und dem Schiedsrichter entgeht's nicht. Zwar versteht der Engländer nicht, daß sie draußen „Berti mach den Cruyff zur Sau" skandieren, aber er spürt die Not des kleinen Mannes und weiß, welch gefährliches Duell sich da ankündigt. Zwei knallharte Vogts-Attacken muß er unterbinden: erst Ermahnung, dann Gelbe Karte.

Damit droht Feldverweis. Vogts wird in seinen Mitteln eingeschränkt, und wenn Cruyff das Duell jetzt für sich entscheidet, ist das Spiel gelaufen. Das fühlen alle.

Kann Kraft Technik schlagen, wenn sie sich der Disziplin unterwirft? Ein Fingerhakeln wird's, das lange nach Unentschieden aussieht, aber langsam, unendlich langsam, zieht Berti den Holländer über den Tisch. Er nervt den Künstler, indem er fast synchron dessen Schritten folgt, wohin immer der auszuweichen versucht, und er spitzelt ihm Bälle weg mit einer Energie, bei der man nicht weiß, wo er sie hernimmt, die aber nicht kollidiert mit den Regeln. Das ist kein Augenschmaus für die Ästheten. Eher das, was die Franzosen „la bonne guerre" nennen, ein erlaubter Krieg, der den Holländer zermürbt. Er wird ausfallend, erhält seinerseits die Gelbe Karte und ist nicht mehr der unberechenbare Lenker seines Angriffs.

Die Deutschen beherrschen das Spiel nicht, aber sie fangen an, es besser zu berechnen. Und Wolfgang Overath, oft genug unbeherrscht und Opfer seines Temperaments, ist um Ruhe im Mittelfeld bemüht. Er hat nicht nur die Not von Vogts, sondern auch die von Beckenbauer erkannt, der so energisch um Sicherheit im eigenen Strafraum kämpft, daß er die Offensive nicht mit der üblichen Verve pflegen kann.

Overath ist es, der Hölzenbein zu einem Solo lanciert, das nach 25 Minuten zu einer neuen Elfmeterentscheidung führt.

Man nennt Hölzenbein einen Spezialisten der „Schwalbe". Und man weiß, daß ein Schiedsrichter, der einen sehr frühen und „harten" Elfmeter gegen die Heim-Mannschaft gepfiffen hat, vielleicht nicht gerade um einen Lastenausgleich bemüht, aber auch nicht pingelig ist, wenn er sich anbietet. Hölzenbein, über Jansens Bein gestürzt, windet sich nicht vergeblich am Boden, und Paul Breitner, der eigentlich gar nicht als Elfmeterschütze vorgesehen ist, macht nach einem provozierend langsamen Anlauf keinen Fehler: 1:1 nach zwei Strafstößen. Das Spiel beginnt neu. Aber warum hat Breitner geschossen und nicht der designierte Schütze Gerd Müller? Ähnlich ist's 1972 beim großen Spiel gegen England in Wembley gewesen. Da hat Günter Netzer Müller die Arbeit abgenommen. Spontan wie jetzt der Breitner und ohne Diskussion.

Das sind oft die wichtigsten Sekunden großer Spiele. Die Schublade mit dem Abgesprochenen bleibt zu, weil sich da plötzlich einer mutiger und freier fühlt als der ursprünglich Beauftragte. Nicht jeder hat die Nervenstärke eines Giuseppe Meazza, der bei der Weltmeisterschaft 1938 in Frankreich gegen die Brasilianer einen Elfmeter verwandelte, obwohl ihm der Gummizug der Hose gerissen war. Und wer von den alten Experten noch lebt, schwört darauf, daß Italien deswegen Weltmeister wurde.

Tatsächlich kann der Erfolg des Elfmeterschützen in den Sekunden vor der Tat in den Augen abgelesen werden. Sind sie leer, geht er leer aus. Dazu Gerd Müller: „Der Paule hat so stechend bös geguckt, daß es für mich überhaupt keine Frage gab."

Dann fast die Führung mit einem perfiden Bogenschuß Beckenbauers nach einem für die Holländer überraschenden Freistoß-Manöver. Gelöster wird das deutsche Spiel, und nach energischer Vorarbeit von Bonhof besorgt Gerd Müller zwei Minuten vor der Pause mit einem dieser blitzschnellen Drehschüsse, die allein sein Geheimnis sind, das 2:1.

Und es wird sich nichts mehr daran ändern. Deutschlands Nationalmannschaft fährt ihre zweite Weltmeisterschaft ein.

Aber niemand ahnt, daß es das Abschiedsgeschenk des „Bombers der Nation" ist.

Was sich da unter dem gläsernen Zeltdach an Euphorie zusammenballte, ist auch für die feinsten Federn unbeschreiblich gewesen, weil sich diese ersten Minuten des Triumphes nur auskosten, aber nicht fassen lassen. Wildes Indianergeheul gehört ebenso dazu wie diese stürmisch kindlichen Umarmungen, weil der Druck weg ist, der bis in die letzte Sekunde hinein dauerte, und alle Fesseln fallen zur Feier des Augenblicks. Sepp Maier wirft die Handschuhe, die Hollands Schüssen getrotzt hatten, in die Menge, wie es der Torero mit den abgeschnittenen Ohren des Stiers macht.

Scheint es nur so, oder steht Franz Beckenbauer wirklich wie ein Lehrer, dem mehr Gelassenheit gefiele, inmitten einer ausgelassenen Horde von Burschen, die um den goldenen Pokal herumtanzen wie ums goldene Kalb und nicht genug kriegen können von dem Bad, das sie da nehmen dürfen in der brodelnden Arena?

Sicher ist, aber das wird er auch erst später erfassen, daß er auf einem anderen Boden steht als die anderen. Gewiß, er ist am Gipfel angelangt, aber er spürt nicht nur Euphorie dabei, sondern auch die leise Wehmut des Abschieds, die eigentlich unpassend ist, die aber ebenso zu ihm paßt wie die Ausgelassenheit zu Sepp Maier, der mit dem Wegwerfen seiner Handschuhe eine Befreiung gespürt hat wie einer, dem man die Handschellen abnimmt. Und es paßt auch zu Berti Vogts und Helmut Schön, daß sie sich mit feuchten Augen in den Armen liegen.

Gefühlsausbrüche sind bei Franz Beckenbauer anderer Natur. Bei ihm, dem Fanatiker der Perfektion, kommen sie im Spiel hoch, vornehmlich dann, wenn es nicht läuft nach seinem Gusto. Zum speienden Vulkan kann er da werden, und es wäre gegen sein Naturell, wenn er das nicht am Spielfeldrand als Teamchef fortgesetzt hätte.

Aber im Erfolg ist er nie laut geworden. Da hält er es mit stiller Genugtuung, die nicht jedem begreiflich und deshalb oft genug als Arroganz ausgelegt worden ist. Tatsache ist, daß er, als er das Stadion verließ, auf andere Weise am Ziel war als die anderen. Es ging nicht höher. Der Gipfel war bestiegen, und acht Jahre hatte er darauf gewartet.

Abwärts jetzt also? Auf leisen Sohlen hatte sich der Gedanke ins Triumphgefühl geschlichen. Der Bergsteiger kann nicht oben bleiben, und wenn kein höherer Berg zu finden ist, fehlt ihm die Herausforderung.

Und vor ihm lag diese verdammte Schwelle der Dreißig. Die hat ihn mehr belastet, als er zugab. Sie ist für den Profi kein Stopplicht, aber eine Warnleuchte. Sie hat Günter Netzer stolpern lassen. In der Nationalmannschaft hat er eigentlich nur einen Sommer getanzt. Das war 1972, als man Europameister wurde und alle glaubten, zwei Spieler der Ausnahmeklasse, also „Überbegabte", könnten in der Nationalmannschaft eine Art von Doppelregie führen.

Aber so etwas geht nicht im Verein und schon gar nicht im künstlichen Gebilde der nationalen Interessengemeinschaft. Außerdem hatte sich Netzer außerhalb dieser Gemeinschaft gestellt. Beim Real Madrid war er Millionär geworden, und man hat verlorene Söhne damals nicht ans Herz gedrückt wie heute. Geschätzt wurde seine Klasse und gehaßt seine Abtrünnigkeit. Nur 20 Minuten hat er bei dieser 74er Weltmeisterschaft spielen dürfen, als Notnagel im verkrachten Prestigespiel gegen die DDR.

Und als Beckenbauer dann auf die Kommandobrücke stieg, zog er den Kämpfer Bonhof dem Genie vor. Sich selber aber gab er den Befehl zum Kämpfen, und das kam einer Metamorphose gleich, einer dieser Verwandlungen, die er Netzer nicht zutraute. Unterschwellig mag auch der schwer erträgliche Gedanke mitgespielt haben, für Netzer schuften zu müssen.

Zwar hört man im Ausland immer wieder fast neidvolle Bewunderung über die Energiebereitschaft deutscher Nationalteams bei Turnieren, aber viel zu wenig ist erkannt worden, in welchem Maße sie bei dieser Weltmeisterschaft 1974 vom Kapitän bestimmt worden ist.

Duell der Giganten: Zwischen Franz Beckenbauer und Johan Cruyff wurde das WM-Endspiel 1974 entschieden. Der Kaiser behielt die Oberhand über König Johan, der von Berti Vogts niedergekämpft worden war. Und geteilte Freude war doppelte Freude. Kapitän Beckenbauer und Bundestrainer Helmut Schön lagen sich nach dem Triumph selig in den Armen.

Bitterer Abschied,
heitere Ankunft:
Die harte Haltung des Bayern-Präsidenten Wilhelm Neudecker verärgerte Franz Beckenbauer vor seinem Wechsel zu Cosmos New York. In der Weltstadt genoß der Weltstar ein neues, unbekanntes Leben in Freiheit.

Schmelztiegel Cosmos

Kapitel vierzehn

... in welchem vom Kaiser als Fremdenlegionär berichtet wird. Spät in seiner Karriere, aber hoch dotiert und reich an Erlebnissen, gemeinsam mit Pelé in der Operettenliga

Beim Bankett im Hilton gab's Krach. Die Risse zwischen Mannschaft und Funktionären, die in Malente aufgebrochen waren, vergrößerten sich, weil die Frauen der Spieler nicht zugelassen wurden, und Gerd Müller erklärte seinen Rücktritt aus der Nationalmannschaft. Es war keine Sektlaune, er machte ernst. Aber es steckte kein spanisches Angebot dahinter, wie viele vermuteten. Das kam bald beim Paul Breitner, und der machte auch ernst.

Es entbehrt nicht der Pikanterie, daß sich der junge Münchner Rebell mehr zu einem Legionär namens Netzer hingezogen fühlte als zu einem Beckenbauer, dessen Macht mit dem Weltmeisterschaftssieg noch gewachsen war. Breitner war 22, und mit 29 war der kaiserliche Herrscher der Nationalmannschaft und des FC Bayern noch nicht alt genug, um Breitner Chancen für Machtkämpfe zu lassen, die im Fußball nicht anders sind als überall. Sie werden nicht mit allergrößter Fairneß geführt, aber es muß einem Breitner auch eingeräumt werden, daß er in Erkenntnis seines weltmeisterlichen Marktwertes und mit dem Privileg der Jugend ausgestattet, den Markt erkundete.

Cleverer als Gerd Müller, der sich einen eigenen Manager zugelegt hatte, erkannte er, daß kein Kraut gegen Robert Schwan gewachsen war. Breitner managte sich selbst und lächelte über den Mann, der als Manager des Bombers konkurrieren wollte mit dem, der Beckenbauers Interessen vertrat. Als Knallerbse betrachtete er den.

Ein Jahr vor der Weltmeisterschaft freilich hatte der Müller-Manager den DFB und den Bundestrainer geschockt. Mit dem FC Barcelona war er in aussichtsreichen Verhandlungen gestanden, und es war Glück für die Deutschen, daß die Spanier auf Anraten von Johan Cruyff anstelle des Bombers den Holländer Neeskens holten. „Bild am Sonntag" hat es damals so gesehen: „Müller ist nun mal ein bodenständiger Mensch mit etwas Heimatgefühl und so. Bei Beckenbauer ist es ähnlich."

Es war was dran, aber sehr dürftig nur ist die Ähnlichkeit zwischen Müller und Beckenbauer. Des Müllers Lust ist das einfache Leben mit Kartoffelsalat und einfachen Freuden vor dem Kachelofen geblieben; Franzens Lust war die größere Welt. Deshalb fing das Problem der zweiten Karriere an, ihn zu plagen. Vom großen Ziel der Weltmeisterschaft war dies zurückgedrängt worden, aber jetzt war es präsent und wurde eher erhöht durch die Erwartungen, mit denen der FC Bayern konfrontiert war. Wer sechs Weltmeister stellt, kann nicht an der nationalen Meisterschaft vorbeigehen. Pflichtübung ist sie, und dann wollen wir die Kür im Europapokal sehen.

Aber war nicht schon alles drin im Sack? Am liebsten hätte ihn der Kaiser zugeschnürt, aufbewahrt und den nächsten gefüllt.

Aber welchen? Wo war er zu finden?

Für Paul Breitner war das keine Frage. In einer Mannschaft, die gemeinsame Ziele anpeilt, können tatsächlich zwei Generationen mit unterschiedlichen Zielen stecken. Er war ein Spieler von unbestreitbarer Klasse. Trotzdem hat er einen Abgang ohne Tränen gehabt, und das paßt sowohl zu ihm als auch zum FC Bayern.

Überhaupt hat er ins bayerische Image gepaßt wie der Ganghofersche Wilddieb. Und wie Wilhelm Neudecker, ganz anders gearteter großer Vorsitzender als Mao Tse Tung, den sich Breitner in seiner Sturm- und Drangzeit zum Vorbild wählte. Was Breitner bisweilen in die Notizblöcke naiver Schreiber diktierte, war kein Ohrenschmaus für den Präsidenten und Baulöwen Neudecker, der die Türme der zerstörten Frauenkirche wieder in alter Pracht unter den weißblauen bayerischen Himmel gestellt hatte, in dem er die segnende Hand des Herrgotts nicht nur vermutete, sondern zu erkennen vorgab.

Breitner riß seine Witze darüber und bezog dabei natürlich auch Robert Schwan mit ein. Das war ein recht subtiles, indirektes Reiben an Beckenbauer, dem man mit fußballerischer Fachlichkeit nicht an den Karren fahren konnte.

Und dem großen Vorsitzenden gefiel ein rotes Schaf unter vielen schwarzen gar nicht. Einen Links- und Querdenker nannte er ihn, und wenn er sich Bart und Augen ansah, kam ihm manchmal sogar Lenin in den Sinn. Eine Revolution aber war das Letzte, was er sich leisten konnte. So ließ er durchblicken, daß Breitner zu haben sei, sogar unter einer Million. Aber kein deutscher Klub biß an, zumal der vermeintliche Sozialist Breitner sehr kapitalistische Gehaltsvorstellungen hatte.

Und dann kam Real Madrid. Das hing zusammen mit Netzer und der siebenwöchigen WM-Kampagne, die in Malente begonnen hatte. Da wird nicht nur herumgebastelt am nächsten Spiel, sondern auch an Karriereweichen. Neudecker rieb sich die Hände. Auf die für die damalige Zeit enorme Transfersumme von 2,7 Millionen Mark schraubte er die Ansprüche hoch.

Sieht man von Uli Hoeneß ab, dann hat Paul Breitner nicht viele Freunde hinterlassen. Aber es hätte ihn eher geärgert, wenn es anders gewesen wäre.

Beckenbauer freilich sah auch ein Stück Klasse aus der Mannschaft herausgebrochen. Längst hatte er den Wert der Eigenwilligen begriffen, die, auf anderer Wellenlänge funkend, spielerische Akzente setzen können, und noch drückender empfand er den Erfolgszwang, dem er sich ausgesetzt fühlte.

Wie der Großknecht fühlte er sich, der besorgt die Tür aufreißt und schreit: „Bauer, 's kimmt a Wetter!“ Es kam nicht plötzlich, sondern dräuend. Stürme und Aufhellungen gab's, und die Dreißigerschwelle warf die Frage auf, ob ein großer lukrativer Wechsel noch sinnvoll sei. Andererseits paßt der Gedanke, die Karriere, behütet vom Manager und bedankt von einem Publikum, das Altern verzeiht, auslaufen zu lassen, nicht zu einem, der die Herausforderung braucht.

Knapp wird der Spielraum des Profis mit Dreißig. Mit der Devise „Schaun mer mal" geht da nichts, weil du nicht im Frühjahr stehst wie Breitner, sondern im Herbst. Und an den Winter darfst du gar nicht denken, weil du zwar Kohlen und Auskommen hast, aber keine neue Herausforderung.

Das ist der Beckenbauer von 1975. Immer noch Weltklasse, immer noch Kaiser des Spiels. Aber die Zeit spielt mit.

Es meldet sich der AS Monaco, und der hätte fast das Rennen gemacht. Es ist der gesündeste Klub der ersten französischen Division, Hätschelkind des Fürsten Rainier und, mit der berühmtesten Spielbank der Welt im Kreuz, finanziell sorglos. Fußball und Roulette, die ja viel nähere Verwandte sind, als man gemeinhin denkt, sind dort eine einzigartige Allianz eingegangen.

Und in Monte Carlo lebt der Profi im Finanzparadies. Man frage Boris Becker. Bekkenbauer wäre dessen Vorreiter geworden, wenn adidas zur großen Erleichterung des DFB nicht mit handfesten PR-Verträgen eingesprungen wäre. So wurde Franz Beckenbauer für den deutschen Fußball gerettet wie weiland Uwe Seeler, als die Herzogenauracher Uns Uwe vor Inter Mailands Kauflüsten bewahrten.

Alles hat hingedeutet auf einen dieser üblichen Karrieren-Abschlüsse des vereinstreuen Stars. Abschiedsspiel vor vollem Haus, rührselige Dankesworte und warmer Händedruck. Und der Präsident sagt, daß man seinesgleichen nie mehr erleben wird, obwohl er seine Späher längst ausgeschickt hat, um doch einen solchen – zugegebenermaßen raren – Vogel ausfindig zu machen.

Beckenbauer macht beim FC Bayern und der Nationalmannschaft weiter bis 1977, aber immer weniger gefällt ihm der Gedanke an diese Sorte von Abschied. Ein interessanter Wechsel, einer von denen, die Furore machen und gleichzeitig neue Horizonte eröffnen, wird immer problematischer. Und Gnadenbrot braucht er nicht. Es ist genug da zum Leben, aber langweilig droht dieses Leben zu werden, wenn es keine Herausforderungen mehr bringt. Zwar ist die Weltmeisterschaft von 1978 in Argentinien eine, aber der ganz große Reiz ist weg.

Dafür ist ein anderer da. Ins Privatleben des Stars ist Diane Sandmann getreten, und man kann kein Star wie er sein und darauf hoffen, von der Boulevardpresse mit gnädiger Behutsamkeit bedacht zu werden. Man kann sagen, daß der Schlüsselloch-Journalismus en vogue gekommen war und seine ersten großen Hochzeiten mit Franz Beckenbauer feierte.

Papier verkauft sich nicht nur mit nationalen Erfolgen, für die nationale Idole die richtigen Schritte machen; es verkauft sich mindestens ebenso gut mit Fehltritten, die diesen Idolen angekreidet werden. Als Franz Beckenbauer das merkte, sank seine Lust, im Lande zu bleiben. Und es vergrößerte sich der Wunsch eines Mannes, der alles Erreichbare geschafft hatte, nach der Verlängerung seiner Karriere in einer ganz anderen Umgebung – und auch mit einem anderen Menschen. Seien wir ehrlich: Viele wollen das; die meisten können es nicht. Es ist ein urmenschliches Problem, dessen Lösung tausend Ecken und Kanten hat.

Sinn dieses Buches ist es aber nicht, grell in eine Intimsphäre hineinzuleuchten. Sportlicher Erfolg indes hat die Champions aller Zeiten in ganz andere private Probleme hineingetrieben als den Normalbürger, ob wir jetzt anfangen bei den unglücklichen Liaisons zwischen Marcel Cerdan und Edith Piaf oder zwischen Fausto Coppi und der „Weißen Dame“. Die Franzosen sagen „l' éternel retour“ dazu – Rückkehr des ewig Menschlichen.

Auch von Parallelen mit Pelé ist zu reden. Trotz gravierender Unterschiede ist der um fünf Jahre Ältere Franz Beckenbauers südamerikanisches Pendant: drei Kinder auch und die Scheidung von der ersten Frau.

Pelé hat auch eine bedeutende Rolle bei Beckenbauers spektakulärem Wechsel zu Cosmos New York gespielt. Brasiliens Idol, das man als Vaterlandsverräter gebrandmarkt hätte, wenn es zu seinen Glanzzeiten ins Ausland gegangen wäre, war in hohem Fußballalter zur Galionsfigur von Cosmos New York geworden, und er ließ den Kaiser wissen, daß keiner bei Cosmos willkommener sei als er.

New York? Das war ihm nicht an der Giesinger Wiege gesungen worden. Es zog ihn an und schreckte ihn ab, und er hätte diesen einer Zäsur gleichenden Wechsel mit Sicherheit nicht gemacht, wären die Krisen, die sich ins berufliche und private Leben schlichen, nicht kommunizierende Röhren gewesen. Nicht schlechter spielte er, aber freudloser, und nicht länger konnte seiner Frau Brigitte verborgen bleiben, daß er es vorzog, sich mit einer anderen Frau auszusprechen.

Was kann verborgen bleiben bei einem, den die Öffentlichkeit vereinnahmt hat? Freiheiten, die sich der Normalbürger nehmen kann, wann immer er will, längst waren sie ihm gestrichen, längst war die stattliche Grünwalder Villa zum goldenen Käfig geworden. Und aus den Löchern krochen die Neider. Pastorale Krümelsucher machten ihn zum schlechten Familienvater, andere zum Narziß, weil Talent von vielen, die es nicht haben, schlecht verdaut wird, und falsche Freunde wurden Zuträger von Journalisten, die keinerlei Verlegenheit zeigten bei ihren Bemühungen, ihren Verlegern mit Enthüllungen zu dienen. Das bringt Papier unter die Leute.

Inmitten der kaiserlichen Demontage machte er am 23. Februar 1977 in Paris gegen Frankreich sein letztes Länderspiel. Es war das, in dem er Michel Platini so herb auf die Füße trat. Aber niemand ahnte, daß man ihn nie mehr im Trikot mit dem Adler sehen würde, das er 103mal getragen hatte.

Cosmos New York stand ante portas. An Ostern flog er hinüber, entschlossen, alles hinter sich zu lassen. Aber er hatte vergessen, daß es da noch den Präsidenten Wilhelm Neudecker gab. Der Boß des FC Bayern ließ sich von Beckenbauers Argumenten wenig beeindrucken. Obwohl sie legitim und schlicht waren. Schließlich war er keiner von denen, die bloß treu gedient hatten. Den Höhenflug des Klubs hatte er nicht nur eingeleitet, sondern auf einem Level gehalten, der die Konkurrenz fast degradierte.

Jetzt war er 31 und erwartete unter vernünftigem Dank einen vernünftigen Transfer. Einem solchen hatte sogar der FC Santos zugestimmt, als Pelé im Herbst seiner Karriere New York wählte, vielleicht einfach deshalb, weil Brasilianer Menschen sind, die Dankbarkeit und Vernunft nicht durch den Rechenschieber ersetzen.

Neudecker verlangte zwei Millionen Mark. Vergessen war, was Franz Beckenbauer in die Vereinskasse gebracht hatte.

Cosmos bot eine Million. Im Münchner Hotel Vier Jahreszeiten haben sie gefeilscht wie arabische Teppichhändler, und am Schluß hat Franz Beckenbauer 350000 Mark aus eigener Tasche zugelegt. Belämmernd genug war's für den, der für die stolzesten Stunden des Klubs gesorgt hatte, „aber ein Ochse wär ich gewesen, wenn ich diesem Kuhhandel nicht zugestimmt hätte!"

Der Auswanderer Beckenbauer hat viele Vorfahren gehabt. Aber die meisten sind in Ellis Island angekommen, durch die Quarantäne gegangen und dann in ein Abenteuer hinein, das sie bestanden haben oder auch nicht. Er freilich war bestellt und auch willkommen. Und das Abenteuer war bezahlt, bevor es anfing. Wer Warner Brothers hinter sich hat und eine Garantie von sieben Millionen Mark für drei Jahre, steigt anders ein als der Handwerker, so talentiert und unternehmungslustig er sein mag.

Die Anonymität ist Beckenbauers erstes Geschenk. Er kann durch Straßen gehen, und keiner dreht sich um nach ihm. Zwar bedrückt ihn am Anfang der Weg vom St. Regis Hotel in Manhattan, wo sie ihn untergebracht haben, weil er durch Schluchten führt, die dir die Luft nehmen. Wolkenkratzer steigen tatsächlich in den Himmel hinein und verdunkeln diesen Weg zum Giants-Stadion, aber du brauchst kein blechernes Auto-Refugium mehr, weil du in der Anonymität des Passantenstroms schwimmst.

Selbst das Auto ist zu Hause kein Schutz mehr gewesen. Verprügeln hätte er den Kerl können, der auf der Autobahn von links immer wieder auf seine Höhe gefahren war und so eindringliche Zeichen gab, daß er bei nächster Gelegenheit anhielt. Vielleicht gab's einen triftigen Grund.

Aber der Mann wollte nur zehn Autogramme, weil er zu einer Hochzeit fuhr.

Er hat sie bekommen, und bei all seiner Frechheit sind diese Autogramme nicht so unangenehm gewesen wie jene, die gelegentlich im Hotel zu geben waren, ehe der, den jeder kannte, zur Rezeption vorstieß.

So gesehen, ist er im Paradies gelandet. Bloß, es hat nicht mit paradiesischen Verhältnissen aufgewartet für einen zusammengewürfelten Haufen von europäischen und südamerikanischen Stars, die das süße Brot der späten Jahre auf seltsame Plätze lockte.

Der giftgrüne Kunstrasen des Giant-Stadions war den Augen wohlgefällig und den Füßen schmerzlich. Seltsam genug für die Werkzeuge des Spiels. Aber vielleicht hat man in einem Land, das mit den Händen erobert wurde, für brennende Fußsohlen weniger Gefühl.

Künstlicher Rasen und künstlicher Fußball? Organisch, wie er es gewohnt ist, kommt ihm beides nicht vor. Cosmos ist keine Mannschaft, sondern eine Art künstlerisch-künstliches Ensemble von Stars, denen Selbstdarstellung wichtiger als Gemeinschaftsproduktion ist, ob es sich um Chinaglia, den exzentrischen Italiener, um Pelé, den Magier, oder um Carlos Alberto handelt, der den Libero-Posten besetzt hält. Da kannst du auch als Beckenbauer nichts machen, und überhaupt mußt du dir in diesem verrückten Haufen von Hochbegabten, die große Karrieren auf eigenwillige Weise auslaufen lassen, Privilegien abschminken.

Eigenartige Spiele gibt das. Es kommen Tage, an denen sie Traumfußball spielen, weil sie einen Heidenspaß an zusammenlaufenden Wellenlängen haben und ein Feuerwerk von Witz und Technik abbrennen, in dem der Gegner verglüht. Und es kommen die anderen, an denen jeder sein Süppchen kocht und im Mittelfeld ein Beckenbauer herumsteht, der sich fragt, warum er eingetreten ist in diesen Zirkus.

Trotzdem wird er gleich Meister mit Cosmos. Es steckt mehr Klasse in der Mannschaft als in den anderen, weil sie eben die teuerste ist, und für die Firma Warner Brothers bestätigt sich die amerikanische Maxime, daß der Erfolg käuflich ist. In einer Operetten-Liga, wie man dort sagt, wo Beckenbauer herkommt – und wo er auch vermißt wird.

Die Weltmeisterschaft 1978 in Argentinien steht an, und Helmut Schön versucht dem DFB klarzumachen, daß es falsch sei, auf ein in New York sitzendes Trumpf-As zu verzichten. Aber er kann es nicht in sein Spiel stecken. Beckenbauer ist bereit, aber beim DFB wird er mit Netzer verglichen, den man für die 74er WM aus Madrid geholt hatte. Fehlgriffe haben Tradition im deutschen Funktionärsdenken, und wenn man noch die Maxime von Zucht und Ordnung dazu nimmt, hat Beckenbauer schlechte Karten. Diane Sandmann hat seine Frau Brigitte abgelöst. Er lebt mit ihr in New York zusammen.

Also kein WM-Comeback. Ob er es geschafft hätte, steht in den Sternen. Bedenkt man aber, daß Deutschland ohne ihn in die zweite Finalrunde vorstieß, dann ist's nicht weit zur Vermutung, daß es mit ihm seinen Titel verteidigt hätte.

Man war noch weit entfernt von den Zeiten, in denen dem Bundestrainer gar keine andere Wahl blieb, als die Legionäre aus dem Ausland zu holen, um eine Nationalmannschaft mit wirklichen Chancen in eine Weltmeisterschaft zu schicken. Weit entfernt war man auch davon, eine Nationalmannschaft dem Mann anzuvertrauen, der dem Land den Rücken gekehrt hatte, um Erlebnisse und Erfahrungen zu machen, die er als die wichtigsten seines Lebens bezeichnet.

„Ich will", sagt er, „nicht behaupten, daß ich in der faszinierenden Stadt New York die Welt vereinnahmt hätte, aber ich bin in Deutschland ein Vereinnahmter gewesen und habe hier das freie Atmen gelernt. Nicht nur durch Geld wird man reicher."

Hat er mit sportlichem Rückschritt bezahlen müssen? Vordergründig kann man es so sehen, aber wäre das Spiel nicht überall für ihn ausgelaufen, wären zwischen Resten alten Glanzes nicht überall die Tage gekommen, an denen die Klasse die Jugend nicht am Davonlaufen hindern kann?

Im Schmelztiegel New York, in dem sich die Stars aller Couleur und aus aller Welt die Hände reichen, hat er Freundschaften geschlossen, die bleiben und die ihn, zum eigenen Erstaunen, einführten in die Internationale der Kunst.

Hochtrabendes Gelaber? Man kennt italienischen Überschwang, aber wenn in der Metropolitan Oper ein Luciano Pavarotti vor dir in die Knie geht, um dir zu sagen, daß er die Art deiner Kunst bewundert, beeindruckt dich das schon ein bißchen mehr als der Schulterklaps eines in treudeutscher Siegeswonne badenden Funktionärs.

Pelé und Beckenbauer im gleichen Trikot. Natürlich mußte das nach Abschied riechen, weil es niemals möglich gewesen wäre in ihren großen Tagen. Aber es war möglich, etwas zurückzuholen vom Zauber dieser Tage. Virtuose Poesie haben sie dann auf den Kunstrasen gemalt, und es gibt Leute, die für solche Momente über den großen Teich geflogen sind und es nicht bereut haben.

Pelé, fünf Jahre älter als Beckenbauer und fülliger geworden, löste sich nicht mehr so leicht und schnell vom Gegner wie früher, aber Gefühl und Akkuratesse von Beckenbauers Pässen glichen das aus.

Sie verstanden sich, und der Deutsche begriff schnell, daß auch der Brasilianer kein Honiglecken mit den Medien seiner Heimat hatte. Vereinnahmt blieb auch der, weil keiner ungestraft den Plafond der Popularität sprengt.

Die Trennung von seiner ersten Frau Rose und seine Vorliebe für junge und manchmal sehr junge Mädchen nahm ihm die Mehrzahl der Brasilianer nicht sonderlich übel, weil Freizügigkeit groß geschrieben wird in einem Land, in dem sich die Rassen munterer mischen als in jedem anderen. Alle Hautfarben sind vertreten, aber am Grundsatz, daß der Dunkelste auch die härteste Arbeit zu verrichten hat, hat sich nichts geändert.

Von Pelé hatte sich die farbige Mehrzahl Brasiliens mehr politische Einsatzbereitschaft erwartet. Sogar als Staatschef hatten ihn naive Gemüter gesehen, aber unter der ewigen Sonne von Rio de Janeiro gedeihen Wunschträume wie unter den Beschwörungsformeln der Macumba. Der Größte des Spiels ist nicht gleichzusetzen mit dem politischen Herrscher des Landes, auch wenn es die vox populi, die Stimme des Volkes aus den Favelas, den Quartieren der Ärmsten, fordert.

Franz Beckenbauer hat in New York direkte und indirekte Erfahrungen gemacht. Zu den letzteren gehört das Erfassen der zwiespältigen Position seines Freundes Pelé. Nie kann der für seine Landsleute zum Zwerg werden, weil er für ihre stolzesten Stunden gesorgt hat. Aber leicht kann das einem schwarzen amerikanischen Champ passieren. Und wer garantiert dem, den sie Kaiser genannt haben, daß sie ihn nicht zum Gartenzwerg machen, wenn er heimkehrt von einem amerikanischen Abenteuer, von dem man nicht weiß, wie's ausgeht?

Pelé ist ein nationales Idol. Aber werfen sie ihm zu Hause nicht vor, daß er den Muhammad Ali hätte spielen müssen, der sich weigerte, in den Vietnam-Krieg zu ziehen? Seine Landsleute kritisieren, daß er nach dem brasilianischen Weltmeisterschaftssieg von 1970 gemeinsam mit den Militärs des Diktators Garastazu Medici paradierte, statt sich gegen sie zu stellen. Pelé hat sich von Rassengenossen sagen lassen müssen, daß er, wie Carlos Alberto, sein Mannschaftskamerad aus großen Tagen, wenigstens Senator hätte werden sollen, um etwas zu bewegen, aber Ruhm und Geld seien ihm wichtiger gewesen.

Freilich hat Beckenbauer in New York erfahren, daß Volkes Stimme nur vage Vorstellungen vom Reichtum in einem Land der galoppierenden Inflation wie Brasilien hat. Außerdem ist Pelé von einem windigen Impresario betrogen worden, der allzu flott in die eigene Tasche arbeitete. Erst in den USA ist er ans große, harte Geld herangekommen – und mit ihm verschwägert geblieben, weil ihn Warner Brothers in eine lukrative und weltweite PR-Arbeit einband. In den Glanzjahren seiner Karriere hätte er Vielfaches verdient, wenn brasilianisches Selbstverständnis sich nicht gegen die Flucht eines nationalen Idols gewehrt hätte.

Warner Communications begriffen mit smartem amerikanischen Busineß-Feeling, daß die schwarze Perle über das Stadion hinaus Leuchtkraft hatte. Sein weltweiter Bekanntheitsgrad war, zumindest damals, höher als der Beckenbauers. Die Buben von Harlem verehrten ihn, obwohl sie vom Fußball nichts und vom Baseball alles wußten, und Leute, die Filme machen, wissen sehr wohl, wie wichtig in diesem Land der „sympathische Farbige vom Dienst“ ist.

Pelé ist bei Cosmos nahtlos in seine zweite Karriere eingetreten. Beckenbauer nicht. Er spürte, bei aller Sympathie, die ihm entgegenschlug und die in einem „Franz-Beckenbauer-Tag“ gipfelte, wie ihn nur Amerikaner zustande bringen, das Intermezzo.

Zwischenmusik war's. Nicht Ouvertüre wie beim anderen, der freilich fünf Jahre älter war und nicht zurückkehren konnte zum echten Leistungssport, wo die Schnaufpause nur dann toleriert wird, wenn sie von makellosem Können überstrahlt wird.

Anders gesagt: Wenn dir junge Hüpfer die Kaiserkrone vom Kopf stoßen, bist du von der großen Bühne in die Schmiere gestiegen.

Noch einmal Bundesliga? Heimweh in all seinen Formen hat mitgespielt. Sogar Heimweh nach dem Erfolg in dieser Routinemühle, die ihn hatte flüchten lassen.

Bewußtseinsspaltung? Vielleicht ein bißchen. Er fühlte einfach noch Fähigkeiten, die nicht gefordert wurden im Kreis derer, die auslaufen ließen, was sie groß gemacht hatte. Diese tausendmal ersehnte und verdammte zweite Karriere flutschte ihm durch die Hände wie ein nasses Stück Seife. Nicht gerade dramatisch war's, aber als Perfektionist macht man sich seine Dramen, und er spürte immer deutlicher, daß das, was er brauchte, ein retardierendes Moment war.

Einfach noch einmal Atem holen vor dem großen Sprung.

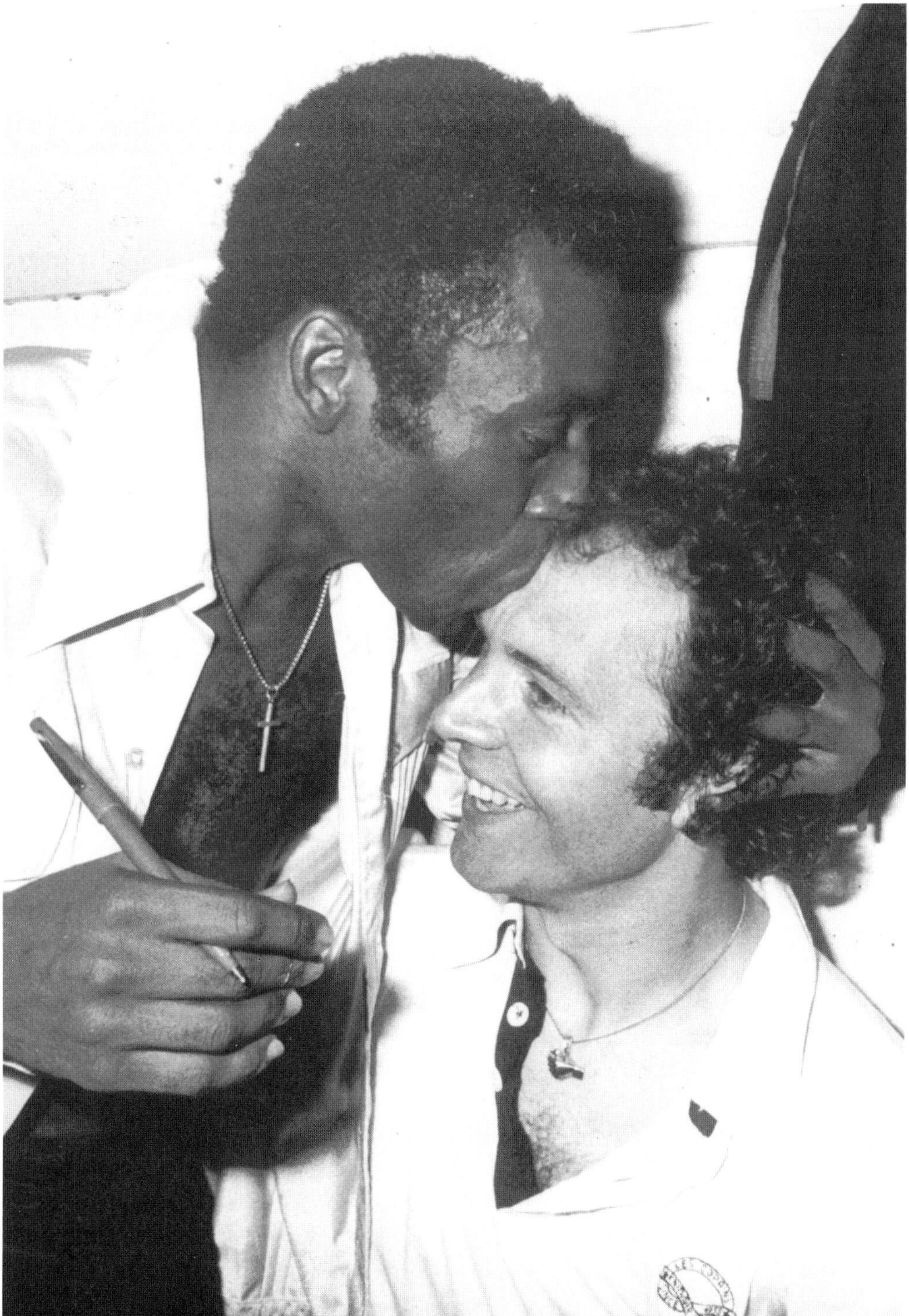

Erinnerungen an alte Tage: Günter Netzer, der Freund aus Jugendzeiten (oben), holte den Kaiser zurück aus Amerika zum HSV. Nach einer Saison sagte Franz Beckenbauer dem aktiven Fußball adieu, gebührend verabschiedet von seinen Kollegen als Ehrenspielführer der Nationalmannschaft, von Fritz Walter und Uwe Seeler.

Ein Star tritt ab

Kapitel fünfzehn

... in welchem der Heimkehrer in die Bundesliga mit dem HSV noch einmal Meister wird. Die nachdenkliche Geschichte über einen Beruf, der schon in jungen Jahren ins Pensionsalter führt

Günter Netzer, Freund aus großen Tagen, aber auch eigenartiger Problemfall für ihn bei der Weltmeisterschaft '74, kam am Jahresende 1979 auf Beckenbauer zu. Netzer hatte seinen Sprung hinter sich. Als Manager des Hamburger SV hatte er sich zu profilieren, aber man fischt einen neuen Seeler nicht aus der Nordsee wie den Hering.

Warum nicht Beckenbauer über den großen Teich holen? Die Idee kam Netzer, als der Franz mit einer Weltauswahl in Dortmund gegen die Borussia antrat. Und es war, als ob die Zeit stehengeblieben wäre. Nicht nur mit der alten Eleganz, sondern mit der alten Meisterschaft spielte er seinen Libero-Part, und Netzer brauchte sich gar nicht anzustrengen, um seinen Trainer Branco Zebec zu überzeugen. Pikanterweise hat, nach Cajkovski, ein zweiter Jugoslawe in die Speichen der Beckenbauer-Karriere gegriffen. Zebec empfahl Netzer, den Mann zu bearbeiten, dessen Erfahrung und Ausstrahlung für ihn Trümpfe waren, die das Alter überstachen. Der passionierte Schachspieler befand, daß ein ruhender Pol nicht nur gerechtfertigt, sondern nötig war auf dem Brett, das er mit genug schnellen Figuren besetzen konnte.

Und Netzer wurde mit seinen Anrufen in New York zur Klette, die sich juckend festsetzte. Selbst Hennes Weisweiler, der, von Beckenbauer stürmisch begrüßt, als Trainer zu Cosmos gekommen war, konnte nichts daran ändern. Weisweilers Weisheit des Alters, die dem Franz suggerierte, daß es viel angenehmer sei, in Amerika ein bißchen alte Klasse strahlen zu lassen, als sich in Deutschland auf den gnadenlosen Prüfstand zu stellen, war an einem Tag wirksam und stürzte ihn am nächsten Tag in tausend Zweifel.

Der Trainer verlor die Partie, wie sie Robert Schwan verlor, der für einen neuen Zweijahresvertrag für Cosmos plädierte.

Denn für den Star, der anders als alle anderen geartet war, ging's nicht um leichtes Geld, sondern immer wieder um eben diese Herausforderung. Und die lag plötzlich wieder in der Bundesliga, in der er groß geworden war, die ihn abgestoßen hatte und die ihn nun wieder anzog, als ob sie ihm Erleuchtungen bringen könnte, die ihm Amerika trotz aller positiven Erkenntnisse versagt hatte. Gehörte vielleicht die Erkenntnis dazu, daß einer, der dem Spiel so viel zu verdanken hat, ihm verpflichtet bleiben muß?

In Amerika war das, zumindest zum damaligen Zeitpunkt, kein Gedanke. Wenn dich Henry Kissinger deinen Freund nennt, bedeutet das noch lange nicht, daß die Amerikaner die Feinheiten eines Spiels ohne Hände begreifen.

Die Weltmeisterschaft 1994 kann das ändern. Sie stand aber nicht zur Debatte, als Franz Beckenbauer den Entschluß zu seiner Rückreise faßte und sich im Herbst 1980 als 35jähriger auf den Bundesliga-Prüfstand stellte.

15. November 1980, Meisterschaftsspiel VfB Stuttgart – Hamburger SV. In den Vorschauen der Zeitungen ist angeklungen, daß es zu Franz Beckenbauers Bundesliga-Comeback kommen könne, und der VfB ist nicht unfroh darüber. Das bringt ein paar Leute mehr auf die Beine, und man kann das brauchen an trüben Herbsttagen, wenn der Ofen mehr lockt als das Neckarstadion.

Aber skeptische Schwaben rennen nicht in hellen Scharen. Einen Jux kann er sich gemacht haben, der wortkarge Branko Zebec, der in seiner Zeit beim VfB eine Sphinx für sie geblieben ist. Ein guter Trainer, sicher, aber keiner von der Sorte, mit der man warm wird. Aber einer für Beckenbauer. Zwei, die Fußball im Blut haben, aber sehr auf Distanz bedacht sind, kommen sich sehr nahe.

Zebec möchte den Franz tatsächlich einlaufen lassen. Der Wortkarge springt über seinen Schatten dafür, redet plötzlich mit der Verve eines Cajkovski, um ihm die Angst zu nehmen vor dem großen Sprung.

Beckenbauer und Angst? Die Konsumenten seiner Kunst können sich das nicht vorstellen. Sie wissen nicht, daß drei Jahre Kunstrasen in seinen Knochen stecken und auch drei Jahre Fußball, der herzlich wenig zu tun hat mit dem, der jetzt von ihm verlangt wird. Es ist jener, der ihn zweimal zu Europas Fußballer des Jahres und zum Weltmeister werden ließ. Das macht Zuschauer, die du in Amerika mit ein paar hübschen Einlagen um den kleinen Finger gewickelt hast, zu Griffelspitzern.

Nein, er wird nicht einlaufen. Will erst einmal eine Halbzeit abwarten. Es ist nichts anderes als eine vom Trainer erbetene Galgenfrist, und der läßt mit sich reden. Als Nummer 12 setzt er ihn auf den Berichtsbogen, den er dem Schiedsrichter geben muß, und damit sitzt Franz Beckenbauer zum ersten Mal als Joker auf der Ersatzbank.

Aber er weiß, daß er davon herunter muß. In jedem Fall. Ob der HSV Tore vorlegt oder welche kassiert. Spielt er gut, kann es problemlos werden für ihn. In einer selbstsicheren Mannschaft tust du dich leicht. Aber wehe, wenn du in einen verlorenen Haufen zum Ausbügeln hineingeschickt wirst!

Aber der HSV spielt weder gut noch schlecht. Ganz ähnlich wie der VfB, und das kann den Optimismus des Mannes mit der Nummer 12 auf dem Rücken nicht schüren. Beim Halbzeitpfiff weiß er, daß er beweisen muß, warum ihn die Hamburger geholt haben. Und eine Benzinfirma, die die finanzielle Seite geregelt hat, will wissen, ob vielleicht eine Katze im Sack über den Ozean geholt worden ist.

Ein Co-Trainer namens Aleksandar Ristic, der sich beim Landsmann Zebec die Sporen holt, mit denen er später recht selbstsicher im Bundesliga-Rodeo reiten wird, versucht, dem Mann mit der Nummer 12 beim Warmlaufen Mut zu machen. „Mußt du gar nichts denken, Franz, einfach spielen wie immer." Wie immer. Aber was weiß der schon von einem, der zum ersten Mal Blei in den Füßen spürt, die Katz und Maus gespielt haben mit den Besten der Welt.

Auf ganz eigenartige Weise bin ich Zeuge des eigenartigen Comeback des Franz Beckenbauer geworden. Es war vor dem Spiel kein Gespräch möglich gewesen, weil ihn Branko Zebec unter Verschluß gehalten hatte, und wie sollte es jetzt gelingen, wo ihn die Pflicht hineinzwang ins Spiel?

Ich bin hinuntergegangen in die Katakomben des Stadions, als der HSV wieder aus den Kabinen kam. Aber nur mit zehn Spielern.

„Und der Franz?" frage ich Zebec.

Der zuckt bloß mit den Schultern und will hinaus zu seiner Bank am Spielfeldrand. Aber es gibt Momente, in denen man auch einen jugoslawischen Brummbären am Arm festhalten muß.

„So nicht, Branko, verdammter Scheiß! Spielt er oder spielt er nicht?"

Er reißt sich los, und in schwarzen Augen glimmt Zorn. Es ist ein Comeback, das beide nervt, und es muß mit der gleichen Einstellung der zwei zusammenhängen. Dieser Zebec hat bloß eine rauhe Schale, die man knacken muß.

„Sie wissen, daß ich mit dem Franz befreundet bin, und wir waren verabredet. Aber Sie haben ihn eingeschlossen!"

Das ist hoch gespielt, und ich fürchte, daß er sich auf dem Absatz umdreht. Aber plötzlich entspannt er sich, und die Andeutung eines Lächelns bedeutet viel bei ihm.

Er deutet auf die Kabinentür und sagt dem Ordner, der sie bewacht und das kaum fassen kann: „Er darf rein." Auch solche Gesten haben zu dem Mann gehört, dem Franz Beckenbauer neben Ernst Happel die größten Fähigkeiten von all seinen Trainern bescheinigt. Allzu oft ist Zebecs Verschlossenheit mit Verbissenheit verwechselt worden.

In der Kabine riecht es nach Massageöl, und auf einer Bank liegt, nur mit der Sporthose bekleidet, der Mann mit dem Trikot Nummer 12. Sonst niemand im Raum. Auch den Masseur hat er hinausgeschickt, vielleicht um noch ein, zwei Minuten so etwas wie autogenes Training zu machen.

Vor dem Auftritt, den er fürchtet. Man sieht es den Augen an. Trotzdem steckt Wiedersehensfreude drin, und was mich angeht, so hat sie etwas zu tun mit mehr als hundert Länderspielen und mit noch viel mehr gemeinsamen Erlebnissen, die sich auf die ganze Welt verteilen. Und als er sich aufrichtet, um nach Trikot und Strümpfen zu greifen, habe ich das Gefühl, daß ich keinen Fehler gemacht habe und Zebec auch nicht.

Franz spürt, daß ich seine Not begreife, ich spüre, daß ich nicht reden darf wie mit einem, der vom Krankenbett aufsteht.

Viel Zeit haben wir nicht. Er muß raus. Die Hamburger spielen mit zehn Mann.

Was redet man in zwei Minuten, bis die Stiefel gebunden sind? „Du mußt heute nicht Fußballer des Jahres werden", sage ich, „aber du packst es. Wenn's sein muß, mit der Routine allein, aber du hast immer noch mehr drin." Aber er winkt bloß ab. „Spar dir die Ratschläge! Was los ist, weiß ich selber. Fernsehen ist da, und was ich jetzt mache, bleibt nicht im Stadion hängen." Das stimmt. In die Pfanne werden sie ihn hauen, wenn er versagt. Ist er dafür zurückgekommen? Genau das ist es, was ihm durch den Kopf geht. Man spürt's.

Dann sind die Schuhe gebunden für ein Comeback, das keiner Notwendigkeit entspringt, aber das er herausgefordert hat, weil er ist, wie er ist.

Immer ist es so gewesen. Und immer hat die Idee gewonnen, die aus dem Bauch ins Hirn gestiegen ist. Auch dann, als sich die Nationalmannschaft wieder gemeldet hat und später Marseille.

Ein paar tippelnde Schritte noch in der Kabine und ein Schütteln der Arme. Es sieht aus, wie wenn man die Besen einer Quirlmaschine einschaltet. Körper, laß mich nicht im Stich, soll das heißen. Dann kehrt Franz Beckenbauer zurück auf den Rasen, der nicht künstlich, sondern natürlich ist. Aber gar nicht so natürlich wie die Leute glauben, ist es, daß die alte Kunst mittrabt.

Das Zeremoniell wie bei jedem Ersatzmann, der eingewechselt wird: Der Linienrichter hebt die Hand, der Schiedsrichter tut's. Einziger Unterschied – der Mann mit der Nummer 12 auf dem Buckel tut's auch. Wie ein verschämter Gruß sieht's aus.

Und neben mir sagt ein Kollege: „Grüß dich, Franz."

Die Menge nimmt's nicht so feierlich. Das ist kein amerikanisches Unterhaltungsspielchen, sondern ein Meisterschaftsspiel, das der VfB gewinnen will. Da ist wenig Platz für nostalgischen Jubel, wenn Beckenbauer auftritt. Man begrüßt ihn eher unterkühlt, eigentlich so, wie er selbst ist.

Auf den Presseplätzen freilich werden Griffel und Ohren gespitzt. Wenn er versagt, ist's ein Aufmacher. Ungestraft macht so einer kein mißglücktes Comeback.

Aber es wird ein erstaunlich gutes. Nicht von höchster Brillanz, die ja nun wirklich nicht erwartet werden konnte, aber mehr als akzeptabel und aufmunternd für ihn. Er hat beim FC Bayern schwächere Spiele gemacht, ohne daß sich ein Bleistift gegen ihn gerührt hätte.

Und bei den Hamburgern gratulieren sich Netzer und Zebec, obwohl sie 2:3 verlieren. Beckenbauer hat Land gewonnen. Er kann die zweite Karriere vertagen, weil er immer noch etwas zu sagen hat in der ersten. Das ist beruhigend, und für einen Moment vergißt er, daß die Zeit nicht nur auf der Uhr des Schiedsrichters mitspielt.

Das Thema ist so alt wie der Sport. Aber es hat sich für Beckenbauer anders gestellt als für die meisten. Zur Unruh seiner Uhr wurde ein Kapital, mit dem er hatte wuchern können wie kein anderer und das sich jetzt abbaute und nicht mehr so willig war wie der Geist, auch wenn er Heil suchte bei seinem Freund und Manitou Manfred Köhnlechner. Und gerade beim sogenannten körperlosen Spiel, das sein Credo war, ist der Körper gefordert. Geschmeidigkeit in erster Linie. Karlheinz Förster, der in der Nationalmannschaft Schwarzenbecks Nachfolger als Vorstopper wurde, hat noch mehr als der „Katsche" mit körperlicher Härte seinen Weg gemacht – aber er hat vergleichsweise früh aufhören müssen. Ein unerhört kraftvoller Sensenmann war er, aber als die Kraft nachließ, fehlten spielerische Mittel, mit denen sich das hätte verdecken lassen.

Beckenbauer besaß diese Mittel reichlich, doch auch er kam nicht vorbei an wissenschaftlichen Erkenntnissen, die besagen, daß mit 35, und so alt war er jetzt, der Körper unweigerlich zu altern beginnt. Der Normalverbraucher spürt nichts davon, wohl aber der, der sich im Außergewöhnlichen versucht. Allerdings hat der Mannschaftssport den Vorteil, daß er gewisse Brücken baut. Beckenbauer kannte sie längst, denn nicht immer hatte er wie ein Asket gelebt, und so manches Spiel war ihm gut geraten, weil er reduzierten körperlichen Einsatz mit spielerischer Genialität kompensierte.

Mehr und mehr aber wurde die zweite Karriere zum Plagegeist, als sich das Ende der ersten mit unüberhörbaren Signalen ankündigte. Amerikas Kunstrasen meldete sich zurück in Form ganz typischer Verletzungen. Es gab einen Adduktoren-Abriß und gleich noch eine entzündete Achillessehne dazu.

Immer häufiger mußte Beckenbauer zum Arzt. Zerrungen, die er nie gekannt hatte, fingen an, ihn wie hämische Kobolde zu plagen, und es war ein Glück für ihn, daß in dem Wiener Ernst Happel ein Trainer nach Hamburg kam, der ihn nicht nur verstand wie Zebec, sondern auch den Mut aufbrachte, ihn zu protegieren gegen die Ungeduld der Funktionäre.

Aber Beckenbauer machte sich nichts vor. Er wurde mit dem HSV Deutscher Meister, aber zu oft hatte er aussetzen müssen, um sich des Anteils rühmen zu können, den er bei den Titelgewinnen des FC Bayern gehabt hatte.

Zehn Tage vor Beginn der Weltmeisterschaft 1982 in Spanien machte er in Hamburg mit dem HSV sein Abschiedsspiel gegen die Nationalmannschaft, die 4:2 gewann, und dann ohne ihn, aber mit dem aus Madrid zurückgekehrten Rebellen Paul Breitner, nach Spanien flog. Das Wunder eines Beckenbauerschen Comebacks, an das viele Nostalgiker geglaubt hatten, fand nicht statt.

Der Magier aus Stoke City: Stanley Matthews als Dressman für die Fußballmode der vierziger Jahre; auf dem Weg zur Königin, die den Sport-Methusalem zum Ritter schlug; und als begnadeter Dribbelkünstler mit seinem legendären Matthews-Trick.

Sehnsucht nach Sir Stanley

Kapitel sechzehn

... in welchem ein Fußball-Methusalem verehrt wird,
den die Königin von England geadelt hat
und der nicht nur für Franz Beckenbauer ein Idol blieb.
Gentleman Matthews – auch ein Fußballkaiser

Es darf getrost als Wunder bezeichnet werden, daß Jupp Derwalls eher zerrissene als homogene Mannschaft ins Endspiel jener WM 1982 in Spanien vordrang. Im Bernabeu-Stadion zu Madrid hatte sie freilich keine Chance gegen Italien, und wenn es Gerechtigkeit im Fußball gäbe, hätte Frankreich dieses Endspiel bestreiten müssen, das im Elfmeterschießen von Sevilla von einer deutschen Mannschaft besiegt worden war, die in dieser heißen andalusischen Nacht in einem Glücksbad schwamm.

Franz Beckenbauer schaute vom Fenster aus zu, und dann war es, als ob er weg vom Fenster sei. Zu sehr hatte sein Abschied dem geglichen, den sie alle nehmen, wenn ihre Zeit abgelaufen ist. Dabei hatten viele in ihm den deutschen Matthews sehen wollen, den Mann, der den Engländern Zeitlosigkeit vorgespielt hatte auf die faszinierendste Weise, die sich vorstellen läßt.

Um es zu begreifen – und vor allem, um zu begreifen, daß Beckenbauer nicht in die Schuhe dieses Magiers schlüpfen konnte –, muß man sowohl die Zeit heranziehen, in der Matthews sein Wunder schaffte, als auch dieses heute nicht mehr existierende Niemandsland am rechten Flügel, in dem Garrincha sein herrliches Unwesen trieb.

Der Fußball ist ärmer geworden, seit seine Flügel gestutzt wurden. Taktische Überlegungen haben die Matthews und Garrinchas hinweggehobelt. Dennoch hat sich Franz Beckenbauer in der letzten und nicht sehr befriedigenden Phase seiner aktiven Karriere mit dem Geheimnis der Langlebigkeit des Fußballers Stanley Matthews intensiv befaßt und, trotz grundsätzlicher Verschiedenheit der Spielauffassung, Gemeinsamkeiten gesucht.

Natürlich gibt es die. Die großen Oldtimer fahren auf gleichen Wegen, schon deshalb, weil sie schwer loskommen von der souveränen Herrschaft, die sie ihren Fähigkeiten verdanken. Viel schwerer wird das Abtreten für den, der fest davon überzeugt ist, mehr im Griff zu haben als die so oft ungestüm Nachdrängenden. Und dann wollen sie beweisen, daß Erfahrung eben doch mehr sein kann als der Kamm, den du bekommst, wenn du kahl bist. Stanley Matthews hat es tausendmal bewiesen. Aber der auf ganz andere Weise ins Spiel einbezogene Beckenbauer hat solche Langlebigkeit nur bewundern können.

Aber träumen ist erlaubt, und er hat es manchmal getan, wenn er mit dem HSV in ein Stadion eingelaufen ist. Es handelt sich um etwas Ähnliches wie eine fußballerische Quadratur des Kreises. Um ein Wunschdenken, das Gegebenheit und Einbildung miteinander verschmelzen läßt. Beherrscher von Ball, Gegner und Raum bist du gewesen, aber plötzlich ist es, als ob der Raum enger, der Gegner schneller und sogar der Ball, der dir immer gehorcht hat, eigenwillig würde. Mit dir selbst bekommst du es zu tun, und damit mit Zweifeln. Es gibt Tage, an denen du sie abschüttelst, aber die werden immer seltener.

Franz Beckenbauer spricht nicht darüber. Immer ist er ein Einsamer in der Mannschaft gewesen, der Probleme selbst bewältigt. Alle Großen des Spiels haben es so gehalten, weil sie sonst keine Großen geworden wären.

Und wenn er an den großen Stan Matthews denkt, dann wird ihm klar, daß der Matthews-Trick, von dem sie heute noch reden, viel mehr gewesen ist als diese Körperfinte, die den Gegner wie einen Hampelmann auf den falschen Fuß stellte.

Das hat auch Garrincha gekonnt. Sogar noch virtuoser. Aber der eigentliche Matthews-Trick bestand im Ausnützen einer Situation, die einfach aufgehoben worden ist von einem Fußball, der nichts mehr wissen will von den Sonderrechten der Exoten auf den Flügeln.

Sonderrechte. Auch er hat sie beansprucht und auf andere Weise gerechtfertigt. Aber ihre Zeit läuft ab, und der Libero Beckenbauer, integriert in die Mannschaft und verantwortlich für Ordnung in der Abwehr und Impulse für das Angriffsspiel, hat nicht die Pausen, die ein Veteran draußen am Flügel braucht für seine Extravorstellungen. Er kann Matthews verehren, aber nie kopieren. Aber wahrscheinlich wäre er länger im Spiel geblieben, wenn es nicht mit Riesenschritten in Tempo und Härte hineingaloppiert wäre, die einen Matthews noch verschont haben.

„Sogar damals, 1970 in Mexiko", sagt er, damals, als er im Halbfinale gegen Italien die Verlängerung wegen einer Schlüsselbeinprellung mit einer Armbinde bestritt, „ist langsamer gespielt worden." Er hätte auch sagen können: überlegter.

Und das ist ein gutes Stichwort für Matthews. Im Gegensatz zu Garrincha ist er ein ausgesprochener fußballerischer Denker gewesen, was ihn zu Beckenbauers Bruder im Geist macht. Es war die Kombination von virtuoser Dribbelkunst und Klarsicht, die Englands Experten zu der absolut klaren Erkenntnis kommen ließ: „We shall never see his like again." Seinesgleichen werden wir nie mehr sehen.

Beckenbauer rudert im gleichen Boot. Ein Zweier ohne Steuermann – sie brauchten nie einen –, auf der Themse oder auf dem Rhein, wäre ein prächtiges Symbol für zwei der erfolgreichsten Einzelgänger im Mannschaftssport.

Beide sind Zuschneider des Spiels gewesen, aber sehr unterschiedliche. Unterschiedlich, und das geht jetzt in die Mentalität von Briten und Deutschen, war aber auch die Art ihrer Popularität. Sie hat auf der Insel andere Blüten getrieben als bei uns. Erfreulicherweise haben beide das Glück gehabt, daß ihnen die Hooligan-Szene erspart blieb. Und im Gegensatz zu Beckenbauer hat Matthews sogar die Geschütze der Boulevard-Presse umlaufen können, die zu seiner Zeit ohnehin noch recht harmlos waren. Der gravierende Unterschied ist freilich, daß britische Sportsmanship einen anderen Charakter hat. Sie setzt Bewunderung nicht mit Vereinnahmung gleich, sie hängt den nationalen Symbolcharakter des Stars mit natürlichem Common Sense tiefer, als es die Deutschen tun, und wenn den Briten ein Boris Becker erwachsen sollte, wäre ihm eine Verehrung à la Matthews sicherer als die Besitzergreifung.

Stanley Matthews hat, verschont von der Unruhe, die Beckenbauer am Ende seiner Karriere packte, die eigene Laufbahn mit einer Souveränität fortgesetzt, die nur dem in sich ruhenden Genialen gegeben ist. Und er ist, auch das hat mit insularer Sporttradition zu tun, die nicht zu verpflanzen ist, von denen unterstützt worden, die eigentlich zum Zerstören seiner Kunst bestimmt waren.

Von den Verteidigern nämlich. Seltsam genug mag's klingen, aber verdammt wurde der Abwehrspieler, der einen Matthews mit unbotmäßiger Härte anging. Auch das Publikum des Gegners war dagegen, daß der Künstler mit der Sense umgemäht wurde. Erstens hatte so etwas mit Denkmalschändung zu tun, und zweitens wollte man sich, egal, ob es zum Nachteil der eigenen Mannschaft war, delektieren an einem Genuß, von dem man wußte, daß man ihn nach Matthews nicht mehr erleben würde.

Ähnliches hat Franz Beckenbauer am Ende seiner Karriere zwar auch erlebt, aber es ist nicht die spontane und klare Aussage des englischen Publikums gewesen. Und auch die Königin hat die ihre gemacht. Am 1. Januar 1965 hat sie Stanley Matthews in den Adelsstand erhoben, ihn zum „Knight Bachelor" gemacht. Sir Stanley war er fortan zu nennen, und das ist seine Kaiserkrönung auf englisch gewesen. Es ist ihm, dem Sohn eines Berufsboxers, der seine Familie mit mäßigen Gagen durchbringen mußte, an der Wiege so wenig gesungen worden wie dem Sohn des Postobersekretärs aus Giesing.

Vier Wochen, nachdem ihn die Königin geadelt hatte, feierte Sir Stanley seinen 50. Geburtstag auf die wohl ungewöhnlichste Weise der Welt. Nämlich als Rechtsaußen von Stoke City gegen Manchester United. Damit war der Rekord des Schotten Billy Meredith gebrochen, der mit 49 Jahren seinen Abschied vom erstklassigen Fußball genommen hatte.

Man muß sich das vorstellen: Matthews begann seine Karriere 1932 und hatte die Zwangspause eines Weltkriegs abzusitzen!

Und wie bei Pelé sind, trotz eklatanter Unterschiede, diese Gemeinsamkeiten mit Beckenbauer zu entdecken, die die Größten des Spiels vereint.

Nehmen wir nur diese Achtung der Mitspieler. Die hat sehr wohl mit der zu tun, die junge Schauspieler dem berühmten Mimen entgegenbringen, mit dem sie in ein Spiel gehen, dessen Affinität zum fußballerischen unbestreitbar ist. Man braucht nur an die Zahl der Wiener Burgschauspieler zu denken, die zu den Spielen von Rapid oder von Austria der großen Tage pilgerten. Allerdings ist fußballerische Poesie damals auch viel größer geschrieben worden als heute.

Matthews als Shakespeare? Hei, warum nicht? Wenn man das mit Schüttelspeer übersetzt, dann ist er genau die Speerspitze gewesen, die in der gegnerischen Abwehr so lange mit unnachahmlichen und geistvollen Blitzen herumbohrte, bis sie kapitulierte. Es hat Nachahmer gegeben, aber Ersatz und Original sind zwei sehr verschiedene Stiefel. Wie bei Franz Beckenbauer.

Aber der war gerade erst neun Jahre alt geworden, als ich an einem heißen Junitag des Jahres 1954 im Berner Wankdorf-Stadion meine erste Begegnung mit Stanley Matthews hatte. England, zu diesem Zeitpunkt noch mit Endspielchancen kokettierend, schickte sich an, sein Weltmeisterschaftsspiel in der Gruppe vier gegen die Schweiz zu bestreiten.

Ich war früh da, und es ist damals noch wie bei provinziellen Abendsportfesten zugegangen. Keine abgeschirmten Nationalmannschaften, die wie Geldtransporte in die Kabinen geschleust werden und erst auf dem Spielfeld zu sehen sind. Unter der Haupttribüne, vor dem Gang, der zu den Kabinen führt, unterhielten sich Englands Nationalspieler wie College-Boys, die ein unterhaltsames Spielchen vor sich haben.

Luftige Freizeitkleidung trugen sie, und das unterschied sie ganz seltsam von dem fast klein zu nennenden Mann, der in seinem konservativ-unscheinbaren grauen Trenchcoat in ihre Mitte trat wie ein plötzlich im Klassenzimmer auftauchender Lehrer.

Und entsprechend war ihre Reaktion. Still wurde es. Einige schauten verstohlen auf ihre Uhren; andere gingen, als ob sie's gerade vorgehabt hätten, in die Kabine. Einer versuchte, dem Mann, dessen Haar an den Schläfen schon silbern schimmerte, die Tür zu öffnen, aber er kam zu spät. Der Magier namens Stanley Matthews war als erster angetreten zum Dienst.

Mehr war nicht zu sehen, aber ich habe mir vorgestellt, wie er Hemd und Krawatte sorgfältig an den Bügel hängte und sogar die Socken zusammenlegte. Denn er machte den Eindruck eines auf peinliche Ordnung bedachten Stubenältesten.

Aber im Spiel ist dann nicht aufgefallen, daß er der Älteste war. Mit knapp vierzig hat Stan Matthews so manchem, der sein Sohn hätte sein können, etwas vorgemacht, obwohl es nicht unbedingt sein Tag war. „Er kann viel mehr", sagte mir Geoffrey Green von der „Times", der mit der Feder so genial gewesen ist wie Matthews mit dem Ball.

Der Magier war, wie Beckenbauer, kein Toremacher. Aber er war ein Meister der Vorbereitung. Nie hat ein anderer Ideengeber für so viel Fertigware gesorgt. Verschwindend gering ist dagegen die Zahl der Tore, die er selbst schoß, aber es waren historische dabei.

Und wenn's ums Prestige ging, konnte er, wie Beckenbauer, die geforderte Superleistung bringen. So 1937, als die Tschechoslowakei auf dem Tottenham-Platz an der White Hart Lane drauf und dran war, die perplexen Engländer im vielleicht besten Spiel ihrer Länderspielgeschichte in die Knie zu zwingen. Englands Heimrekord, dieses Heiligtum des Fußball-Mutterlands, das bis 1953 gehalten hat, als Ferenc Puskas Ungarns Nationalmannschaft, die die größte aller Zeiten war, zum 6:3-Sieg führte, schien zu brechen.

Damals, 1937, war es alleine Matthews, der diesen Rekord rettete. Man hatte sich schon mit dem Unfaßbaren abgefunden, als der Magier alles in die Hand nahm. Er erzielte drei Tore, die England einen glücklichen 5:4-Sieg bescherten. England fühlte sich, dank Matthews, als moralischer Weltmeister. Und ein Jahr später, als sich der

Zweite Weltkrieg schon abzeichnete, kam Irland gegen England mit 0:7 unter die Räder, die vom Steuermann Matthews gelenkt wurden. Alle sieben Tore waren von ihm vorbereitet worden, und fortan nannten sie ihn den Magier.

Aber niemand ahnte, daß er auch die Kriegsjahre würde wegzaubern können. Höhepunkt seiner Laufbahn wurde 1953 das dramatischste Cupfinale aller Zeiten. Er war 1946 von seinem Heimatverein Stoke City zu Blackpool übergewechselt und hatte mit dem neuen Klub sein drittes Endspiel um den ältesten aller Pokale erreicht. Zweimal hatte er Wembley als Verlierer verlassen.

Blackpools Gegner war Bolton Wanderers. Und wieder schien der Magier auf der falschen Seite zu stehen. 20 Minuten vor Schluß führte Bolton mit 3:1, und auf Wembleys hohen Rängen trug man Trauer für den Mann auf Blackpools rechtem Flügel. In diesen Nachkriegsjahren war Wembley noch eine Kathedrale für Gentleman. Der Hooligan war noch nicht erfunden.

Aber der Magier lebte noch. Und wie er lebte! Diese 20 Minuten sind zu einem der Fußball-Märchen geworden, die auf Enkel und Urenkel übergehen. Die, die es erlebt haben, lächeln über einen Paul Gascoigne, der nach Italia '90 zur Kultfigur eines Fußballs aufgestiegen ist, der mit britischer Zähigkeit, aber auch mit unbestreitbarer Klasse gegen seine weltweite Entwertung kämpft.

In diesen 20 Minuten packt der 38jährige Stanley Matthews einen Schatz aus. Beckenbauer kennt dieses resolute Zupacken des Ausnahmespielers, der in der davonlaufenden Zeit mehr tun muß als die anderen, weil nur noch das Außergewöhnliche nützt und nur er es schaffen kann.

Aber Matthews macht nicht nur mehr, er macht alles. Er reklamiert jeden Ball aus den eigenen Reihen, löst sich sogar von seiner Flanke, die selbstgewähltes Ghetto ist, und erdribbelt für seine Stürmerkollegen freie Räume mit einer Virtuosität, die Wembley von einem Aufschrei in den anderen treibt.

Zehn Sekunden vor dem Abpfiff erzielt Blackpool das Siegestor nach grandioser Vorarbeit von Matthews.

Und zehn Jahre später kehrt er im Alter von 48 Jahren in seine Heimatstadt Stoke zurück. Aber nicht um Blumen zu züchten, sondern um Stoke City wieder in die erste Division zu führen.

Beckenbauer ist mit knapp 45 als Teamchef Weltmeister geworden. Aber Matthews tritt in Stamford Bridge, London, als Rechtsaußen an. Stoke City muß Chelsea schlagen, um aufzusteigen. Und kein anderer als Matthews ist es, der den Paß zum Siegestor gibt. Man hat von Frischzellen und anderen Elixieren gemunkelt, von denen Beckenbauer geträumt hat und auch Fritz Walter.

Sepp Herberger hat mit dem Geheimplan geliebäugelt, Fritz Walter im Alter von 42 zur Weltmeisterschaft nach Chile mitzunehmen. Von Ernährungswissenschaftlern hat der Bundestrainer einen Diätplan ausarbeiten lassen, um die Natur zu überlisten, aber diese Verlängerung war dem Mann, den er seinen verlängerten Arm nannte, zu riskant. Nach Gnadenbrot roch ihm diese Futterkrippe. Aber wo lag das Geheimnis von Stan Matthews? Zunächst darin, daß er Solist war, total unabhängiges Rad in der Maschinerie der Mannschaft. Er hat den Rhythmus einer Partie nicht mitgetragen und dem Mitglied eines Orchesters geglichen, das gegen die Partitur spielt. Seinen Einsatz bestimmte er selbst, und das erlaubte ihm die im modernen Spiel undenkbar gewordenen Pausen. Immer mehr wurde er zu einem Mann der kurzen Wege, aber auf diesen wenigen Metern waren die magischen Füße immer noch schneller als die der gegnerischen Verteidiger.

Für die Italiener freilich, die in ihren Idolen Halbgötter sehen und die einen Giuseppe Meazza, der nie ersetzt worden ist, mit Inbrunst über den Zweiten Weltkrieg hinwegzuretten wünschten, war Matthews ein Phänomen, dessen Geheimnis erkundet werden mußte. Ein Engländer mit dem Privileg der ewigen Jugend? Warum dann, prego, kein Italiener?

47 war Matthews, als ihn zwei Reporter einer großen italienischen Illustrierten in Blackpool aufsuchten. Ausgestattet mit erheblichen Vollmachten, konnten sie einen hübschen Betrag für die Lüftung des Geheimnisses locker machen.

Den alten Stan haben die beiden wißbegierigen Azzuri belustigt. Er lud sie in das hübsche Hotel ein, das er sich am Strand von Blackpool gekauft hatte, und ließ sie erst einmal herumknabbern an seinem Humor, der so typisch englisch ist.

Aber er kam nicht an. Italienischer Humor ist vordergründiger und lauter, und außerdem wollten die Signori mit bierernstem Eifer eine geheimnisvolle Nuß knacken.

Natürlich wollten sie auch mit zum Training, aber Matthews ging gar nicht hin.

Zuerst dachten sie an eine Falle. Schließlich muß der Profi zum Training wie der Metzger zum Schlachthof und der Bäcker zum Ofen.

Als sie am dritten Tag unruhig wurden, sagte Matthews: „Ihr seid gekommen, um meinen Alltag zu erleben, und jetzt habt ihr ihn. Habt ihr nicht gesagt, ich soll sein wie immer? Well, ihr seht, daß mein Speisezettel ein bißchen kärglich ist und daß ich ein bißchen Gymnastik mache, wenn das Wetter trüb ist."

„Aber wir wollen Ihr Geheimnis lüften!"

Matthews lachte, und obwohl das ein sehr dünnes englisches Lächeln war, warfen sich die beiden hoffnungsvolle Blicke zu. Denn er zeigte auf die etwas bleichsüchtig aus den Wolken tretende Blackpooler Sonne: „Jetzt, wo das Wetter besser wird, will ich's tun. Aber ich fürchte, Sie werden wieder nicht aufpassen."

Zehn Minuten später knirschte der weiche Sand der Dünen von Blackpool unter ihren Füßen. Sie marschierten eine gute Stunde und hatten einige Mühe, den Schritten des „alten Mannes" zu folgen. Aber vielleicht ging's zu einer geheimnisvollen Höhle, einem Jungbrunnen gar?

Wenn sie zu sehr schnauften, gönnte er ihnen eine Pause, stellte sich mit dem Gesicht in die steife Brise, die von Irland herüberwehte und machte einige tiefe Atemzüge. In der Luft war der scharfe Geruch von Jod und Algen. Aber nach einer weiteren halben Stunde hatten sie genug. „Wohin gehen wir eigentlich, Mr. Matthews?"

„Well, wir gehen im Sand spazieren."

„Und Ihr Geheimnis?"

„Es ist hier. Wind, Sand, Wasser und Einsamkeit. Sie nehmen jede Müdigkeit von Körper und Geist, bringen gute Gedanken. Könnten Sie doch auch gebrauchen, oder?" Die beiden schauten sich an und waren satt. Das Geheimnis der fußballerischen Langlebigkeit des Stanley Matthews war zu banal, und deshalb haben es die Italiener nie erfahren.

Wer Franz Beckenbauer kennt, weiß, daß er nicht geboren ist zum asketischen Evergreen. Große Spieler mögen kleine Flirts mit solchen Ideen haben, aber sie sind schnell weggesteckt. Einen am Starnberger See Luft schnappenden Eremiten namens Beckenbauer kann man sich so wenig vorstellen wie einen mit Birchermüsli darbenden Maradona. Aber was macht ein Kaiser, der seine Grenzen erkennt, gleichzeitig aber auch spürt, daß er sein Reich noch nicht aufgeben sollte? In diese Situation ist er hineingeraten nach seinem Abschiedsspiel beim HSV, bei dem das Volksparkstadion nur halbvoll gewesen war. Vom Standpunkt eines Kaisers aus muß man halbleer sagen. Dieses Signal hat ihm nicht geschmeckt. Natürlich hätte er in München full house gehabt. Mehr Genugtuung. Aber mehr Freude? Der pensionierte Star fällt allemal in ein Loch, und dessen Dimension erweitert sich mit der Höhe, von der er herunterkommt.

Ins Spiel der Beckenbauerschen Gedanken ist aber auch das veränderte Spiel gekommen. Seine athletische Härte läßt den Veteranen keine Rast mehr und hätte auch einen Matthews früher gefressen als jenes, das Englands Stadien aussehen ließ wie Oasen von Friede, Freude und Fairneß. Oft genug habe ich neidvolle Bewunderung empfunden, wenn bei einem Cupfinale die Choräle des Community-Singing aus Wembleys gewaltigem Krater stiegen oder aus Tottenhams White Hart Lane das Glory Halleluja der Spurs beim Marching on. Dany Blanchflower, Duquemin, Sonny Walters, was für Spieler! Idole, deren Bilder in den Reihenhäusern der Arbeiter an den Spieltagen neben brennenden Kerzen ans Fenster gestellt wurden, britische Verehrung mit brasilianischem Touch.

Vorbei. Die Hooligans und ihre Raubzüge haben nicht nur Scheiben zertrümmert, sondern das Schönste und Beste des englischen Fußballs. Fußball ist zu einem zischenden Ventil sozialer Unzufriedenheit geworden, und nicht mehr mit dem Künstler identifiziert man sich, sondern mit dem Kampfhund. So ist an der White Hart Lane von Tottenham Englands neues Idol von der Leine gesprungen. Geboren wurde es bei der Weltmeisterschaft 1990 in Italien, und dieser Paul Gascoigne fasziniert den Mann mit der Arbeitermütze genau wie den mit dem Bowler-Hut, ob er nun ins Stadion geht oder nicht. Man muß dem Medien-Spektakel Fußball ja gar nicht mehr hautnah folgen, weil man verfolgt wird von ihm.

Matthews war die geschriebene Legende. Die meisten Engländer haben ihn nie spielen sehen, weil er aufhörte, als das Fernsehen begann, das Spiel ins Haus zu bringen. Beckenbauer wuchs mit einer Ausstrahlung, die kein anderer erreichte, in die Television hinein, aber Gascoigne sprengte die Bildschirme der Briten, weil da eine Kultfigur in die Wohnzimmer sprang.

Und zum Sprung hatte er von der alleruntersten Stufe angesetzt. Viel tiefer ist sie gewesen als die des bescheiden, aber behütet aufgewachsenen Beckenbauer. Erst sieben war Paul, als der Vater nach einem Gehirnschlag arbeitslos wurde und Mutter Gascoigne die ganze Familie als Hilfsarbeiterin in einer Glasfabrik von Newcastle durchbringen mußte.

Tausend Fußballmärchen gibt's, aber Paul Gascoigne hat die Bärenkräfte seines Körpers mit einem Willen kombiniert, dessen Stärke so britisch ist wie sein umwerfendes Überlegenheitsgefühl.

Beckenbauer ist ein solches nachgesagt worden, schon zu Zeiten, in denen ihn Hemmungen und Selbstzweifel plagten. Ganz anders ist der vor Energie und Selbstvertrauen strotzende Gascoigne, den sie „Gazza" nennen, in sein Märchen eingestiegen, sozusagen als Inkarnation britischen Selbstverständnisses.

Gazza Headliner in allen Gazetten. Totale Unbekümmertheit im Stadion und außerhalb. In Number 10, Downing Street, hat er die zwischen Schock und Goodwill schwankende Margaret Thatcher umarmt wie ein Schwesterlein, dem noch etwas Mut zum Erreichen wahrer Popularität eingeblasen werden muß. Wie er sie sieht.

Es gelingen ihm aus dem Mittelfeld heraus riskante Spielzüge, weil er das Risiko nicht scheut, sondern es sucht. Kein Alibi-Spieler. Kein Rückversicherer, der sich auf die Brust schlägt, weil er ja nicht versagt hat, sondern der Nebenmann.

Er ist die Reizfigur, die andere nicht zum Meckern, sondern zum Mitmachen bewegt. So einer muß auffallen im internationalen Fußball, der längst keine Grenzen mehr kennt.

Der Markt ist offen, und nach den italienischen Freibeutern haben es die französischen bewiesen. Der Fußball, der der europäischen Gemeinschaft mit seinen Europapokalen vorausgeeilt ist, beweist heute, was schon Cicero gesagt hat: „Mit Geld ist jede Festung zu stürmen."

Der neue Held von der Insel: Paul Gascoigne. Der Mittelfeldmann von Tottenham Hotspurs spielt Fußball wie ein von der Kette gelassener Wachhund.

Der Thriller von Sevilla:
Klaus Fischers Fallrückzieher leitete die Wende ein im WM-Halbfinale von 1982.
Am Ende zogen die Franzosen, hier vertreten von Patrick Battiston, wieder einmal den kürzeren.

Der gallische Hahn

Kapitel siebzehn

... in welchem die Erinnerung aufflammt
an zwei vermeidbare Länderspiel-Niederlagen
der besten Franzosen aller Zeiten gegen Deutschland
bei WM-Turnieren in Spanien und in Mexiko

Größter Geld- und Glücksritter der Franzosen ist Bernard Tapie. Ihm gelang es, fast alles aufzuspießen, was er wollte, auch wenn ihm Maradona durch die Lappen gegangen ist. Daß er Beckenbauer erwischte, war eine europäische Sensation ersten Ranges, aber wer ihn kennt, roch es schon, als der Kaiser mit der deutschen Nationalmannschaft bei Italia '90 auf Weltmeisterschafts-Siegeskurs war.

Aber es ist dem Franz zu gönnen, daß Maradona nicht vor ihm am Marseiller Angelhaken hing. Eine Zusammenarbeit mit dem exzentrischen Argentinier hätte seine fußballerische Vorstellungswelt zusammenbrechen lassen, bei aller Faszination, die der stärkste linke Fuß des Weltfußballs auszustrahlen vermag. Es wölben sich nicht nur zu viele Pfunde über ihm, sondern es sitzt über allem ein Kopf, dessen Eigenwilligkeit für mehr Unruhe als für Geniestreiche sorgt.

Maradona und Trainer sind im Prinzip unvereinbar. Erstens geht er mit einiger Berechtigung davon aus, daß er nichts lernen muß, was durchaus eine Parallele beim Beckenbauer der späten Jahre hat, zweitens aber hat er eine königliche Abneigung gegen fußballerische Arbeit, die Training heißt, und drittens erfreuen ihn überflüssige Pfunde, solange sie noch den gelegentlichen Geniestreich erlauben.

Aber Bernard Tapie ist diesem Diego Armando Maradona nachgelaufen wie der Verdurstende einem Eimer Wasser. Ein neureicher Parvenü? Wer ihn und die Marseiller Szene kennt, sieht es differenzierter und begreift gleichzeitig, warum Tapie von den Marseiller Leuchttürmen aus ständig mit dem Fernglas die zusammenschrumpfende Welt des Fußballs beäugt. Klar, daß er Paul Gascoigne entdecken mußte. Wenn der besser als sein Landsmann Chris Waddle ist, kann er kosten,was er will, und der Waddle muß eben einen Ausländerplatz freimachen, so wie es der Stuttgarter Förster mußte, als dessen Verletzungsproblem kam. Man zahlt gut in Marseille. Sehr gut sogar. Aber Sentimentalität gibt's nicht. Nicht einmal in den brodelnden Bistros des Alten Hafens.

Daß Franz Beckenbauer dies lernen würde, hat er nicht im Traum gedacht. Ganz anderer Art waren seine Träume, als er das römische Olympiastadion als Teamchef des Weltmeisters Deutschland verließ.

Aber von seinem Leuchtturm herunter sprang Bernard Tapie mitten ins Bad der kaiserlichen Genugtuung. Mit Giovanni Trapattoni hatte der Franzose verhandelt, dem Mann, der als Trainer von Inter Mailand viele Beweise von bemerkenswerter Kompetenz geliefert hatte.

Doch der hatte abgesagt, er war zu stark verhaftet mit seiner Umwelt. Aber kein Schock für Tapie. Beckenbauer war für ihn sowieso größer. Der Größte eben.

Also entsprechendes Angebot. Das beste, das je gemacht wurde.

Letzter Anstoß dazu: Trapattoni hatte ihm nach Rücksprache mit seinen deutschen Nationalspielern Matthäus, Klinsmann und Brehme gesagt, daß Beckenbauer während der WM in Italien nicht einen taktischen Fehler begangen habe.

Tapie hält es mit der modernen Manager-Art. Konsultation eines bedeutenden Fachmanns und zupacken.

Er hat es kräftig tun müssen mit beiden Händen. Der Mann war ja auf dem Sprung von der zweiten Karriere in die dritte, kein Suchender mehr, der bei den Industriekonzernen antichambieren muß. Nachgelaufen aus aller Welt sind sie dem Weltmeister, und nur er hat es fertigbringen können, Mercedes-Benz als Hauptsponsor der Nationalmannschaft zu gewinnen.

Jupp Derwall wäre in Untertürkheim schon beim Portier hängengeblieben.

Aber dieser Bundestrainer Jupp Derwall, dem die Ausstrahlung fehlte und dem das Glück davonlief, ist es gewesen, der Hermann Neuberger im schwarzen Jahr des DFB, 1984, begehrlich auf Franz Beckenbauer gemacht hat. Auf den, dessen amerikanischen Ausflug der Präsident überhaupt nicht goutiert hatte und der für ihn persona non grata bei der Weltmeisterschaft 1978 in Argentinien gewesen war.

In der Saison 83/84 flogen alle Bundesligamannschaften früh aus dem Europapokal, aber der Eklat kam bei der Europameisterschaft der Nationen in Frankreich. Deutschland verabschiedete sich schon in der Vorrunde nach einem 0:1 gegen Spanien.

Solche Rausschmisse sind die Deutschen nicht gewöhnt. Etwas Ähnliches hat es nur 1938 bei der Weltmeisterschaft in Frankreich gegeben, als die Schweiz den deutschen Goliath in der Vorrunde aufs Kreuz legte. Aber das war nicht die Schuld des Reichstrainers Herberger, sondern die Adolf Hitlers und seines Reichssportführers von Tschammer und Osten. In ihrer naiven Großmannssucht hatten die beiden Potentaten Herberger befohlen, die Mannschaft zur Hälfte aus „Ostmärkern" und zur Hälfte aus Reichsdeutschen zu bilden, und vielleicht haben sie deshalb vergessen, ihn nach der programmierten Pleite zu entlassen, weil nach dem Anschluß Österreichs ganz andere Eroberungen geplant waren.

Aber Jupp Derwall stand ohne Schirm im Regen. Ein gallig-giftiger Regen war's, und die „Bild"-Zeitung holte jene großen Buchstaben heraus, die wie Torpedos wirken.

Und Seltsames ergab sich noch dazu. Franz Beckenbauer gehörte bei dieser Europameisterschaft zur stattlichen Zahl der Kommentatoren. Seien wir ehrlich: Er ließ schreiben. Was dann in den Töpfen einer nicht zimperlichen Redaktion daraus gekocht wird, kann den vermeintlichen Autor schon überraschen. Und so war's. Er durfte lesen, daß er sich als Nachfolger Jupp Derwalls angeboten hatte.

Riesenschlagzeile auf Seite 1: „Franz: Bin bereit!“ „Bild“ als Steigbügelhalter? Jedenfalls hatte er den linken Fuß schon drin gehabt, und den letzten Schubser in den Sattel hat ihm Hermann Neuberger noch vor der Heimreise aus Paris gegeben. Und artig haben alle beide bedauert, was sie sich so alles an den Kopf geschmissen hatten.

Nun ist er aber gar kein Trainer. Kein diplomierter zumindest, wie's die Deutschen mit ihrem unerschütterlichen Glauben an Zeugnisse und Stempel wünschen.

Aber wenn's brennt, löschen auch sie mit allem. „Teamchef“ erschien ihnen nicht nur als elegante sprachliche Lösung, sondern als Passepartout, und man muß zugeben, daß es besser klingt als Mannschaftsgebieter.

Eine gewisse und keineswegs unbedeutende Erfahrung war ja da: Kaiserau 1974. Da hatte er nach der Hamburger Niederlage gegen die DDR die Weichen gestellt. Und die Mannschaft aufgestellt.

Aber ganz anders war die Situation. Damals war er Teilnehmer am Spiel, konnte es bewegen und schütteln. Doch was konnte er tun von außen, und wie stand er da, wenn er in der WM-Qualifikation versagte? Sie würden sich ohne Zögern auf ihn stürzen, die Herren mit den Diplomen, von denen so mancher auf den Hilferuf des DFB gewartet hatte. Mit gestempelten Zeugnissen würden sie ihm winken und Derwall zum Märtyrer machen. Und kann einer Galionsfigur in PR-Geschäften bleiben, der die Teilnahme an einer Weltmeisterschaft verpaßt?

Er verpaßte sie nicht, aber es ging auch nicht ohne Mühe auf die Reise nach Mexiko. Eliminiert wurden in seiner Gruppe die Tschechoslowakei, Schweden und Malta, und der zum Trainer gewordene Spieler Beckenbauer hoffte für sich und die Mannschaft auf neue moralische Kräfte, weil Mexiko '70 seine schönste Weltmeisterschaft gewesen war.

Denn noch hing er im Spiel drin: Einer, der zwischen zwei Stühlen saß und erst lernen mußte, daß der Schrei von der Außenlinie der armselige Stiefbruder einer Idee ist, die du mit einem einzigen Paß selbst verwirklichen kannst. Das beschäftigte ihn mehr als organisatorische Probleme. Er ging in die Lehre und merkte schnell, daß er sich der Quartierwahl für die WM hätte widersetzen müssen. Ständige Unruhe war programmiert, weil er mit seinen Spielern unter einem Dach mit einer Presse lebte, der die Rand-Story wichtiger war als das Ereignis. Sie schnüffelte um ein Team herum, das auch ohne solche publizistischen Störfeuer Mühe gehabt hätte, seine Harmonie zu finden.

Nach Endspielteilnahme roch das nicht. Man sah Mannschaften, deren fußballerische Kunst die Deutschen aussehen ließ wie Anstreicher neben Kunstmalern. Und wer das vor Phantasie strotzende Spiel Frankreich – Brasilien gesehen hat, dem kamen die Deutschen vor wie eine bayerische Schuhplattler-Riege neben Königen der Samba.

Franz Beckenbauer, Fanatiker der Perfektion und der spielerischen Kreativität, spürte wie kein anderer, daß man mit bescheidenen Mitteln nicht über seine Verhältnisse leben kann. Er beneidete den französischen Kollegen Michel Hidalgo, der mit Platini, Giresse, Tigana und Fernandez das beste Mittelfeld der Welt aufbieten konnte.

„Bei denen“, hätte er am liebsten gesagt, „wärt ihr höchstens Kofferträger.“ Aber das behielt er, obwohl er in Mexiko zuviel redete, weil er zu viel gefragt wurde, für sich.

Die Kombination von Lagerkoller und täglichem Nonstop-Umgang mit den Medien nervten ihn um so mehr, als lange Trainingslager nie sein Fall gewesen waren. Für Herberger mochten sie eine Art Feldgottesdienst gewesen sein wie auch für den Meßdiener Dettmar Cramer, aber er brauchte Freiräume, und wenn es die Pille zum Abschalten gegeben hätte, er hätte sie als das beste Doping angesehen und gerne geschluckt und verteilt.

Was es gab, und woran man sich am besten festhalten konnte, war diese Turnier-Tradition, die den Deutschen unbesehen bescheinigt wurde. Mit Disziplin und Energie konnten sie höher eingeschätzte Gegner ins Straucheln bringen, und Erfolgserlebnisse dieser Art verbesserten ihr Spiel.

Es war eine eigenartige Kettenreaktion. Die Vorrunde war ein einziges Durchwursteln gegen Dänemark, Uruguay und Schottland. 3:3 Punkte reichten, und das 1:0 gegen Marokko, das den Einzug unter die letzten Acht sicherte, war alles andere als ein Ruhmesblatt. Im Brutofen von Monterrey machte Lothar Matthäus die Sache erst zwei Minuten vor Schluß klar.

Und dann haben sie sich, ebenfalls in Monterrey, gegen den Gastgeber Mexiko durchgezittert. Verlängerung und Elfmeterschießen. Nervensäge und Nervensieg. Allofs, Brehme, Matthäus und Littbarski verwandelten ihre Strafstöße. Aber Toni Schumacher hielt zwei mexikanische.

Zwei weitere Viertelfinalspiele wurden im Elfmeterschießen entschieden, und die Franzosen entschädigten sich gegen Brasilien für die abgrundtiefe Enttäuschung von Sevilla 1982, als ihnen die Deutschen den Einzug ins Endspiel mit diesem Lotteriespiel verwehrt hatten. Und alle, die dabei waren, schworen einen dieser blumenbekränzten, aber nutzlosen Eide: Frankreich und Brasilien haben wie zwei Weltmeister gespielt.

Immerhin war Frankreich diesmal noch dabei. Aber den moralischen Weltmeister gibt es nicht. Und im deutschen Lager nahm Franz Beckenbauers feine Antenne ein gewisses Unbehagen der Franzosen auf.

Das hat zu tun mit eigenartigen Komplexen, und ganz besonders hineingespielt hat die vorhergegangene Weltmeisterschaft in Spanien. Nie war Frankreichs Nationalmannschaft stärker gewesen als 1982, nie war sie dichter vor dem Finale gestanden.

Und dann hat sie das Sevilla-Syndrom gepackt wie die Hexe mit den grünen Zähnen. Deutschland holte in der Verlängerung einen 1:3-Rückstand auf und gewann das Elfmeterschießen. Und zu allem Überfluß ließ Toni Schumacher das gallische Faß mit einem bösartigen Foul an Patrick Battiston überlaufen. Manch deutscher Frankreich-Urlauber hat am nächsten Morgen ein Auto vorgefunden, das nicht mehr zur Heimreise taugte, und bei der anschließenden Tour de France hagelte es faule Tomaten auf die Autos der deutschen Reporter. Und Frankreichs Nationalmannschaft hieß Poulidor. Zur Inkarnation des unverdient Geschlagenen wurde sie, genau wie Raymond Poulidor bei seinen epischen Duellen mit Jacques Anquetil. Radsport und Fußball schienen vereinigt zu sein zu einer dieser Tragödien, deren Ausgang man spürt, noch ehe sie begonnen haben.

Es sind damals in Sevilla Urelemente deutscher und französischer Eigenart blankgelegt worden, die der des Sports Unkundige nicht erfassen kann und deshalb belächeln mag. Aber wer die Mentalitäten kennt, hat sehr wohl begriffen, daß Frankreich, als ihm das Glück winkte, sein Unglück gesucht hat und Deutschland sein Glück, als das Unglück unvermeidlich schien.

Deshalb ist Frankreichs Kapitän gegen Deutschland in Sevilla eigentlich nicht Platini, sondern Poulidor gewesen. Er war stark und mutig, und leicht hätte es sein können, daß er bis zur Halbzeit für einen Vorsprung gesorgt hätte, der sich im Radsport mit der Viertelstunde mißt und unaufholbar ist.

Aber man ging mit 1:1 in die Verlängerung. Und dann kam der trockene Antritt der Männer um Platini mit zwei Toren. Wer so etwas in einem Halbfinale schafft, steht praktisch mit beiden Beinen im Endspiel.

Aber die Franzosen sind nie in einem gestanden. Euphorie packte sie, heißer gallischer Wunsch, den renommierten Gegner noch tiefer in die Knie zu zwingen.

Als Rummenigge das 2:3 erzielte, kam der Poulidor-Schock. Mit einer Klarheit, gegen die sie sich nicht mehr auflehnen konnten, erkannten sie, daß sie im Endspurt wieder überholt werden würden. Sie sind keine Italiener, die sich in solcher Lage eingraben, und auch keine Deutschen, die zumindest das Feuerwerk stoppen, weil nicht das Publikum zählt, sondern das Resultat. Sie zündeten weiter bunte und prächtige Raketen und spürten, daß sie verbrennen würden an ihnen.

Das ist die Vorgeschichte zum mexikanischen Halbfinale Frankreich – Deutschland vier Jahre später. Immer noch befehligte Michel Hidalgo die blauweißrote Mannschaft, und er hatte auch noch die meisten Asse des Teams von Sevilla in seinem Team. Aber obwohl sie gegen Brasilien wie Weltmeister aufgetrumpft hatten, waren sie vier Jahre älter geworden.

Und das Sevilla-Syndrom war nicht weggeblasen. Franz Beckenbauer, als Teamchef nicht so erfahren wie Hidalgo, aber ausgestattet mit der Spürnase des Ausnahmekönners, ahnte es. Und viel zu sehr wirkten die Franzosen wie der Mann, der im Wald pfeift, um seine Angst zu verbergen.

Der Satz „nous n'avons pas peur", wir haben keine Angst, geisterte durch alle Gazetten. Und wer so eindringlich hinausposaunt, daß er die Angst nicht kennt, genau der hat sie. Trotz des Mittelfelds Platini-Tigana-Giresse-Fernandez, von denen jeder genug Klasse und Kasse hatte, um sich einen deutschen Mittelfeldspieler als Kofferträger zu mieten.

Und es wiederholte sich Sevilla, weil die Franzosen abermals an ihren Nerven scheiterten. Deutschland gewann 2:0 und zog ins Endspiel ein, diesmal gegen Argentinien. Und wieder war es, als ob Raymond Poulidor mit dieser schulterzuckenden Tristesse vom Rad gestiegen wäre.

In der Retrospektive ist aber noch Eigenartiges und für den deutschen Teamchef Bedeutungsvolles anzumerken: Die französische Niederlage ist so etwas wie ein erster Spatenstich für ein Monument, das dem Kaiser in Frankreich errichtet werden soll. Seltsam genug, oder? Erstaunlich ist es ja schon, daß er es fertiggebracht hat, dem Wort Kaiser den üblen Beigeschmack für die bekanntlich feinfühlige französische Zunge zu nehmen.

Das hängt mit Charisma, Eleganz und auch der Achtung vor einem Mann zusammen, der überhaupt nicht dem Klischeebild entspricht, das sich der Normalfranzose vom Deutschen macht. Europäische Gemeinschaft ist ein schönes und großes Wort, und unzweifelhaft sind auch erfreuliche Fortschritte im deutsch-französischen Verhältnis zu erkennen. Aber man glaube ja nicht, daß der Français moyen, der Durchschnittsfranzose eben, im Deutschen nicht immer noch den Mann sieht, der auf dem Kopf einen Hut und in der Hand ein Bierglas trägt. Und sieht sein deutscher Kollege im Pariser Monsieur nicht den Lebemann, der auf dem Montmatre mit einer schönen Frau auf den Knien Champagner trinkt und sein o là là vor sich hinflötet?

Und dann kommt dieser Beckenbauer und bringt es fertig, daß die Sekretärin in einer Pariser Sportredaktion ein Poster von ihm an die Wand hängt, was nicht einmal einem Platini oder einem Poulidor vergönnt gewesen ist.

Doch das wurde erst aufgehängt, als Bernard Tapie den Kaiser im Spätsommer 1990 nach Marseille holte. Aber die Idee ist unzweifelhaft in Mexiko geboren worden.

Damals schienen die Franzosen nicht zu stechende Trümpfe gegen die Deutschen in der Hand zu haben. Eingespielt und voller Selbstvertrauen war diese „bande à Hidalgo", die Bande des Trainers.

Und die Werkspionage funktionierte. Sie wurde auf sehr öffentliche Weise erleichtert durch die unter einem Dach mit der Mannschaft lebenden deutschen Journalisten, die eine heiße Jagd nach der negativen und deshalb gut verkäuflichen Meldung entfesselten. So drang vieles nach außen, was besser im Haus geblieben wäre, und tausendmal hat Franz Beckenbauer den Tag verdammt, an dem er aus dem deutschen Hotel ein Pressehauptquartier gemacht hatte.

Aber trotz aller Versuche Michel Hidalgos, seinen Spielern einzubläuen, daß sie bessere Aussichten gegen die Deutschen hatten als je, nagten in der Mannschaft jene unsichtbaren Zweifel, die der Angstgegner hervorruft. „Bête noire" nennen sie ihn, das schwarze Tier.

Pessimismus dieser Art quält den Künstler allemal mehr als den Handwerker. Aber sie wußten auch, daß die Deutschen so phantasielos nicht waren, um aus der Arbeit heraus nicht Ideen zu entwickeln. L' art pour l' art war nicht deren Sache. Über dem Kampf suchten sie kein großes, aber vielleicht entscheidendes Rendezvous mit der Kreativität. Sie flirteten mit ihr, ohne in sie verliebt zu sein wie die Franzosen.

Es gab ein 2:0. Ohne Prunk vielleicht, aber auch nicht unverdient, und es waren nicht Glanzlichter, die Beckenbauers Männer ins Endspiel brachten, sondern die größere Portion Realismus. Eine neue Erkenntnis war das nicht, aber sie war für die Franzosen jetzt klarer als vorher, und sie hat sich festgesetzt. Bernard Tapie, der mit ganz hohen Zielen bei Olympique Marseille als Präsident angetreten war, behielt die Sache im Hinterkopf.

Ein weltmeisterlicher Fachmann ist er nicht, aber er ist ein Geldmeister und dazu ein Herrscher über Gelder, die er gar nicht besitzt. Ein Jongleur mit Krediten, dessen Streben nach Grandeur vor nichts haltmacht. Tapie leistet sich, was er will, aber er ist damals ein Newcomer in der fußballerischen Szene gewesen.

Lernen mußte er, obschon Leute wie er als Alleswisser auftreten und zunächst einmal lächeln über solche Prozesse. Lernen mußte aber auch Beckenbauer, damals bei seiner ersten Weltmeisterschaft in Mexiko als Teamchef. Bloß, da trat einer in seinem Fach an, und das ist ein gewaltiger Unterschied.

Das 86er Endspiel im Aztekenstadion von Mexiko City gegen Argentinien kam zu früh für ihn. Er hat es mit einer Mannschaft erreicht, deren Halbreife so erkennbar war wie die einer grünroten Tomate. Argentinien war reifer, und man muß das mit intensiverem Erkennen der Entwicklung des modernen Fußballs übersetzen.

Die Zeit spielt mit, und zu Beckenbauers mexikanischer Lektion gehört nicht nur die falsche Quartierwahl. Er, der mit Phantasie und Kreativität ganz oben angekommen war, mußte hinuntergucken auf tiefere Stockwerke, weil das Spiel absackte. Es geriet in die Hand der Zerstörer und der raffinierten Dunkelmänner, und sehr wörtlich ist diese Hand zu nehmen, wenn man an das Tor denkt, das Englands Team aus dem Rennen warf.

Maradona hat es eindeutig und mit perfider Raffinesse mit der Hand erzielt. Vor mehr als zwei Milliarden Augenpaaren, weil die ganze Welt am Bildschirm hing. Als sie ihn fragten, sprach er von der Hand Gottes. Ein argentinisches Büblein, dessen Selbstüberschätzung alles übersteigt, was der Fußball bis dahin erlebt hatte, machte sich zu seinem Jesus.

Um Gottes Willen, stöhnten die Engländer. Und Terry Butcher weinte. Bis zu diesem Augenblick hatte er noch einen Rest Glauben an die Fairneß gehabt, mit der dieses Spiel von der Insel aus über die Welt gekommen ist.

Aber die Welt hat sich verändert, und der Sport kann keine blühende Oase mitten in ihr sein. Und immer haben die Menschen ihren Vorteil gesucht. Tun sie es mit List, ist es das, was die Franzosen „la bonne guerre“ nennen.

Aber es kommt Tücke dazu, weil es gar nicht anders sein kann.

Wir erleben das jede Woche und in jedem Land. Das Siegen mit allen verfügbaren Mitteln mag eine schwarze Kunst geworden sein, aber sie wird, weil das Geld immer heftiger mitspielt, inzwischen über die Spielkunst gestellt.

Nun wäre nichts so falsch, als mit derlei Feststellungen der deutschen 2:3-Endspiel-Niederlage gegen Argentinien nachzuweinen.

Argentinien hat verdient gewonnen. Es hat „moderner“ gespielt und, insgesamt gesehen, auch die perfekteren Spieler besessen. Keiner hat dafür einen besseren Blick gehabt als Franz Beckenbauer. Aber er hat mehr gesehen, und er hat einen Nationaltrainer namens Carlos Bilardo kennengelernt. Doktor Carlos Bilardo, um genau zu sein. Von einem Sonderfall ist zu reden, denn ein auf die Krebskrankheit spezialisierter Arzt beschäftigt sich normalerweise kaum mit Fußball. Und wenn man jetzt noch bedenkt, daß Franz Beckenbauers Traumberuf Kinderarzt war, hat sein Interesse für diesen Mann über die Aufmerksamkeit hinausgehen müssen, die man einem Endspielkonkurrenten üblicherweise schenkt.

Er begriff, daß dieser Mann im Gegensatz zu Michel Hidalgo nicht ein Animator, sondern ein Kalkulator des Spiels war.

Das ist ein hochinteressanter Unterschied, und es kam hinzu, daß ihm hochklassige Spieler zur Verfügung standen mit dem Diamanten Diego Maradona an der Spitze. So hell funkelte der geschickteste linke Fuß des Weltfußballs, daß man fast die garstige Schwarzarbeit seiner Hände darüber vergaß.

Und in Maradona und Bilardo haben sich zwei gefunden, die man als die Inkarnation der argentinischen Erfolgsleute von heute bezeichnen darf.

Das ist eine Sache, die weit über den Fußball hinausgeht. Bloß, sie wird den wenigsten Kommentatoren bewußt, und Maradona hat seinen Fußball mit einem Konzentrat argentinischer Lebensweise gewürzt, so wie Hidalgo und Platini den ihren mit der französischen Auffassung prägten.

Psyche und Charakter eines Volkes reichen viel tiefer ins Spiel hinein, als vordergründige Beobachter glauben. Deshalb sind auch die ballverliebten Brasilianer von der obersten Spitze verdrängt worden, wo sie auf Grund ihrer Spielkunst Haus- und Siedlungsrecht beanspruchten.

Die Argentinier erfanden das Mogelspiel, Bilardo und Maradona waren seine Väter. Beckenbauer empfand das argentinische Mogelspiel nicht als nachahmungswürdig, aber er begriff seine Wirksamkeit, ohne zu wissen, daß es aus nationalen Gegebenheiten entsprang.

Es gibt ein modernes Wort dafür: „viveza criolla". Frei übersetzt bedeutet es die Kunst, von anderen zu profitieren. Wirtschaftliche und politische Krisen, korrupte Politiker und skrupellose Militärs haben dazu geführt, daß die Argentinier ihre negativen Eigenschaften stärker entwickelt haben als ihre positiven. Der zu einem brillanten Journalisten gewordene Jorge Valdano, einer der Stars dieser Weltmeisterschaft 1986, hat es so ausgedrückt.

Und es ist klar, was die Kunst, von den anderen zu profitieren, auf den Fußball übersetzt bedeutet. Das Spiel einfrieren, das Risiko den anderen überlassen – und auf Maradona setzen. Darauf warten, daß er alle Unzulänglichkeiten mit einem einzigen Geniestreich des magischen linken Fußes bemäntele. Und nicht zu vergessen: Man hatte 1986 mehr Klasse um ihn herum als 1990.

Niemand hat diesen Magier der hellen und der schwarzen Kunst besser charakterisiert als der phantasievolle Schriftsteller Schifano: „Maradona ist Macho, Kind und extravagante Diva in einem, und wenn man das Göttliche dazu nimmt, das ihm die Fans andichten, dann ist er der Hermaphrodit aus dem Bilderbuch." Zu deutsch: Zwittergottheit, Sohn des Hermes und der Aphrodite.

Allerdings spielen die Götter im Fußball nicht mit wie in der griechischen Sage. Sicher indes ist, daß Maradona sowohl ein Linker im fußballerischen wie auch im übertragenen Sinn war. Und auch noch Querdenker mit dem Querpaß, den keiner erwartet. Nichts an ihm war berechenbar, und so läßt er sich sehr wohl mit dem funkelnden Solitär vergleichen, den er am Ohr trägt, als auch mit dem eigenwilligen Jungstier der Pampa.

Man kann nicht sagen, daß Franz Beckenbauers Mannschaft dieses 86er Endspiel gegen Argentinien auf den Felgen erreicht hätte, aber etwas „Poulidoristisches" haftete der Truppe schon an. Zu mühsam hatte man sich in dieses mexikanische Finale hineingekämpft, um jetzt ausholen zu können zum großen und krönenden Coup. Außerdem kamen die südamerikanische Verhältnisse und die Atmosphäre im Stadion den Argentiniern entgegen.

Und ein deutscher Torhüter, der einen der schwärzesten Tage seiner Karriere erlebte. Bis zu diesem Endspiel war Toni Schumacher ein enormer Rückhalt der Mannschaft gewesen, aber jetzt wurde er zum Nervenbündel. Argentiniens Führungstor war ausschließlich ihm anzulasten, und 20 Minuten vor Schluß schien bei einem 2:0-Rückstand alles verloren. Aber als Rummenigge und Völler das 2:2 geschafft hatten, deutet sich für Argentinien ein Sevilla an.

Doch da sprang Maradona wie ein deus ex machina aus der Trickkiste. Der linke Fuß öffnete Burruchaga eine dieser Gassen, die aus dem Nichts gezaubert und ein Traum für den Angreifer und ein Trauma für den Gegner sind. Wie im Training konnte Burruchaga den Sieg erzielen, aber die geniale Vorarbeit kam von Maradona.

Franz Beckenbauer stampfte auf, aber er zog auch den unsichtbaren Hut, den alle tragen, für die Genialität sichtbar ist.

Eine Hand, die den Lauf des Fußballs beeinflußte: Diego Maradonas irreguläres Tor gegen die Engländer (unten) verhalf den Argentiniern zum WM-Sieg 1986. Dieselbe Hand hielt nach dem Finale gegen Deutschland den Siegespokal hoch.

Sieg um jeden Preis

Kapitel achtzehn

... in welchem Licht und Schatten des Fußballs reflektieren im grinsenden Räuber Maradona, in destruktiver 0:0-Taktik der Trainer, im Rowdytum der Hooligans und im Glanz des Kaisers

Weitermachen? Wenn du an den ganz großen Erfolg hingerochen hast, ohne eigentlich deine Trümpfe so zusammengefaßt und ausgespielt zu haben, wie du es dir vorgestellt hast, kannst du nicht aufgeben.

Und man bedrängte ihn. Kein ernsthafter Kandidat zur Ablösung war in Sicht, und viel hatte Franz Beckenbauer gelernt, das verarbeitet sein wollte. Und auch dieses argentinische Sprichwort vom Kamm, den du bekommst, wenn du kahl bist, ging ihm durch den Kopf.

Vizeweltmeister schreit nach Streichung der Vorsilbe.

Aber das macht man nicht mit der Axt, obwohl im sogenannten modernen Fußball, der so gewaltig athletisch geworden ist, daß in ihm bisweilen gehaust wird wie mit der Axt im Walde, die Zertrümmerer der Kreativität ihre traurigen Erfolge feiern.

Beckenbauer hat sich überlegt, ob dieser Carlos Bilardo, der immerhin einen kreativen Mann wie Cesar Luis Menotti abgelöst hatte, auf dem richtigen Weg war.

Und das hat ihn, und wenn's beim Golfspielen war, zurückgeführt zu den Engländern, die in den dreißiger Jahren mit der Erfindung des Stoppers und des WM-Systems eine Revolution machten. „Prevent the other guy from scoring" hieß die Devise, die den Weltfußball, wenn man von Südamerika absieht, wie eine Epidemie packte.

Verhindere, daß die anderen ein Tor schießen, und mach halt eines. Carlos Bilardo, so erschien es ihm, hatte die Idee aufgegriffen und mit einer subtilen Art von Fallenstellerei verfeinert, die man auch in Italien kennt. Zum Beispiel in Neapel mit dem argentinischen Luxusimport Diego Armando Maradona.

Aber erstens kannst du dir den nicht leisten, und zweitens würde er mit seinen Extravaganzen nicht nur jede mitteleuropäische Mannschaft kaputt machen, sondern auch jene in Italiens Norden, wo die vernünftige Arbeit immer noch einen Stellenwert hat, der mit der Religion Fußball vereinbar ist.

Trotzdem ist der italienische Fußball eine größere soziale Macht als der deutsche. Franz Beckenbauer hat da sein privates Studium betrieben, das die Sporthochschulen nicht bieten. Und es muß in diesem Zusammenhang ganz einfach gesagt werden, daß dort viele Scheuklappen-Theoretiker am Werk sind, die bei den Uranfängen dieses Spiels stehengeblieben sind. Dessen Entwicklung ist einfach an ihnen vorbeigegangen. Beckenbauer aber hat begriffen, daß zu dieser Entwicklung sowohl derjenige gehört, der das sehenswerte und konstruktive Spiel wünscht, als auch der, der den Sieg um jeden, aber auch um jeden Preis will.

Und er hat sich auf die Suche nach seinem Platz zwischen diesen beiden Polen begeben. Das unterscheidet ihn von einem wie Carlos Bilardo und im Prinzip eigentlich von allen, die reüssieren wollen im sogenannten modernen Fußball. Er ist einer, der das gar nicht nötig hat und trotzdem beweisen will, daß der Sinn dieses Spiels darin liegt, die eigene Überlegenheit zu dokumentieren. Er hat bei Italia '90 hoch gespielt, um diesen Beweis zu liefern.

Beckenbauers Risiken waren andere als die seiner Vorgänger Schön und Derwall. Die hatten Jobs zu verteidigen, und er eine Reputation. Und ihm ging's schon im Vorfeld von Italia '90 an den Kragen. Viel mühsamer als erwartet war die Qualifikation, und der Kaiser wäre hinter den Bergen von Kitzbühel verschwunden, wenn nicht dieses Tor von Thomas Häßler im letzten Spiel gegen Wales die italienische Tür geöffnet hätte. Er wäre nie mehr zum Fußball zurückgekehrt, und dieser hätte mehr dabei verloren als er selbst.

Franz Beckenbauers Weg zur Weltmeisterschaft als Teamchef war steiniger als der zu seiner Weltmeisterschaft als Spieler. 16 Jahre lagen dazwischen und ein Abschied mit der Erkenntnis, daß Talent nicht lehrbar ist.

Aber es waren Erfahrungen da, mit denen sich arbeiten ließ. Und auch Spieler, die – richtig eingesetzt und entsprechend unterstützt – viel bewegen konnten.

Er wußte jetzt besser, wie man das macht. Kein Spieler, auch der Begabteste nicht, konnte an seiner Kompetenz bei fachlichen Fragen rütteln, so daß sich aufmüpfiges Star-Gehabe von selbst erledigte, und Mexiko hatte gezeigt, wie wichtig Abschirmung und die Bekämpfung des Lagerkollers waren.

Zweischneidig freilich ist die Abschirmung durch große Polizeiaufgebote geworden, weil Weltmeisterschaften keine idyllischen Veranstaltungen mehr sind. Ohne den massivsten polizeilichen Einsatz aller Zeiten hätte Italia '90 zu einem riesigen Desaster werden können, ganz abgesehen davon, daß das Fairplay auch auf dem Spielfeld kein Stammgast mehr ist.

Ein ganz außergewöhnliches Rendezvous hatte ich, bevor die Spiele begannen, mit einem Zeitzeugen: Der Uruguayer Diego Lucero hat alle Weltmeisterschaften seit 1930 in Montevideo als Journalist mitgemacht und war nicht nur zur Feier seines 89. Geburtstages nach Italien gekommen, sondern um für „Clarin", die bedeutendste Zeitung seines Landes, zu berichten.

„1938", sagte er, „war das Spiel eine romantische Sache. Natürlich war nationales Prestige involviert, aber das Fairplay hat immerhin so lange dominiert, bis es vom großen Geld aufgegeben wurde. 1958 in Schweden hat mich Garrincha mit seiner Dribbelkunst zum Jüngling gemacht, aber 1986 bin ich in Mexiko älter geworden, als ich bin, als Maradonas Hand, die er göttlich nannte, die Engländer aus dem Rennen warf. Zu meiner Zeit wäre ein Spieler in einem solchen Fall zum Schiedsrichter gegangen, um sich zu entschuldigen. Aber was haben wir gesehen? Einen grinsenden Räuber. Deshalb macht mir Italien Angst. Was soll aus dem Spiel werden, wenn sich Männer in der schwarzen Schiedsrichterkluft mit Dunkelmännern des Spiels verbinden? Und wenn Hooligans alles zertrampeln, was uns einmal fröhlich gemacht hat?"

Sie haben glücklicherweise nicht alles zertrampelt. Aber das Spiel mußte durch eine Zahl von Sicherheitskräften geschützt werden, die unvorstellbar war, als die erste Weltmeisterschaft 1930 in Montevideo stattfand.

1945, als Franz Beckenbauer geboren wurde, mußte es überhaupt nicht geschützt werden und es hatte seine stärkste Anziehungskraft, seit ihm die Engländer im auslaufenden 19. Jahrhundert seine Regeln gaben. Viel zu wenig ist in der Tat begriffen worden, welche Rolle das Spiel beim Weg aus dem Chaos heraus gespielt hat.

Franz Beckenbauer ist in diese Zeit hineingeboren worden. Als er anfing zu laufen, spielte er mit, und als er anfing, Berufung und Beruf zu verbinden, durfte noch gespielt werden. Er konnte sich verwirklichen, ehe das Siegen um jeden Preis begann, den Sinn des Spiels zu verfälschen.

Im heißen Sommer 1990 war in Italien anderes zu verwirklichen. Viel schwerer ist die Harmonie einer Nationalmannschaft zu erreichen als die eines Vereinsteams. Mexiko '86, das war ein Versuch mit Mitteln gewesen, die unzureichend für so manch aufkommendes Problem gewesen waren. Jetzt waren Erfahrungen vorhanden. Es galt, sie zu kombinieren mit denen, die er als Spieler gemacht hatte. Zwar hatte er Zucht und Ordnung Herbergerscher Art nicht erlebt, wohl aber Überreste davon. Schlichten Gemütern unter den modernen Profis mochten sie zusagen, wiewohl die Szymaniaks unter ihnen selten geworden sind. Und die nachmittägliche Kaffeestunde, die Helmut Schön und Jupp Derwall beibehalten hatten, erinnerten ihn an Kaffeekränzchen betagter Damen.

Junge Damen, ja, das war was anderes. Mit Herbergers Maxime von der Enthaltsamkeit machst du keinen mehr fröhlich von denen, die Geschäftsleute in kurzen Hosen geworden sind. Der Gedanke, Ehefrauen oder Gefährtinnen in benachbarten Hotels einzuquartieren, wäre für Herberger unerträglicher gewesen als für den Papst der Teufel im Vatikan. Beckenbauer hielt ihn nicht nur für akzeptabel, er fand ihn gut. Freistunden fürs Kartenspiel hatte er genug erduldet.

Das Recht auf Mündigkeit ist im Mannschaftsspiel nicht verbrieft. Verantwortung für den anderen zu tragen, mit ihm ein Wagnis einzugehen, das nur mit gegenseitigem Verständnis gelingen kann, ist etwas ganz anderes als etwa Boris Beckers einsamer Kampf mit Ball und Gegner. Keiner weiß es besser als der Einzelgänger und Mannschaftsspieler Beckenbauer, der Fanatiker des Teamworks und gleichzeitig Gegner diktatorischer Einflußnahme. Aber kann man dem einen Freiräume gestatten und sie dem anderen verwehren? Das verlangt Fingerspitzengefühl, und niemand kann bestreiten, daß Beckenbauer es in Italien bewiesen hat.

Er hat in den Pausen zwischen den Spielen Freiheiten gestattet, die bei anderen Mannschaften undenkbar waren, aber er hat, wenn es nötig war, mit der Faust auf den

Tisch gehauen, daß nicht nur der wackelte, sondern auch Köpfe. Beispielsweise nach dem mageren 1:0 gegen die Tschechoslowakei.

Was sie nach diesem Siegchen gehört haben, hat Erinnerungen geweckt an die Pressekonferenz von Kaiserau '74 nach der unverdaulichen 0:1-Niederlage gegen die Mannschaft der DDR. Damals ist er auf die Kommandobrücke gestiegen, weil er seine Weltmeisterschaft als Spieler wollte. Jetzt steht er legitimiert und mit anderen Vorzeichen auf dieser Brücke. Nun ging es schlicht darum, Kaiser zu sein oder nicht. Hamlet grüßte aus der Kulisse heraus.

Natürlich hat er das in den Konferenzen mit der Presse heruntergespielt. „Was wollt ihr? Bin ich nicht Weltmeister geworden, als ich direkt zu tun hatte mit dem Ball?"

Was er nicht sagte, und was ihn mehr beschäftigte als alle, die sich professionell oder rein emotional mit der Sache befassen, war dies: Die Nationalmannschaft ist kein Klub, bei dem kontinuierlich geprobt und gefeilt werden kann. Ein künstliches Gebilde ist sie, das Kunst produzieren soll. Schon deshalb, weil man ja von überall her Künstler holt, aus Mailand oder Rom. Herberger hätte, wenn Fritz Walter über die Alpen abgewandert wäre, die Welt nicht mehr verstanden. Jetzt muß damit gerechnet werden, daß 1994 in den USA gerade noch der Torhüter aus einem deutschen Verein kommt.

Weil sich die Italiener jeden leisten können. Sie hätten sich auch Beckenbauer geleistet, wenn sie 1966 in England nicht so schlimm auf die Nase gefallen wären mit ihrer Squadra. Nationales Prestige hat damals zur Ausländersperre geführt.

Wenn die Signori Agnelli von Juventus Turin oder Berlusconi vom AC Mailand nach einem europäischen oder südamerikanischen Star greifen, flutscht er ihnen nicht weg, sondern er macht einen ebenso freudigen wie lukrativen Sprung über die Alpen.

Ihre Vereinsrechnung geht immer auf, aber das ist nicht die nationale Rechnung. Wenn die bei diesem Italia '90 auch noch aufginge, würde etwas nicht stimmen, und alt sähen alle anderen aus, die da mitkicken.

Franz Beckenbauer will nicht alt aussehen bei der Rechnung, die er aufmacht: Wenn es in diesem Spiel, das für ihn nicht so unberechenbar ist, wie es aussieht, eine Logik gibt, dann können die, die sich alle Rosinen aus dem großen Weltfußball holen, nicht auch noch mit Eigengewächsen Weltmeister unter den besten Fußballnationen werden.

Aber worin besteht die Logik des Fußballs? Die Füße der Spieler stecken nicht in Pedalen wie beim Giro oder bei der Tour de France. Wenn da einer beim Zeitfahren mit einer Minute Vorsprung gewinnt, dann ist das die Logik des Stärksten, eine Überlegenheit, die es nicht einmal beim Tennis gibt. Und da sind nur zwei am Werk. Nebst einem kleinen Ball. Im Fußball kämpfen 22 ohne Hände, und es bedeutet kaleidoskopartiges Entstehen und Zusammenfallen der Bilder. Und es siegen die, die das Tor einmal mehr treffen als der Gegner, egal ob sie das Spiel destruktiv oder konstruktiv geführt haben.

Es kann sein, daß eine Mannschaft das Spiel verweigert, ein einziges Mal zuschlägt und gewinnt. Und den allerschlimmsten Fall erlebt man immer häufiger: Verteufelte Fallensteller, die jedes Risiko vermeiden, halten das 0:0 bis zum Schlußpfiff der Verlängerung und holen sich den Sieg im Elfmeterschießen, ohne wirklich mitgespielt zu haben.

Es ist ein Alptraum, der Beckenbauer verfolgt. Das Spiel hat sich verändert, nicht nur in athletischer Hinsicht. Nur wer einem enormen defensiven Potential ein aus dem Mittelfeld drängendes offensives entgegenstellt, kann die Fallensteller düpieren.

Und er verfügt nicht nur über dieses Potential, sondern auch über Ausstrahlung, Kompetenz und psychologisches Geschick. Man lernt das in den Sportschulen so wenig, wie man seine Art des Spielens erlernen konnte. Seine Stars haben gewußt, daß sie nicht vor sich haben, was er hinter sich hat. Das ist ein großer Unterschied zur Konkurrenz. Beckenbauer ist in Italien der einzige Große des Weltfußballs, der Einfluß nimmt und Verantwortung trägt.

Pelé jammert lieber. Er beklagt in den Medien den Krieg der Fallensteller, der ausgebrochen ist gegen die Magier des körperlosen Spiels, aber er hält nicht den Kopf hin wie Beckenbauer.

Und das merkt man dem Teamchef an. Das Gesicht wird schmal und die Nase spitz. Als ob er nichts mehr zu essen hätte, und einfach genug ist die Erklärung. Brotlos werden die alten Künste am Ball, weil du sie nicht hineintragen kannst ins Spiel. Deshalb werden die, die früher gezaubert haben, entweder keine Trainer oder mittelmäßige.

Dagegen sind die großen Trainer meist mittelmäßige Spieler gewesen. Sie formen mit Spielern, die begabter sind, als sie waren, Mannschaften aus einer Sehnsucht heraus, die sie mit eigenen Mitteln nicht stillen konnten.

Und nun steht er da, und er kann nicht mehr anders. Aber darüber redet er mit keinem, sagt höchstens Sprüche wie den: „Ich muß nicht Weltmeister werden. Mein Leben bleibt auch ohne Titel das gleiche."

Aber wie wird's mit dem Titel? Das bleibt unausgesprochen. An Geld, das ist klar, muß er nicht denken wie die Konkurrenten. PR-Verträge wie er hat keiner, und keinen hat dieser Ball, von dem er nicht loskommt, so hoch getragen wie ihn. Und dieses Mal kann er auch nicht tief fallen. Bloß, dieser Welttitel als Teamchef fängt an, ihn in eine Besessenheit zu versetzen, die er als Spieler nicht gekannt hat.

Eigenartiges geschieht. Er, dem sie Unterkühltheit nachgesagt haben, Lässigkeit von den Haar- bis zu den Fußspitzen, wird nervös wie der große Schauspieler vor der Premiere. Und muß gleichzeitig schauspielern, daß die Mär von der Lässigkeit erhalten bleibt. Und in Nächten, die immer kürzer werden, spielt er Spiele durch wie weiland Sepp Herberger, und fast gelingt ihm das Pokerface des Alten.

Aber welch eine Entwicklung! Mehr als zwei Milliarden schalten jeden Tag den Fernsehapparat ein zwischen Lappland und Feuerland. Im Licht der Technik wird das Spiel zum Brennpunkt der Welt, und mittendrin steht der Bub aus Giesing, der hineingewachsen ist in dieses Phänomen. Es hat ihm die Hand gereicht und ihn mitgezogen, und nun ist es, als ob es ihm sage: „Ich laß dich jetzt los. Geh, mach den Rest selber!"

Mit der Ratio ist dem nicht beizukommen. Wenn das populärste Spiel der Welt seinen Meister sucht, sprengen Bildschirme und Zeitungen Maßstäbe, die den Desinteressierten den Kopf schütteln, wenn nicht gar schaudern lassen. Aber nicht nur in Brasilien, wo der Fußball Religion ist, werden Parlamentssitzungen und Operationen verschoben. Der Fußball fliegt in die pompösesten Villen und in die ärmsten Hütten der

Welt, und Franz Beckenbauer wäre nie sein Kaiser geworden, wenn er jetzt nicht an jedem Faden zöge, den er fassen kann.

Das macht ihn irritierbar und dünnhäutig. Und man erlebt zwei Beckenbauers. Den, der sich bei den Pressekonferenzen Beherrschung aufzwingt, und den, der in der Kabine nach einem Spiel tobt und Stunden später wieder die Hand auflegt bei einem, von dem er weiß, daß er's braucht.

Teamchef macht Teamgeist. Es ist kein Haar anders gewesen.

Er bringt es fertig, sie nicht seine Nervosität spüren zu lassen, sondern seine Besonnenheit und sein Wissen. Viele Beispiele gibt's dafür, und er ahnt gar nicht, wie sehr er dabei dem Mann gleicht, der dem Stadion, in dem die deutsche Nationalmannschaft bis zum Halbfinale hat aufspielen dürfen, seinen Namen gegeben hat.

Giuseppe Meazza. Nach ihm ist die grandiose Mailänder Arena im Stadtteil San Siro benannt worden, aber weder Matthäus noch Klinsmann noch Brehme wissen, daß dieser Giuseppe Meazza ein Bruder im Geist von Franz Beckenbauer war.

Commendatore der Squadra azzurra: Giuseppe Meazza, der Italien zu zwei Weltmeistertiteln führte.

Opfer rüder Attacken: Franz Beckenbauer wurde im WM-Halbfinale 1970 gegen Italien an der Schulter verletzt – Deutschland unterlag sehr unglücklich 3:4.

Fußballverrücktes Italien

Kapitel neunzehn

*... in welchem die Faszination Fußball
mit dem Maß der Südländer gemessen wird.
Im Lande der Tifosi, die ihre Vereine lieben,
und von denen jeder ein verkappter Nationaltrainer ist*

An einem dieser warmen Mailänder Abende wird es mir klar, unweit vom Domplatz, an dem die Tauben flüchten vor den Schlachtenbummlern, die lärmend ihr Haus- und Siedlungsrecht beanspruchen zu Füßen des auf grünspanigem Roß reitenden Königs Vittorio Emmanuele II.

Einen ganzen gedruckten WM-Tag trage ich mit mir herum, und der Zeitungsstapel hat kaum Platz auf dem runden Tischlein des Straßencafés, in dem ich mich mit Gianni, dem alten Freund und Philosophen des Fußballs, verabredet habe.

Gianni ist nur pünktlich im Stadion, wenn er für seine Zeitung arbeitet. Da rauschen die Sätze wie bunte Girlanden durch den Telefonhörer, und sein Einfallsreichtum kann neidisch machen. Aber sonst fehlt ihm jeder Begriff für die Zeit, die ich mir nun mit meinen Zeitungen vertreibe.

Weltmeister der epischen Breite sind die Italiener, wenn's um Fußball geht. Das morgige Spiel wird mit der gleichen Akribie ausgewalzt wie das gestrige, und der Tag würde nicht ausreichen, um sich da durchzuwühlen von vorne bis hinten. Allein 24 Seiten WM-Fußball in der rosaroten „Gazzetta dello Sport“, die nicht nur dem Hemdsärmeligen ansteht, sondern auch aus der Jackentasche des feinen Herrn lugt wie die Rose aus dem Knopfloch. Aber das ist nur die Spitze des Stapels. Mit den beiden anderen täglich erscheinenden Sportzeitungen und der Tagespresse ist er kiloschwer. „La Repubblica“ gestattet sich ein zwölfseitiges tägliches WM-Supplement, und „La Stampa“, die Hauszeitung des Juventus-Präsidenten Agnelli, läßt sich so wenig lumpen wie der „Messagero“ oder der „Corriere della Sera“. Zwar überschlägt sich die französische Presse auch, wenn die Tour rollt, aber das ist ein schlichter einfacher Salto gegenüber dem dreifachen. Und alles klingt wie ein pausenloses Kikeriki auf dem hohen C. Journalistisch gesehen ist es eine Galeerenarbeit, und als Gianni endlich eintrifft, bestätigt er es gerne: „Es gibt Journalisten, die nicht mehr zum Essen und zum Schlafen kommen, weil's die Leute verlangen.“

„Alle?“

„Sagen wir, die satte Mehrheit. Seriöse Umfragen haben ergeben, daß 20 Prozent der Bevölkerung kein Interesse am Fußball hat und mindestens die Hälfte davon sich wie Aussätzige fühlt oder zumindest wie Unerwünschte. Man könnte sie die italienischen Türken nennen", erzählt Gianni.

„Vier Fünftel der Bevölkerung", fährt er fort, „stecken in diesem unkurierbaren Fieber des Balls. Und vier Fünftel der Journalisten sind dabei, Italien als Weltmeister festzuschreiben. Aber es wird nichts draus. Steigendes Fieber drückt die Vernunft, und nur die Vernünftigen begreifen, daß unsere wahre Stärke der Vereinsfußball mit den ausländischen Assen ist."

„Aber da ist", wende ich ein, „der Heimvorteil. Der hat zu allen Zeiten seine Rolle gespielt. Denk nur an England '66, an Deutschland '74 oder an Argentinien '78!"

„Richtig. Aber es wird nicht reichen. Wir haben eine starke Abwehr um den hervorragenden Baresi gruppiert. Beinahe ein Beckenbauer ist der, aber wo ist ein Mittelfeld-Animator wie Matthäus, wo ein Stürmer der absoluten Weltklasse?"

„Ist Schillaci nicht auf dem Weg dazu?"

Gianni lächelt milde. „Sieh mal, er hat uns im ersten Spiel gegen Österreich mit seinem Tor gerettet. Nicht auszudenken, was auf den Trainer im Fall einer Niederlage der Squadra hereingebrochen wäre. Jetzt ist Schillaci der Messias. Aber weißt du, was ein paar Tage vorher im Florenzer Trainingslager der Squadra passiert ist?"

„Wie sollte ich?"

„Anhänger der Fiorentina haben Schillaci ins Gesicht gespuckt, weil sie ihre Niederlage gegen Juventus Turin im UEFA-Pokal-Finale nicht verdaut haben. Jetzt nehmen sie ihn auf die Schultern, aber eine Nationalmannschaft mit dem Geist von früher haben wir nicht."

Er blickt dem Rauch seiner Zigarette nach, der in die immer noch heiße Abendluft steigt, und das Gebrüll der heiser werdenden Schlachtenbummler dringt vom Domplatz herüber.

„Klingt ziemlich teutonisch und importiert", brummt er grinsend. „Aber die verschwinden wieder. Unsere Tifosi stören die Squadra auf andere Weise."

„Wieso?"

„Hm. Sie sind auf eine Weise, die wir ruhig einmal natürlich nennen wollen, mit ihren Klubs verhaftet. Und jetzt verlangen sie von einem künstlichen Klub, der die Nationalmannschaft nun einmal ist, das Wunder. Euphorische Schizophrenie ist das für mich!" Er drückt die Zigarette mit dem Daumen in den Aschenbecher wie einer, der den Schlußpunkt setzt, weil alles gesagt ist.

Aber dann kommt der Daumen hoch und reibt sich an der Nase, weil diese Südländer eine viel intensivere Körpersprache haben als wir. Dieser Gianni kommt mir vor wie einer, der sein Thema greift, fühlt und abschmeckt. Verächtlich beinahe schiebt er den Stapel von Zeitungen, der zwischen uns liegt, zur Seite. „Lauter Heldenlieder. Aber sie werden geschrieben über Hosenscheißer!"

„Jetzt überziehst du!"

„Weil ich einfach muß! Überzogen ist nämlich der Druck von außen. Er macht den Spielern Angst, und wir haben keinen Meazza mehr."

„Du meinst den, nach dem sie das Stadion getauft haben?"

„Natürlich. Giuseppe Meazza ist nicht nur Mailands Größter gewesen."

„Das ist wie in Kaiserslautern. Dort haben sie den Betzenberg in Fritz-Walter-Stadion umgetauft."

„Siehst du. Was wäre der Fußball ohne seine Legenden? Diesen Meazza kannst du vergleichen mit eurem Fritz und eurem Franz. Und mit eurem Herberger dazu, weil ein Giuseppe ja ein Seppl ist."

Er redet weiter von der Ausstrahlung auf die anderen, und schon ist er mitten in der Weltmeisterschaft 1938 in Frankreich. Aber erlebt kann er sie ja wohl nicht haben. 15 höchstens kann er gewesen sein wie ich damals. Aber es ist das Alter, in dem man die Heldenlieder frißt.

„Ohne Meazza", fährt er fort, „hätte Italien seinen Weltmeistertitel von 1934 in Frankreich nicht verteidigt, da kannst du alle anderen vergessen, die Olivieri, Foni, Rava, Andreolo, Biavati, Piola oder Colaussi!"

„Übertreib nicht!"

„Meazza", sagt er mit einer Feierlichkeit, die keinen Einwand duldet, „ist der Hauptschuldige unter denen, die mich zum Schreiben getrieben haben."

Und das treibt uns in ein viel längeres Gespräch hinein, als vorgesehen war. Er nagelt mich fest auf dem Stuhl am runden Tischchen und haut drauf, daß es wackelt. „Schau sie dir doch an, die Modernen! Technik und Kraft haben sie, weil sie täglich trainieren, aber wo sind die Genialen, die ihren Witz nicht selber zertrampeln und noch sprühen lassen in diesem Gewürge? Denk doch an euch. Wo sind die Beckenbauers?"

Dazu ließe sich einiges sagen, aber ich bin viel zu neugierig, um ihn zu bremsen.

„Meazza", sagt er, „hat mehr in den Hosen gehabt als alle!"

Das ist südländische Übersetzung von Männlichkeit. Auch für die Franzosen steckt sie unter der Gürtellinie, eben da, wo sie ist. Vielleicht ist der Deutsche da etwas schamvoller.

Und dann schneidert er mit der Hose von Giuseppe Meazza das Bild zusammen, das er meint. Er tut's mit der Art, die nur Südländern gegeben ist.

Weltmeisterschaft 1938 in Frankreich. Italien prallt im Stade Vélodrome von Marseille, das damals noch frisch riecht und keinen Staub angesetzt hat, auf Brasilien. 52 Jahre später wird der damals noch nicht geborene Franz Beckenbauer in diesem Stadion arbeiten.

Italiens Spiel gegen Brasilien ist ein Halbfinale, und wenn Italien verliert, kann es seinen Titel nicht verteidigen. Exoten sind diese Brasilianer. Man kennt das entlarvende Video noch nicht, weiß nur, daß ihre Filigrantechnik an endlosen Sandstränden geboren wurde.

Aber Italien hat Heimvorteil. Beinahe zu Hause können sich die anreisenden Tifosi fühlen. Fast Zwillingsschwestern sind die beiden brodelnden mediterranen Hafenstädte Marseille und Neapel. Trotzdem: Die Brasilianer spielen auf, als ob der Berg, von dem Notre Dame de la Garde, die Schutzpatronin der Stadt, herunterblickt, der Zuckerhut von Rio wäre. Oh, Bonne Mère!

Aber Italien hat Glück. Es führt schnell mit 1:0, und Vittorio Pozzo, eine der größten Trainerpersönlichkeiten, die der Weltfußball hervorgebracht hat, könnte beinahe beruhigt zum gemütlichen Teil übergehen, als Silvio Piola, der Mittelstürmer, im Strafraum so gefoult wird, daß der Elfmeter unvermeidlich ist.

Wenn der Schütze das Ding reinmacht, ist das Spiel gelaufen. Verschießt er, fängt es von vorne an.

Doch Giuseppe Meazza hat noch nie einen Elfmeter verschossen. Also kann dieses Halbfinale abgehakt werden. Vittorio Pozzo sitzt auf seiner Trainerbank wie der Maestro eines unfehlbaren Orchesters.

Aber was sieht er da? Giuseppe Meazza zeigt ihm Schreckliches, Unfaßliches an. Der Gummizug seiner Hose ist gerissen. Mit der linken Hand hält er sie fest und mit der rechten zeigt er an, daß er nackt dasteht, wenn er sie jetzt losläßt.

Und viel puritanischer als heute sind die Sitten. Man kann eine Hose nicht öffentlich auf dem Spielfeld wechseln.

Was Gianni zu der Bemerkung veranlaßt: „Heute haben sie prima sitzende Hosen, aber nichts drin!"

Aber Meazza ist der designierte Elfmeterschütze. Keiner ist kaltblütiger, keiner zuverlässiger. Nackt würde er jedoch dastehen nach dem Schuß, und ein solches Siegesdenkmal ist unvorstellbar für italienischen Stolz.

Ein anderer muß ran. Pozzo befiehlt ihn wild gestikulierend zur Trainerbank: „Du wirst nicht schießen!"

Doch Giuseppe Meazza, mit der linken Hand die Hose haltend und mit der rechten abwinkend, lacht bloß. Und schon ist er wieder auf dem Weg zurück. Dorthin, wo er hingehört.

Die Rechte umkrallt den Ball von oben wie der Adler die Beute und legt ihn auf den Punkt. Bei der üblichen zweihändigen Prozedur wäre er unten ohne.

Es scheint, als ob zehn Hosen schlottern. Bloß die kaputte nicht. Und aus braunen und schwarzen brasilianischen Gesichtern gucken große weiße Kinderaugen.

Er lacht sie an, aber den Augen des Torhüters weicht er aus. Er spürt, daß sie die seinen suchen, aber er tut, als ob es diesen Mann gar nicht gäbe.

Kann man überhaupt einen richtigen Anlauf mit dieser Hose machen? Nein, kann man nicht. Folglich fällt der Anlauf aus. So einfach ist das für Giuseppe Meazza.

Ein Schritt zurück nur. Die linke Hand klebt an der Hüfte, und die rechte zeigt mit Grandezza an, daß er den Pfiff des Schiedsrichters gehört hat.

Und dann der Schuß. Flach, präzis, unhaltbar. Tief unten neben dem Pfosten wölbt sich das Netz.

Giuseppe Meazza muß aufpassen, daß ihm bei den stürmischen Gratulationen die Hose nicht wegrutscht, und dann geht er wieder hinüber zu seinem Trainer, der ein Träner geworden ist, weil er vor Freude heult, und fragt, ob er jetzt die Hose wechseln kann.

Gianni hat die Sache erzählt wie ein Mime der Scala. Er ist Reporter geworden, weil er sich zugetraut hat, Opern über Fußballspiele zu schreiben. Es gibt nicht viele, die das können. Wenn er aufhört, wird dem Spiel etwas fehlen. Wie bei Meazza und Beckenbauer.

„Jetzt", sagt er, „weißt du, warum das Stadion San Siro seinen Namen bekommen hat. Und wenn Beckenbauer in diese Arena geht, sehe ich Meazza."

„Hm. Vom Elfmeterschießen hält er nicht viel, und den von Marseille hätte er nie geschossen."

„Macht doch nichts! Es ist die Souveränität, die ich meine. Sie macht die eigenen Leute stark und schwächt die anderen. Es sind die, die das Glück erzwingen können. Chefs, für die keine Gesetze gelten und die eigene machen. Man hat sie lieber auf der eigenen Seite als gegen sich."

„Das allerdings."

Er hebt den Zeigefinger wie einer, dem noch etwas Besonderes einfällt: „Und weißt du auch, wann ich die meiste Angst vor Beckenbauer hatte?"

„Du?"

Er nickt und bläst Rauch in die schwüle Mailänder Nacht. Eine Schwadron von Polizisten mit Schutzschildern zieht zum Domplatz, und mit Blaulicht rast ein Sanitätswagen vorbei. Die Hooligans müssen zur Sache gekommen sein.

„Eine unheimliche Angst", fährt Gianni fort, „habe ich 1970 in Mexiko beim Halbfinalspiel Deutschland – Italien im Aztekenstadion gehabt."

„Und warum wegen Beckenbauer?"

„Ihr seid eben", lächelt er, „zu phantasielos. Als sie diesem Burschen nach der Schlüsselbeinprellung die Armbinde umhängten, bin ich tausend Tode gestorben. Denk doch ans angeschossene Raubtier. Aber ich habe noch an mehr denken müssen."

„Woran?"

Er schüttelt den graulockigen Römerkopf. „Für mich ist diese Armbinde der zerrissene Gummizug von Meazza gewesen, capito? Ein Handicap macht den Genialen größer. So mußt du das sehen! Ich bin dagesessen mit der teuflischen Vision, daß der angeschlagene Kaiser in der nächsten Sekunde den Meazza von Marseille spielen wird. Und wenn ich ganz ehrlich bin, dann ist in dieser verdammten Angst der Wunsch gesteckt, eines dieser Märchen zu erleben, die nur der Fußball schreiben kann."

„Aber du hast es nicht in die Tasten hauen müssen. Italien hat in der Verlängerung 4:3 gewonnen. Dank Rivera."

Er nickt und grinst: „Auch kein unbegabter Gianni!" Aber die Augen lachen nicht mit: „Ich hätte den Beckenbauer mit allen Flüchen der Welt bedacht und dann meinen Hut gezogen vor ihm. Märchenprinzen beschimpft man nicht."

„Eine tragische Oper hättest du geschrieben."

„Möglich. Aber alles zu seiner Zeit. Ich spüre, daß sie jetzt kommt. Es ist nämlich Beckenbauer-Time. Deutschland wird Weltmeister und nicht Italien."

„Trotz Heimvorteil? Trotz der Schiedsrichter, die Italien nicht verkommen lassen?"

„Ja, trotz allem, was ihr da aus unvergorenen Vorurteilen zusammenpreßt. Gerade der Heimvorteil ist es, der der Squadra im Nacken sitzt. Die Erwartungshaltung ist zu groß, und deshalb muß das Risiko ganz klein geschrieben werden. Wir Italiener sind selten als Eroberer aufgetreten, aber sehr oft als Volk, das sich verteidigt. Daher die starke Abwehr der Squadra."

„Auch andere sind hinten stark.“

„Richtig. Ohne einen Schuß Phantasie hätten wir uns nicht ohne Gegentor ins Viertelfinale durchgewurstelt, und hinzu kommt, daß der Italiener bis an die Grenze seiner physischen und moralischen Kraft gehen kann. Darüber hinaus kann er beinahe masochistisch leiden, und wenn du nun eine deftige Prise von Theatralik und Verrücktheit dazunimmst, dann hast du die Squadra, wie sie leibt, lebt und leidet.“

Auf dieses Leiden legt er besonderen Wert. Er klopft es mit den Knöcheln auf die runde Marmorplatte des Tischleins. „Das Halbfinale wird die Hölle für Vicini.“

„Beckenbauer wird auch nicht gerade mit deutschen Samthandschuhen angefaßt, wenn er es verliert.“

„Weiß ich. Aber lies halt in unseren Zeitungen.“ Er deutet auf den Stapel, der vor uns liegt.

„Wenn er nur die Hälfte von dem einstecken müßte, was Vicini an den Kopf geschmissen wird, hätte er längst alles hingeschmissen. Aber sogar eure Boulevardpresse küßt ihm die Füße! Und wie ist's bei uns? Hinter jedem Tifoso und jedem Schreiber steckt ein erklärter Vereinsanhänger und ein verkappter Nationaltrainer. Verliert Vicini, erfährt er brühwarm, daß alles gutgegangen wäre, wenn er auf diesen oder jenen verzichtet und diesen oder jenen genommen hätte, denn die Italiener sind Weltmeister des imaginären Spiels und des Dramatisierens. Aber ganz schnell wird das Drama abgehakt, weil Platz sein muß für das unweigerlich kommende nächste.“

„Aber nach einem verlorenen Halbfinale ist Sense.“

„Wir werden's erleben.“ Gianni blickt auf die Uhr wie ein Schiedsrichter vor dem Abpfiff. „Verdammt spät geworden. Wir sind schon in der Verlängerung“, sagt er grinsend. Und die spielen wir auf dem Heimweg. Er will zeigen, warum die Sterne so gut stehen für Beckenbauer.

„Ihr habt den besten, aber er ist gar kein Trainer wie die anderen, und vor euren Medien hat er eine Ruhe, die's nirgends gibt. Die hat nicht einmal der alte Pozzo gehabt, der mit Italien zwei Weltmeisterschaften gemacht hat. Schau dir den Beenhakker und den Michels bei den Holländern an. Die passen nicht zusammen, und zur Mannschaft passen sie auch nicht. Für diese ausgekochten Profis wäre der Cruyff recht gewesen, aber der hat nicht den Mut von Beckenbauer und auch nicht seine Ausstrahlung. Und bei den Russen nimmt kein Hund mehr ein Stück Brot von Lobanowski. Eine abgelaufene Platte ist der, und sein einziges Glück ist, daß keine Pressemeute über ihn herfallen kann, weil es keine gibt. Die paar russischen Journalisten, die du hier triffst, sind zahme Lämmer. Und die englischen, die früher mal Vorbilder waren, zerreißen entweder ihren Trainer Robson oder machen Kriegsberichterstattung über ihre Hooligans. Oder nimm die Argentinier. Ihr Bilardo ist ein Arzt, der sich in den Fußball verirrt hat. Bei dem ist nur die Nase groß. Der friert ein Spiel ein und wartet auf den Geniestreich von Maradona. Es gibt, das kannst du drehen, wie du willst, keine Mannschaft, bei der Trainer und Spieler so harmonieren wie bei euch!“

Wenn der Fußball zur Religion wird: Im katholischen Italien ist der Nationalsport reine Glaubenssache, wie hier von den Tifosi überdeutlich dokumentiert wird.

Der Chef und seine besten Helfer:
Kapitän Lothar Matthäus war während der WM 1990 der Mann, der Franz Beckenbauers Ideen auf dem Spielfeld verwirklichte.
Andreas Brehme (Bild oben, rechts) setzte mit seinem Elfmeter den Schlußpunkt unter eine höchst erfolgreiche Reise nach Italien.

Kühler Brehme

Kapitel zwanzig

... in welchem erzählt wird, warum der Teamchef für England gegen Kamerun die Daumen drückte und was im Halbfinale und Finale der ITALIA '90 geschah, bis ein Strafstoß der Gerechtigkeit zum Sieg verhalf

Tatsache ist, daß Beckenbauers Einflußnahme von der Natürlichkeit gewesen ist, die sich angeboten hat. Als geborener Chef hat er sich in der Mannschaft einen Chef aussuchen und aufbauen müssen. Das konnte nur Lothar Matthäus sein, und folglich wurde der sein Verbindungsmann Nummer eins. In gewissem Sinn sein Fritz Walter, sein spiritus rector.

Wurden Herberger und der Geist von Spiez bemüht? In moderner Version sicherlich, und wenn Matthäus auch nicht so sensibel wie der alte Fritz ist, so bedurfte er doch psychologischer Unterstützung, die ihm der Teamchef mit viel Einfühlungsvermögen verschaffte. Bei seinem zweiten Verbindungsmann brauchte es diese psychologischen Feinheiten nicht. Klaus Augenthaler war sicherlich kein „Libero de Charme", aber Fuchs und Wolf zugleich mit List, Energie und Übersicht. Eine robuste Seele des Spiels mit dem richtigen Draht zu dem am Spielfeldrand mit Blazer und Krawatte oft genug zornigen Perfektionisten. Ganz anders schielten sie nach Fehlleistungen hinüber zu ihm als zu einem, der wie ein braver Onkel auf der Bank sitzt und das Spiel erduldet.

Und Klaus Augenthaler hat gelegentlich dem Karl Valentin geglichen, wenn er grantig einen Mitspieler anraunzte und damit getreues Sprachrohr des Teamchefs war.

Auch Körpersprache haben sie gespürt, und wenn es nur verschränkte Arme waren, die Erwartung signalisierten. Autorität stand da, der man nichts vormachen konnte.

Aber es gab auch den behutsamen Beckenbauer, und unter seinen vielen Verdiensten ist es eines der größten, Guido Buchwald über alle Spiele dieser Weltmeisterschaft zum zuverlässigsten Abwehrspieler aufgebaut zu haben. Der Stuttgarter, dem so oft technische Mängel angedichtet worden waren und der so ziemlich das Gegenteil von einem Maulhelden ist, überraschte mit einer brillanten Leistungskonstanz und brachte überdies das Kunststück fertig, das eigene Tor vor Schaden zu bewahren und gleichermaßen das gegnerische in der Manier eines Vollblutstürmers zu bedrohen. Nur an Millimetern hing es, daß er nicht mehrfacher Torschütze wurde. Guido Buchwald, das wußte Beckenbauer, nachdem Holland und England in harten Kämpfen mit Endspiel-Charakter ausgeschaltet worden waren, dieser Guido Buchwald mußte zur Schlüsselfigur des Endspiels von Rom werden. Man schrieb nicht mehr 1986. Diego Maradona war inzwischen vier Jahre älter geworden.

Kontrollierbarer war er geworden. Überdeutlich bewiesen es die Video-Bilder, diese Argusaugen der Technik, mit denen fußballerische Taktik gemacht wird. Und obwohl die Imponderabilien des Fußballs allemal größer als seine Berechenbarkeit sind, mußte der stärkste Buchwald, den es je gab, zu einem Trumpf werden, den Maradona nicht überstechen konnte.

Die Karte Buchwald ließ Beckenbauer das Problem Maradona kühl angehen. Doch dieser Maradona hatte die Italiener geradezu irrwitzig genervt, und die Tragödie des Halbfinals von Neapel, Italien gegen Argentinien, kann mit den Worten des gemäßigten Mitteleuropäers nicht beschrieben werden.

Freilich waren auch die Deutschen nicht gerade elegant hineingeschlendert in ihr Halbfinalspiel gegen England. Franz Beckenbauer hatte seine Mannschaft nach dem magerem 1:0-Viertelfinalsieg über die ÇSFR zusammengestaucht wie verschlafene Glücksritter. Schon bei Halbzeit hätte der gemütliche Teil beginnen können, wenn sie ihre Überlegenheit nicht vergammelt hätte. Bei keinem anderen Spiel war der Mann am Spielfeldrand so sauer. Erst abends am Fernseher hat sich seine Laune gebessert. Kamerun kam ins Haus. Schwarze Köpfe huschten über den Bildschirm, und es waren interessante, gut geschnittene Gesichter dabei, die aussahen wie Scherenschnitte.

Aber auch Angst konnten sie einem machen mit ihrem unorthodoxen, katzenhaften Spieltrieb. Unheimlichen Spaß schien es ihnen zu bereiten, an den Gesetzen des Spiels, die gerade von diesen Engländern gemacht worden sind, ein wenig zu rütteln. England wurde überschüttet mit einem fußballerischen Brillantfeuerwerk aus der dritten Welt und schien unterzugehen. God save the Queen!

Begeisterung bei den deutschen Spielern. Beim Teamchef sogar, aber der schaltete schneller: „Seid's ihr vielleicht als Urlauber hier? Wenn die Exoten gewinnen, habt ihr sie im Halbfinale, und dann könnt ihr alt aussehen!“

So hat er die Daumen gedrückt für England aus recht selbstsüchtigen Motiven, und mit einem Glück, das viel größer als das der Deutschen beim Spiel gegen die Tschechoslowakei war, haben die Briten die Tür zum Halbfinale aufgestoßen. Ein Halbfinale gegen Kamerun wäre gar nicht nach des Kaisers Geschmack gewesen, und es ist durchaus möglich, daß England den Deutschen eine Demütigung erspart hat.

Aber einmal wird es den ersten Weltmeister aus Afrika geben. Das Kanalisieren spielerischen Urtriebs ist kein Hexenwerk, aber es kann eine Hexerei gegen die Fanatiker der Sicherheit bewirken.

Zwei von ihnen prallten im Halbfinale von Neapel aufeinander, und die Festung Neapel, von Italien so oft beansprucht bei Spielen, die nicht verloren werden durften, verlor viel von ihren durchaus bemerkenswerten Reizen. Immer schon hat die gewaltige Betonschüssel von San Paolo unter dem Vesuv als zweiter Vulkan gegolten, und der Schiedsrichter, der dort mutige Entscheidungen gegen Italien trifft, muß ein Richter ohne Furcht und Tadel oder ein Masochist sein. Was da auf den ersten Blick wie ein Spaziergang Italiens ins Finale aussah, wurde zum Gepäckmarsch, weil ein gewisser

Diego Maradona im italienischen Rucksack saß. Ihn, Neapels Halbgott, mußte man mitschleppen, und im weißblauen argentinischen Nationaltrikot wurde er gar zum Teufel, der aus der Hölle kommt.

Zumindest für die Tifosi des reichen Nordens, die dem Frieden im Armenhaus mißtrauten. Und es war der nationalen Sache keineswegs dienlich, daß sich die Mailänder „Gazzetta dello Sport" zu der Riesenüberschrift „Italien gegen Maradona" verstieg. Das war am Vesuv herumgezündelt. Der einzige, der es genoß, war Maradona. Wenn das Hirn kleiner als das Talent ist, verschiebt sich leicht das Verhältnis der Kräfte, und es war, als ob das ganze nördliche Italien Heißluft in einen Ballon geblasen hätte, der zu bersten drohte.

Rechnungen, angesammelt in der nationalen Meisterschaft, waren auf internationaler Ebene zu begleichen, und wer Maradonas Verhältnis zu den Medien kennt, ahnt, was vorging in ihm. Es war, als ob er auf die herunterspucken wollte, die ihn am liebsten mit Handschellen hätten vorführen lassen. Auf daß die Hand Gottes ausgeschaltet wäre. Maradona war der einzige, der sich wohl fühlte. Entweder wurde er Matchwinner oder Märtyrer, und beides konnte ihm gefallen.

So wie auch den Tifosi im Süden. Er kennt ihre Seele und wußte nur zu genau, daß dieses neapolitanische Theater ein Zwitter-Theater ist. Zwischen zwei Stühlen sitzen sie, stets bereit, sich mal auf den einen, mal auf den anderen zu schwingen.

Mein Freund Gianni hat es so gesagt: „Sie haben die Fähigkeit des Chamäleons. Sie können für Maradona weinen und für Italien lachen. Oder umgekehrt." Womit (fast) alles über Italiens Sorgen im Vorfeld der ungewöhnlichsten Partie dieser Weltmeisterschaft gesagt wäre.

Aber nicht nur die Angst vor Maradona hat mitgespielt in diesem Halbfinale unter dem Vesuv. Italiens Abwehrkünstler wußten um die Stricke, mit denen die Argentinier ein Match zuschnüren können. Wo war der Mut zum Risiko, mit dem sie zu bezwingen wären? Eher traute man Maradona den teuflischen Mut zu, den Ball mit der Hand ins italienische Tor zu dirigieren. Aber dann würde man sie ihm abhacken. Dafür fänden sich sogar Neapolitaner.

Doch er ist ungeschoren aus der Schlacht hervorgegangen. Italien nicht. Wie eine Vesuv-Eruption kam die abgrundtiefe Enttäuschung, die zu allem Überfluß noch im Elfmeterschießen nach der Verlängerung gipfelte.

Auf der letzten Weiche vor Rom war der Italia-Expreß entgleist, und nie ist für ein Fußballspiel mehr Druckerschwärze aus Pechkübeln herausgepumpt worden.

Es war eine wahrhaft italienische Explosion der Gefühle, aber die Sonne ging wieder auf am nächsten Tag über dem Golf von Neapel, und als der heiße Sommer endete, ging es den Italienern im allgemeinen und ihrem Fußball schon wieder ganz gut. Und gar nicht unfröhlich stellte man fest, daß der Entgeisterung eine Bereicherung folgte, weil die Herren Vereinspräsidenten auf dem Weltmarkt, der ihnen vor die Haustür gekommen war, zugegriffen hatten wie Hausfrauen beim Sommerschlußverkauf.

Weltmeister freilich waren die Deutschen, und ein gewisser Franz Beckenbauer sollte schnell merken, daß auch für ihn schon eine Angel ausgeworfen war. Nach bestandenem Finale, wohlgemerkt. Nur auf den Erfolgreichen hat das Abenteuer zukommen können, das ihn in Marseille erwarten sollte.

Merkwürdiges ist vor diesem Finale von Rom in ihm vorgegangen. Schwerer als zuvor in den italienischen Wochen, die sein Gesicht schmal und die Nase so spitz gemacht haben, daß sich Fernsehzuschauer, vornehmlich Frauen, um seine Gesundheit sorgten, schwerer wird es für ihn, die Hektik abzuschalten. Reine Schauspielerei wird der Imperativ, im Ansturm der Medien Gelassenheit zu zeigen, zumal vernünftige Fragen übertrumpft werden von der Einfalt. „Mit welcher Taktik wollen Sie Argentinien schlagen? Gibt es geheime Speisepläne? Ist Sex fördernd oder gefährlich? Was machen Sie gegen Maradona? Und was machen Sie, wenn Sie verlieren?"

Als ob er ein Mauseloch bräuchte. Wenn er sich nach solchen Gesprächen zurückzieht, weiß er, daß er sich sammeln muß für die nützlichen.

Unwiderlegbare Tatsachen gibt's da. Er hat eine bessere Mannschaft als beim 86er-Endspiel, und Argentinien hat eine schlechtere. Das ist es, was ins Spiel getragen werden muß. Damals, in Mexiko, hat man sich durchgemogelt mit einer Art von Planwirtschaft, die keine explodierende, aber immerhin eine latente Kraft war. Die Kraft einer Turniertruppe, die nicht lodert, aber glüht.

Planwirtschaft geht ihm durch den Kopf, weil Fußball so viel Ähnlichkeit mit den Dingen des sogenannten praktischen Lebens hat. Die Russen hatten, das wußte er von seinem Freund Jaschin, diese Planwirtschaft ins Spiel bringen wollen. Aber es waren Fachidioten am Werk gewesen, die den geplanten Spielzug für der Weisheit letzten Schluß hielten.

Aber der kommt aus dem Spiel heraus, das er von einem Moment zum anderen leben lassen will und das seine Impulse nicht von Kreidestrichen an der Wandtafel bekommt. Die Fähigkeit, nicht nur die eigenen Möglichkeiten einschätzen zu können, sondern auch die der anderen, hat ihn auf dem Spielfeld außergewöhnlich gemacht, und jetzt, wo er am Rand des Feldes steht, muß er sie übertragen.

Deshalb führt er im Kreis der Mannschaft andere Gespräche als seine Vorgänger. Sie spüren, daß da ein Mitspieler unter ihnen sitzt, der weiß, wovon er redet, und dem man nichts vormacht.

Es ist Franz Beckenbauers viertes Endspiel. Zwei hat er als Spieler hinter sich, eines als Teamchef. Und überhaupt wird er nie mehr eine Mannschaft trainieren. Sagt er.

Der Kreis schließt sich, und er weiß, daß niemand einen größeren gezeichnet hat – wenn er gewinnt. Er spielt das herunter, spricht bloß von der Mannschaft, der er den Coup zutraut und spürt ein Vertrauen zurückkommen, das ihm guttut. Weil sie einfach spüren, daß das nicht die üblichen Trainerbeschwörungen sind.

Argentinien, regierender Weltmeister, hat sich mit so unverhüllter Verweigerung des Spiels ins Finale hineingearbeitet, daß er das Gespenst eines 0:0 vor sich sieht, das nach der Verlängerung ins Elfmeterschießen mündet.

Und in der Nacht vor dem Endspiel sieht er in seinem Kontrahenten Carlos Bilardo einen Chirurgen, der ihn auf den Tisch legt, um ihm beim Aufwachen zu vermelden, daß die Amputation leider unvermeidlich war. Ein Teamchef trägt anderes mit sich herum als der fahnenschwingende Schlachtenbummler beim Marsch auf Rom.

Teamchef. Das Wort ist zusammengesetzt aus zwei Fremdwörtern, so hat sich der Deutsche Fußball-Bund, der so viel Wert darauf legt, daß seine Fußballehrer mit abgestempelten Schulzeugnissen antreten, anstrengen müssen, um den rechten Mann an den rechten Platz zu stellen.

Und die Sache ist rund wie der Ball. Das spüren nicht nur die direkt Beteiligten, die im Olympiastadion von Rom Weltmeister werden wollen, die es ihrem Trainer nachmachen wollen, der ein Meister am Ball war.

Von Kindheit an schon, und das ist anders gegangen als bei den anderen. Das Geheimnis der Kugel, die das Kind jauchzen und die junge Katze fauchen läßt, hat er mit den Zehenspitzen förmlich eingesogen. Für den, der nichts spürt beim Hüpfen des Balles und bei den Kapriolen, die man ihm eingeben kann, mag die Behauptung, seine Zehen seien mit ihm umgegangen wie Klaviertasten mit Musik, lächerlich erscheinen.

Aber er ist nicht Teamchef geworden, weil ihm der Ball gehorcht. Viele wären berufen, wenn das genügte. Von einer zentralen Position aus hat er die Fäden des Spiels gezogen, und immer hat er im Zusammenwirken der Kräfte die hohe Schule des Spiels gesehen. Zwar sagt er flapsig und mit einem Schuß Berechnung: „Endspiele sind die leichtesten Spiele überhaupt. Da muß man am wenigsten reden, und ich möchte den Profi sehen, der nicht Weltmeister werden will!"

Dabei redet er viel mit denen, die's angeht. Guido Buchwald weiß viel früher als die Medien, daß er Maradona beschatten wird. 1986 im Finale von Mexiko hat das der junge Matthäus gemacht. Tempi passati für Matthäus. Die Mannschaft braucht die volle Offensivkraft des Kapitäns, der bei Inter Mailand zum Spielmacher gereift ist, und sehr wohl ist sich Franz Beckenbauer der pikanten Tatsache bewußt, daß Italiens Liga, die stärkste der Welt, von enormer Hilfe für ihn ist. Matthäus, Klinsmann, Brehme, Völler und Berthold hat er aus dem güldenen Topf des europäischen Fußballs herausholen können für das Team, das das beste der Welt werden will. Und mit den Besten der „Bodenständigen" gibt das eine Mischung, von der kein Verein der Welt träumen kann.

Maradona? Franz Beckenbauer weiß Buchwald auf der absoluten Höhe seiner Möglichkeiten, und er vergißt begangene Fehler nicht. „Vor vier Jahren sind wir vor Maradona zu Kreuz gekrochen, und dann haben uns Burruchaga und Valdano den K.o. versetzt." Und er ist froh, daß dieser Valdano nicht mehr dabei ist.

An Geld und Gold denkt Beckenbauer nicht. Aber diese Herausforderung treibt ihn um wie keine andere zuvor. Natürlich will er diesen Titel wie keinen anderen, bloß, er sagt's nicht, und einen Dreck kümmert's ihn, ob ein weltmeisterlich vergoldeter Fußball in die deutsche Vereinigung hineinrollt und auf ähnliche Weise Köpfe verdreht wie 1954.

Damals ist auch in Ost-Berliner Kneipen das Deutschlandlied gesungen worden, und zwar die erste Strophe. Und die Vopos haben entweder weggehört oder mitgesungen. Wer will sich anlegen mit der Macht des Fußballs? Für den Bub von Giesing, den Stumpen, geht's nicht darum, daß Köpfe verdreht werden. Ganz klar ist der seine: Im gigantischen Szenario von Rom muß sich der Kreis so schließen, wie er es sich vorstellt. Aber das sagt man den Reportern nicht. Nicht einmal den einfliegenden Freunden, die zahlreicher denn je sind, aber für die Franz keine Zeit hat. Man wird mit ihnen darüber reden, wenn alles vorbei ist. Und wenn man verliert, werden es ein paar weniger sein. Die Medaille hat immer zwei Seiten.

Wenn fußballerische Rechnungen auf dem Papier und nicht auf dem Rasen gemacht würden, sähe die von Beckenbauer so aus: Eigentlich haben wir schon zwei Endspiele hinter uns. England und Holland waren als potentielle Finalisten anzusehen und sind unzweifelhaft stärker als Argentinien. Coup Nummer drei wäre also logisch, und dazu kommt, daß Deutschland sein drittes WM-Endspiel in Folge bestreitet mit einer ungleich stärkeren Mannschaft als 1986 und 1982.

Aber wenn die Logik greifen würde wie in wirtschaftlichen Bereichen, wo andere Waren produziert werden als Tore, könnte man die Tore abreißen. The glorious incertitude, die glorreiche Ungewißheit, spielt immer mit.

Bloß, als glorreich empfindet er sie gar nicht. Sie hat ihm die Nase spitz und den Bauch hohl gemacht, daß der Gürtel das letzte Loch braucht. Weit unter dem Kampfgewicht seiner großen Tage liegt er, und wenn er die Augen zumacht, sieht er einen garstigen Nasenbär namens Bilardo. Und einen schnaubenden Pampastier, der Maradona heißt und alle Barrikaden durchbricht. Nicht nur Herberger hat sein Endspiel durchgespielt, bevor der Ball rollte.

Endspiel bedeutet Endpunkt. Alles oder nichts. Nichts ist mehr reparabel nach dem Schlußpfiff, und wenn du verlierst, kannst du als Teamchef Gift drauf nehmen, daß sie dir ein falsches Konzept attestieren.

1954 hat Sepp Herberger bis zum letzten Moment zwischen Berni Klodt und Helmut Rahn gezögert. Flügelstürmer waren von eminenter Wichtigkeit, und Klodt war der technisch brillantere, Rahn der wuchtigere und eigenwilligere. Aber Klodt hatte das bessere Auge für die geschickte Kombination, die meist von Fritz Walter ausging.

Herbergers Kombination sah so aus: Der Fritz wird seinen Tag haben, Regenwetter behagt ihm besser als allen anderen. Wenn er regiert, können wir Rahns Eigenwilligkeit nicht nur verkraften, sondern sie macht uns stärker. Es tat dem alten Fuchs weh, den jugen Berni trösten zu müssen, aber Endspiele vertragen keine Sentimentalität.

Kein Haar hat sich geändert daran. Zwar kannst du als Teamchef den Würfelbecher nehmen und aufs Glück hoffen, aber Beckenbauer verläß sich lieber auf die Intuition der Vernunft.

Er sitzt auf der Tribüne beim Halbfinale Italien – Argentinien in Neapel, verarbeitet Eindrücke und ist geistig gleichzeitig bei der eigenen Mannschaft. Er weiß, daß Pierre Littbarski und Uwe Bein angeschlagen sind, aber trotzdem auf ihren Platz pochen beim Halbfinale gegen England. Aber gegen die Engländer mußt du rennen und kämpfen wie um dein Leben. Da braucht er nur an die Hitzeschlacht von Leon 1970 denken. Er fliegt zurück und verlangt sofort ein ungeschminktes Bulletin von Holger Osieck und von Masseur Katzenmaier. Beide bestätigen: „Littbarski und Bein haben keinen runden Bewegungsablauf. Sie versuchen zu kaschieren, daß sie ein Bein nachziehen."

Und wieder kommt Bern '54 ins Spiel: Puskas hätte mit seiner Knöchelverletzung nie für Ungarn ins Endspiel dürfen. Der Kapitän hat sich damals selbst aufgestellt.

Franz Beckenbauer hat das Glück, daß sein Kapitän Lothar Matthäus sich insofern selbst aufstellt, als er im Vollbesitz von Kräften psychischer und physischer Art ist, die in diesem Turnier gewachsen sind. Er kann keinen besseren Trumpf auf den römischen Endspieltisch hauen.

Er muß aber im Halbfinale gegen England Karten ins Spiel bringen, die nicht als Trümpfe annonciert sind. Für Littbarski und Bein, und das macht die Betroffenen nicht froh, kommen Häßler und Thon. Nicht alle Kritiker verstehen das, aber sie kriegen Maulsperre, weil das Experiment gelingt. Und Thon wird zum Klodt von 1954. Trotz einer starken Leistung gegen England muß er aufs Endspiel verzichten, weil Littbarski mit seiner großen internationalen Erfahrung wieder fit ist – und weil Häßler den Bonus hat, Deutschland mit seinem Tor gegen Wales in die Endrunde dieser Weltmeisterschaft gebracht zu haben.

Wer will bestreiten, daß der Mann seinen Platz hatte, daß es eigentlich keinen mit gerechtfertigteren Ansprüchen gab? Beckenbauer: „Wer die Tür aufgemacht hat, kann nicht draußen bleiben."

Er hat als Bundestrainer gehandelt und auch wieder nicht. Vermutlich ist der Erfolg gekommen, weil hochbezahlte Profis etwas anderes in ihm gesehen haben als bloß einen Verbandsangestellten. Er war ein freier Mann, ein unabhängiger Libero eben wie zu den Zeiten, in denen er Mannschaftsspiel und Karriere auf höchst eigenwillige Weise gelenkt hatte.

Das ist ein gewaltiger Unterschied zu einem Mann wie Carlos Bilardo, der eine große Nase in das Spiel hineingehängt hat, die sicherlich auch viel spürt davon. Deshalb rollt der Ball für die zwei fast nebeneinander sitzenden Teamchefs auf sehr verschiedene Weise hinein in dieses Finale von Rom, das als Spiel deklariert ist, aber eigentlich keines sein kann, bei dem, was auf dem Spiel steht. Mehr als zwei Milliarden Augenpaare rollen mit, leiden mit und triumphieren mit. Mittelpunkt der Welt wird dieses grüne Rechteck, in dem heißes Herz und kühler Kopf gefragt sind.

Und schnell zeigt sich, daß Bilardo eine Zerstörungsmaschinerie auf den römischen Rasen geschickt hat. Nicht nur mit der Vorsicht, die die üblichen Eröffnungszüge bei Endspielen sind, gehen die Argentinier ins Match, sondern mit geballt-destruktiver Absicht.

Das bedeutet nicht nur Endspiel, sondern Endkampf. Dieses Bollwerk will kein Spiel, will sich gar nicht auflösen zum kreativen Gegenschlag. Löcher wollen sie stopfen, aber keine aufreißen auf der anderen Seite. Ausgenommen von diesen Aufräumungsarbeiten ist nur Maradona, und aus den Augenwinkeln heraus bleibt Beckenbauer auch bei ihm, wenn der Ball in die unvermeidlichen Sackgassen läuft.

Aber dann sieht er Buchwald, der mit einem ruhigen Schritt drei nervöse des Kurzbeinigen kompensiert. Und von ernsthaften argentinischen Anstrengungen, Maradona ins Spiel zu bringen, ist nichts zu sehen.

Aber neunzig Minuten sind lang, und es können 120 werden. Das ist nicht vorstellbar. Das darf nicht kommen. Dann wird ihm Bilardo die lange Nase machen.

Sicher, man spielt besser. Man greift an, schon weil man es einfach muß gegen diese Spielverweigerer, Chancen werden herausgespielt. Nicht gerade zwingende, aber es applaudiert nicht nur der deutsche Anhang. Auch die neutralen Beobachter honorieren die Anstrengungen der Mannschaft, die das Spiel sucht. Nicht mit blinder Sorglosigkeit, weil ein Endspielgegner genug Substanz hat, um Leichtsinn zu bestrafen. Man geht torlos in die Kabinen, und es gibt ein Bild Beckenbauers auf dem Weg dahin. Er nimmt keines der Mikrophone wahr, die sich ihm entgegenstrecken. Kein Wort zu den Medien, und drinnen im Kämmerlein ist Optimismus mit den richtigen Worten zu verbreiten. „Das Tor kommt", sagt er. „Ihr werdet Weltmeister vor der Verlängerung!"

Es ist nicht das gleiche Herumhocken auf den Bänken wie in den Pausen anderer Spiele, und es verbietet sich die sogenannte vernünftige Betrachtung, die ungefähr so gehen müßte: Gleich wird wieder ein Ball vor die Füße geschmissen, die jetzt Ruhe haben, aber keine finden. Dann müssen sie dafür sorgen, daß dieser Ball nicht im eigenen Tor landet, sondern im anderen. Dann sind sie Meister der Welt, und nie mehr werden sie etwas Größeres erleben können.

Noch 45 Minuten, und die ganze Welt schaut zu. Und sie sieht auch, daß nicht jede Falle bei den Argentiniern so zuschnappt, wie es die Regeln dulden. Da schreit ein Foul im Strafraum nach Elfmeter, aber die Pfeife des Schiedsrichters schweigt. Und Beckenbauer stampft zornig auf. Fehlt bloß noch, daß jetzt Maradonas Hand herauszuckt und der Schwarzrock das auch nicht sehen will! Wird's ein Würfelspiel, das richterliche Macht entscheidet? Alles, was mit Spiel zu tun hat, steuern die Deutschen bei. Argentinien, das wird immer deutlicher, will torlos in die Verlängerung gehen, und unter dem violettschwarzen römischen Himmel scheint sich das erste Weltmeisterschaftsfinale anzubahnen, das vom Elfmeterpunkt aus entschieden wird. Die Lotterie nach der Verlängerung. Es käme unweigerlich so, wenn auch die Deutschen das Spiel verweigern würden.

Maradona droht nicht. Das wird immer klarer. Was ihn erreicht, ist nichts Durchdachtes. Unkontrollierte Abwehrschläge sind's, und da ist Buchwald um den notwendigen Schritt schneller. Noch keiner hat sich durchs Schlüsselloch eines Kleiderschranks gezwängt. Beckenbauer treibt von außen an, will die Festung sturmreif machen und spürt, daß es dieses Aufbäumens gegen die „viveza criolla" bedarf, diese schwarze Kunst Bilardos, von den anderen zu profitieren.

Und dann kommt's zum Elfmeter, der so klar nicht ist wie der, der unbedingt hätte gegeben werden müssen, aber auch nicht an den Haaren herbeigezogen von einem Schiedsrichter, der Wiedergutmachung anbietet. Er fällt nicht unter die Konzessionsentscheidungen dieses Turniers.

Und Matthäus übergibt an Andreas Brehme. Später wird er sagen, daß er seinen rechten Maßschuh bei Halbzeit hatte wechseln müssen und deshalb nicht den „Griff" spürte für den wichtigsten aller Strafstöße. Aberglaube mag mitgespielt haben, und wenn's so war, war's nützlich.

Und Andreas Brehme, sein Mailänder Klubkamerad, spielt, ohne schlotternde Hose zwar, aber auch ohne flatternde Nerven, den Part des Mailänder Altvorderen Giuseppe Meazza. Tief unten am Pfosten wölbt der Ball das Netz, und alle wissen, daß das die Weltmeisterschaft ist.

Und Franz Beckenbauer weiß, daß dieser Moment überhaupt nichts mit der Arbeit eines Trainers zu tun hat: „In solchen Fällen mußt du einfach das Glück haben, das dem hilft, dem das Herz am Hals klopft, wenn das Stadion ganz still wird. Und befehlen darfst du schon gar nichts. Aus dem Bauch muß das kommen. Wenn einer denkt, jetzt kommt der wichtigste Schuß meines Lebens, dann hat er schon verloren!"

Hat Matthäus verzichtet, weil er zu heiß war, und hat Brehme geschossen, weil er ein Kaltblüter ist? Ein Stück Wahrheit steckt drin, aber es könnte keinen größeren Trugschluß geben als zu glauben, Brehme sei ein Ackergaul unter Vollblütern gewesen. Kein einziger Abwehrspieler dieser Weltmeisterschaft hat seinem Angriff mehr Impulse gegeben, aber die euphorischen Ausbrüche des Kosaken Matthäus liegen ihm nicht.

Einen Urschrei hat er ausgestoßen, als der Ball noch zappelte im Netz, nachdem er den Pfosten rasiert hatte. Das war alles. Dann haben sie ihn unter ihren Körpern begraben, und nachher beim Feiern ist er der ruhigste von allen gewesen.

Das Jammern von Maradona und Co. aber ist nur in Argentinien ernst genommen worden. Zu deutlich ist in alle Winkel der Welt der Versuch getragen worden, Meister zu werden, ohne zu spielen. Der Weltfußball hätte eine trostlose Bilanz ziehen müssen, wenn der Sieg an die Spielverweigerer gegangen wäre, und so gesehen liegt Gerechtigkeit in der Tatsache, daß sie durch einen Strafstoß bezwungen wurden.

Franz Beckenbauer über seine einsamen Schritte auf dem römischen Rasen, die um die Welt gegangen sind: „Ich weiß nichts mehr davon, weil ich nichts habe denken können, gar nichts. 1974 in München, als ich mit dem Ball Weltmeister geworden bin, war das ganz anders. Wenn du mitspielst, bestimmst du mit. Aber draußen stirbst du tausend Tode, und die Mentalität des Berufstrainers habe ich nicht. Es ist die Herausforderung, die mich in eine Sache hineingetrieben hat, aus der ich wieder raus muß. Aber es ist natürlich auch herrlich, vom Gipfel herunterwinken zu können."

Er hat das ausgiebig beim Empfang in Frankfurt tun können, der enthusiastischer als alle war, die er erlebt hat. Die Feiern gingen in Kitzbühel weiter, weil der Erfolgreiche kein Rückzugsrecht hat, und bei manchem, der ihn am liebsten auf den Schultern getragen hätte, fragte er sich, ob der überhaupt noch reden würde mit ihm, wenn die Deutschen gar nicht mitgespielt hätten in Italien.

Oh, er hatte schon Grund, seinem Glück zu danken. Aber es war ihm nicht bloß nachgelaufen. Hat er, ohne ein diplomierter Trainer zu sein, nicht mehr in den gemeinsamen Pott geworfen als Konkurrenten, die als Meister dieses sehr eigenartigen Metiers angetreten waren?

Und immer wieder war er mit der Frage „Hat er das eigentlich nötig?" konfrontiert worden. Man hatte sie gestellt, als er nach Amerika zu Cosmos ging, und sie war unumgänglich, als er die Nationalmannschaft übernahm.

Und sie sollte wiederkommen, ehe der heiße Sommer 1990 zu Ende war.

Der bescheidenste Welt-
meister, den es je gab:
Hans-Georg, genannt
„Katsche“ Schwarzenbeck.
Franz Beckenbauers einstiger
Adlatus nährt sich
heute redlich durch seinen
Schreibwarenladen in der
Münchner Au.

Der Kaiser und sein Putzer

Kapitel einundzwanzig

... in welchem der brave Katsche Schwarzenbeck eine Hauptrolle spielen darf, bevor er sich wieder auf seine Nebenrolle zurückzieht

Franz Beckenbauer, Sonnenbub des großen Spiels, hat nach Haltegriffen gesucht in der schwindligen Höhe, die er nun erreicht hat. Aber auch die sind nicht vorgesehen, und was nicht vorgesehen ist, kommt oft unversehens. Marseille ist dazwischen gekommen, aber ehe wir davon reden, muß anderes auf den Tisch.

Dem Spiel verbunden zu bleiben, hat für andere bedeutet, einfach auf der Bühne zu bleiben. Was hat einen Matthews bis zum 50. Lebensjahr im englischen Fußball der obersten Klasse gehalten? Warum hat Gento noch mit 37 Jahren neben dem 35jährigen Di Stefano für Real Madrid gestürmt, und warum hat Raymond Kopa noch mit 39 seine außergewöhnliche Klasse demonstrieren wollen? Und warum, schließlich, setzte Cruyff mit 36 brennenden Ehrgeiz ein, um Ajax Amsterdam wieder zur alten Klasse zu führen? Weil für diese Besessenen das Abtreten ein wenig wie Sterben war.

Für Beckenbauer ist New York eher die fünfte Jahreszeit gewesen, wie Kurt Tucholsky geschrieben hat, dieses Sich-Auflösen des Sommers, wenn der Herbst noch nicht da ist. Er hat auf andere Weise das Bleiben im Spiel gesucht, und manchmal ist es ihm wie eine Verurteilung vorgekommen.

Intensiver zum Spiel ist seine Beziehung als die des Stars der neunziger Jahre. Dessen Geschäftssinn übersteigt seine Besessenheit, weil er in eine komfortablere Zeit hineingeboren worden ist. Die neue Generation macht Karriere nach Maß und steckt ihre Claims sehr zielstrebig ab, solange sie den Ball rollen läßt. Fußball nicht als Lebensinhalt, sondern als Mittel zum Zweck. Für die meisten ist's das Umsteigen von der Galeere in die Luxusjacht, Erfüllung des Traums vom angenehmen Leben.

Aber Beckenbauer war nie einzuordnen. Weder als Spieler, noch als Teamchef. Und es hat bei Italia '90 keinen mit einer ähnlichen Ausstrahlung an der Spitze einer Mannschaft gegeben. Wie ein Perpetuum mobile des Erfolgs stand er da, weil er auf ganz natürliche Weise ganz einfach da weitermachte, wo er als Spieler aufgehört hatte.

„Ich habe Glück gehabt", sagt er, wenn sie ihn nach den Geheimnissen dieses Erfolgs fragten. „Überhaupt habe ich immer unverschämtes Glück gehabt im Leben." Vom Mut zum Risiko redet er so wenig wie von der Fähigkeit des instinktiven Erfassens von Situationen des Spiels. Vielleicht ist es das wahre Geheimnis des Erfolgs von Rom, daß er „die Kunst, von anderen zu profitieren" nicht auf negative Weise umzusetzen versucht wie sein Kontrahent Bilardo, sondern auf positive. Das ist ein Denken mit höchst eigenständigen Wurzeln und führt zurück zu den erstaunlichen Anfängen des Libero Franz Beckenbauer.

Nämlich zum Wasserträger Hans-Georg „Katsche" Schwarzenbeck. Es gibt diese Wasserträger nicht nur im Radsport, sondern in jedem Mannschaftsspiel. Gäbe es sie nicht, dann glichen die Chefs Generaldirektoren, die mit Bratenrock und Krawatte Kisten abzuladen haben.

Zwar ist der Begriff Wasserträger im Zusammenhang mit der Nationalmannschaft, die die Besten des Landes braucht, eine gelinde Frechheit, aber wer wollte bestreiten, daß er ganz vorzüglich zu diesem Katsche Schwarzenbeck paßt? Er ist der Knecht des Großbauern Beckenbauer gewesen. Und wenn einmal der große Roman kommt, nach dem dieses Spiel schreit, weil es wie kein anderes vor Romanstoff sprüht, dann muß die Nebenrolle des Katsche zu einer heimlichen Hauptrolle werden.

Viel zu wenig ist erkannt worden, welch tragende Rolle er in der Traumkarriere des Franz Beckenbauer gespielt hat. Hans-Georg Schwarzbeck, derb und eckig wie eine Bauernfigur von Ludwig Thoma, bekam 1966 einen Vertrag vom FC Bayern, weil der junge Beckenbauer, elegant und geschmeidig nicht nur in der Statur, begriff, daß Gegensätze sich anziehen und ergänzen können.

Kein anderer als dieser kantige Bursche mit der unübertrefflichen Hilfs- und Kampfbereitschaft hat ihn erkennen lassen, wie vorteilhaft eine protegierte Position ist, um ein Spiel zu lenken.

Libero hieß diese damals in vielen Köpfen noch sehr diffuse Position. Mit dem Vorstopper Schwarzenbeck, zu dessen körperlicher Robustheit sich eine Ergebenheit gesellte, die mit „Kaisertreue" nur ungenügend umschrieben ist, wuchs der Franz mit frappierender Selbstverständlichkeit in eine dieser Hauptrollen hinein, die nicht kopierbar sind.

Und Helmut Schön, neu im Amt als Bundestrainer, hatte sein unbezahltes Geschenk. Ausgezahlt hat es sich freilich erst richtig, als Beckenbauer in der Nationalmannschaft neben dem Libero-Posten auch den Vorstopper Schwarzenbeck beanspruchte. Der Mann auf der Kommandobrücke hatte seinen idealen Komplementärspieler.

Für den Katsche wurden es 44 Länderspiele, und Weltmeister wurde er auch. 30 war er erst, als der Kaiser abdankte und nach Amerika ging, und man war sicher, daß er für sich noch einige hübsche Herbsternten einbringen würde.

Aber es war, als ob der Kaiser sein Rampenlicht abgeschaltet hätte, als ob dem Knecht des Großbauern die Luft ausginge.

Doch Wasserträger treten leichter ab als die großen Chefs. Für Katsche Schwarzenbeck, der nur durch Franz Beckenbauer Nationalspieler, Weltmeister und ein Mann ohne Existenzsorgen wurde, ist die Welt nicht zusammengestürzt, sondern heil geblieben. Problemlos ist er in seine zweite, „zivile" Karriere gestiegen, die nie Höhepunkte aufweisen, ihn aber auch nie hungern lassen wird. Der Katsche ist der bescheidenste Weltmeister, den es je gab, aber er ist auch einer der Zufriedensten, und das hat die Unruhe, die Beckenbauer antreibt, nie aufkommen lassen bei ihm.

Nie haben zwei unterschiedlichere Männer ein effizienteres Tandem gebildet. Und völlig falsch liegt der, der Beckenbauer berechnenden Eigennutz vorwirft, denn da hat jeder gegeben und genommen, und es ist nicht nur gegenseitiger Profit herausgekommen, sondern auch einer für die Mannschaft. Man kann es die Allianz von Fleiß und Kunst nennen. Franz Beckenbauer hat sie zu seinem Credo erhoben, und es gibt tausend Beispiele dafür, daß sie nicht nur im Fußball greift.

Hans-Georg Schwarzenbeck würde, wenn er nicht Fußball gespielt hätte, das gleiche machen, was er jetzt auch macht. In einem Schreibwarengeschäft in der Münchener Ohlmüllerstraße steht er und verkauft Schulhefte an Kinder und Briefpapier an Erwachsene. Bescheidene Dienstleistung des Stürmerschrecks von einst.

Die Buben dürfen du und Katsche zu dem 42jährigen mit dem üppigen Vollbart sagen, der jetzt eher wie ein Rübezahl aussieht und mit so natürlicher Ungezwungenheit mit ihnen umgeht.

Aber, und das ist nicht nur im Fußball typisch für den Umgang der Obrigkeit mit ausgedienten Knechten, der Arm des DFB hat anderes zu tun als sich auszustrecken bis hinein in die Münchner Ohlmüllerstraße. „Die haben mich vergessen", sagt der Katsche. Eigentlich macht es ihm auch nichts aus, aber wenn in München ein Länderspiel stattfindet, wäre ihm eine Einladung schon recht.

Im Geschäft,ist er von der gleichen Beflissenheit wie früher auf dem Spielfeld, und als Helmut Schön seinen 70. Geburtstag feierte, mußte er absagen, obwohl ihn Franz Beckenbauer am Telefon bekniete. „Bei uns war Schulanfang, und da geht nix. Da brauchen mich meine Buam!"

Er lebt immer noch im gleichen Münchner Viertel, in dem er aufgewachsen ist, und wenn sie im Fernsehen um Europapokale und Meisterschaften kämpfen, bekommt er einen Blick der Zufriedenheit, dem jede Wehmut fehlt. Er hat alles gewonnen, was zu gewinnen war, und von den handfesten Beweisen, die auf der Bank liegen, hält er mehr als von Trophäen. Er hat das gleiche gemacht wie Franz Beckenbauer, und doch etwas anderes. Da läßt er sich schon eher mit Gerd Müller vergleichen, obwohl der ja auch wieder ganz anders gewesen ist.

Total aus dem Ruder aber ist der Franz, doch der Katsche hat nie Neid oder den Drang zur Aufmüpfigkeit empfunden wie Breitner. Sehr wohl aber hat er begriffen, daß Beckenbauer aus dem gleichen Milieu wie er herausgekommen ist und mit seinem Talent viel mehr in der Hand gehabt hat als ein Abitur. Nicht jedem ist es gegeben, Talent zu verzeihen. Der Katsche indes verehrt es sogar.

„Beim Franz", hat er mit dem Einfühlungsvermögen, das vom Spiel her kommt, gesagt, „ist Fußball etwas ganz anderes als bei uns. Da gibt's noch Überraschungen."

Den Größten an der Angel: Stolz präsentiert Bernard Tapie seinen neuen Star. Mit Gattin Sybille posiert Franz Beckenbauer im Hafen von Marseille.

Der Kaiser und der Sonnenkönig

Kapitel zweiundzwanzig

... in welchem erzählt wird,
wie Franz von Bernard Tapie,
dem millionenschweren Präsidenten,
umgarnt wird und in Marseille in ein Wespennest tritt

Die brodelnde mediterrane Hafenstadt, die Beckenbauer im Vorfeld der italienischen Weltmeisterschaft mehrmals besucht hatte, weil Karlheinz Förster und Klaus Allofs Kandidaten für die Nationalelf waren, schoß unmittelbar nach der WM den verrücktesten aller Pfeile ins Kitzbüheler Idyll.

Marseille, das war für ihn gewesen wie auf Hunderten von anderen Reisen in Sachen Fußball. Flughafen, Hotel, Stadion. Im Taxi durch Häuserschluchten und keine Zeit für einen Bummel über die Canebière oder für die Bouillabaise in einer der pittoresken Kneipen des Alten Hafens, in denen Frankreichs lizensierte Großmäuler hokken. Fragt die Leute des Nordens. Und nirgendwo werden so viele Geschichten mit kleiner Wahrheit erzählt wie am Alten Hafen. Und die Witze von Marius und Olive! Sie sind für Marseille, was Tünnes und Schäl für Köln sind, aber dazu noch Weltmeister der Übertreibung.

Und der Fußball hat in der lauten, begeisterungsfähigen Hafenstadt einen ganz anderen Platz als in Paris, der launenhaften Diva. Das hat Franz Beckenbauer bei seinen Besuchen im alten Stade Vélodrome gemerkt, aber nicht im Traum wäre er auf die Idee gekommen, daß er hier tätig werden könnte.

Schuld daran war der WM-Sieg von Rom, und über den hatte ich mich eigentlich unterhalten wollen mit ihm. Wir hatten uns bei seiner Mutter in der Münchner Stauffenbergstraße verabredet, weil der Weg nach Kitzbühel vom Urlauberverkehr verstopft war.

Es gab, was keine Überraschung war, Hackbraten und Weißbier, und mitten hinein läßt er die Bombe platzen.

„Was hältst du von Marseille?"

„Hm. Interessante Stadt. Aber was soll das?"

Er wartet, bis die Mutter in der Küche verschwindet, weil noch nicht einmal sie etwas weiß. Dann zucken die Schultern unter dem blauen T-Shirt wie bei einem, der mit sich etwas abgemacht hat und sich schon gar nicht mehr wehren kann dagegen.

„Ich glaube, daß ich hingehe, aber es darf noch nichts raus. Auf keinen Fall. Kann ich mich darauf verlassen?“ Ich nicke, weil ich gar nichts sagen kann. Ein Stück Hackbraten klemmt in meinem Hals. Wenn er New York, Mailand, London oder Tokio gesagt hätte, es wäre viel weniger überraschend gewesen. Am Wochenende fliegt er wegen eines lukrativen Werbevertrages nach Japan, weil sich die ganze Welt für den Weltmeister Franz Beckenbauer interessiert.

Also Marseille heißt die Bombe.

Und seine Frau Sibylle, die nicht zu denen gehört, die sich mit Starfedern aufplustern, nickt dazu. Einverständnis also.

„Wart ihr schon dort?“

„Nicht ganz. Bloß in Paris bei Tapie. Er hat ein richtiges Schlößchen mitten in der Stadt.“

„Und drunten in Marseille den schönsten Viermaster ganz Frankreichs. Und natürlich den OM. Olympique Marseille ist der Klub, der zu Frankreichs verrücktester Stadt paßt.“

„Man hat's mir gesagt. Erzähl mir was drüber.“

Er schenkt Weizenbier in zwei hohe Gläser, und es ist mir recht, weil das verdaut sein will. Bernard Tapie, der soeben adidas gekauft hat, hat ihn also an der Angel. Und der Köder muß dick sein und muß schmecken.

Aber es kann nicht nur das Geld sein. Davon hat er genug. Bernard Tapie muß ihn mit Charme, Charisma und Überzeugungskraft geangelt haben.

Und ich sehe das vor mir. Der Selfmademann, der in einem Pariser Arbeiterviertel aufgewachsen ist, dessen Trostlosigkeit Giesing fast herrschaftlich macht, hat auf seine Weise zugeschlagen bei einem, der, aus ähnlichen Verhältnissen stammend, ebenfalls ein Außergewöhnlicher geworden ist.

Haben sich da zwei gesucht und gefunden?

Stimmt nur halb, weil nur einer gesucht hat, Tapie. Viel geht mir da durch den Kopf, während Mutter Antonie mit der Bratpfanne zwischen Herd und Tisch werkelt, ohne zu ahnen, welch heiße Sache der Franzi da auf seiner Pfanne hat.

Tapie, da gibt's nach ein paar Minuten nicht mehr den geringsten Zweifel, hat ihn überzeugt. Der Bursche, zwei oder drei Jahre älter nur als der Franz und damit einer, der genauso in der Nachkriegszeit mit ihren tausend Möglichkeiten für den Talentierten hineingeboren ist, hat seinen Hebel an der richtigen Stelle angesetzt. Aber können Kaiser und Napoleon zusammenkommen?

Mutter Antonie, die Bayerns besten Zwetschgendatschi auf den Tisch stellt und damit den besten der Welt, glaubt schon, daß der Franzi der beste Trainer der Welt ist, aber da mischt sie sich nicht hinein. Der Bub weiß schon, was er macht, aber lang fortgehen tut der nimmer. Erst neulich, als er so dünn aus Italien zurückgekommen ist, hat er's ihr gesagt, und er hat auch schon wieder ein paar Pfund aufgenommen. Und der Zwetschgendatschi hat mitgeholfen.

Und dann reden wir zuerst mal über Bernard Tapie. Und es wird klar, daß er den Franz schon über den Tisch gezogen hat. Wenn der Mann etwas will, kann er Kräfte freimachen, die anderen nicht gegeben sind. Tapie ist von einer geradezu napoleonischen

Machtbesessenheit. Der Sport hat ihn als Kind schon deshalb faszinieren müssen, weil er Helden produzierte. Und ein Held wollte, wie ungezählte Millionen von Buben, er mit seiner Hilfe werden.

Als der Bursche, der ungefähr die Statur Maradonas hat und auch dessen dichtes Lockenhaar, merkte, daß er im Sport kein Held werden konnte, beschloß er, ein Held des Schaugeschäfts zu werden. Mit kaum 20, dem Alter, in dem Beckenbauer Nationalspieler wurde, wollte er es zum Schlagersänger von nationaler Bedeutung bringen. Dem Sänger Bernard „Tapy" – man beachte das subtile Pseudonym – wurde durchaus gewisses Talent bescheinigt, aber es war doch mehr das des Showmans als das des Künstlers. „Wenn seine Stimmkraft", sagte ein Kritiker, „mit seiner Überzeugungskraft konkurrieren könnte, wäre er der Größte."

Und genau diese Überzeugungskraft war es, die Franz Beckenbauer faszinierte. Er war aus Paris zurückgekehrt mit der Überzeugung, zu dem Mann zu passen, der so ganz anders war als alle Klubpräsidenten, die bisher seinen Weg gekreuzt hatten.

Ich habe ihm in Mutter Antonies Wohnküche gesagt, was ich wußte, aber ich habe nicht vergessen hinzuzufügen, daß er es mit einem ganz anderen Präsidententypen zu tun hatte als etwa mit Berlusconi von AC Mailand, Pellegrini von Inter Mailand oder Agnelli von Juventus Turin. Ein Emporkömmling mit funkelndem Charisma ohne Zweifel, aber auch mit dem Augenmaß dieser millionenschweren italienischen Fürsten des Fußballs? Hatte dieser Tapie nicht ein Jahr zuvor bei Neapel lautstark um Maradona angeklopft? Und hatten die Signori von Mailand und Turin da nicht milde gelächelt über den Marseiller Gernegroß?

Maradona, das war ihnen so klar wie dem letzten Tifosi, war ein bunter Vogel, der nicht in die goldenen Käfige von Mailand und Turin paßte. Keine Exoten konnte man da brauchen, sondern Männer des Nordens mit dem Willen zur Anpassung und kreativer Fähigkeit. Ihr Credo ist die richtige Mischung in einer Mannschaft und nicht deren Vergiftung. Bei Bernard Tapie ist das ganz anders. Da gleicht er dem Neureichen, der ungeduldig alles kaufen will, was gut und teuer ist.

„Du bist", habe ich dem Franz gesagt, als wir beim Kaffee gesessen sind und die Hitze der tiefstehenden Sonne nachließ, „nicht sein Ersatz-Maradona, sondern viel mehr. Es gehört zum Prinzip solcher Leute, daß sie, wenn ihnen ein großer Fisch von der Angel gesprungen ist, den noch größeren jagen."

„Aber es ist eine wahnsinnige Herausforderung", sagte der Franz, „und ich glaube nicht, daß ich mich wehren kann gegen sie. Außerdem sind die Italiener satt. Aber die Franzosen haben noch nie einen Europapokal gewonnen."

„Vielleicht", sagte ich, „sollte man einen rollenden Wagen nicht aufhalten."

Das ist fast drei Wochen gewesen vor dem Tag, an dem das Geheimnis gelüftet wurde. Robert Schwan, der im Hintergrund seine Fäden zieht, ist tätig gewesen in Paris und Marseille, und die Summen des spektakulärsten aller „Transfers", die auch von der „Bild"-Zeitung nur geschätzt werden konnten, stellen einen dieser ungeschriebenen Rekorde des Sports dar, die dem Guiness-Buch verschlossen bleiben. Tapie, der Mann, der Frankreichs dynamischster Unternehmer geworden war mit der Devise, daß Sport nicht alles, aber (fast) alles Sport ist, verwirklichte sich Träume, die im kleinen städtischen Stadion von Le Bourget wurzeln. Der junge Tapie wohnte um die Ecke in einer tristen Mietskaserne, zwei Zimmer, Küche, Klo im Hinterhof.

Aber seine Welt ist da ein Stadion, das sogar ein Schwimmbecken hat. Das kostet Eintritt, doch er macht sich mit dem Besen beim Bademeister nützlich und zahlt nichts. Und der bekannte Kunstspringer Raymond Mulinghausen, Olympiateilnehmer und Mitglied des Klubs, bringt ihm das Schwimmen bei. Bloß, für die meßbare Leistung mußt du unheimlich viel trainieren, und das ist ihm zu langweilig. Was er braucht, ist die Mannschaft, die Kommunikation, den Wirbel.

Handball kommt dran, und dann Fußball. Raymond Kopa heißt sein Idol. Der ist Mittelstürmer der Nationalmannschaft und auch nicht größer als er. Das ist wichtig. Tapie ist, zumindest für seine Begriffe von Grandeur, ein paar Zentimeter zu klein geraten, und bei seinem Erfolgshunger wächst sich das leicht zum Napoleon-Komplex aus.

Zwei Jahre spielt er beim Lokalklub, dem CM Le Bourget an der Pariser Banlieue. Als Mittelstürmer natürlich, aber wieder ist es wie beim Singen. Die Schußkraft hält nicht ganz Schritt mit der Überzeugungskraft, zum Profi reicht's nicht.

Bernard Tapie wird sich Geld und Ruhm anders holen. Gloire, Ruhm also, ist ihm genauso wichtig wie das Konto, aber zuerst einmal fängt er, wie die meisten Leute, die ans große Geld herangekommen sind, mit dem Handeln an. Mit einer Fernsehboutique an der Gare de l' Est, in der es aber noch tausend andere Dinge gibt, und als er kreditfähig wird, steigt er in größere Dinge ein. Schnell lernt er, daß es leichter ist, Geld zu leihen, als es zu erschuften, unter der selbstverständlichen Voraussetzung, daß man geschickt umgeht damit. Und daß sich die Not anderer in Tugend verwandeln läßt. Das hat ihm bei Feinden, die schnell kommen, wenn einer erfolgreich marode Betriebe saniert, den Ruf eines Leichenfledderers eingebracht.

Bald zieht er schon neidvolle Bewunderung auf sich. Mit 23 ist er mit dem Rolls Royce über die Champs Elysées gefahren. Auf Kredit und mit gewaltigem Stolz.

Und in seinem übergroßen Geltungsdrang läßt ihn der Sport nicht los, in dem er ein Champion hatte werden wollen. Daß ihn die Tour de France packt, ist fast selbstverständlich, aber sie packt ihn nicht wie die Enthusiasten des Radsports, die es auf diese endlose Landstraße treibt, die den Giganten ihre Heldenlieder singt, seit Henri Desgrange zu Beginn des Jahrhunderts das größte und schwerste aller Rennen ins Leben rief.

Tapie weiß, wie und warum die Tour die Vorstellungskraft der Massen stimuliert. Er, der sich in Firmen einkauft und sich dann als ihr Retter feiern läßt, wird sich auch in die Tour einkaufen. Nicht um sie zu retten – sie ist eine nationale Institution, die nichts erschüttern kann –, wohl aber, um sich zu profilieren.

Im Sport ist der umgekehrte Weg nötig. Er kann nicht zu einem abgetakelten Fahrer gehen und sagen, ich saniere dich, mache dich zum Sieger. Zum Besten muß er gehen, ihn zum Rekord führen und dann für sich aus dem goldgelben Trikot das Gold herausfiltern. Bernard Tapie ist der geborene Champion des Sponsorentums.

Sein Einstieg in die Tour de France beweist es. Um Bernard Hinault mit fünf Siegen zum Rekordmann zu machen, der gleichzieht mit Anquetil und Merckx, gründet er den

Rennstall „La Vie Claire": das klare, gesunde Leben. Es handelt sich um eine Lebensmittelkette, bei der zumindest der Name vortrefflich ist, denn er macht sich gut bei einer Sportart, in der nicht alles so klar und gesund erscheint, wenn man an die Doping-Usancen denkt.

Und unübersehbar ist Tapies klarer Blick. Man schreibt 1985, Hinault visiert den fünften Sieg an, und Tapie will der große Vater des Siegs sein. Er alimentiert seinen Rennstall „La Vie Claire" mit dem Feinsten. Der Supermarkt wird zum Delikatessengeschäft, was in die rennfahrerische Praxis übersetzt bedeutet, daß Hinault über finanzielle Mittel verfügt, die keinem anderen Mannschaftskapitän zur Verfügung stehen. Ohne Rücksicht auf Kosten darf er sich seine Mannschaft zusammenbauen, und kein anderer Kapitän kann regieren wie er.

Aber Tapie wäre nicht Tapie, hätte er nicht eine Sicherung eingebaut. Man muß dieses Beispiel anführen, um hinter die Überlegungen zu kommen, die er bei Beckenbauer angestellt hat. Deshalb ist dieser Ausflug auf Frankreichs Landstraßen notwendig.

Hinault ist nicht mehr der Jüngste. 31 schon, und er weiß, daß er scharf kalkulieren muß. Freigiebiger Umgang mit den Kräften ist ein Privileg der Jugend.

Er braucht, wenn man's auf den Fußball überträgt, seinen Schwarzenbeck. Und er findet ihn in dem Schweizer Nikki Rüttimann, der ein starker Helfer auf jedem Terrain sein kann. Aber er hat auch den Amerikaner Greg Lemond geholt, und das ist so verwunderlich, daß eigentlich nur Tapie dahinterstecken kann, der ein zweites Eisen im Feuer haben will. Leute, die das Gras wachsen hören, behaupten, er wolle den Sieg Lemonds, um mit „La Vie Claire" auf dem amerikanischen Markt Fuß zu fassen.

Und Bernard Tapie wird zum großen Kombinator, der an den Fäden zieht und die beiden Asse dieser Tour bewegt wie Puppen im Marionettentheater. Möglicherweise ist ihm da die Idee gekommen, solche Dirigentenrolle auf den Fußball zu übertragen. Bloß, der Ball hat keine Speichen, in die sich's greifen läßt.

Es passiert dies: Hinault kriegt Schwierigkeiten in den Pyrenäen. Er hat sich bei einem Sturz das Nasenbein gebrochen, und das macht ihm das Atmen schwer bei hochprozentigen Steigungen.

Tapies Regel könnte jetzt sehr simpel sein: Hinault abschreiben und auf Lemond setzen, der in blendender Form ist. Aber dieser verzweifelt um sein Gelbes Trikot kämpfende Hinault ist ein Held nach dem Herzen der Massen und damit auch für Tapie, den flotten Rechner. Ein Nationalheld überdies, und den darf ein Amerikaner nicht angreifen.

Die Sache erinnert an das epische Duell Coppi – Bartali bei der Tour 1949. Sie mußten im gleichen Team fahren, weil es damals nur Nationalmannschaften gab. Und Mannschaftsleiter Alfredo Binda hat erst grünes Licht für Coppi gegeben, als der alte Bartali, der ruhmbedeckte „Vecchio", zermürbt war von der Superklasse des Mannes, der sich seinen Weg zum „Campionissimo" bahnte. Aber Tapie wartet ab. Der fünfte Sieg eines angeschlagenen Hinault, sagt er sich, wiegt schwerer als der eines Amerikaners, der außerdem noch genug Zeit hat, seine erstaunliche Klasse auszuspielen. Und das hämmert er seinem Schweizer Mannschaftsleiter Köchli ein.

Und so gibt es rotes Licht für Greg Lemond. Beim Aufstieg zum hochgelegten Etappenziel Luz-Ardiden will er alles klar machen im dichten Nebel. Hinault liegt weit hinter ihm, aber als Lemond die große Attacke starten will, schiebt sich Köchlis Begleitwagen neben ihn. „Du hältst dich zurück! Bernard hat einen Durchhänger, aber er schafft's! Wenn du abhaust, greifst du ihn an, und das lasse ich nicht zu!" Er sagt nicht, wer der eigentliche Befehlsgeber ist. Das erfährt Lemond am Abend im Hotel der Mannschaft. Aufgeben will er, weil er die Schnauze voll hat von diesem Team, in dem gar nichts klar ist, aber da steht plötzlich Tapie mit schmalen Augen in der Tür, und er bringt einen eisigen Wind mit: „Wer aufgibt, bestimme ich! Hinault liegt immer noch gut im Rennen. Er wird es gewinnen, und du wirst ihm helfen dabei!"

Und dann etwas moderater: „Es geht um den fünften Sieg, Greg, um den Rekord! Im nächsten Jahr wirst du der Sieger sein, und Bernard wird dir helfen dabei!"

Und Hinault verspricht es feierlich. Das ist verbürgte Tour-Geschichte.

Und die Tour läuft weiter, als ob Tapie sie auf dem Reißbrett vorgezeichnet hätte. Hinault gewinnt vor Lemond, und ein Jahr später, 1986, wird Lemond vor Hinault gewinnen. Und Bernard Tapie verabschiedet sich von der Tour de France, wie sich Napoleon von gewonnenen Schlachten verabschiedet hat.

Er hat da nichts mehr zu beweisen, und jetzt fühlt er die Zeit gekommen, in den Fußball einzusteigen. Aber vor seiner Pariser Haustür blüht der nicht, und als cleverer Sohn der Hauptstadt weiß er, daß sie sich für tausend Geschäfte besser eignet als für dieses unberechenbare Geschäft mit dem Ball und den Stars. Längst ist der Glanz des alten Racing Club verblichen; Paris St. Germain spielt im Prinzenpark vor leeren Rängen und hat größere Sorgen als die Provinzklubs.

Bloß das eigenwillige, brodelnde Marseille bietet sich an für einen wie Tapie. Es hat nicht die Biederkeit von Lille oder Nantes und nicht die Überheblichkeit von Lyon, und es hat ein Publikum, das Begeisterung aufbringt und in hellen Scharen strömt, wenn etwas geboten wird.

Und vor allem einen fußballbesessenen Bürgermeister namens Gaston Deferre, der Stammgast bei den Heimspielen von Olympique Marseille ist und nicht zögerlich bei Griffen in die kommunale Kasse für den Klub.

Freilich ist seine Freude begrenzt. Erst vor zwei Jahren ist der OM wieder in die I. Division aufgestiegen, und am Alten Hafen riecht's mehr nach Fisch als nach internationaler Fußballuft.

Gaston Deferre ist beeindruckt von Tapies Dynamik, und er bietet ihm den Klub auf silbernem Tablett an. Jede erdenkliche Unterstützung von der Stadt soll er haben, und das bedeutet Subventionen, die deutsche Gemeinderäte erschauern ließen.

Und Tapie, Weltmeister im Umgang mit fremden Kapital, läßt sich nicht dreimal bitten. Für ein Riesengehalt stellt er gleich den Nationaltrainer Michel Hidalgo ein, der Frankreich mit Platini, Tigana und Giresse 1984 zur Europameisterschaft geführt hat. Und es ist kein Zufall, daß Tigana und Giresse auch in Marseille landen. Nicht mehr ganz taufrisch freilich, aber immer noch wertvoll. Platini wäre noch wertvoller gewesen, aber der wollte seine Karriere bei Juventus Turin und beim Präsidenten Agnelli beenden, der bei seinem französischen Star interessiert Auskünfte über den gar nicht bescheiden redenden neuen Präsidenten von Marseille einholt.

Der erste große Fisch an Tapies Angel heißt Jean-Pierre Papin. Bei der 86er Weltmeisterschaft in Mexiko hat er sich profiliert, und es sind in erster Linie die Tore dieses Mittelstürmers, die Olympique Marseille in der Saison 1988/89 zum Double verhelfen. 14 Tage nach dem Gewinn der Meisterschaft wird Olympique Marseille in Paris Pokalsieger gegen Monaco, dank eines Hat-Tricks von Jean-Pierre Papin, der jetzt in der Presse sein Prominentenkürzel bekommt wie der Präsident. JPP der eine, BT der andere. Und der alte Hafen und die Canebière erleben Feste, die die größten, die es hier gegeben hat, in den Schatten stellen. Und die Bezüge von JPP werden so fürstlich, daß ihn kein internationales Angebot weglocken kann.

Neuer Titelgewinn 1990 und erster ganz großer Auftritt im Europapokal der Landesmeister. Im Halbfinale von Lissabon gegen Benfica wird Olympique Marseille betrogen, wie es selten einer Mannschaft in diesem Wettbewerb passiert ist. Ein durch flagrantes Handspiel à la Maradona erzieltes Tor verwehrt der Mannschaft den Einzug ins Endspiel, und man muß Tapies abgrundtiefe Wut und Enttäuschung einbeziehen in die Entschlüsse, die er fassen wird, um der Präsident des ersten französischen Europapokalsiegers zu werden.

Rekordmann im Kaufen und Verkaufen ist er früh geworden. Den beiden deutschen Nationalspielern Karlheinz Förster und Klaus Allofs kommt die Bundesliga in ihren Marseiller Tagen wie ein Armenhaus vor, obwohl sie längst nicht ganz oben auf der Gehaltsliste stehen, und im übrigen ist die Ausländerklausel ein Hindernis, über das Tapie immer wieder flotte Sprüche machen muß. So hat er dem braven Karlheinz Förster, der aussieht, wie sich der Durchschnittsfranzose den Durchschnittsgermanen vorstellt, die französische Nationalität verschafft. Das hätte der sich nicht träumen lassen in seiner Wiege im Odenwald.

Karlheinz Förster als Charles-Henri Forestier – der moderne Berufsfußball schafft erstaunliche Metamorphosen. Und jene, die Beckenbauer in den Trainer eines französischen Vereins verwandeln wird, hat ein wenig mit Förster zu tun, weil dessen Erfahrung und Abgeklärtheit im Abwehrzentrum der Mannschaft eine bisher nicht gekannte Sicherheit gegeben hat. Und da sie da unten im Süden gerne journalistischen Überschwang betreiben, ist von Wagnerisch-Siegfriedhaftem zu lesen. Wie eine Mischung von Rudi Altig und Dietrich Thurau kommt Förster den Franzosen vor.

Aber Tapie, von ungeduldigem Ehrgeiz getrieben, will der erfolgreichste Präsident des europäischen Fußballs werden. Am Ende jeder Saison wird die Mannschaft umgekrempelt. Hidalgo wird auf Erkundungsreisen geschickt und Trainer Gérard Banide in die Wüste. Bei Tapie weiß kein Trainer, wie lange er die Bank drücken darf. Gérard Gili, echtes Marseiller Gewächs, aber fähig, auch mit fremden Mentalitäten umzugehen, wird Nachfolger.

Mit schönem Erfolg. Mit immer neuen Stars freilich auch. 16 Millionen Mark läßt sich Tapie das englische Stürmer-As Chris Waddle von Tottenham kosten, und Jugoslawiens Mittelfeldartist Dragan Stojkovic kommt ebenso zu seinem extravagantem

Strauß wie die exotische brasilianische Blüte Carlos Mozer. An Beckenbauer erinnert er, wenn er mit lässiger Eleganz aufbaut und plötzlich, den Rhythmus wechselnd, mitstürmt. Für Giresse, der dem Alter Tribut zollt, kommt Tigana, auch nicht jünger zwar, aber dünn wie ein Haferhalm. Jeder Rempler würde ihn umschmeißen, aber der drahtige Bursche windet sich mit unnachahmlichem Geschick aus jedem Gedränge heraus, und seine Spielübersicht ist nicht vielen gegeben. Deshalb stimmt es nicht immer mit der Koordination der Anstrengungen, aber es gibt keine stärkere Mannschaft in Frankreich. Tapie schwört darauf, daß sie Nummer eins in Europa geworden wäre, wenn beim Halbfinale 1990 in Lissabon der schwarze Mann nicht für ihre schwärzeste Stunde gesorgt hätte.

Das muß ein Schiedsrichter-Syndrom bei ihm ausgelöst haben. Er hat Schiedsrichter beleidigt und einzuschüchtern versucht wie kein anderer Klubpräsident vor ihm, aber es wird auch von Bestechungsversuchen gemunkelt. Von schwarzen Kassen natürlich auch, denn kinderleicht ist zu beweisen, daß auch der Verein mit den größten Einnahmen im französischen Berufsfußball nicht in dem von Tapie eingeführten großen Stil leben kann.

1989 hat er ja sogar Diego Armando Maradona kaufen wollen. Wochenlang füllte die Möglichkeit des verrücktesten aller Transfers die französischen und italienischen Gazetten, und die Behauptung, daß Mafia und Camorra am Hickhack teilgenommen haben, ist nicht vom Krater des Vesuvs heruntergeholt. Der teuerste Spieler der Welt ist in Neapel geblieben, aber Bernard Tapie bleibt sich treu. Wenn er nicht den besten Spieler der Welt bekommt, muß es der beste und teuerste Trainer der Welt sein.

Ohne es zu ahnen, ist Franz Beckenbauer mit den Schritten, die er nach dem Schlußpfiff des Endspiels von Rom, mit den Schritten, die er auf dem leeren römischen Rasen gemacht hat, in den Hof dessen hineingelaufen, der Sonnenkönig des Fußballs sein will.

Wer hätte, außer Tapie, für den mit Geld alles zu machen ist, auf die Idee kommen sollen?

Die Idee freilich wäre nie geboren worden, wenn Olympique Marseille beim Europapokal-Halbfinale in Lissabon nicht so schamlos betrogen worden wäre und später das Endspiel gegen den AC Mailand gewonnen hätte. Tapie wäre am Ziel gewesen, und vermutlich hätte er Olympique Marseille fallen lassen wie vorher die Tour de France. Jetzt muß der Mann her, der Deutschland zur Weltmeisterschaft geführt hat, und den muß man nicht diesen neapolitanischen Menschenhändlern entreißen, ja es ist sogar beinahe eine Transaktion en famille, weil man ja adidas gekauft hat, dessen PR-Zugpferd dieser Beckenbauer ist. Warum soll es nicht für Marseille galoppieren? Aber solchen Sporendruck mag es nicht. Franz Beckenbauer fühlt sich unabhängig in bedeutenden Entscheidungen dieser Art.

Deutschlands Boulevardpresse kann es kaum fassen, daß der Kaiser zu den Welschen geht. Mit Marseille und seiner verrückten Küche, in deren Töpfen Tapie wie ein ruheloser Chefkoch herumfummelt, kann sie nicht viel anfangen.

Pausenlos leert dieser Chefkoch Töpfe aus und füllt neue. Samthandschuhe trägt er nicht dabei, und so kann es nicht ausbleiben, daß es ungewollten Abfall gibt.

Gérard Gili, der verdienstvolle Trainer, der nach dem Gewinn von Pokal und Meisterschaft gefeiert worden ist wie keiner vor ihm, und den sie vor lauter Begeisterung in voller Montur ins brackige Wasser des Alten Hafens geschmissen haben, ist in seinem Stolz verletzt. Er mag sich dem Technischen Direktor Franz Beckenbauer nicht unterordnen. Ausgerechnet zum Erzrivalen Bordeaux geht er, und es ist eine Rache, die Beckenbauer bei der ersten Heimniederlage gegen Cannes zu spüren bekommt. Man kann nicht von einem kaiserlichen Einstand reden, wenn die Fans in der Kurve nach Gili schreien.

So hat er sich das nicht gedacht. Als Supervisor ist er geholt worden, und jetzt muß er den Trainingsanzug anziehen und das Grobe machen wie ein Karrierecoach. Ohne die Sprache der Spieler zu sprechen. Zwar hat schon Sepp Herberger gesagt, daß der Ball nicht nur rund, sondern auch der beste Dolmetscher sei, aber das sind hübsche Floskeln, mit denen du verdammt wenig anfangen kannst im fremden Land und im fremden Fußball.

Sicher, er hat mehr von der Welt gesehen als alle, mit denen er es zu tun hat, Tapie eingeschlossen, aber nie ist er vor der Aufgabe gestanden, eine Mannschaft einzustellen auf Konkurrenten, deren Eigenarten er nicht kennt.

Das bedeutet, daß er Zeit braucht. Aber genau das ist es, was ihm der ungeduldige, machtbesessene Tapie um so weniger einräumen kann, als ihn die Fans wegen des beleidigten und brüsken Abgangs von Gili nerven.

In dieser Anfangsphase der Beckenbauerschen Arbeit in Marseille wird die Entwicklung des Berufsfußballs transparent wie nie zuvor.

Das Spiel ist das gleiche geblieben, aber es ist trotzdem nicht mehr das gleiche, weil es von regionalen über nationale Grenzen hinweggesprungen ist. Und Olympique Marseille ist der Prototyp des neureichen Klubs, der Schluß macht mit dem Herkömmlichen. Weshalb Tapie als Emporkömmling bezeichnet werden darf.

Franz Beckenbauer, der als Spieler sehr schnell primus inter pares war und dann von Sonderrecht zu Sonderstellung geklettert ist, stellt mit einigem Erstaunen fest, daß in Marseille etliche Entwicklungsstationen des Berufsfußballs übersprungen worden sind. Die Mannschaft ist nicht nur wegen der immensen Transferkosten viel teurer als der FC Bayern. Da gibt's Wasserträger, die in München Kofferträger wären, mit Gehältern von fast hunderttausend Mark im Monat, und er braucht keinen Rechenschieber, um zu wissen, daß das auch der für Frankreich sensationelle Zuschauerschnitt von 30000 pro Heimspiel nicht trägt. Und von den Gagen der Stars im zusammengewürfelten Haufen hat nicht einmal er selbst geträumt. Aber er beginnt, Tapies Traum zu begreifen. Alles ist käuflich für den Mann, also auch der Europapokal.

In eine Zweckgemeinschaft ist er hineingeraten, die sich ganz erheblich von Bayern München, dem Verein seiner Wurzeln, unterscheidet. Von seinem einzigen, muß man sagen, denn Cosmos New York und der HSV waren belanglose Endstationen seiner Karriere. Hinzu kommt, daß er bei den Bayern in die Zeit der Umstellung vom Vertragsspieler zum Vollprofi geraten ist.

Kleine Vereine wurden damals zu städtischen Zulieferern der größeren, und so sind für ein Butterbrot Maier, Schwarzenbeck oder Breitner gekommen, und nur ein kleines

Schrittchen über die bayerische Grenze hatte man machen müssen, um Gerd Müller und Uli Hoeneß aus dem Schwäbischen zu holen.

Und jeder von ihnen ist Weltmeister geworden.

In Marseille muß der Engländer Waddle nicht nur versuchen, mit Franzosen zu reden, sondern auch mit dem Brasilianer Mozer. Und der Technische Direktor Beckenbauer kann zwar mit Waddle reden, weil er ein paar Jahre in Amerika war, aber wie sollen seine Direktiven auf die Mannschaft überspringen?

Zwar hat er den getreuen Holger Osieck mitgebracht, der Französisch spricht und die Konditionsarbeit macht, aber es ist schon eine seltsame Art von Megaphontechnik, mit der er ans Werk gehen muß.

Das hat er sich ganz anders vorgestellt. In den Trainingsanzug muß er schlüpfen, weil Gili als hauptamtlicher Trainer abgesprungen ist, und das ist gar nicht so viel anders, als wenn der Generaldirektor in den blauen Anton schlüpfen muß.

Franz Beckenbauer merkt, daß das Abenteuer in eine Art von Arbeit ausartet, die er nie gesucht hat, weil er sich nie für einen Fußballehrer gehalten hat.

Im Gegensatz zu seinem Freund Dettmar Cramer. Oh, der fällt ihm schon ein in diesen ersten Marseiller Nächten. Es sind Nächte im Nobelhotel Concorde Palm Beach, und in der Suite, die er mit seiner Frau Sibylle bewohnt, hört man die Meereswellen an den steinigen Strand rollen.

Der kleine Cramer würde hier von Herberger träumen und von seiner Mission als Wanderprediger des Fußballs. Der hat es fertiggebracht, Afrikaner und Japaner mit englischen Vorträgen über Fußball zu entzücken. Im Gegensatz zur Mannschaft des FC Bayern. Sepp Maier hat ihn den „laufenden Meter" getauft und ein Nickerchen gemacht, wenn er seine Schnittmuster an die Wandtafel zeichnete, und Uli Hoeneß versichert glaubwürdig, bei diesen Gelegenheiten ein Fanatiker der Segnungen von Oropax geworden zu sein.

Der Franz aber beneidet den fanatischen kleinen Fußballideologen jetzt ein bißchen. Nicht wegen der professoralen Lehrtechnik. Er ist immer sein eigener Lehrmeister gewesen, und was ihm jetzt fehlt, ist ein Stück von Cramers missionarischem Sendungsbewußtsein.

Davon ist ihm, dem das Spiel so leicht gefallen ist, überhaupt nichts gegeben. Es mag damit zusammenhängen, daß der kleine Cramer davon überzeugt ist, Talent, das er selbst nicht besaß, lehren zu können.

In diesen ersten Marseiller Wochen wird ihm, mehr als zuvor, die Problematik der Entwicklung des internationalen Spitzenfußballs klar. Und Tapies Ungeduld.

Autosuggestion muß da helfen, und wenn Freunde kommen oder er einen kleinen Trip nach Deutschland macht, muß unweigerlich die Frage beantwortet werden: „Hast du das eigentlich nötig?".

„Ich will mich kennenlernen", sagt er dann, „will einfach wissen, ob ich das kann."

Es klingt wie eine Selbstverteidigung. Wie ein Dementi dafür, daß ihn das Geld gereizt haben könnte. Er muß sich suggerieren, daß er nicht das führt, was die Franzosen einen „Dialogue de sourds" nennen, einen Dialog zwischen Stummen.

Gerade in Marseille wird das sprachliche Handikap eklatant. Nirgendwo in Frankreich wird mehr gesprochen als in seiner lebhaftesten Stadt, und das Englisch, das der fußballerische Messias anzubieten hat, wird zwar nicht gerade als Falschgeld angenommen, aber es ist auch keine bare Münze.

Außerdem kommt er den Marseillern sehr unterkühlt vor, und sie wissen nicht, daß er auch den Leuten des Ruhrgebiets immer so vorgekommen ist, die sich ihre Stars zum Anfassen am Tresen wünschen.

Der Tresen heißt in Marseille Zinc, und wenn sie in den Bistros des Alten Hafens diskutieren, sähen sie ihn schon gerne mal, und er müßte ja nicht unbedingt einen Pastis trinken mit ihnen, der hier den Klaren des Kohlenpotts ersetzt. Aber der Kaiser isoliert sich. Er wird dort nicht gesichtet, wo das Herz von Marseille schlägt.

Um so mehr beschäftigt ihn dieses „Ich will einfach wissen, ob ich das kann".

Und immer wieder muß er an Dettmar Cramer denken. Hofhalten würde der, und das sterile Leben im Hotel würde ihm überhaupt nichts ausmachen. Aber der Franz ist nicht diese Art von Solist. Er kennt den fußballerischen Zwölf- oder 24-Stundentag nicht, und wäre seine Frau Sibylle nicht dabei, er hätte längst wieder die Koffer gepackt.

Fußball als Beruf. Ist er dazu geschaffen, das zu verlängern? Ein besessener Professoraler wie Cramer ist das. Aber der ist kein Künstler gewesen, und es stellt sich jetzt die Frage, ob der „surdoué", der Überbegabte, wenn er sich solche Aufgaben zumutet, nicht bestraft wird für das, was ihm geschenkt worden ist.

Manchmal, wenn die Wellen des Mittelmeers, vom Mistral gepeitscht, lauter ans steinige Ufer schlagen und der Schlaf nicht kommen will, denkt er nach über den Berufsfußball, der ihn in diese brodelnde Stadt verschlagen hat, die anders als alle ist, die er bisher kennengelernt hat.

Giesing mit seinen Hinterhöfen taucht dann auf und der holprige Platz, auf dem er das ABC des Spiels gelernt hat. Und es sind schmale Straßen dazugekommen, auf denen man auch spielen konnte, weil kaum ein Auto durchfuhr.

Fast wie im Ruhrgebiet ist das gewesen, und er erinnert sich, daß Timo Konietzka, der ein großer Stürmer war und als Trainer manchen in den Sack steckt, der einen größeren Namen zu haben glaubt, als Bergmann unter Tage gearbeitet hat, ehe der Fußball zu seiner Sonne wurde. Bis weit in die fünfziger Jahre hinein sind die Stars des Ruhrgebiets aus dem Pütt gekommen, und man hat ihnen eine leichtere Arbeit auf der Zeche gegeben, damit sie besser trainieren konnten. Als Vertragsspieler für 320 Mark im Monat.

Und jetzt Marseiller Profis. Die meisten wohnen außerhalb in Villen am Meer, und auf den ersten Blick sieht das aus, als ob Tapie voller Güte zusammengekaufte Edelsteine streichle. Aber erstens sind nicht alle Steine echt, und zweitens kann es passieren, daß die Hand den Stein plötzlich fortschmeißt.

Das ist passiert, und es wird weiter passieren. Aber nicht bei Beckenbauer. Und nichts ist ihm klarer als dies: Wenn er geht, geht er von selber. Das war bei der Nationalmannschaft so, und das wird bei Olympique Marseille so sein.

Aber in diesen unruhigen Herbstnächten versteht er auch mehr und mehr die Entwicklung, die das Geld ins Spiel gebracht hat. Er weiß, daß ein absolutes As nie überbezahlt ist, aber genauso weiß er, daß der Mittelmäßige von dieser Lokomotive mitgezogen wird, als ob es nichts Natürlicheres auf der Welt gäbe.

Erst jetzt, wo er in Marseille sitzt, erfaßt er mit kristallener Klarheit die Gefährlichkeit der Evolution des Berufsfußballs.

Die Tatsache, daß die Verdienstmöglichkeiten ins Überdimensionale gesteigert werden, kann nichts an einer anderen Tatsache ändern, die felsenfest steht, seit die Engländer im Jahre 1885 den Berufsfußball eingeführt haben: Die Zahl der echten Talente, die sich durchsetzen, ist zu allen Zeiten die gleiche gewesen.

Eigentlich könnte man sogar rütteln daran. Manches große Talent, dem die mentale Kraft für den einsamen Kampf gegen ausgeklügelte Zerstörungstaktiken fehlt, gibt auf, aber das wollen wir als natürlichen Schwund bezeichnen in einem Prozeß, der die Ellenbogentaktik der modernen Geschäftswelt – und der Gesellschaft – widerspiegelt.

Als Beckenbauer anfing, machte der Berufsfußball in Deutschland seine ersten Schritte, und die Profis im Kohlenpott kamen schon nicht mehr aus der Grube wie Nat Lofthouse, Englands bester Mittelstürmer der frühen fünfziger Jahre: „I got easy money, I know. I have worked down the pitch and I have played football“, hat Lofthouse einmal gesagt.

Es gibt den Berufsfußball in England seit 1885, aber er ist sogar noch nach dem Zweiten Weltkrieg trotz gewaltiger Zuschauerzahlen ein „Proletensport“ gewesen. Die Gehälter kamen kaum an die guter Facharbeiter heran, es gab ein Pfund Prämie für das Unentschieden und zwei für den Sieg, und das Transfersystem war schiere Sklaverei. Man mußte schon Matthews heißen, um für seine Zukunft sorgen zu können, aber es sind mehr PR-Gelder als Vereinsgelder gewesen, die ihn wohlhabend gemacht haben, und man muß auch die ungewöhnliche Dauer seiner Karriere hinzurechnen.

In seiner Marseiller Abgeschossenheit – der Ausdruck ist nicht nur erlaubt, sondern notwendig – hat Franz Beckenbauer besser als vorher begriffen, was es für den „Urprofi“, eben den englischer Prägung, bedeutete, nicht in die Fabrik oder in den Pütt zu müssen. Sogenannte Unterklassige wurden wie Leute bezahlt, die richtig arbeiten, und hatten sogar ihr Vergnügen dafür. War das nicht großherzig von den Direktoren, die, wohlgemerkt, nicht einem Klub unserer Prägung, sondern Aktiengesellschaften vorstanden? Der Franz hat mit seinem Freund Bobby Moore gelegentlich darüber gesprochen, und sie haben darüber gelächelt wie Gentleman, die ihren Wert kennen.

Aber nun fragt sich der Franz in seinem Exil, ob ein Ersatzspieler mit 100000 im Monat seinen Platz kennt. Er fragt es sich deshalb, weil er ihn einsetzen muß. Die Verletztenliste ist fast so groß wie die Zahl seiner Stars, aber das wollen weder Tapie noch der Fan in der Kurve wissen. Der Weltmeister soll's richten, er ist teuer genug.

Und wie steht's mit dem guten Rat? Der ist nicht einmal teuer, weil er gar nicht käuflich ist. Ist Marseille schon Fußball 2000? Die Frage geht ihm in diesen Nächten schon durch den Kopf, zumal er weiß, daß die Europaliga in vielen Präsidentenköpfen spukt. Man wird bis dahin auch die Ausländerklauseln lockern oder ganz abschaffen, weil das große Geld dem Spiel die Wurzeln ausreißt.

Längst schon sind die Zeiten der regionalen Unterschiede vorbei. Es mag noch Nuancen geben, die daran erinnern, welcher Fußball einmal in Nürnberg, in Kaiserslautern, in Schalke oder in Stuttgart gespielt wurde, aber wenn das junge Talent erst einmal entdeckt ist, kommt es doch bloß noch auf den Hai an, der es geschickt verkauft und sein Vermittlungshonorar einstreicht.

Nach ganz oben freilich reicht der Arm dieser Herren nicht. Tapie hat schon selbst kommen müssen. Napoleon und Kaiser brauchen keine Hilfskräfte. Die Frage ist nur, wie kaiserliche Hand diese internationale Ansammlung von Talenten und solchen, die dafür gehalten werden, in den Griff kriegen soll.

Hier hat er Spieler, die mit dem Ball alles können und der Meinung sind, dies bei jeder Gelegenheit zeigen zu müssen. Technik verpufft, weil sie Selbstzweck wird. Und er spürt, daß sie zu sehr von Stimmungen abhängig sind, die zwar zu brillanten Spielzügen führen können, aber auch zu verheerenden Pannen. Und vermeidbare Gegentore schlauchen den Perfektionisten Beckenbauer mehr als versiebte Chancen seiner Stürmer.

Vor allem aber schlaucht ihn, daß in Frankreichs wortreichster Stadt so viele Experten mitreden wollen, einschließlich des Präsidenten. Manchmal glaubt er, unter lauter Wissenschaftler des Fußballs geraten zu sein, die aus unerfindlichen Gründen die Sache nicht selber machen wollen und sich einen Sündenbock geholt haben.

Der moderne Trainer muß siegen, wenn ihm die Bank nicht unter dem Hintern weggezogen werden soll. Aber Beckenbauer hält sich selbst ja gar nicht für einen Trainer, auch wenn er jetzt auf dem Feld herumtraben muß, weil ihn der Gili hat sitzen lassen. Beziehungsweise von der Tribüne auf die Bank heruntergeholt hat.

In Marseille ist die Mischung innerhalb der Mannschaft eine verdammte Melange von Kreativität, die dich jubeln, und von Naivität, die dich schreien läßt. Zwischen diesen einander elektrisierenden Polen hockt oder steht er am Spielfeldrand.

Und nach dem Spiel kommt der Bandenchef Tapie in die Kabine mit einem Gesicht, das süß oder sauer ist. In diesem Moment spürt der Franz die Berechtigung des französischen Ausdrucks „chef de bande". Sie sind tatsächlich eingeschworen auf ihn wie auf einen Schinderhannes oder einen Robin Hood. Eingeschworen auf den Mann, der ihnen ein Luxusleben gestattet, wie es kein anderer Präsident bieten kann. Ein „Patron" aus dem Bilderbuch, solange er einen nicht wegjagt, und sehr wohl spürt der Weltmeister Beckenbauer, wie sie am Evangelium des Geldmeisters Tapie hängen. Und er wird noch einiges dazulernen, wenn der von der Disziplinarkommission des Fußballverbandes wegen unsportlicher Machenschaften verurteilte Präsident als Märtyrer dasteht. Mit einem Solidaritätsstreik werden sie drohen und damit die Qualifikation der Nationalmannschaft für die Europameisterschaft 1992 in Frage stellen.

In ein Wespennest ist er geraten, von dessen Ausdehnung er keine Ahnung hatte, und als sein Erfolgsjahr 1990 zu Ende geht, wird sein Geduldsfaden hauchdünn, obwohl Tapies Traumziel Europapokal der Landesmeister noch nicht vom Horizont verschwunden ist. Über Albaniens Meister Tirana und Polens Meister Lech Posen hat man das Viertelfinale erreicht, aber der Gegner ist kein anderer als der Titelverteidiger AC Mailand.

Mitten im Geschehen, und doch immer etwas einsam: In Marseille hat Franz Beckenbauer die Sprachbarriere bis zum Schluß nicht überwunden.

Beckenbauäääär, mais oui!

Kapitel dreiundzwanzig

... in welchem der Technische Direktor von Olympique über die Zukunft des deutschen Fußballs nachdenkt und die Weichen für die eigene stellt. Und im Alten Hafen ersteht Jean Gabin wieder auf – in doppelter Ausführung

Wir sitzen auf der verglasten Terrasse seines komfortablen Appartements mit Traumblick auf Marseille, das er mit dem Hotel vertauscht hat, hoch über dem Meer, aus dem die von der Abendsonne vergoldeten Konturen des Château d'If ragen. Dort war der Graf von Monte Christo eingekerkert. Ganz hinten geht der violettschwarze Himmel ins Meer über. Unter dem Glas spürt man noch die Wärme der Dezembersonne.

„Es gibt", sage ich, „schlechtere Plätze zum Überwintern." Er zuckt mit den Schultern. „Zwei Monate Winterpause wären schöner, aber die brauchen keine. Mickrige acht Tage Weihnachtsurlaub hab' ich, aber keine Lust, mich im Januar hier wieder in den Trainingsanzug zu schmeißen. Als Technischen Direktor hat mich Tapie geholt, und wenn er jetzt keinen Trainer holt, ist Sense. Auch er muß sich an Abmachungen halten!"

Wenn das nicht vor Weihnachten geregelt ist, wird er gar nicht zurückkommen, und es wird keinen großen Umzug geben. Die Beckenbauers sind mit sehr leichtem Gepäck in die möblierte Wohnung gezogen.

Aber die versöhnt mit dem Leben im Hotel, die ist wichtig, weil sie nicht teilnehmen am lauten, quirligen Leben der Stadt. Er fällt auf, wo er hinkommt, und den Boris-Bekker-Trick mit Perücke, Schnauzer und Hut möchte er nun doch nicht machen. So spielt sich das Leben zwischen Wohnung, Trainingsplatz und Stadion ab und ist viel simpler, als es sich der kleine Moritz vorstellt.

Und auch das Auto ist kein Glitzerding. Man weiß, daß es außer Beckenbauer niemand fertiggebracht hätte, Mercedes-Benz zum Hauptsponsor der Nationalmannschaft zu machen und daß es in der Untertürkheimer Beletage gerne gesehen wird, wenn ein weltmännischer Weltmeister am Steuer des 500 SL sitzt. Man hat ihm deshalb empfohlen, dieses Auto mitzunehmen, aber der Verzicht ist ihm nach Inspektion der Szene leicht gefallen. Marseille ist nicht nur Dorado für große und kleine Gauner, die flinker und geschickter als anderswo klauen. In Marseille wird auch ein Trainer schneller als anderswo zur Reizfigur.

„Wenn du verlierst", sagt er, „kannst du ganz schön alt aussehen in der Luxuskarosse, und wenn du gewinnst, hüpfen sie dir vor lauter Begeisterung hinein. Deshalb ist ein 190er gerade recht. Die größeren Dinger sollen die Spieler fahren. Denen nimmt niemand hier etwas übel, und wenn sie schlecht spielen, ist sowieso immer nur der Trainer schuld.“

Er nimmt sich eine Zigarette aus meiner Packung, was er ganz selten und nie öffentlich macht. Etwas muß ihn beschäftigen, und es kommt auch gleich, mit dem ersten Zug. „Du siehst, ich lerne meine Lektionen, aber ich mache auch sonst die Augen auf. Olympique Marseille ist ein von Bernard Tapie geschaffener Sonderfall in einer Stadt, die für Tapie geschaffen ist. So sehe ich das. Der Mann ist ein Dynamiker, der vor nichts halt macht. Daß der Fehler macht und sich Feinde schafft, ist logisch, aber ebenso logisch ist, daß die OM-Anhänger wie ein Mann hinter ihm stehen.“

„Aber Mercedes wird er nach adidas nicht auch noch kaufen.“

Er lacht, als ob der Witz gut wäre. Aber es ist ein Stichwort, das ihn zu Agnelli bringt, dem Fiat-Boß aus Turin. „Der Ausverkauf unserer Nationalspieler ist auf Leute wie Agnelli zurückzuführen, die sich eben Fußballklubs leisten wie andere Rennpferde. Sie sind mit Mäzenen der deutschen Art nicht zu vergleichen. Tapie probiert es auf seine Weise, sich mit ihnen zu messen, aber ich kann mir nicht vorstellen, wie einer in Deutschland mit seinen Methoden arbeiten soll. Von städtischen Subventionen, schwarzen Kassen und anderen Tricks wollen wir gar nicht reden. 1,5 Millionen pro Jahr und steuerfrei – ich meine Mark und nicht Franc – sind eben nicht drin, und aus diesem einfachen Grund muß sich Berti Vogts jetzt seine Nationalmannschaft eben aus Italien holen.“

„Vielleicht den einen oder anderen auch mal aus Marseille?“

Er breitet die Hände aus wie Waagschalen, legt aber nichts hinein. „Soll ich mich ankläffen lassen als Heldenklau? Wenn die Bosse von Mailand und Turin zuschlagen, findet man das ärgerlich, aber unvermeidlich; aber ich habe die deutsche Presseszene studieren können. Beckenbauer, werden sie sagen, darf sich nicht auch noch in Marseille mit deutschen Federn schmücken! Dabei hat sich kein Mensch darüber aufgeregt, daß Förster und Allofs hier waren, ehe ich kam. Heilfroh wär ich, wenn ich sie jetzt haben könnte. Im Vollbesitz ihrer Kräfte, versteht sich.“

Es mag durchaus in Bernard Tapies Überlegungen eingeflossen sein, daß der Weltmeister Beckenbauer, gleich dem Rattenfänger von Hameln, deutsche Verstärkung herbeiflöten würde. Bloß, er hat es mit keinem deutschen Michel zu tun, obwohl der Beckenbauer jetzt, wo sich die frühe Winternacht über die Marseiller Bucht senkt, diesen Michel heraufbeschwört.

„Diese Weltmeisterschaft, die mein größtes Erlebnis gewesen ist, ist zusammengefallen mit der deutschen Einheit. Das hat nicht nur die Freude erhöht, sondern auch die Möglichkeiten des deutschen Fußballs. Ich habe vielleicht Mist verzapft, als ich das nach dem Endspiel von Rom vor der internationalen Presse sagte, aber wenn ich es jetzt nüchtern sehe, ist es kein so schrecklicher Fauxpas gewesen. Die DDR hat, genau wie wir, Spieler der absoluten Spitzenklasse hervorgebracht; ich denke nur an Sammer, Thom oder Kirsten, aber sie hat ihnen nicht die Möglichkeiten geboten, die die freie Welt dem modernen Star bietet. Wer redet heute noch von den Spielern, die sich in den Westen absetzen wollten und eingekerkert wurden?“

Hinter dem Glas der Terrasse, die die Bucht überragt, sind nur noch schemenhaft die zackigen Umrisse des Château d'If auszumachen, in dem der Graf von Monte Christo eingekerkert war.

Jetzt sind die Asse des Fußballs aus Mitteldeutschland freie junge Männer, egal, ob sie hineingezwungen worden waren in einen Klub namens Dynamo, der, nach russischem Vorbild, ein Klub der Polizei und der Staatssicherheit war, oder in einen, der einen besseren Leumund, aber schlechtere finanzielle Möglichkeiten hatte.

„Ich hätte", sagt Beckenbauer, „wahrscheinlich auch da gespielt, wo es die besten Bedingungen zum Vorwärtskommen gab."

Und dann sieht er die Zipfelmütze des Michel, die der deutsche Fußball, wiewohl er Meister der Welt geworden ist, tragen muß.

„Für die, die mit dem Stempel der Klasse versehen sind, wird die Bundesliga zur Zwischenstation. Jahrelang hat sie sie angezogen wie ein Magnet. Es hat nichts Größeres für sie gegeben in ihrer Isolation. Aber frag mal den Sammer. Groß ist er herausgekommen beim VfB Stuttgart und damit eine automatische Größe für die Nationalmannschaft geworden. Und du wirst doch nicht im Ernst glauben, daß ihn die Italiener nicht schon umschwirren?"

„Dann wäre die Bundesliga zum Vorzimmer des italienischen Salons geworden?"

So hart und ungeschminkt will er's nicht sehen, aber er räumt die Schwierigkeit für Uli Hoeneß ein, der sich täglich mit diesem Problem beschäftigen muß.

Rund in seiner ganzen faszinierenden Einfachheit ist der Ball gewesen, mit dem Beckenbauer und Hoeneß nationale Meister, Europapokalsieger und Weltmeister geworden sind. Jetzt hat der Ball Kanten, die sich nicht wegschleifen lassen mit der vergleichsweise bescheidenen Feile, die dem Manager des FC Bayern zur Verfügung steht. In gewisser Weise ist der deutsche Glamour-Klub durchaus vergleichbar mit Olympique Marseille. Er ist ständiger Meisterschaftsfavorit, stellt viele Nationalspieler, hat die höchsten Zuschauerzahlen und besorgt auch der Konkurrenz, die seinen Wert schätzt, aber ihn aus verständlichen Gründen nicht lieben kann, bei Heimspielen mehr Zuschauer als jeder andere Gegner.

Aber längst sind die Zeiten vorbei, in denen die Bayern ihre Stars halten konnten. Es war noch möglich bei Maier und Müller; und es war sogar möglich bei Beckenbauer, weil der seinen Robert Schwan hatte, der es fertigbrachte, sowohl den Verein zu managen als auch den Genialsten des Spiels.

Man mag Schwan sehen, wie man will. Aber auch da ist Genialität im Spiel. Immerhin hat er mit einem Breitner kämpfen müssen, der mit Beckenbauerscher Allmacht gar nicht zufrieden war, aber dadurch gezwungen war, Beweise der eigenen Fähigkeiten zu liefern.

Das ist ein hochinteressantes Kapitel der durchschlagenden Effizienz des FC Bayern. Da haben interne Machtkämpfe, innere Reibungen, die nach außen nicht sichtbar waren, ihren Nutzen gebracht. Ein Team entstand, in dem nicht alle treu im hergebrachten Sinn werkelten, aber sich gegenseitig hochschaukelten.

Das hat sich nicht nur in der Statistik niedergeschlagen. Zu den nationalen und internationalen Erfolgen sind individuelle Auszeichnungen gekommen. Drei von ihnen wurden bei der einzigen Wahl, die wirklich zählt bei der Schwemme von Sportlerwahlen, zum europäischen Fußballer des Jahres gekürt: Franz Beckenbauer, Gerd Müller und Karl-Heinz Rummenigge. Das ist deshalb keine Allerweltswahl, weil aus jedem Land ein einziger Fachjournalist, der die europäische Szene kennt, seine Stimme abgibt. Beckenbauer: „Es gibt keine wertvollere individuelle Ehrung."

Hinzugefügt muß werden, daß sie 1990 auch dem früheren Bayern-Spieler und Kapitän der Nationalmannschaft, Lothar Matthäus, zuteil wurde. Und sicher ist, daß der nächste Deutsche, der sie bekommen wird, nicht in einem deutschen Klub spielt.

Beckenbauer an diesem Marseiller Abend: „Der Rummenigge ist vor zehn Jahren noch als Bayern-Spieler europäischer Fußballer des Jahres geworden, weil wir uns da noch einigermaßen wehren konnten gegen die italienischen Aufkäufer, aber sein Wechsel zu Inter Mailand war überfällig. Heute schlagen die vor dem Veteranenalter zu!"

„Aber als der Rummenigge noch grün war, hat er's schwer gehabt bei euch, oder?"

„Stimmt. Es hat da schon so etwas wie eine Hierarchie gegeben. Nicht jeder ist einem Grünen grün gewesen, und es ist dazugekommen, daß er als Flügelstürmer geholt worden ist."

„War das ein Fehler von ihm?"

„Nein, aber ein Handicap. Von Dribbelkunst und Spielauffassung her war er ein Rechtsaußen, aber da hatten wir den Uli Hoeneß. Allerdings nicht als Flügelstürmer im alten Sinn. Mit seiner Kraft und seiner Schnelligkeit konnte er viel im Mittelfeld bewegen, aber auch noch zur Speerspitze werden, sei es am Flügel oder im Zentrum des Angriffs. Es war die Zeit, in der man sich auf zwei Angriffsspitzen umstellte, und wenn der Rummenigge nominell Linksaußen spielte, bedeutete das nicht, daß er am Flügel auf Bälle warten durfte. Heute weiß ich, daß man ihm als Neuling in der Mannschaft zuviel zugemutet hat."

„Als er kam, war die ganze Mannschaft Europapokalsieger und die halbe Weltmeister, und er sagt, daß er von Robert Schwan mehr abgekanzelt als gelobt worden sei."

Franz Beckenbauer läßt mit dem Anflug eines Lächelns die Hand wie einen Scheibenwischer vor der Nase tanzen. „Schmarrn. Als er den Robert besser gekannt hat, hat er das nicht mehr so ernst genommen. Sein Selbstvertrauen hat er sich einfach über Leistung geholt wie jeder, der mehr kann als andere, und dann ist er ganz einfach Kapitän geworden, weil kein besserer da war."

„Ist das in Marseille mit Jean-Pierre Papin auch so?"

„Mit Sicherheit. Er ist allerdings auch der einzige, der ständigen Kontakt mit dem Präsidenten hat. Ich hab nicht lange gebraucht, um das rauszukriegen. Tapie kommt praktisch nur zu unseren Heimspielen nach Marseille. Um die Hand an den Puls der Mannschaft zu kriegen, telefoniert er mit Papin."

„Er mißt also Fieber von Paris aus?"

„So kann man es sagen. Ich hab dir ja gesagt, daß ich meine Lektionen lerne. Alle großen Manager brauchen ihre Vertrauensleute, und was mich angeht, mache ich mir keine Illusionen. Tapie weiß alles, was ich hier mache. Sagen wir, zumindest das, was Papin weiß."

Sein Lächeln steigt aber nicht von den Mundwinkeln in die Augen. So behaglich findet er es nicht, überwachter Überwacher einer Mannschaft zu sein.

Und außerdem will er, wenn das Jahr 1991 beginnt, klare Verhältnisse. Es muß ein hauptamtlicher Trainer her, der zu einer vernünftigen Zusammenarbeit mit dem Technischen Direktor Franz Beckenbauer bereit ist.

Aber noch ist diese Dezembernacht nicht zu Ende, in der mich dieser Technische Direktor, den sie gegen seinen Willen zum Mädchen für alles gemacht haben, von seinem standesgemäßen Domizil hinunter zum Alten Hafen fährt. Beinahe wären wir gar nicht aus seinem vornehmen Residenzviertel hinausgekommen, weil da nämlich erst die Schranke hochgehen muß. Der Code, den man dem Computer mit dem Zeigefinger eingeben muß, wird jeden Monat gewechselt, aber zum Glück fällt er ihm noch ein, und die Schranke, die kein falsches Auto eindringen läßt, geht hoch.

Marseille ist nicht nur für Leute, die mit Fußball befaßt sind, eine gefährliche Stadt.

Ob er deshalb nicht in das Bistro des Alten Hafens will, zu dem ich ihn dirigiere? Es hätte lustig werden können, wie sich gleich zeigt. Aber der Franz hat keine Lust auf Fan-Berührungen. Er wendet das Auto zur Heimfahrt, weil er das ziemliche Gegenteil eines dieser Karriere-Trainer ist, die sich in Kneipen feiern lassen.

Er hat freilich auch nicht zum fahrenden Volk der Tour de France gehört. Ich bin da ziemlich eingelebt gewesen, als ich mich noch faszinieren ließ von den heißen Kämpfen der Giganten der Landstraße, die fast jedes Jahr im heißesten Monat des Jahres in Marseille Station machen.

Der Patron des Bistros heißt Albert, aber sie reden ihn nur mit dem Kosenamen „Bébert“ an, und es mögen zwanzig Jahre her sein, daß wir uns bei einer dieser Boulliabaises kennenlernten, die er zu bereiten versteht wie kein anderer.

Und vielleicht hätte Franz Beckenbauer stirnrunzelnd Berührungsängste bekommen, als mich Bébert an die breite Brust zieht, die nach Fisch und Knoblauch riecht.

„Tiens, deutscher Besuch! Bis jetzt hat man dich nur bei der Tour gesehen. Was führt dich her? Klar, deinen Kaiser willst du holen!“

Sein lautes Lachen läßt Köpfe herumfahren, und es ist ansteckend. Man gehört gleich dazu, wenn's um Sport geht, und um es zu beweisen, holt er die Pastis-Flasche und zwei Gläser.

„Auf den OM und den Kaiser!“

Er sagt Kaisäär wie alle Franzosen und dann noch peuchère wie alle Marseiller, wenn eine Überraschung hereinweht. In der Ecke schmeißen die Spieler ihre Karten auf die grüne Filzunterlage.

„Erzähl, warst du bei ihm?“

„Ich komme gerade von ihm.“

„Und warum hast du ihn nicht mitgebracht?“

„Hm. Er mag das nicht so sehr. Ist ungewohnt für ihn, und vielleicht seid ihr ihm zu stürmisch.“

Im Gemurmel schwingt Ärger mit, weil der Marseiller seine Lebensart für die einzige vernünftige hält. Und natürlich glaubt er auch, daß es nichts Einfacheres gäbe als ihn zu verstehen, obwohl er arges Schindluder mit den Nasallauten der französischen Sprache treibt.

Aber dann sind wir bei der Sache, weil das gar nicht anders geht bei einer solchen Männerversammlung in dieser Stadt. Merkwürdig genug ist die Geschichte, mit der sie sich herumbalgen. OM hat einen Heilsbringer aus Deutschland gekriegt. D'accord. Warum nicht? Tapie kann sich alles leisten. Aber bei einem Förster hat man gewußt, was man hat, Bonne Mère! Der ist wie ein Weltmeister hinten drin gestanden, und den Beckenbauer sieht und hört man nicht!

Es ist nicht schlecht, denke ich, dem Volk auf's Maul zu schauen. Aber wie sollen sie den Beckenbauer hören? Erstens spricht er ihre Sprache nicht, und zweitens hat er genug andere Probleme, und drittens treibt's ihn nicht in die Kneipen. Hinzu kommt, daß er nicht nur Siege heimfährt. Täte er dies, würden sie ihm da, wo die Flaschen mit dem roten, grünen und gelben Inhalt an der Wand stehen, einen Altar aufbauen.

„Zwei Stürmer hätte er halt mitbringen sollen", brummt einer und läßt die Faust auf den Tisch sausen.

„Nein, zwei Verteidiger!" schreit einer von den Kartenspielern im Hintergrund.

„Ein Förster hätte gereicht!"

Es geht zu wie bei einer Versteigerung auf dem Fischmarkt. Eigentlich wollen sie gar nichts von mir wissen, sondern nur sich selbst hören. Aber dann schlägt ein alter Mann auf den Tisch, daß Gläser klirren. „Schluß jetzt, peuchère!"

Er sieht aus wie ein Bruder von Jean Gabin, aber nicht wie Gabin in einer Nobelrolle. Speckig ist der Kragen des Mantels, den er gar nicht ausgezogen hat, weil er vielleicht bloß mal hat reinschauen wollen. Aber er muß zur Stammbesetzung gehören und Respekt genießen. Fast ruhig wird's. Über grauen Bartstoppeln blitzen aus tausend Fältchen alerte Augen. Ein Clochard, der unter Brücken schläft, ist das nicht. „Er ist Kapitän gewesen", flüstert mir Bébert, der Wirt, zu.

„Ich will euch mal was sagen, ihr Klugscheißer! Wenn der Beckenbauer gewinnt, ist er einer von euch, und wenn er verliert, fällt euch ein, wo er herkommt! Man hat ihn auf die Brücke eines fremden Schiffs gestellt, auf der anders navigiert wird als da, wo er herkommt. Eine großartige Idee des großen Tapie, aber ihr denkt so wenig nach über sie wie er. Wie solltet ihr auch! OM verdreht euch bei jedem Sieg die Köpfe, und bei jeder Niederlage jault ihr wie getretene Hunde! Wenn man im Fußball alles mit Geld machen könnte, ginge kein Schwein mehr hin, und ich will euch noch was sagen: Den Sieg kann nur der genießen, der die Niederlage verkraften kann. Aber über den Sinn des Spiels denkt ihr nicht nach!"

Der Mann muß wirklich Respekt genießen, denn das Gemurmel klingt eher wie pro denn wie kontra, und man merkt auch, daß er gar nichts anderes erwartet hat. Und ich bedaure jetzt, daß Franz Beckenbauer nicht an diesem Tisch sitzt. Er hätte mehr über Marseille lernen können als im Stadion und bei seinen einsamen Fahrten zwischen Arbeitsplatz und Heim.

Ich erfahre ja selber mehr, weil der alte Kapitän mit dem Klub verbundener ist als alle um ihn herum. Er ist ein Bub gewesen, als Olympique Marseille 1924 zum ersten

Mal den französischen Pokal gewann, und das hat ihn so fasziniert, daß er nicht mehr loskam von OM. Als 1932 der Berufsfußball eingeführt wurde, ist er auf den Weltmeeren gefahren, aber begleitet hat ihn der Klub, der immer anders als die anderen war.

Es gibt Millionen von Beispielen für solch lebenslange Anhängerschaft, aber vielleicht hat ihm beruflich bedingte Distanz mehr Klarheit über das Phänomen Spiel verschafft als anderen.

Von 1937 spricht er, als Olympique Marseille zum ersten Mal französischer Meister wurde und später mit vier Pokalsiegen zu einem der großen Klubs des Landes wurde. Und in der Tat paßt der Pokal, bei dem immer alles auf dem Spiel steht, viel besser zur heißen Marseiller Mentalität als die Meisterschaft.

Und es paßt der Griff nach den Sternen. Nach dem Zweiten Weltkrieg, als die Italiener die außergewöhnliche Klasse schwedischer Amateure entdeckten, holte sich Marseille dort den fulminanten Torjäger Gunnar Anderson, aber der Höhenflug, der sich andeutete, mißglückte.

1963 kam der Abstieg in die II. Division, und der Jean-Gabin-Typ, der für Ruhe im Bistro gesorgt hat und Leute, die sehr laut waren, lauschen läßt, erinnert sich: „Es war unfaßlich. OM wurde zum Schimpfwort, das Stade Vélodrome blieb leer, und Frankreichs größter Hafen, sein Fenster zur Welt, hatte kein Fenster zu seinem Fußball mehr. Bis der große Verleger Marcel Leclerc kam. In jeder Hinsicht ein echter Vorläufer von Tapie! Er übernahm den Klub und brachte den schwedischen Dribbelkünstler Roger Magnusson als Morgengabe."

Alle nicken, und man sieht Münder, in denen das Wasser zusammenläuft. Magnusson! Sie schwören darauf, daß es nie einen größeren Flügelstürmer einschließlich Matthews und Garrincha gegeben hat. Marseiller Nostalgie ist ebenso konkurrenzlos wie Marseiller Erwartungshaltung. Tatsache ist, daß Magnussons Klasse Olympique Marseille in die I. Division zurückgeführt hat.

Große Zeiten kündigten sich an. Dem Pokalsieg 1969 gegen den regionalen Erzrivalen Bordeaux folgte 1971 die Meisterschaft und 1972 sogar das Double Meisterschaft und Pokal. Gilbert Gress, der Elsässer, den Leclerc vom VfB Stuttgart geholt hatte, war dabei.

Aber ins Spiel kommt das unkurierbare Marseiller Übel. Die Mannschaft ist teurer, als sie sein darf, ohne daß das die Kauflust des Präsidenten, der übrigens, wie Tapie, seinen Geschäften in Paris nachgeht, stören würde. Für sündhaftes Geld holt er die brasilianischen Stars Jairzinho und Paulo Cesar, ohne zu merken, daß er da nichts anderes fertigbringt, als den beiden ein süßes Brot der späten Jahre zu verschaffen.

Der alte Kapitän sagt, daß das in die Katastrophe geführt habe, aber mir fällt ein, daß auch noch Didier Six vom VfB Stuttgart zurückgeholt worden ist.

„Stimmt. Und auch noch Marius Trésor, der Schwarze. Aber Marcel Leclerc war gegangen, weil er große Probleme mit der Justiz hatte, und der Klub hatte nicht einmal mehr schwarzes Geld im Tresor. 1980 sind wir nicht nur abgestiegen, sondern wir waren bankrott. Die ganze Mannschaft stand zum Verkauf. Histoires Marseillaises, tu comprends?"

Gegenüber diesen Marseiller Geschichten sind Schalker Geschichten Bubenstreiche, aber noch ehe ich Brot in meine Fischsuppe gebröckelt habe, macht er die Sache wieder rund. „Es sind vernünftige Leute gekommen wie Claude Cuny, der vorher Präsident in Nancy war, und man hat es mit jungen und ehrgeizigen Spielern aus der Region versucht. 1984 ist der Wiederaufstieg gelungen – und dann ist plötzlich Tapie dagewesen, und daß der nicht nach kleinen Fischen angelt, wissen Sie!"

„Beckenbauääär", grunzt einer. Es klingt eher kritisch als triumphal.

„Mais oui, Beckenbauääär", äfft ihn der Alte nach. „Seid froh, daß es nicht Maradona war! Der hätte sogar Tapies Geld aufgefressen, und die ganze Mannschaft dazu!"

Zustimmendes Gemurmel, aber auch Protest: „Der hätte wenigstens mitgespielt! Man hätte gesehen, was man gekauft hat!"

„Soso. Und was hätte man gesehen? Eine fette Diva, die man in ihrer Sänfte zum Training tragen muß! Da ist mir ein großer Trainer schon lieber, Messieurs!"

„Aber er spielt nicht mit, peuchère!"

Der Alte winkt ab. „Der Mann hat auf der ganzen Welt gezeigt, was er kann, und er ist nicht nur als Spieler Weltmeister geworden, sondern auch als Teamchef. Tapie spinnt vielleicht manchmal, aber das hat er begriffen! Was kann er dafür, daß es nicht in Spatzenhirne hineingeht?"

Er leert sein Weinglas in einem Zug und haut es auf den Tisch. „Ich bin mit dem OM aufgewachsen und alt geworden, aber der Klub, mit dem ich geweint und gefeiert habe, wird nie alt! Jetzt ist er wieder einmal der größte des Landes, und ein Scheißkerl ist, der nicht hinter denen steht, die ihn zum größten von Europa machen wollen!"

Das wirkt. In Deutschland würden sie vielleicht jetzt anfangen zu singen, weil so etwas wie Harmonie hergestellt ist, aber hier kommt eine andere Art der Geselligkeit hoch. Der Mann, der einmal ein Schiff befehligt und irgendwo in der Karibik, festgezurrt im Kampfstuhl eines schnellen Bootes, wie Hemingway mit dem Hai gekämpft hat, ist Sieger der Runde. Und man spürt, wie er die Gefolgschaft, die er erzwungen hat, genießt. Seinen Sport hat er gehabt. Aus den lebhaften Augen blitzt das Triumphgefühl eines Torschützen.

Später, im Hotelzimmer, kann ich nicht einschlafen. Ich wohne im Concorde Palm Beach, wo Franz Beckenbauer seine ersten Marseiller Wochen verbrachte, und im Rauschen der Wellen ist eine Melodie, die von weither kommt.

Wo habe ich diesen alten Mann schon gesehen? Er hat nicht nur mit Marseille zu tun, das steht fest. Die Figur ist bedeutender, blutvoll einfach.

Der alte Mann und der Sport?

Setzen wir noch das Wort Leben dazu. Und dann habe ich ihn.

Der Alte Hafen von Marseille verwandelt sich in die Boca von Buenos Aires. Die Boca, das ist das Hafenviertel, und sie ist die italienischste aller italienischen Enklaven des gewaltigen südamerikanischen Kontinents. Genua und Neapel zusammen, und Marseille noch als französische Schwester dazu. Wilde Farbtupfen im grauen Häusermeer von Buenos Aires. Abgesoffene Pötte stecken ihre rostigen Nasen aus brackigem Wasser und starren aus toten Bullaugen die farbenprächtigsten Fassaden der Stadt an. Mit so bunter Frische und Vielfältigkeit stechen sie ins Auge, daß es ihre Baufälligkeit nicht wahrnimmt. Holprige Straßen und Gäßchen, deren Trottoirs hoch an die Häuser hinaufgebaut sind wie Brücken, weil die Boca bei Hochwasser zu einem argentinischen Venedig wird, wo man die Kähne aus den überfluteten Kellern zieht.

In das Meeresrauschen von Marseille mischt sich die Musik der Boca. Laut, wild und pausenlos ist sie, aber dann auch wieder eigenartig getragen, weil in der Boca der Tango geboren wurde.

Er ist seiner Wiege freilich entstiegen, und es gibt wohl keinen Tanz, der in Europa mehr mißverstanden worden ist. Geboren hat ihn nicht die argentinische Seele, die es angesichts dieses großen Schmelztiegels der Rassen eigentlich gar nicht gibt. Geboren hat ihn das Leid der italienischen Einwanderer, die hier in der Boca den Fuß auf argentinischen Boden setzten und nach einer Ausdrucksform für ihre Verlassenheit und Enttäuschung suchten. Der richtige, dieser Boca entstiegene Tango ist stets melancholisch und stets ohne Happy-End, und es gab Zeiten, wo Leute, die beim Tango lachten, aus dem Saal geprügelt wurden.

Ganz dicht bei der Boca, in San Telmo, habe ich das Erlebnis gehabt, das jetzt im Alten Hafen von Marseille zurückgekehrt ist. Hier, wo sich seit 50 oder vielleicht noch mehr Jahren nichts verändert hat, sitzt ein Pianist, von dem sie sagen, daß er so alt wie das Inventar sei. Unter wirrem, schlohweißem Haar thront eine Hakennase mit riesigen Nüstern, und aus zerknautschten Frackärmeln greifen blaugeäderte, lange Finger in Tasten, die gelb vom Rauch sind, und rauchig ist die Stimme, mit der er die alten Tangos singt mit der Tristesse, die zu ihnen gehört. Und man sieht angegraute Tanzpaare, die mit feuchten Augen zeigen, daß sie auch dazugehören.

Aber das ist Boca-Alltag. Das Fest kommt erst, als ein zum Clochard gewordener Jean Gabin mit der Rotweinflasche in der Hand unter der Tür steht. Er zieht den Mantel mit dem speckigen Kragen nicht aus, und er stellt die Flasche nicht ab, sondern macht sie zum Tanzpartner. Und der Pianist zwinkert ihm zu und begleitet ihn nur noch mit den Fingern, weil der Clochard selber singt zum Tango, und sein zerfressenes Wams verwandelt sich in Carusos Smoking.

Hat Fußball etwas zu tun damit? Gewiß doch. Es ist am Rande der Weltmeisterschaft 1978 an einem fußballosen Wochenende gewesen, und ich habe, dank des Fußballs, eine Boca erleben dürfen, die schäumte wie der Rio de la Plata bei Windstärke zehn. Es ist ihr ureigenes Spiel gewesen, ihr Sport. Wer nur durch graue Häuserschluchten in die Stadien gerast ist, hat das nicht erleben und deshalb auch nicht erfassen können, daß alle Arten von Spiel verwandt sind.

So bin ich in meinem Marseiller Hotelzimmer eingeschlafen und habe ein Kopfkissen mit zwei Köpfen umarmt. Einer war der Gabin von Marseille, der andere der Gabin von Buenos Aires. Reisen muß nicht bilden, aber es kann Bilder verschaffen.

Und dieses Bild vom Spieltrieb, wie immer er auch geartet sein mag, hat mir keine Ruhe gelassen. Ich bin auf unzähligen Reisen zwangsläufig mit ihm konfrontiert worden, aber dieses „zwangsläufig" hat, wie bei Franz Beckenbauer, mit dem guten Willen zum Spiel zu tun, und mit dem Gefühl dafür.

Poet des Fußballsports:
Geoffrey Green, ein Meister
des Feuilletons von der
ehrwürdigen „Times" in
London.

Tod einer Mannschaft:
Mit Duncan Edwards, dem
großen Talent des englischen
Fußballs, kamen sieben
weitere Spieler von Manchester
United beim Flugzeugunglück
am 6. Februar 1958 in
München-Riem ums Leben.

Schwanengesänge

Kapitel vierundzwanzig

... in welchem der Autor an Fußball-Philosophen erinnert, die unendlich viel zu erzählen hatten von dem Spiel, an dem ihr Herz hing

Dem Fußball wird, und das läßt sich leichter beweisen als die Tatsache, daß zwei mal zwei vier ist, ein Großteil seiner Faszination entzogen, seit ein Großteil seiner Liebhaber ihn vor dem Fernseher konsumiert. Das Geschenk der Technik ist steril, obwohl die, die es schenken, das nicht wahrhaben wollen. Nicht der Fußball hat das Fernsehen gebraucht, sondern das Fernsehen hat ihn gebraucht.

Das vorbeihuschende Bild hat mit den Wurzeln und der Faszination des Spiels so wenig zu tun wie die vordergründige Beschreibung von Aktionen. Die beiden Gabins von Marseille und Buenos Aires haben das Spiel auf ihre Weise mitgefühlt und mitgespielt, und als ich Beckenbauer in Marseille zurückgelassen hatte, ist noch eine andere Erinnerung an dieses 78er Jahr zurückgekommen, in dem ich den Tanz des Clochards in der Boca erlebt hatte.

Das ist im herbstlichen Prag gewesen, wo Deutschlands Nationalmannschaft nach der „Schmach von Cordoba", dem 2:3 gegen Österreich bei der WM, gegen den Europameister Tschechoslowakei anzutreten hatte.

Es war der Einstand von Jupp Derwall, der Helmut Schöns Erbe angetreten hatte. Aber nicht davon soll die Rede sein, und auch nicht von Derwalls Raketenstart. Der deutsche Sieg war klar und verdient, und der neue Bundestrainer sollte ihm noch viele folgen lassen, ehe er bei der Europameisterschaft 1984 in das Tief rutschte, das ihm niemand verzieh und in das Beckenbauer hineinspringen mußte.

Herbst 1978 in Prag also. Der Wenzelsplatz, der eigentlich nur ein breiter, zum Nationalmuseum hochführender Boulevard ist, war grau und trist wie das Angebot in den Vitrinen seiner Läden. Es war nicht nur die Kälte, die die Prager frieren ließ.

Hier ist, man hört's gelegentlich noch an den Stammtischen der Uralten, in den zwanziger und dreißiger Jahren Europas brillantester und witzigster Fußball gespielt worden. Und der Schwejk ist nicht nur in der Kurve gestanden. Er hat mitgespielt. Fragt nur den Frantisek Planicka oder den Josef Masopoust.

Prag besitzt aber auch, was den Geist angeht, eines der brillantesten europäischen Caféhäuser, nämlich das altehrwürdige Savarin im „Graben". Egon Erwin Kisch hat dort in seiner krakeligen Schrift unnachahmliche Reportagen auf Papierfetzen gekritzelt; Friedrich Torberg und überhaupt alle kamen hin, die zu tun hatten mit Büchern und Zeitungen. Allenfalls das Café Herrenhof in Wien konnte in seinen großen Zeiten mit dem Savarin konkurrieren.

Torberg war einer von denen, die besonders die Sportseiten der aus aller Welt ausliegenden Zeitungen inspizierten. Und er war einer der ersten, die ganz anders über Fußball schreiben konnten als das Geschwader der Hurra-Reporter. Er hat sogar eine Zeitlang das Sportressort des eigenwillig-elitären „Prager Tagblatt" geleitet, und es wäre nicht schlecht, modernen Ressortleitern einmal unter die Nase zu halten, was von diesen Spalten an Schwejkschem Witz herausgekräht worden ist.

Ich bin ins Savarin auf einen Kaffee gegangen und habe Deutsch gehört, von dem man am liebsten einen Strauß mitgenommen hätte. Mitnehmen „mechte" heißt es natürlich hier, denn von Umlauten läßt sich dieses Prager Deutsch nicht trüben.

Man sieht dem alten Ober an, daß er noch die großen alten Zeiten des Savarin erlebt hat, in denen die kleinen Bankiers sich in respektvollem Abstand von den Tischen der großen niederzulassen hatten und mittels handfester Trinkgelder vom Ober erfuhren, welche Aktien zu kaufen oder abzustoßen waren. Das ist ein ganz großer Sport im Savarin gewesen, und mit Sicherheit hat der Mann im schwarzen Rock nicht die schlechtesten Geschäfte gemacht. Jetzt, im 78er Jahr, sind sie mies, wenn man von gelegentlichen kleinen Devisen-Trinkgeldern absieht. Deshalb mache ich einen Noblesse-oblige-Griff in die Brieftasche, der staunende Dankbarkeit in müde Augen zaubert.

Es ist wie der Abgang eines richtigen Monsieur gewesen, aber eigentlich hätte ich ihm die Hand geben sollen, weil es eines dieser Erlebnisse war, die nicht käuflich sind. Er ist mir vorgekommen wie ein melancholischer Schiedsrichter, der aus unerfindlichen Gründen zurückgeblieben ist, nachdem die Mannschaften abgetreten sind.

Ist das Spiel nicht überall?

Es muß mir an diesem Abend wohl vorgezeichnet gewesen sein, daß ich mitten hineinlaufen würde.

Nur einen Steinwurf vom „Graben" entfernt, in der Ulica des kleinen Wassers, im Wässerleinsgäßchen also, hat mich das Spiel mit einer Intensität überfallen, die wie Elektrizität prickelte. Dabei ist alles ruhiger gewesen als in der Kirche.

Das ist wie ein vom Savarin ausgegangener Doppelpaß gewesen, der ja bekanntlich eine Gasse braucht. Ulica sagen die Tschechen dafür. Es wird Ulitschka ausgesprochen, und im Fußball bedeutet es das Gäßlein, das für den Ball durch einen überraschenden Einfall freigemacht wird.

Dabei handelt es sich ganz schlicht um das Urelement des Spiels, und daß sein Spielfeldrand etwas ganz anderes sein kann als ein von Tribünen umsäumter Rasen, ist mir nie klarer geworden als in der riesigen Spielhalle, die ich in der Gasse des kleinen Wasser zu Prag betreten habe.

Hier wird nicht an Automaten gespielt wie in diesen lauten elektronischen Spielhöllen, wo das Glück auf geistlose Weise erzwungen werden soll. Hier werden Kopf und

Geschick eingesetzt, um den Gegner zu bezwingen, und es ist möglich, daß sich hier so viele Menschen damit beschäftigt haben, weil der Alltag in Prag nun viel grauer gewesen ist als in den großen Tagen des Café Savarin.

Man muß sich einen Saal von der Größe einer mittleren Bahnhofshalle vorstellen. Mindestens 30 riesige Billardtische, aber keine mit Löchern, sondern richtige Turniertische mit feinstem grünen Filz. Daneben an die hundert Tische, auf die Schachbretter gemalt sind, und noch einmal hundert für Kartenspieler. Und besetzt ist jedes Billard, jeder Tisch. Nur Männer aller Altersgruppen zwischen 18 und 80.

Man hört nichts außer dem leisen Klicken der zusammenprallenden Elfenbeinkugeln und einen gelegentlich etwas forsch auf den Tisch geschmetterten Trumpf. Die beim deutschen Skat übliche Begleitmusik ist verpönt, und stumm gleiten die Schachfiguren, von stummen Spielern geschoben, über die weißen und braunen Felder.

Manchmal flüstern sich Kiebitze etwas zu, die stehen müssen, weil Publikum nicht vorgesehen ist. Man kann weder essen noch trinken; nur Aschenbecher füllen sich, und schwerer Rauch hängt in der Luft, die prickelt vor Ungewißheit und Spannung.

Was ich spüre, ist Sport in seiner ganzen Spannweite. Da ist das stumme geistige Fingerhakeln der Schachspieler, die nur angreifen dürfen, wenn sie die Verteidigung im Auge behalten, die aber den Vorteil genießen, daß ihr Sport das Foul nicht kennt. Die Unachtsamkeit höchstens, und die wird gerecht bestraft, wenn der Gegner nicht schläft. Drüben beim Billard fasziniert das Fingerspitzengefühl der Spieler, und hier bringt die Bande eine dritte Dimension ins Spiel, die beim Fußball gelegentlich in der Halle zu beobachten ist, wenn einer die Ulica beim Zuspiel findet. Und auch Beckenbauer fällt mir ein, wenn der Elfenbeinkugel ein Effet gegeben wird, den er dem Lederball mit dem Fuß geben kann.

Glück braucht freilich auch der Perfektionist des Billards, weil bei ihm Millimeter entscheiden, die im Fußball Meter sind. Aber die Affinität springt ins Auge, die Verwandtschaft mit dem raffinierten Timing der Kugel, die den richtigen Weg gehen soll.

Beim Billard wird es ganz deutlich: Wenn zu Geschick und Risikobereitschaft das Glück kommt, ist die Perfektion da. Beim Schach ist Kombinationsdenken gefragt, das hinausgeht über zwei oder gar drei Züge. Das Glück ist hier von ganz anderer Art als bei den Kartenspielern, bei dem der Clevere indes durchaus mit einem schlechten Blatt gewinnen kann, wenn der Gegner seine Trümpfe falsch einsetzt. Ein großer Spieler ist, wer es fertigbringt, ihn dazu zu zwingen.

Eigentlich gehört zum Fußball von all dem etwas, vom Billard, vom Schach, vom Kartenspiel. Und in den großen Zeiten des Prager und des Wiener Fußballs haben sich viele große Spieler in den Kaffeehäusern mit Schach, Billard und den Karten befaßt.

Übriggeblieben sind weltweit die Karten. Sie gehören zu den langen Reisen und den Trainingslagern, aber Billard und Schach passen nicht mehr zum zweimal täglich trainierenden Profi, den übereifrige Trainer schneller als den scharf geschossenen Ball machen wollen.

Franz Beckenbauer zählt nicht zu denen. Er hätte in der Prager Ulica des kleinen Wassers seine Freude gehabt, weil ihm die Natürlichkeit des Spiels im Blut steckt.

Aber auch sein Witz. Vom Unerlernbaren hat er immer so viel anzubieten gehabt, daß er sich auch an Tagen mangelnder körperlicher Form mit einer verblüffenden Eleganz durch Spiele schlängelte, die er gar nicht hätte bestreiten sollen.

Und keiner merkte es. Bullen hingegen, die alles mit Kraft machen, können niemals verbergen, wenn die einzige Quelle ihrer Fähigkeiten nicht sprudelt.

Es war das Geheimnis von Beckenbauers außergewöhnlicher Klasse, daß ihm nicht nur eine größere Tastatur als anderen zur Verfügung stand, sondern daß er sich fast nie vergriff auf ihr.

Es gibt so viele nicht, die das von sich sagen können, ob im Fußball oder auf anderen Gebieten. Und wenn wir uns die anschauen, die über den Fußball schreiben oder ihn kommentieren am Bildschirm, dann sehen wir auch nicht lauter Leute mit dem richtigen Griff am Werk.

Herrlich ist, daß gelegentlich Künstler am Werk sind, die Fußball so wiedergeben können, wie ihn Beckenbauer gespielt hat. Das ist ebenso eine unerlernbare wie seltene Kunst, die freilich unter dem Begriff Kleinkunst firmieren muß, weil sie niemals an die große Glocke der Weltbühne gehängt werden kann – und die im übrigen auch gar nicht sucht.

Man kann, Beckenbauer hat es bewiesen, Kaiser des Fußballs werden mit weltweiter Anerkennung. Das zeigen nicht nur japanische PR-Verträge oder die Frage des jungen Chinesen, von dem ich in Peking auf dem Platz des Himmlischen Friedens etwas über seine Lebensgewohnheiten erfahren wollte. Der hat auch von mir etwas wissen wollen. Aber nicht, was der Bundeskanzler Helmut Kohl macht, sondern was der Teamchef Franz Beckenbauer macht.

Man muß dem Volk nicht nur in einem Bistro von Marseille auf's Maul schauen.

Mir ist es, durch einen Zufall, den ich Glücksfall nennen möchte, als jungem Journalisten vergönnt gewesen, den König derer kennenzulernen, die es sich zu Aufgabe und Beruf gemacht haben, über Fußball zu schreiben. Sagen wir, Fußball zu beschreiben. Das Spiel zu erfassen mit seinen tausend Nuancen, die der biedere Lohnschreiber nicht riecht.

Ich muß von diesem König reden, weil er mich ungeheuer beeindruckt hat in den Anfangsjahren meiner journalistischen Versuche. Der Mann hat nicht den Ablauf eines Spiels geschildert, sondern er hat dessen Bild gemalt.

Es ist im Züricher Hardturm-Stadion während der Weltmeisterschaft 1954 gewesen bei einem Spiel der englischen Mannschaft. Ich glaube, es war ein Unentschieden gegen die Schweiz, aber ich bin mir nicht mehr ganz sicher, und es ist auch völlig egal. Es geht nicht darum, verstaubte Archive zu bemühen, sondern Glanz zurückzuholen.

Eine Reportage unter Zeitdruck. Man hat damals sonntags gespielt, und es ist später Nachmittag gewesen. Wir hatten alle unsere Telephone am Pult und diktierten pausenlos für die ersten Ausgaben.

Aber genau in der Reihe hinter mir, Luftlinie 80 Zentimeter, diktierte einer nicht die übliche Prosa. Der Mann spielte und feilte mit englischen Sätzen und ließ sie zur Poesie werden, als ob er nicht, wie wir alle, auf den Kohlen heißer Aktualität säße.

Manchmal, wenn der Ball ins Aus flog, gönnte er sich ein Päuslein zum Schäkern mit dem Mädchen, das seine Sätze in London stenographierte, aber nach ein paar Sekunden wurde er wieder druckreif mit Sätzen, die mir niemals eingefallen wären und die mich wegen ihrer treffsicheren Eleganz irritierten. Und alles war Stegreifarbeit ohne Manuskript.

Neben mir saß Charles Buchan vom „News Chronicle", einer der profiliertesten britischen Fußballschreiber, wenn's um rein Fachliches ging. Buchan war ein gebürtiger Schotte, der bullig und grimmig aussah. Er muß ein ebenso grimmiger Torjäger gewesen sein, und er hat Arsenal eine Menge Geld gekostet. Als er 1925 von Sunderland zum Londoner Nobelklub wechselte, war dies der merkwürdigste Transfer der Fußballgeschichte. Die Transfersumme sprengte keine Rekorde, aber Arsenal mußte für jedes Tor, das er erzielte, 100 Pfund an Sunderland überweisen – und Buchan schoß seine Tore im Akkord.

Aber wenn ihn ein Ausländer über Fußball ansprach, war er der sparsamste aller Schotten. Er betrachtete jeden als schmarotzenden Dieb einer britischen Erfindung, und als ich ihn fragte, wer denn der hinter mir so poesievoll diktierende Kollege sei, fletschte er bloß die Zähne.

Als ich insistierte, weil ich nun doch wissen wollte, ob es internationale Kollegialität gibt oder nicht, kam nichts als ein Schulterzucken dazu. Und beim nächsten Versuch: „Don't you see that I am working!"

„Me too", sagte ich. „Aber ich will, verdammt noch mal, wissen, wer dieser Poet da hinten ist!"

Da hat der große Charles Buchan sein Bulldoggengesicht für eine Sekunde herumgedreht und mit zähnefletschender Sparsamkeit gezischt: „Green. Geoffrey Green, 'Times'."

Ich hab's zwischen meine Stichworte gekritzelt, aus denen ich meinen Spielbericht machen mußte, dieweil der Mann, dessen Namen ich jetzt wußte, im Plauderton seiner Telephonaufnahme diktierte, was er auf dem Rasen des Grasshoppers-Klubs von Zürich bemerkenswert fand.

Grasshoppers mit zwei „s". Vielleicht wäre Charles Buchan freundlicher gewesen, wenn man ihm diese Schweizer Verbeugung vor seiner Insel klargemacht hätte.

Vielleicht aber auch nicht. Ich habe, als ich mir am nächsten Tag am Züricher Hauptbahnhof den „News Chronicle" gekauft habe, seinen Bericht vom Spiel so phantasielos gefunden wie sein Gesicht. Aber das mag auch daher kommen, daß er, ganz ehrlich, alles selber geschrieben hat. Wenn bei uns heute frühere Stars oder erfolgreiche Trainer schreiben, haben sie ihren sogenannten Neger, der manchmal Erstaunliches mit ein paar Stichworten komponiert.

Ja, und dann habe ich mir die „Times" gekauft. Das ist ein Erlebnis gewesen, das mich nie mehr verlassen hat. Und, hier sei's gesagt, ich pfeife auf die Süffisanz von Intellektuellen, die nichts anfangen können mit der geistvollen Interpretation eines Spiels. Und zwar kommt die zustande unter höchstem Zeitdruck, den der Theaterkritiker niemals hat, der in die Premiere geht.

Es hat sich bei dieser Weltmeisterschaft, bei der England vorzeitig ausschied und Deutschland den Titel gewann, ergeben, daß ich Geoffrey Green kennenlernte und sein Freund wurde. Das erste habe ich mit der Hartnäckigkeit erreicht, mit der ich Charles Buchan bearbeitet hatte; das zweite ist von alleine gekommen.

Es ist mit Sicherheit die gleiche Wellenlänge, die zu so etwas führt. Und sie ist gar nicht so anders geartet wie jene, die zu Franz Beckenbauer führt.

Das muß mit der gemeinsamen Betrachtung des Spiels zusammenhängen. Geoffrey Green, einer der, was Sport angeht, britisches Selbstverständnis aufweist, hat mir einmal gesagt: „Wenn der Name Beckenbauer an der Anschlagtafel steht, gehe ich in die Oper."

Aber er ist immer Engländer geblieben. Einmal, es war im Aztekenstadion von Mexico City, hat er gesagt: „Stell dir vor, was Manchester United und Duncan Edwards im internationalen Fußball erreicht hätten, wenn 1958 nicht die Katastrophe von München passiert wäre."

Ausgerechnet München. Es hat damals noch keine große Bayern-Mannschaft gegeben. Franz Beckenbauer war 13, und er konnte nicht ahnen, was dieses Flugzeugunglück für die Welt des Sports bedeutete.

Mit 20 ist Franz Beckenbauer Nationalspieler geworden, und mit 20 hat Duncan Edwards in der Stadt sterben müssen, in der Deutschlands größter Spieler geboren wurde. Die Schneedecke, die über ganz Europa lag, wurde zum Leichentuch von Manchester United. Acht Spieler starben, unter ihnen Duncan Edwards, der noch zwei Tage um sein Leben rang. Wie durch ein Wunder genas Matt Busby, sein großer väterlicher Freund und Manager, Vater des „Busby Babes".

Bobby Charlton, der ein enger Freund Franz Beckenbauers werden sollte, kam unverletzt davon, aber sein Haar hat in dieser Nacht weiße Strähnen bekommen. Er sollte 106mal für England spielen und Weltmeister werden wie Beckenbauer.

Duncan Edwards hatte vor der Katastrophe schon achtzehn Länderspiele gemacht, und Charlton sagt kategorisch: „Er wäre größer geworden als wir alle."

Wer ihn gesehen hat, muß es glauben. Ich war zu Beginn dieses Weltmeisterschaftsjahres 1958, drei Wochen vor dem Unglück, zu einer großen Reportage in Manchester gewesen, und Geoffrey Green hatte mich begleitet. Nicht Brasilien wurde als Favorit angesehen, sondern England, weil es die Busby-Babes hatte.

Und nicht nur Geoffrey schwärmte von Duncan Edwards. Alle taten es, die etwas vom Spiel verstanden. Ein offensiver Mittelfeldler war das, wie man nie einen gesehen hatte. Ein Matthäus hoch drei, würde man aus heutiger Sicht sagen.

„Du wirst", hatte mir Geoffrey gesagt, „einen Überbegabten erleben." Und er hatte hinzugefügt, daß es eigentlich unverschämt von der Natur sei, alles Talent so konzentriert auf einen zu verteilen.

Es ist müßig, darüber zu streiten, ob die Busby-Babes mit Duncan Edwards an der Spitze, im Sommer, der bevorstand unter Schwedens blankem Himmel, der vereinten Genialität von Pelé und Garrincha standgehalten hätten. Aber es ist sicher, daß England, ohne die Katastrophe von München, Europas tauglichstes Bollwerk gegen den brasilianischen Zauber gewesen wäre.

Ich sehe Duncan Edwards im Stadion von Old Trafford vor mir. Mit 20 schon ist er unangetasteter Chef seiner Mannschaft, aber dazu genügt eine ins Auge stechende Muskelkraft nicht. Der Geniale, und um das zu begreifen, muß man nur einen Blick auf Bekkenbauer werfen, braucht sie nicht.

Aber er kann sich ihrer bedienen. Diesem Duncan Edwards ist einfach alles zur Verfügung gestanden. Geballte Kraft, feinfühlige Technik plus Spielwitz und Übersicht. Man kann oftmaliger Nationalspieler mit der Hälfte dieser Eigenschaften werden.

Dazu das auf ganz seltsame Weise anziehende Gesicht eines blonden Engels, der gar nicht weiß, was ihm alles zugeflogen ist, und eigentlich erst anfängt, alle in Erstaunen zu versetzen, die dieses Spiel lieben.

Es hat dabei bleiben müssen, und ich habe begriffen, warum einer wie Geoffrey Green viel schwerer zu tragen hatte an diesem Verlust als biedere Lohnschreiber, die ihre Pflichtübungen herunterrasseln und dabei, ohne es zu wissen, so verzweifelte Ähnlichkeit haben mit wenig begabten Kickern, deren Spiel der Arbeit eines Rasenmähers gleicht.

Oder der emsigen, wühlenden Tätigkeit der Waschmaschine. Dieser Vergleich ist Geoffrey Green bei einem Spiel der sowjetischen Nationalmannschaft eingefallen. Er, der in die Metapher verliebt war und dem immer einer dieser Vergleiche einfiel, die haarscharf zum Bild passen, das Kicker auf den Rasen zeichnen, hat den Russen einfach einen seiner Nadelstiche verpassen müssen.

„Ich bin vor keinem Spiel, sondern vor dem Bullauge einer Waschmaschine gesessen. Das ist eine emsige und sicherlich recht nützliche Umwälzerei für die Hausfrau. Aber sie muß nicht 90 Minuten zugucken."

Natürlich haben die Russen auch attraktivere Spiele geliefert, aber wenn man Geoffrey Langeweile verordnete, dann knurrte er.

So, wie er vor Lust pfeifen konnte, wenn sein Lieblingsverein Arsenal einen dieser Kantersiege heimfuhr, bei denen die letzte Viertelstunde nur noch ein gemütliches Zusammensein auf Highburys Rasen war, Katz-und-Maus-Spiel mit gegnerischen Komparsen.

„Und Arsenal sauste im Freilauf den Hügel hinunter wie der Bäckerbursche, der bei der Morgenarbeit seine Brötchen abgeliefert hat, fröhlich die Beine auf den Lenker seines Fahrrades legend und ein Liedchen pfeifend."

Das geht jedem sofort ein. Geoffrey ist ein absoluter Meister der treffsicheren Metapher gewesen, aber nicht jeder hat's gemerkt, weil der gedruckte Journalismus etwas ganz anderes als der audiovisuelle ist.

Wie bunte Girlanden sind ihm die Vergleiche aus der Feder geflossen, die alte englische Damen, die keinen anderen Sport außer Bridge kannten, zu Fußballfans machten. Sie sind es auch gewesen, die die Herausgeber der ehrwürdigen „Times" so lange mit Leserbriefen bombardierten, bis der Name Geoffrey Green unter den Meisterwerken stand. Man wollte einfach wissen, mit wem man es zu tun hatte. Zuvor hatte es nur, wie es der „Times"-Tradition geziemte, die lapidare Rubrik gegeben: „From our Football-Correspondent".

Klein gedruckt und in Klammern, versteht sich. Aber da war ein unkonventioneller, witziger Geist aus der Fußballszene gestiegen, den die Leser der konservativsten Zeitung des Landes, die im Gegensatz zur Boulevardpresse auf Abonnenten angewiesen ist, goutierten.

So sehr taten sie es, daß Abbestellungen kamen, wenn Green, aus welchen Gründen auch immer, eine Zeitlang nicht schrieb. Da ist, man kann sagen, aus der Not von Machern heraus, die den Kunden Rechnung tragen müssen, ein Star des Fußballs geboren worden, der anders schillerte als die, die ihn auf dem Rasen praktizierten.

Das Phänomen, und ich lasse mir das nicht nehmen, geht auf Beckenbauers Wurzeln zurück, und möglicherweise hätte der Franz keine Klimmzüge nach der zweiten oder dritten Karriere machen müssen, wenn sich seine Kunst hineinverlängert hätte in den Griffel, den Geoffrey Green in die Hand nahm, als er seine Fußballschuhe ausgezogen hatte.

Aber man kann nicht alles haben. Green ist auch kein Duncan Edwards gewesen, der 1958 in Schweden vielleicht die ganze brasilianische Kunst in Frage gestellt hätte.

Doch Geoffrey Green hatte, was Fußball angeht, Beckenbauers Wurzeln. Physisch freilich waren sie keine Zwillingsbrüder. Beim Engländer war alles kantig, wenn man von diesen herrlichen graublauen und gescheiten Augen absieht. Keine Harmonie wie beim Bayern. Er hatte O-Beine wie Willi Schulz, durch die man bei geschlossenen Hakken ein Bierfaß rollen konnte.

Geoffrey Green war ein Spieler gewesen, der mit Sicherheit nie Profi geworden wäre, aber mit der gleichen Sicherheit hätten ihn die, die sich diesen Beruf gewählt haben, anerkannt.

Denn er spielte, wie er später schrieb. Keiner von denen, die über das Spiel zu schreiben begannen, als sie aufhörten mit ihm, kann das von sich sagen. Der knorrige Charles Buchan bezeichnete ihn als Englands besten offensiven Mittelläufer der letzten Vorkriegsjahre. Von Libero war noch keine Rede, aber Geoffrey Greens Spielauffassung trug Beckenbauersche Züge.

Green spielte zuerst in der Universitätsmannschaft von Cambridge und dann bei den legendären „Corinthians“, die die besten Amateure des Landes vereinigten. „Play the game“ war ihre Devise, und sie haben es tatsächlich um des Spieles willen gespielt. Und wenn ihnen ein unberechtigter Elfmeter zugesprochen wurde, verschossen sie ihn mit Absicht.

Einer wie Green mußte einfach helle Augen und Einfälle bekommen, wenn er Bekkenbauer spielen sah. Einmal, als ich bei der Weltmeisterschaft ’66 neben ihm saß, hat er bei einem mißglückten Abspiel Beckenbauers etwas ganz Verrücktes gesagt: „Paß auf, der Ball kommt zurück.“

„Spinnst du?“

Im nächsten Moment lachte er. Ein richtiges Wiehern zwischen seinen Pferdezähnen war’s, weil der Gegner diesen mit perfidem Effet geschlagenen Ball falsch berechnete. Er kam tatsächlich zurück wie die mit Bande gespielte Billardkugel, um neu ins Spiel gebracht zu werden von einem, der lacht über Gesetze, die für andere gelten.

Geoffrey hat das Außergewöhnliche nicht nur bei Briten bewundert, auch wenn manchmal ein Hauch von Kolonialgeist durchdrang, wenn ausländische Mannschaften die Regeln nicht in seinem Sinne interpretierten. „It's about time they played to the rules the way we wrote them", hat er in diesem Zusammenhang einmal geschrieben. „Wird Zeit, daß sie nach den Regeln spielen, wie wir sie niedergeschrieben haben."

Viel schöner aber ist der Satz, den er seiner Königin sagte, als sie ihn 1976 mit dem Order of the British Empire auszeichnete. „Als ihre treue Leserin", sagte Elizabeth, „möchte ich gerne wissen, welche Clubs Sie im Cupfinale von Wembley sehen wollen." Geoffrey zögerte keine Sekunde: „As long as it's between fun and laughter, ma'am, I don't mind!" – Solange es mit Spaß und Lachen zu tun hat, ist es mir egal.

Alles, was Spaß machte, war ihm recht, und es hat viele Leute gegeben, die die „Times" wegen seines funkelnden Humors kauften. So, wie viele ins Stadion gingen, um Beckenbauer zu sehen.

Viele Nächte hat Geoffrey Green, der auch ein Unterhalter von hohen Graden war, zum Tage gemacht und dabei nicht nur an der Teetasse genippt, aber wenn's um den Beruf ging, wurde dieser hinreißende Amateur des Lebens zum zuverlässigsten aller Profis.

Nicht ein einziges Mal hat er ein Manuskript zu spät abgeliefert am alten Printing House Square, wobei er das seltene Privileg genoß, es mit seiner kleinen, gestochenen Handschrift anfertigen zu dürfen. Er hat nie in seinem Leben eine Schreibmaschine benutzt, und das Wort Computer ist in seinem Lexikon überhaupt nicht vorgekommen. „Die Leute", pflegte er zu sagen, „wollen nicht wissen, wie die Zeitung hergestellt wird, sondern was drinsteht."

Und wenn er seine komplette Meisterschaft ausspielte, brauchte er auch den Griffel nicht. Hier hat es sich um die „off-the-cuff"-Stories gehandelt, jene kleinen Geschichten, die er aus dem Ärmel schüttelte. Bei diesen fast mitternächtlichen Flutlichtspielen, die mit dem Redaktionsschluß zusammenfallen, hat der Altmodische ohne Schreibmaschine die ganzen modernen Springinsfelds stets um Längen geschlagen und einen Geist versprüht, der neidische Bewunderung wecken mußte.

Seinen Rekord hat er 1968 beim Finale des Europapokals der Landesmeister zwischen Manchester United und Benfica Lissabon in Wembley aufgestellt. Zweieinhalbtausend Worte – englische Buchhalter honorieren nicht nach Zeilen – hat er ohne Pause durchs Telefon gepeitscht und war mit dem Schlußpfiff fertig. Vergleichbar mit der Arbeit eines Rundfunkreporters? Von wegen! Die Sätze mußten nicht nur druckreif sein, sondern den Leser auch erfreuen, weil sie von Green kamen.

Und es floß Herzblut hinein, weil Matt Busby, Bobby Charlton und Manchester United endlich am Ziel waren. Es sind an diesem Abend in Wembley viele Männertränen geflossen.

Am nächsten Morgen war alles bei Green zu lesen, als ob er die ganze Nacht zur Verfügung gehabt hätte. Dabei war alles spontan aus dem Kopf entstanden.

Von Beckenbauer geht der Spruch, daß alles aus dem Bauch käme, und wenn man von genialen Arbeitsweisen reden will, erkennt man die Parallelen. Es geht um den blitzartigen Witz, der weder vorgesehen noch vorhersehbar ist und deshalb sehr häufig auch nicht verziehen wird, weil er Neid erweckt.

Auch im Journalismus. Ein Behender wie Green, der Sänger und Poet des Spiels sein konnte, aber auch ein sarkastischer Verdammer von Spielweisen, die ihm nicht behagten, hat mehr mit Beckenbauer zu tun, als Sportschreiber, denen wenig oder nichts einfällt, glauben. Aber es gibt da in der englischen Berufsszene einen bemerkenswerten Unterschied zu den meisten anderen.

Richtig klargeworden ist mir dieser Unterschied beim Endspiel um den Europapokal der Landesmeister zwischen dem FC Bayern München und dem französischen Meister St. Etienne 1976 in Glasgow. Denn es ist auch das Endspiel des Geoffrey Green gewesen.

Wir nahmen, bevor es losging, einen Drink im Presseraum des ehrwürdigen Hampden Park. Er ist immer noch Europas größtes Stadion und kann 130000 fassen, aber es waren schon mehr drin. Modern ist der Hampden Park nun wirklich nicht. Man glaubt, die Tribüne hätte sich die Schildmütze eines schottischen Fabrikarbeiters aufgesetzt, und ein Beleibter sollte zwei Karten erwerben, um Platz zu finden.

Der Raum für die Presse ist kein ungemütlicher Pub, an dessen Theke Bier und Whisky mehr gefragt sind als Tee, und bei Nachtspielen pflegte Geoffrey solche Plätze anzusteuern wie eine Tankstelle, hinter der 500 Meilen keine andere kommt.

Aber diesmal blieb er bei einem kleinen Whisky mit viel Wasser, das er lauwarm wünschte wie echte Schotten: „Getrunken wird nach dem Spiel, aber richtig! Ich lade dich, wenn du dir dieser Ehre bewußt bist, ein als einzige Laus von da drüben." Er deutete in die Richtung, in der er Bayern und St. Etienne vermutete.

Ich sagte, ich sei mir der Ehre bewußt, und er meinte grinsend, es käme auf einen verdammten Ausländer nicht an, wo er schon so viele filzige Schotten einladen müsse. Immerhin wollte ich den Grund wissen, und der war einfach und traurig genug: Geoffrey Green gab seinen Abschied. Er machte seine letzte große Reportage vor dem Eintritt in den Ruhestand.

Über ein großes Spiel hat er sie nicht machen dürfen.

Es war ein mittelmäßiges Finale, in dem der FC Bayern den französischen Meister mit 1:0 schlug. Nach einer knappen Stunde machte Franz Beckenbauer aus einem Freistoß in Strafraumnähe einen Kurzpaß zum stämmigen Franz Roth, der den Ball an der Abwehrmauer vorbei ins Netz rammte. Zum dritten Mal in Folge hatten die Münchner den Europapokal der Landesmeister gewonnen und sich eingereiht unter die Großen: Real Madrid, Benfica Lissabon, Inter Mailand und Ajax Amsterdam.

Und es war das erste Europapokalfinale von Karl-Heinz Rummenigge, der vor Lampenfieber so gezittert hatte, daß Manager Schwan kopfschüttelnd zum Masseur gegangen war: „Schenk dem einen Kognac ein, sonst bringt er kein Bein vor's andere!"

Es wurde kein kleiner, und Rummenigge bat um einen zweiten. Dann spielte er ohne Hemmungen eine saubere Partie herunter, woraus man sieht, daß die Massage des fußballerischen Seelenlebens vielgestaltig sein kann.

Für Franz Beckenbauer war es der letzte Europapokal, und der Ball kann so kuriose Wege gehen, daß man folgendes feststellen darf: Wenn Franz für „Bulle" Roth nicht die

Torchance eröffnet und St. Etienne gewonnen hätte, würde Frankreich nicht mehr seinem ersten Europapokal nachrennen, dann wäre Tapie nicht Präsident von Marseille geworden und hätte folglich keinen Beckenbauer geholt, um sich einen Traum zu erfüllen.

Man könnte also sagen, daß der Kurzpaß von Glasgow nach Marseille gerollt ist.

Damals hat das niemand ahnen können. Zu ahnen war freilich, daß die berühmte bayerische Dreierachse, die man getrost als das Schwert bezeichnen darf, das drei Europapokale und die Weltmeisterschaft erfochten hat, stumpf zu werden begann. Sepp Maier mag man ausklammern, aber Beckenbauer setzte schon zum Sprung nach New York an, und Gerd Müller plagten Verschleißerscheinungen. Rummenigge und andere mußten erst reifen.

So kam es, daß Geoffrey Greens Song diesmal ein Schwanengesang wurde. Und als er ihn ausgesungen hatte, hielt er vor seinen Gästen an der Hampden-Theke einen dieser Speeches, die man nicht vergißt. Der Meister der Stegreif-Reportage konnte es mit jedem Kabarettisten aufnehmen, aber in diesen Abschiedsstunden hat nicht nur sein ganzer Esprit mitgeschwungen. Es war Wehmut dabei und auch das, was die Briten Sportmanship nennen. Und auf die Gefahr hin, der Pathetik bezichtigt zu werden, behaupte ich, daß ein improvisiertes Fest dieser Art nur in einem Land möglich ist, in dem der Sport seine Wiege hat: Sport ist nicht alles, aber fast alles ist Sport.

Geoffrey und alle, die dabei waren, haben mehr zu sich genommen als die zwei Kognacs, mit denen Rummenigge in sein erstes Europapokalfinale gegangen war. Das fiel nicht aus dem Rahmen. Was aus dem Rahmen fiel, war die Verehrung, die die vereinte Kollegenschaft Geoffrey Green mitgab auf den Weg, der ihn nicht mehr in die großen Stadien der Welt führen würde. Und nie habe ich größere Neidlosigkeit gegenüber einem gespürt, der aus einem Job mehr zu machen wußte als alle anderen.

Deshalb sind die Erinnerungen an Geoffrey Greens Abschied stärker als die an das Europapokalfinale, das ihm vorausging. Spiele wird's immer geben, aber keinen, der sie besingen kann wie er.

Indes mußte ich in dieser Nacht zurück zu Beckenbauer und seiner Mannschaft. Sie feierten ihren Sieg in einem Glasgower Hotel, und ich gehörte, wie eine Reihe von Münchner Journalisten, eigentlich dazu, weil wir alle gemeinsam per Charterflug nach München-Riem zurückreisen mußten.

Bloß, mir war Geoffrey Greens Abschied dazwischengekommen. Ich hatte seine Einladung akzeptieren können, weil der Aufbruch vom Hotel der Bayern erst für morgens um halb vier geplant war. Ich mußte mich nur rechtzeitig zu den Münchner Feierlichkeiten einfinden. Dies gelang mit Hilfe der nüchtern gebliebenen Frau eines schottischen Kollegen und ihrem Auto. Problemlos. Glasgower Straßen sind nach Mitternacht so leer wie ein Gänsestall nach Weihnachten.

Und der Bankettsaal des Hotels glich einer Bahnhofshalle zur gleichen Stunde. Längst war alles gegessen, einschließlich der Reden, und an diversen Tischen saßen Spielergrüppchen beim Kartenspiel.

Geisterspiel im Nebel

Kapitel fünfundzwanzig

... in welchem die Frage aufgeworfen wird, ob der Fußball Völker verbindet oder Prestigekriege schürt. Am Exempel des Europacups und des Skandalspiels Arsenal London gegen Dynamo Moskau

Man macht in diesem Metier so manche Siegesfeier mit, und es ist durchaus ein gewaltiger Unterschied, ob man in die Feier einer Mannschaft hineingerät, die ihren ersten großen Triumph errungen hat oder ob man auf eine Ansammlung von satten Stars trifft.

Die nämlich pflegt so etwas schon in der Kabine zu erledigen. Da prickelt und schäumt und zischt nichts mehr wie beim Champagner, der sich aus seiner Flasche befreit. Die Mannschaft des FC Bayern saß da wie der reiche Bauer, der dem Nachbarn ein hübsches Stückchen Land abgerungen hat und sich zufrieden ein Pfeifchen anzündet. Und der Manager Schwan hat sich tatsächlich eines angezündet. Und ich hatte das Gefühl, daß dieser passionierte Bergsteiger mehr dabei empfindet, wenn er mit eigener Kraft einen Gipfel stürmt.

In die Routine des Erfolgs bin ich hineingeraten: Franz Beckenbauer sitzt bei seinem Manager, und mit Sicherheit reden sie von anderen Dingen als vom Spiel, das vor ein paar Stunden heiße Aktualität war und längst kalt ist. Dettmar Cramer, der Trainer, macht, wie Sepp Maier sagt, den laufenden Meter zwischen den Tischen, auf die die Spielkarten gehauen werden, und der Schritt des kleinen Mannes ist von der federnden Beschwingtheit des Erfolgreichen.

Es wird geschrieben werden müssen, daß die Sicherheitstaktik, die er ausgegeben hatte, richtig war. Bei seinem Selbstverständnis macht ihn das zum Napoleon. Und er wird für eine große Illustrierte als solcher posieren. In originaler Uniform des großen Korsen, die rechte Hand zwischen die zwei oberen Knöpfe des Rockes geschoben.

Aber Beckenbauer liebäugelt in diesem Moment schon mit Amerika und ahnt vielleicht schon, daß von Fahnenflucht die Rede sein wird.

Wir schreiben 1976, und er weiß, daß er nie mehr in einem solchen Endspiel stehen wird. Der erste Kreis ist geschlossen.

„Wir haben", sagt er, „kühl gespielt und Glück gehabt. Aber vielleicht nur deshalb, weil uns die Franzosen größer gesehen haben, als wir sind. Mit ihren wahren Fähigkeiten sind sie hängengeblieben an unserer Routine."

Der FC Bayern hat in diesem Glasgower Finale keinen großen, aber einen sehr modernen Fußball gespielt. Er hat die Geschicklichkeit des Gegners mit Geschick zerstört und die eigenen Möglichkeiten mit höchster Konzentration genutzt.

Perversion der Kunst? Es ist ein bißchen was dran, und es ist mir in dieser Glasgower Nacht eine andere Glasgower Nacht eingefallen.

1960 war's, als noch kein Mensch von Beckenbauer sprach. Die Vertragsspieler von Eintracht Frankfurt, nicht einmal Halbprofis, hatten das Kunststück fertiggebracht, die berühmten Glasgow Rangers im Halbfinale des Europapokals der Landesmeister auszuschalten. Und ihr Endspielgegner ist im Hampden Park Real Madrid.

Unfaßlich sind die Ergebnisse der beiden Halbfinals gewesen. Daß die Eintracht zu Hause die Glasgow Rangers mit 6:3 besiegt hatte, wollte man ja noch als eine dieser Einmaligkeiten hinnehmen, die es im Fußball zu allen Zeiten gegeben hat. Aber daß sie dann im Glasgower Ibrox-Park ein 6:1 gegen Schottlands Glamour-Team schaffte, das war eine umwerfende Sensation.

Man kannte den deutschen Fußball in Europa kaum. Man wußte nur, daß er weder eine Bundesliga noch den Vollprofi hatte und folglich nur eine zweite Geige im internationalen Konzert spielen konnte, wenn man einmal absah von der Nationalmannschaft mit dem Fußball-Medizinmann Sepp Herberger.

Und jetzt Endspiel in Glasgow zwischen dieser Eintracht Frankfurt, von der man so gut wie nichts weiß, und dem großen Real Madrid, von dem man alles weiß. Madrids königlicher Klub hat alle bisherigen Endspiele gegen Vollprofis gewonnen: Stade Reims, AC Florenz, AC Mailand und abermals Stade Reims.

Mit Stars gespickte Mannschaften aus romanischen Ländern waren das, und als deutscher Korrespondent von „L' Equipe" habe ich viel Arbeit gehabt, weil Europas größte Sportzeitung alles über die Stars der Eintracht wissen wollte, falls es denn welche gäbe. Also schrieb ich, daß Alfred Pfaff eine Art von hessischem Fritz Walter sei, Erwin Stein ein Mittelstürmer mit ebensoviel Technik wie Schußkraft und Richard Kress ein unerhört wuchtiger Rechtsaußen, trotz seiner 35 Jahre.

In Madrid haben sie ein bißchen gelächelt darüber.

Aber der schottische Taxifahrer, der mich zum Hampden Park bringt, tut's nicht. „I am a Frankfurter", sagt er. „Ihr habt die Rangers versohlt, und jetzt müßt ihr's den eingebildeten Spaniern besorgen!"

Die Eintracht versucht's wirklich, und es wird ein prächtiges Finale. Eines von der unwiderbringlichen Sorte, weil niemals mehr zwei Mannschaften mit so herzerfrischendem Offensivgeist in ein Endspiel gehen werden. Man kann sich das nicht mehr leisten.

Die Eintracht kann es, weil profihaftes Sicherheitsdenken überhaupt nicht zu Halbamateuren paßte, die einen sensationellen Sturmlauf hinter sich haben; der Real kann es, weil er nie etwas anderes gemacht hat, als mit königlicher Souveränität auf den Angriff zu setzen.

Mit der Devise „Wir haben nichts zu verlieren", die in heutigen Endspielen undenkbar ist, gehen die Frankfurter ins Spiel, und der „Hampden-Roar" wird ihnen zur Engelsmusik, als sie nach einer Viertelstunde durch Richard Kress in Führung gehen.

Ein paar Meter von mir entfernt singt Geoffrey Green mit und blinzelt herüber. Aber er wird nicht den großen Song der Eintracht schreiben.

Der Real schüttelt sich ein bißchen verdutzt und wacht auf zum Festival seiner beiden Größten. Im einzigen von beiden Seiten total offensiv geführten Endspiel der Geschichte des Europapokals siegt Real Madrid durch Tore von Alfredo Di Stefano und Ferenc Puskas mit 7:3. Puskas schießt vier, Di Stefano drei.

Und der „Scottish Daily Expreß" titelt mit seinen größten Lettern: „SENORS SLAM IN SEVEN".

Die Herren hauen sieben rein. Die Briten machen herrliche Überschriften, und schnurzegal war's, daß es eigentlich „Senores" hätte heißen müssen.

Ich sehe einen alten Schotten, der vor Freude weint: „O boy, wir hatten vergessen, daß Fußball so schön sein kann!"

Und als der Hampden-Roar vorbei ist, dröhnt's in den Katakomben aus der Real-Kabine: „Eviva el presidente Santiago Bernabeu!" Der größte aller Präsidenten, den Europas Fußball gekannt hat, ist gekommen, um sich bei seinen Spielern zu bedanken.

Das alles kommt aus der Erinnerung hoch, während ich bei den Münchner Bayern sitze, die soeben in Glasgow ihren dritten Europapokal gewonnen haben und eher den Eindruck einer Zweckgemeinschaft für lukrative Trophäensammlung machen. Kartenspielende Grüppchen haben sich auf den ganzen Bankettraum verteilt, und nur der Trainer schreitet zwischen den Tischen hin und her. Ein bißchen hahnenhaft wirkt der kleine Dettmar schon, aber er weiß, daß er sich unter müden Kampfhähnen bewegt, die ein gutes Tageswerk hinter sich gebracht haben. Es mag Mannschaften geben, die jetzt singen würden, aber diese hier zieht den Schafkopf vor, und es liegen die großen Scheine auf dem Tisch.

Nur einer sitzt alleine, und bei ihm nehme ich Platz. Hans-Georg Schwarzenbeck, Stillster der Mannschaft und Putzer des Kaisers, feiert auf seine Weise. Cola schäumt im Glas, und sehr standesgemäß für einen Recken wie ihn sieht's nicht aus.

Müder als alle anderen ist der Katsche, aber in den Augen glänzt etwas, das nicht von der großen Flasche kommt, die auf dem Tisch steht. Und die Zunge, die beim Sprechen ganz leicht an den Vorderzähnen anstößt, ist ein bißchen schwer.

„Wo fehlt's, Katsche?"

„Woast eh."

Er zuckt mit den breiten Schultern, und das Grinsen bleibt in den Mundwinkeln hängen.

„Tut's weh?"

„Sakrisch."

Es ist ein Schmerz, über den man nur unter Männern reden kann. Er hat mit einer stark geschwollenen Hode spielen müssen. Dafür hat's eine Spritze gegeben, aber mit der Dauer des Spiels ist der Schmerz zurückgekommen. Man hat gesehen, wie der Schritt schwer wurde, doch er hat durchgehalten.

„Warum trinkst du nichts anderes?" Ich deute auf das Cola. „Du hast's mehr verdient als alle!"

Und da deutet er unter den Tisch. Eine Flasche Whisky steht dort, und es ist nicht mehr viel drin. Der Tag ist gegangen, und Johnnie Walker ist zum Katsche gekommen.

Und ein Lächeln, das von weither kommt, treibt Schmerz aus den Augen. Der Katsche hat seine eigene Mixtur gemacht. Zur ungewöhnlichsten privaten Feier in der Geschichte des Europapokals hat er den Doktor nicht gebraucht.

Aber beim Aufbruch steht er wie eine Eiche. Er hinkt halt, aber das kommt nicht von der Mixtur. Ins Flugzeug darf man hineinhinken, aber nicht ins Stadion.

Die Beckenbauers sind viel rarer als die Schwarzenbecks, aber andererseits sind auch die wieder rar im großen Heer der Komplementärspieler und Zulieferer. Nur von der Koordination der Anstrengungen kann das Spiel leben, und viel zu wenig ist erkannt worden, welcher Trumpf für das Bayern-Spiel der an Beckenbauer gewachsene Schwarzenbeck darstellte.

Er ist sozusagen der dritte Fuß vom Franz gewesen.

Als die Bayern mit ihrem dritten Europapokal aus Glasgow heimgeflogen sind, ist zweierlei klar gewesen. Erstens: Noch einmal hatten Klasse und Routine derer, die die Mannschaft groß gemacht haben, genügt. Zweitens: Die Koordination der Anstrengungen, die beim Glasgower Endspiel Real Madrid–Eintracht Frankfurt von beiden Seiten auf Angriff programmiert waren, ist ein schöner alter Hut geworden.

Die beste Mannschaft kann ihn nicht mehr tragen. Die Sicherheitsparole läuft wie ein roter Faden durchs Spiel, das wir modern nennen, weil die Ehe von Spiel und Geschäft wie die Heirat von Feuer und Wasser ist.

Viele wichtige Siege werden nicht mehr erstürmt, sondern ermauert.

Hinzu kommt ein überdimensional gewachsenes Prestigedenken bei Europapokalspielen und Weltmeisterschaften. Nationalismus gesellt sich zum Sicherheitsgedenken, und wenn nicht diese irrational-positiven Werte des Spiels am Werk wären, müßte es seine Faszination und Popularität verlieren.

Tut es aber nicht. Man denke an die alle Rekorde schlagenden Einschaltquoten von Italia '90.

45 Jahre vorher ist im internationalen Sport so etwas wie eine Stunde Null gewesen. Die Sieger mußten sich damals, im Jahre 1945, ebenso aufrappeln wie die Besiegten, und niemand konnte sich vorstellen, daß es zehn Jahre später einen Europapokal für alle geben würde. Der Sport ist da ein bemerkenswerter Eisbrecher gewesen. Man durfte wieder spielen, und die Stadien waren Oasen in den zerbombten Städten.

Und auf dem Betzenberg von Kaiserslautern fing der 25jährige Fritz Walter mit dem Aufbau einer Mannschaft an, die neun Jahre später fünf Spieler für die Nationalelf stellen sollte, die in Bern Weltmeister wurde. Ein russischer Lagerkommandant hatte den Kriegsgefangenen Walter höchst eigenmächtig entlassen, weil er ein Fußballnarr war.

Aber im Kreml sah man den Fußball ganz anders. Stalin verstand wenig davon, aber er hatte kundige Berater, unter ihnen seinen Geheimdienstchef Berija, der ein bekannter Spieler bei Dynamo Tiflis gewesen war. Er machte dem Diktator eine Idee schmackhaft, die diesen ungemein reizte: Man sollte den Engländern, die das Spiel erfunden hatten und sich als seine Meister fühlten, eine Lektion erteilen, und zwar unverzüglich.

Dynamo Moskau, der Paradeklub des Landes, sollte in die Höhle des Löwen reisen und unvergänglichen Ruhm heimholen.

Was das bedeutete, ist aus heutiger Sicht schwer zu begreifen. Es hat damals weder Fernsicht noch Fernsehen gegeben, und niemals hatte man im Mutterland des Sports etwas von russischem Fußball gehört. Zwar hatte Churchills Wort vom Eisernen Vorhang seine Runde noch nicht gemacht, aber die starre Grenze existierte, und nun wurde einer staunenden westlichen Welt gesagt, daß hinter ihr ein Fußball existiere, besser und perfekter als alles, was bisher zu sehen gewesen war.

Kurzum, die Weltrevolution des Fußballs habe stattgefunden, und um dieses zu beweisen, spielten die Russen so hoch es ging. Arsenal, Englands Glamour-Team der dreißiger Jahre, das beste, was die Insel zu bieten hatte, sollte, wenn es denn den Mut hätte, in London gegen Dynamo Moskau antreten.

Stalin verstand wenig vom Fußball, aber seine Berater brachten ihm dies bei: Unsere Bedeutung unter den Siegermächten des Weltkrieges wird noch größer, wenn wir im größten Spiel der Welt den englischen Löwen in dessen Höhle besiegen.

Das ging Onkel Joe ein wie Honig. Er gab seine Erlaubnis aber nicht ab, ohne hinzuzufügen, daß er eine Niederlage nicht hinnehmen könne. Konsequenzen würde sie haben, und zwar für alle!

Damit war grünes Licht gegeben für das verrückteste aller internationalen Fußballspiele seit Beginn der neuen Zeitrechnung nach dem großen Weltbrand.

Und es ist notwendig, hier weitgehend unbekannte Dinge zu beschreiben, um verständlich zu machen, warum es hinter den Kulissen der Europapokalspiele immer wieder Schiebungen oder Versuche zu solchen gibt.

Meistens jedoch werden die Regularien beachtet. Die Regeln verbieten es nicht, ein Spiel defensiv zu führen. Sie verpflichten nicht zur Risikobereitschaft, die die Galerie erfreut. Und diese Galerie hat sich auch daran gewöhnt, ein monoton geführtes Spiel zu akzeptieren, wenn es erfolgreich ist.

Franz Beckenbauer hat, als der Winter 1990 ins Frühjahr überging, den Schwerpunkt seiner Marseiller Tätigkeit auf die Beobachtung des AC Mailand gelegt. Das ist „bonne guerre“ gewesen, legitime Spionage für das Auftreten von Olympique Marseille beim ersten Viertelfinalspiel im Giuseppe-Meazza-Stadion. Wer mit einer knappen Auswärtsniederlage ins Rückspiel geht, hat die halbe Miete.

Die Entwicklung des Profifußballs will es so. Niemand wird eine Farce in solcher Einstellung sehen. Und die Farce aller Farcen, die im Herbst 1945 in London abrollte, zeigt, daß das Spiel doch eigentlich ganz gut davongekommen ist.

Argentinien hat 1990 mit Antifußball Weltmeister werden wollen und hat seine Quittung dafür gekriegt. Aber es hat sich im Spielraum der Regeln bewegt, auch wenn es dem Spiel keinen Raum lassen wollte. Die feine englische Art war's nicht, aber trotzdem sind Maradona und Co. wahre Gentleman gewesen, wenn man bedenkt, wie die perplexen Engländer im Herbst 1945 von den Russen eingeseift wurden.

Die Russen kamen wie von einem anderen Stern. Nur Kunde von einem sagenhaften Torhüter namens „Tiger“ Chomitsch war herübergedrungen. Im geschlagenen

Deutschland freilich hat niemand etwas von dem Spiel gewußt, das in England drei Stadien gefüllt hätte, aber ich habe in französischer Kriegsgefangenschaft einiges darüber lesen können.

Doch erst zu Beginn der fünfziger Jahre, als ich meine erste große Reportage in England machen durfte, erfuhr ich, welch grimmige Farce sich an jenem nebligen Herbsttag an der White Hart Lane im Londoner Norden wirklich abgespielt hatte.

Arsenal mußte im Tottenham Stadion spielen, weil deutsche Bombenschäden auf dem Platz in Highbury noch nicht beseitigt waren. Und der Mann, der mir alles erzählte, war der berühmte Arsenal-Manager George F. Allison, ein bulliger, ungemein großherziger und fachmännischer Gentleman of Football, der so viel Ähnlichkeit hatte mit Santiago Bernabeu, dem großen alten Mann von Real Madrid. Allison hatte in den dreißiger Jahren die größte aller Arsenal-Mannschaften aufgebaut. Als der Krieg ausbrach, war es ohne Zweifel das beste Vereinsteam der Welt.

Die Russen wußten sehr wohl, warum sie diesen Gegner ausgesucht hatten. Auch Arsenal hatte fünf Jahre Krieg hinter sich, und Allison war nicht begeistert, als das Foreign Office und die sowjetische Botschaft in London wegen des Spiels an ihn herantraten. Zu wenig nach Freundschaftsspiel und zu sehr nach Prestigekampf roch ihm die Sache, aber er war zu sehr Sportsmann, um vor einer Herausforderung zu kneifen.

Bei einem langen Mittagessen, das bis in die Abendstunden hinein dauerte, hat er mir alles vom verrücktesten Spiel seiner Manager-Karriere erzählt und dabei pausenlos Doppelpässe zwischen Frust und Humor laufen lassen.

Und eigentlich ist nicht zu fassen, was da an der White Hart Lane passierte. Vielleicht ist es nur möglich gewesen in England, wo man auch noch in unerwartet schwierigen Lagen Humor und Common Sense aufbringt. Es muß aber hinzugefügt werden, daß das vor der Geburt der Hooligans war.

George Allison war damals kein alter Mann. 62 erst, aber welch eine fürstliche Karriere im großen Spiel! Er war ebenso Gast der königlichen Familie wie diese Gast bei Arsenal war. Hoffähig hatte er den Fußball gemacht, und man kann deshalb leicht begreifen, daß die Russen bei ihrem ersten Auftritt im Mutterland des Fußballs Allisons gesellschaftliche Stellung ins Kalkül zogen. Die „Operation Arsenal" wurde generalstabsmäßig vorbereitet. Aber von diesem seltsamen Spiel hatte der Mann, der an ein Freundschaftsspiel glaubte, keine Ahnung.

Die praktische Seite machte ihm Kummer. Wie alle großen Vereine war Arsenal recht und schlecht über den Krieg gekommen. Einige seiner besten Spieler wie Ted Drake, Alf Kirchen oder Jack Crayston standen aus Altersgründen nicht mehr zur Verfügung, und er ließ fragen, ob er sich einige ausleihen könne von anderen Klubs. Die Russen stimmten zu, verlangten aber eine Gegenleistung: Sie wollten einen eigenen Schiedsrichter mitbringen.

Das war eigenartig genug, doch Allison stimmte zu, ohne zu ahnen, daß die Russen das Spiel jetzt noch bedeutungsvoller machten. Er holte sich Stan Matthews von Stoke, Ronnie Rooke von Fulham und Stan Mortensen von Blackpool, was die Russen zu der Erklärung veranlaßte, daß Dynamo Moskau eigentlich gegen die englische Nationalmannschaft spiele.

Was nun die Bedeutung des Schiedsrichters anlangt, die in dieser Story des Franz Bekkenbauer häufig genug angesprochen worden ist, so gehört das, was an der White Hart Lane an diesem trüben Herbsttag 1945 geschah, zu den trübsten und aufschlußreichsten Kapiteln über die bedeutungsvolle Arbeit der sogenannten Unparteiischen.

Aber vor dem russischen Schiedsrichter, angekündigt als profunder Kenner der Regeln und unbestechlicher Wächter über deren Einhaltung, trat der KGB auf den Plan. Arsenals Manager merkte sehr schnell, daß er nicht Gastgeber im üblichen Sinn war. Die Russen diktierten auf höchst ungewöhnliche Weise.

Morgens um zehn Uhr wurde Allison zum Sitz der Football Association in Lancaster Gate bestellt. Das klang gut und logisch, weil ja mit den russischen Offiziellen organisatorische Details über das ungewöhnliche und mit so großer Spannung erwartete Spiel besprochen werden mußten.

Aber zu seiner großen Überraschung wollten die Herren, unter ihnen Dynamos Manager Jakuschin und der Schiedsrichter, ganz anderes wissen. In einem dreistündigen Verhör, das ein Dolmetscher leitete, dessen fußballerische Kenntnisse gleich null waren, wurde Allison über seine Lebensgewohnheiten und sein Einkommen befragt, wobei selbst die Intimsphäre nicht ausgespart wurde. Und als er schließlich entnervt fragte, wann man denn über das Spiel sprechen wolle, wurde ihm erklärt, daß das eine andere Sache sei, die in der sowjetischen Botschaft besprochen würde.

Da hat George F. Allison nach Luft gejapst. Aber es war erst der Anfang. Als er ins mit 60000 Zuschauern überfüllte Stadion an der White Hart Lane kam, stürzten im Gang vor der Kabine die beiden englischen Linienrichter auf ihn zu: „Dieser russische Schiedsrichter spinnt! Er verlangt, daß wir beide auf der gleichen Spielfeldseite winken sollen und er die andere übernimmt. Und wir sollen bei keiner Aktion in beiden Strafräumen eingreifen, das sei allein seine Sache."

Allison stand vor einem Tobsuchtanfall, aber er begriff, daß nichts mehr zu machen war. Auf den Rängen fieberten die Zuschauer einem Spiel entgegen, das die Russen verweigern würden, wenn man ihre Wünsche nicht als Befehle betrachte. Diesen Trick hatten sie sich bis zuletzt aufgehoben.

Und zu allem kam der „pea-soup-fog", der berüchtigte Londoner Erbsenbrei-Nebel. Es war unmöglich, von einem Tor zum anderen zu sehen. Arsenal – Dynamo kündigte sich als Phantomspiel an. Zur Halbzeit stand es 3:2 für Arsenal.

Allison wär's lieber umgekehrt gewesen. Der Nebel wurde dichter, und gerne hätte er den Russen einen Abbruch-Sieg angeboten. Und dann kam ein neuer Hammer. Allison war klug genug gewesen, einen russisch sprechenden Freund bei Jakuschin zu plazieren. Der sollte die Ohren aufmachen. Ein privater Secret-Service-Man sozusagen.

Und dieser Mann vermeldete Erstaunliches: Jakuschin habe dem Schiedsrichter befohlen, die Partie abzubrechen, wenn Arsenal die Führung ausbauen sollte. Andernfalls mußte weitergespielt werden. Unter allen Umständen.

Mitte der zweiten Halbzeit führten die Russen 4:3, aber es war unmöglich, von der Mittellinie aus noch ein Tor zu erkennen. Die Regeln besagen, daß in einem solchen Fall das Spiel abgebrochen werden muß.

Auf Allisons Bitte ging der erste Sekretär der sowjetischen Botschaft mit ihm hinunter zum Platz. Man winkte den Schiedsrichter herbei, um ihm den Abbruch nahezulegen, aber der schüttelte den Kopf.

Allison: „Wir schenken euch den 4:3-Sieg."

Neues Kopfschütteln. Aber in der nächsten Minute ein Tor von Ronnie Rooke. Ein einwandfreies, sagte Allison. Aber der Schiedsrichter erkannte es nicht an, und keiner weiß warum.

Dann endlich der Schlußpfiff. Dynamo Moskau siegte 4:3, und George F. Allison ging in die Kabine, um fluchende Arsenal-Spieler zu beruhigen, die nicht begreifen wollten, was ihnen da zugemutet worden war.

Er selbst hat einen Schlußstrich ziehen wollen, aber das ist ihm sehr schwer gemacht worden. Denn Vadim Siniawski, der Dynamo Moskau als Rundfunkreporter begleitet hatte, wurde nach der Heimkehr nach bewährtem russischen Rezept auch zum Schreiben eingesetzt. So geschieht es auch heute noch, weil es Devisen spart. Außerdem kommt der sowjetische Sportjournalismus nur sehr zögernd aus der Phantasielosigkeit heraus, die in seiner Isolation begründet ist.

Dieser Reporter Siniawski freilich ließ ungeahnte Phantasie blühen im Aufsatz, den er für die in einer Riesenauflage erscheinenden Jugendzeitung „Pionier" zu schreiben hatte. Das war stalinistisches Muster. Niemand ist für Heldentaten begeisterungsfähiger als die Jugend, niemand kritikloser. Und die Reportage begann so: „Im Mutterland des Fußballs wurden wir nach englischer Sitte empfangen. Das heißt, ziemlich unfreundlich, ohne Flaggen, Musik oder Blumen. Offizielle der Football Association schüttelten uns kühl die Hände und hetzten uns dann Journalisten auf den Hals. Aber auch wir haben unsere Sitten. Wir lieben kein unnützes Gerede und gaben keine Antworten. Und als wir Spinnenweben fanden in dem Quartier, das sie uns zuwiesen, beschlossen wir, in der sowjetischen Botschaft zu übernachten."

Damit waren die jungen Pioniere eingestimmt auf das siegreiche englische Abenteuer von Dynamo Moskau. Das Spiel konnte beginnen, und der Reporter sah es so: „Dynamo empfahl dem Arsenal-Manager Allison, das Spiel zu verlegen. Dichter Nebel lag über London, und wir wußten, daß das ein Vorteil für den Gegner war, der Spiele im Nebel gewöhnt ist. Aber Allison weigerte sich, weil das Stadion ausverkauft war und bei den Buchmachern hohe Wetten abgeschlossen waren. Nach Dynamos Führungstor brachte Arsenal unter Ausnutzung des Nebels eine unziemliche Härte ins Spiel. Besonders sein Mittelstürmer Rooke. Er wurde so bösartig, daß ihn Zuschauer nach dem Spiel verprügelten. Allison machte das klüger. Als die Engländer 3:2 führten, schlug er Jakuschin mit einem süßlichen Lächeln vor, das Spiel abzubrechen. Aber Jakuschin weigerte sich, dieses Englisch zu verstehen. Und als Arsenals Torhüter den vierten Ball aus seinem Netz holte, wurde Allison ohnmächtig. Er hatte eine große Summe auf den Sieg seiner Mannschaft gesetzt – und verloren."

Zur fußballerischen Seite der Angelegenheit schrieb der Reporter: „Die Engländer mögen technische Vorteile gehabt haben, aber die russische Taktik war besser. Wir haben verdient gewonnen, weil der eiserne Wille zum Sieg bei uns mehr entwickelt ist als bei allen anderen. Kameradschaft und Disziplin bringen den Sieg im Krieg, im Aufbau des Landes und auf dem Fußballplatz!“

Peng! George F. Allison hat mir glaubhaft versichert, daß er eine Gänsehaut bekam, als man ihm das übersetzte. „Wenn man mir eine Wette über eine ersprießliche Zukunft des internationalen Fußballs angeboten hätte, ich hätte keinen Penny drauf gesetzt!“

Dieses Londoner Geisterspiel, das von niemand richtig gesehen worden ist, scheint es mir aus vielerlei Gründen wert, in die Erinnerung gerufen zu werden. Heute kommen solche Ereignisse per Knopfdruck live ins Haus, und jeder kann sich sein Bild machen. Reportagen wie jene des Gospodin Siniawski sind unmöglich geworden.

Trotzdem lebt die unredliche Reportage weiter, und viele der Elemente, mit denen die aus London 1945 gebaut wurde, grüßen wie alte Bekannte aus den Gazetten.

Sicher, die süffisante Verächtlichmachung des Gegners wird subtiler betrieben. Aber ist in den italienischen Zeitungen nicht immer noch die Rede vom deutschen Panzer, wenn der Europapokal eine deutsche Mannschaft über die Alpen führt?

Gut, wenn Beckenbauer mit Marseille kommt, sieht man's anders. Dem kann man keinen Hut aufsetzen und keinen Bierkrug in die Hand geben wie der Karikatur des teutonischen Schlachtenbummlers. Aber wenn wir den russischen Arsenal-Report durchleuchten, wird uns klar, daß englische Wettleidenschaft dem kommunistischen Leser logischerweise als unkurierbares kapitalistisches Übel dargestellt werden muß. Aber es muß uns auch klar werden, warum der Schlüsselloch-Journalismus im gesellschaftlichen Phänomen, das der Sport geworden ist, einfach hineinleuchten muß in eine durchs Fernsehen scheinbar transparent gewordene Sache.

Franz Beckenbauer weiß nicht und er will es sich gar nicht ausmalen, was an hämischen Abgesängen über ihn hereingebrochen wäre, wenn er Italia '90 nicht erreicht oder nach der Vorrunde einen Abschied gehabt hätte wie Jupp Derwall bei der Europameisterschaft 1984 in Frankreich. Was er weiß, ist, daß er Glück hatte, über einen unverschämt langen Zeitraum, der keinem anderen vergönnt gewesen ist.

In jenem Herbst 1945 wurde der Fußball totgesagt von keinem anderen als George Orwell, dem großen gesellschaftlichen und politischen Visionär, der bei Arsenal – Dynamo auf der Tribüne von White Hart Lane gesessen war. Er muß es mit knirschenden Zähnen getan haben, und mit schroffer Unversöhnlichkeit ist er dem Sport begegnet. Aber wo er recht hat, hat er recht.

Bloß, er hat ausschließlich mit dem Skalpell der Ratio gearbeitet. Liest man, was er in der Zeitschrift „Tribune“ am 14. Dezember 1945 schrieb, dann wird dort kein Unterschied klar zwischen dem Goodwill von Allison und der degoutanten Einstellung von Jakuschin. So wenig wie zwischen dem guten Willen des Zuschauers, der subtile Feinheiten des Spiels erkennt und sich erfreut an ihnen, und dem Dummkopf, der den Sieg um jeden Preis und womöglich die Randale will. Und im übrigen hat einer wie Beckenbauer mit einer Kunst, zu der Orwell kein Verhältnis hatte, selbst unter den Zuschauern im gegnerischen Stadion Begeisterung hervorgerufen, deren Ehrlichkeit Orwell verblüfft hätte – wenn er sie erlebt hätte.

Orwell hat unter der Überschrift „Sportsgeist?" eine Breitseite von Gedanken abgefeuert, die keinen indifferent lassen kann, der sich mit dem Spiel beschäftigt. Es hat freilich auch keine bessere Gelegenheit dazu geben können als dieses aller spielerischen Elemente entkleidete Spiel Arsenal – Dynamo.

Ein Auszug aus Orwells Text: „Jetzt, da der kurze Besuch des Dynamo-Fußballteams zu Ende ist, ist es möglich, das öffentlich zu sagen, was viele denkende Menschen privat sagten, bevor die Dynamos ankamen. Und zwar, daß der Sport eine Ursache von Feindschaften ist, und daß, wenn ein solcher Besuch überhaupt Auswirkungen auf die anglo-sowjetischen Beziehungen hätte, die nur darin liegen könnten, sie ein bißchen schlechter als vorher zu machen."

Aber wie könnte es anders sein? Ich bin immer verblüfft, Leute sagen zu hören, daß Sport Freundschaft zwischen den Ländern schaffe und daß, wenn sich nur die kleinen Leute beim Fußball oder Cricket treffen könnten, sie nicht den Wunsch verspürten, sich auf dem Schlachtfeld zu treffen.

„Nahezu alle Sportarten haben heute Wettbewerbscharakter. Man spielt, um zu gewinnen, und ein Spiel hat wenig Bedeutung, wenn man nicht das Äußerste für den Sieg tut. Jeder, der einmal in einem Schul-Fußballspiel gespielt hat, weiß das. Auf internationaler Ebene ist Sport unverhohlene mimische Kriegsführung. Bezeichnend ist dabei nicht das Verhältnis der Spieler, sondern die Haltung der Zuschauer. Und hinter den Zuschauern stehen jene Nationen, die sich über diese absurden Wettbewerbe in Raserei hineinsteigern und ernsthaft glauben, jedenfalls für kurze Zeit, daß Laufen, Springen und Balltreten Übungen nationaler Tugenden seien.

Solange starke Rivalitäten entstehen, wird sich die Idee des regelgerechten Spiels immer in nichts auflösen. Die Leute wollen die eine Seite an der Spitze und die andere am Boden sehen. Dabei vergessen sie, daß ein Sieg durch Betrug oder die Intervention der Masse bedeutungslos ist. Selbst wenn sich die Zuschauer nicht körperlich einmischen, versuchen sie, ihre Mannschaft anzufeuern und die Spieler der Gegenseite mit Buhrufen aus der Fassung zu bringen. Ernsthafter Sport hat mit Fairplay nichts zu tun. Er ist verbunden mit Haß, Eifersucht, Angeberei, Mißachtung aller Regeln und dem sadistischen Vergnügen, Zeuge von Gewalttätigkeiten zu sein. Mit anderen Worten, er ist Krieg ohne Schießen", schrieb Orwell.

Da haben wir nun den Gegenpol zum Sänger Geoffrey Green, zur Leichtigkeit seines Humors und seinem tiefen Verständnis für alles Menschliche. Vielleicht hätte es George Orwell gerne gesehen, wenn bei seinem Krieg ohne Schießen wenigstens Gefangene gemacht würden. Orwell überzieht kräftig. Und wenn er noch lebte, wären ihm die Haare zu Berge gestanden bei der Lektüre der britischen Massenblätter während der Weltmeisterschaft 1990 in Italien. Die haben Kriegsberichterstattung über ihre Hooligan-Armada gemacht und sogar deutsche Boulevardzeitungen aussehen lassen wie Amtsblättchen für Chorknaben.

In einigen Punkten freilich muß man Orwell durchaus zustimmen. Zum Beispiel in dem: „Man spielt, um zu gewinnen."

Ja, was denn sonst, Sir?

Daß Nationalismus im Kielwasser von Länder- und Europapokalen schwimmt, ist ein Faktum, das – leider – so natürlich ist wie die Freude jener, die sich faszinieren lassen von der königlichen Unberechenbarkeit des Spiels, vom Geschick des begnadeten Künstlers, aber auch von der Willenskraft des geborenen Kämpfers.

Natürlich kann man sich auch anderen, sagen wir geistig anspruchsvolleren Unterhaltungen hingeben. Nicht jeder kann Sinnvolles in der Beherrschung eines Balls entdecken. Möglicherweise hat sie ihn als Kleinkind, als er noch natürliche Instinkte hatte, gereizt wie die junge Katze. Aber dann ist er gescheit geworden. Viel gescheiter noch als die alte Katze, die dem Ball müd und mit wissenden Augen nachguckt.

Yes Sir. So muß man den right honourable Mr. Orwell sehen, der seine Abrechnung mit dem Fußball 1945 in der „Tribune" so abgeschlossen hat: „Es gibt schon genug reale Ursachen für Ärger; wir brauchen nicht noch mehr davon, indem wir junge Männer ermutigen, sich unter dem Gebrüll des rasenden Publikums gegenseitig ins Schienbein zu treten."

Soll man es primitiv-gescheites Denken nennen? Oder sind wir alle, die wir das Spiel lieben, hirnlose Primitivlinge? Ist Fußball nichts anderes als ein dem kleinen Mann hingeschmissener Theater-Ersatz?

Bernhard Minetti, der große Schauspieler, würde den Kopf schütteln. Er geht zum Fußball, weil sich darin ein Traum für ihn verwirklicht. Ein Drama ohne Textbuch, ein Film ohne Skript und Regie läuft da ab. Und niemand weiß, wie's ausgeht, im Gegensatz zum Theaterstück. Die Akteure haben Handlungsfreiheit.

Oft wird, wenn ein Spiel seine Kapriolen schlägt und das Stadion eine Welt für sich wird, mit der Spannung, die wie Elektrizität knistert, der Fernsehkrimi zitiert.

No Sir! Welche Untertreibung! Wenn du die erste Viertelstunde beim Krimi nicht verschläfst, weißt du, wie's ausgeht. Aber im Fußball kannst du nach 90 Minuten eventuell noch in die irrsinnige Lotterie des Elfmeterschießens hineingepeitscht werden.

Deutschland und England haben es im Halbfinale der Weltmeisterschaft 1990 in Turin durchstehen müssen, und mit Sicherheit hätte George Orwell das Zittern von Millionen in beiden Ländern gegeißelt.

Mit dem Recht, das sich der Mensch anmaßt, der nur mit der Kritik der reinen Vernunft vorgeht. Völlig unerheblich für das Wohlergehen von zwei Ländern ist es in der Tat, ob ein Schuß aus elf Metern, beziehungsweise zwölf Yards, in ein hinter Torstangen aufgehängtes Netz fliegt.

Handelt es sich vielleicht doch um einen Krieg, in dem geschossen wird?

Dieses Elfmeterschießen, Nervenkitzel für die Neutralen und Nervensäge für die Beteiligten, erscheint vielen, unter ihnen Beckenbauer, insofern gerechter als das Hochwerfen einer Münze, weil noch etwas mit eigener Kraft gerettet werden kann, sei es durch die Schützen oder durch den Torhüter. Aber man frage den Teamchef des Weltmeisters von 1990 nicht, wie er eine Niederlage in diesem Glücksspiel beim Halbfinale von Turin verdaut hätte!

Eine Lösung, die mir sowohl interessanter als auch gerechter erscheint, sei hier zur Debatte gestellt: Die Mannschaften spielen bei unentschiedenem Stand nach Ablauf der Verlängerung weiter, und alle fünf Minuten muß ein Spieler jedes Teams den Platz verlassen. Nach 20 Minuten hat jedes noch sieben Spieler, nach 30 noch fünf. Aber da die Mannschaft, die ein Tor schießt, umgehend Sieger ist, dürfte dieser Fall selten eintreten. Natürlich würde das Glück auch jetzt noch mitspielen, aber jeder, der etwas vom Spiel versteht, begreift, daß hochinteressante taktische Probleme auf den Trainer zukämen.

Überdies wäre das nicht einmal eine Regeländerung im herkömmlichen Sinn. Man weiß, daß das International Board der FIFA da aus gutem Grund sehr traditionsbewußt ist. Wollte es allen Vorschlägen folgen, die ihm unterbreitet werden, hätte sich das Spiel, das im Prinzip glücklicherweise immer noch nach den Cambridge-Regeln des vorigen Jahrhunderts gespielt wird, längst zur Unkenntlichkeit verändert.

Es hat schwer genug daran zu tragen, daß sich die Spielauffassung geändert hat. Die großen internationalen Wettbewerbe haben den Spielcharakter mit Geld und Prestige denaturiert. Viel Wasser plätschert da auf die Orwellsche Gedankenmühle, und zu wenig davon wird von den Medien abgeschöpft.

Adel unter sich:
Arsenals berühmter Manager George F. Allison, eingerahmt von König George (links) und der späteren Königin Elizabeth. Ein Zeitungsausschnitt aus dem Jahr 1945.

Ein Visionär und seine Vision: George Orwell schrieb den erfolgreichen Roman „1984“. Er handelt von einer total überwachten Welt, vom gläsernen Menschen und von der Effizienz einer gnadenlosen Diktatur. Der Gesellschaftskritiker Orwell hat sich auch mit dem Fußball auseinandergesetzt. Viel Sympathie vermochte er diesem Thema nicht entgegenzubringen. Orwell hielt diesen Sport, ähnlich wie Berthold Brecht, für nichts anderes als die Fortführung des Krieges mit anderen Mitteln. „Ernsthafter Sport hat mit Fairplay nichts zu tun. Er ist verbunden mit Haß, Eifersucht, Angeberei, Mißachtung der Regeln und dem sadistischen Vergnügen, Zeuge von Gewalttätigkeiten zu sein. Mit anderen Worten, er ist Krieg ohne Schießen“, schrieb George Orwell, der große Literat.

Geld, Prestige und Erfolg, die Markenzeichen des Präsidenten Silvio Berlusconi. Sein AC Milan wurde dreimal hintereinander Europapokalsieger der Landesmeister.

Duell der Patriarchen

Kapitel sechsundzwanzig

... in welchem von der Rivalität zwischen Bernard Tapie und dem Milan-Präsidenten Silvio Berlusconi berichtet wird – und über das Duo am Steuerrad von Olympique Marseille

Franz Beckenbauer stand mit Olympique Marseille im Viertelfinale des Europapokals der Landesmeister. Der Gegner: Ausgerechnet der Titelverteidiger und Favorit, der AC Mailand.

Viel ist dem Franz durch den Kopf gegangen, das nicht in den Zeitungen stand. Er war inzwischen sozusagen abgeschirmt durch Raymond Goethals, der als Trainer gekommen war und ihn entließ in die Funktionen eines Technischen Direktors, so wie die Sache von Anfang an geplant gewesen war.

Dennoch hatte Franz Beckenbauer, als das Mailänder Spiel nahte, seine Sorgen. Die Herausforderung, die er sich von Bernard Tapie vor die Füße hatte schmeißen lassen, war nicht von der üblichen Art. Sie hieß Europapokal, und der Mann, der Olympique Marseille auf sehr unübliche Weise dirigiert, wollte sein Haus auf ganz andere Weise bestellen als alle anderen. Also her mit dem Teamchef des Weltmeisters. Staunen sollten die italienischen Geldmeister à la Berlusconi. Daß er im Privatduell der Präsidenten, das in erster Linie mit Geld und Prestige zu tun hat, im Viertelfinale auf Silvio Berlusconi prallen würde, hatte Tapie nicht ahnen können.

Der italienische Medien-Zar hat beinahe 200 Millionen Mark in die Mannschaft von Milan gesteckt, die er ganz schlicht als das stärkste und bestgeführte Vereinsteam der Welt bezeichnet, und er hat nur mild gelächelt, als Tapie mit seinem Trainer Sacchi flirtete, ehe er sich Beckenbauer kaufte.

Es amüsiert ihn, daß ihn Tapie in jeder Hinsicht imitieren will. Bei allem Respekt, den er der Geschäftstüchtigkeit des Franzosen entgegenbringt, weiß er, daß sich da ein Federgewichtler an die Hanteln des Schwergewichts heranmacht. In der Halle einer seiner Villen hängen Rembrandts und andere holländische Meister, die viel teurer als seine Mannschaft sind, und wenn er mit seinem großen weißen Hubschrauber ins Trainingslager des AC Mailand einfliegt, sehen die Leute in Italiens zweitgrößter Stadt einen gescheiten Geschäftsmann herunterschweben, der das große Spiel begreift und so liebt, daß er sich nicht nur alte holländische Meister leistet, sondern auch junge wie van Basten, Gullit und Rijkaard.

Dieser Präsident des AC Mailand ist in jeder Hinsicht größer als Tapie. Deshalb hat er es auch nicht so sehr nötig, sich in den Medien groß zu machen. Sie gehören ihm nämlich. Er ist nicht nur Italiens Zar des Fernsehens und der Zeitungen, er übt auch internationale Medien-Macht aus, und pikanterweise ist er, genau wie Tapie, an „TF 1", Frankreichs erstem Fernsehprogramm, beteiligt. Bloß, er hat mehr Einfluß als der französische Kollege. Berlusconi bewundert sich. Sonst keinen. Aber er besitzt auch diese norditalienische Noblesse, die in sich selbst ruht und es deshalb nicht nötig hat, den Rivalen zu degradieren.

Das sollen, was den Fußball angeht, die Tifosi tun, und ihre Haltung bedeutet dem Präsidenten ebensoviel Genugtuung wie die Erfolge seiner Mannschaft.

In der lombardischen Hauptstadt Mailand sind Arbeit und Fußball Religion. Im Gegensatz zu Neapel, wo's nur der Fußball ist und wo der Vesuv es durchaus fertigbringen kann, den eben noch in die Hölle verdammten Halbgott Maradona auszuspeien wie einen Heilsbringer.

Mailand mit seinen beiden Klubs AC und Inter erinnert auf seltsame Weise an Glasgow, wo es zum guten Ton gehört, Anhänger eines der beiden großen Klubs Celtic oder Rangers zu sein. Aber dort in Schottland ist es ein Religionskrieg zwischen Protestanten und Katholiken.

Schwer auszuloten sind die Ventile, die der Fußball offeriert. Und die nützlich sein können, weil sonst schlimmere Ausschreitungen entstehen könnten. Das hat George Orwell nicht begriffen.

In Marseille wären zwei große Klubs mit europäischen Ambitionen undenkbar. Aber das ist keine französische Eigenart. Es ist in Deutschland nicht anders. Ganz anders in Italien.

Inter Mailand als den Klub der Proleten, AC Mailand hingegen als den der besseren Leute zu bezeichnen, wäre natürlich völlig falsch. Aber es läßt sich nicht daran rütteln, daß der mit seiner Lebensmittelkette und Kantinenbelieferungen zum Multimillionär gewordene Präsident von Inter Mailand, Pellegrini, in den Augen des AC Präsidenten und Medienzars Berlusconi ein Parvenü ist.

Der wird auf vier Milliarden Privatvermögen geschätzt, unterhält beste Beziehungen zu seinem Trauzeugen, dem Sozialistenchef Bettino Craxi und wollte 1990 die italienische Nationalmannschaft kaufen.

Wie dem auch sei – der bessere Herr in Mailand, der die „Gazetta dello Sport" unter den linken und die seriöse Tageszeitung unter den rechten Ärmel seines Maßanzugs klemmt, ist eher als Anhänger des AC Mailand zu vermuten als der weniger elegante, der sich mit der „Gazetta" begnügt.

Woraus ersichtlich ist, daß Franz Beckenbauer eigentlich besser zu Milan als zu dessen heißem Konkurrenten Inter Mailand passen würde. Aber die Frage hat sich nicht gestellt, und überhaupt hinken Vergleiche wie dieser.

Und Beckenbauers Sprung nach Marseille? Ein Balanceakt auf dem Drahtseil von einem, der's gar nicht nötig hat? Unzweifelhaft hat ihn nicht nur Tapies Überredungskunst in die Herausforderung hineingetrieben. Die Devise vom Weitermachen bekam

Oberhand. Halte den rollenden Wagen nicht auf, mach da weiter, wo du aufgehört hast, weil es nichts auf der Welt gibt, von dem du mehr verstehst. Und es ist noch nie ein Europapokal nach Frankreich gegangen.

Und die Franzosen mögen dich. Dieses Erlebnis, das er vorher nur bei Auftritten in französischen Stadien gehabt hatte und das kaum unter die Haut ging, weil er Ovationen gewöhnt war, hat beim ersten Besuch, den er Tapie im Spätsommer '90 abstattete, neue Dimensionen bekommen. Unerwartete Blumen schmeicheln auch einem Kaiser.

Unwichtige Randerscheinung oder „coup de foudre“? Man versteht darunter die Initialzündung einer Liebe, und es ist sehr wahrscheinlich, daß sie an diesem warmen Abend auf dem Trottoir des weltberühmten „Café de la Paix“ gegenüber der alten Opéra gezündet hat: Es ging auf Mitternacht. Tapie und Beckenbauer ließen den Tag ausklingen. Niemand weiß, daß sie im feudalen Büro des Marseiller Präsidenten, Avenue Friedland beim Triumphbogen, über eine Sache gesprochen hatten, die zu einer europäischen Fußballsensation ersten Ranges werden sollte.

Aber Tapie weiß, daß sich die Diva Paris mit ihrer schnippischen Eigenliebe nicht darum kümmert, wer um Mitternacht im Café de la Paix seinen Kaffee nimmt. Soll sich doch zeigen, wer's nötig hat. Man geht an diesem Jahrmarkt der Eitelkeit vorbei. Auch an einem certain Monsieur Tapie.

Komischerweise nicht an Beckenbauer. Es mag sein, daß die vor kurzem beendete Weltmeisterschaft und die Fernsehübertragungen mitspielen. Denn auf einmal ist das runde Tischlein umringt. Was als gemütlicher Abschluß geplant war, wird zur Signierstunde und läßt Tapie schmunzeln: „Sie sehen, daß Sie in diesem Land nicht nur in Marseille gebraucht werden!“

Das hat schließlich zu dem Autogramm geführt, das Franz Beckenbauer an Olympique Marseille band.

Marseille, Sumpfinsel oder Oase des französischen Fußballs? Man braucht Zeit, um sich eine Meinung zu bilden. Um so mehr, wenn man auf Dolmetscher angewiesen ist. Sepp Herberger hat gesagt, daß der Ball der beste Dolmetscher sei, aber zu seiner Zeit hat man nur ein Ohr für die Dialekte der deutschen Sprache haben müssen. Und Herberger hat die Spieler mit einer Art von unheimlich eindringlichem Rotwelsch angesprochen.

Ansprache geht aber nicht. Franz Beckenbauer muß feststellen, daß ihn Tapies Euphorie in eine Sackgasse geführt hat, aus der er unbedingt heraus muß, um die Sache mit klarem Kopf bewältigen zu können. Gut, einige verstehen Englisch. Damit ließe sich arbeiten, wenn Trainer Gili nicht aus Trotz zum Erzrivalen Bordeaux abgewandert wäre. Also hinein in den Trainingsanzug. Beckenbauer hatte sich das ganz anders vorgestellt. Aber er gibt nicht auf. Er absolviert das Training, wie es üblich ist, und wartet auf Raymond Goethals. Und der Belgier, der Französisch und Deutsch spricht, löst viele Probleme.

Die nationale Meisterschaft wird man mit einem Fuß machen. Jetzt kann man zu zweit dem Europapokal entgegenblicken, und zum ersten Mal hat Franz Beckenbauer in Marseille ein annähernd sicheres Gefühl. Der Mann mit der rauchigen Stimme, der schon beim Morgentraining seine erste Zigarettenpackung beinahe leer macht und der ihn auf eigenartige Weise an Ernst Happel erinnert, hat die Herde wie ein Wachhund angesprungen. Ein Gegenpol zu Beckenbauer ist er, wenn er mit seinem gutturalen flämischen Akzent Befehle gibt, die befolgt werden müssen.

Beckenbauer und Goethals – damit war freilich auch eine Reihe delikater Probleme programmiert. Der eine im Hintergrund, fast hinter den Kulissen, der andere im Rampenlicht. Ist das befriedigend? Goethals füttert die Medien mit vollen Händen, wohl wissend, daß er auf dem schmalen Grad zwischen Messias und Sündenbock tanzt; Bekkenbauer liefert kaum mehr Stoff für Presse, Funk und Fernsehen. Hat er nichts mehr zu sagen? Auf den ersten Blick sieht es danach aus, wenn man die französische Presse im Vorfeld des Zusammenpralls mit dem AC Mailand betrachtet.

Auf der Kommandobrücke steht Goethals, der Steuermann. Deshalb ist die Frage erlaubt, ob der Kapitän in seiner Kajüte gemütlich Schnitzel ißt oder sich mit Karten beschäftigt, mit deren Hilfe man den drohenden Sturm umschiffen kann.

Dieses Fußballgeschäft ist mit keinem anderen vergleichbar. Der Erfolg, für den der fähige Manager im Wirtschaftsleben sorgt, ist eine kalkulierbare Größe. Sie hängt zum größten Teil von seinem Können, von seiner Einflußnahme ab. Die Kunst der Produktion von Toren und ihrer Verhinderung aber läßt sich nicht mit der Herstellung von Waren vergleichen. Sie soll, im ursprünglichen Sinn, erspielt werden, und ein besseres Beispiel für einen, der Produktion zu erspielen verstanden hat, wie Franz Beckenbauer, gibt es nicht. Deshalb hat ihn Tapie als Manager einer Produktionsgesellschaft namens Fußball eingestellt.

Der Geschäftsmann Tapie hat den Europapokal auch für seine politische Karriere mit bemerkenswertem Raffinement geplant. Das bedeutet Grandeur, die auch ein François Mitterrand zu schätzen weiß, und schließlich ist ja auch die Nationalmannschaft, die um den Einzug in die Endrunde der Europameisterschaft 1992 kämpft, praktisch nichts anderes als die Hausmacht von Olympique Marseille.

Für den Politiker Tapie, den Volkstribun, der Hände schüttelnd und Kinder küssend in der Menge badet, ist Franz Beckenbauer einer seiner Wirtschafts-Spitzenmänner auf einem Spezialgebiet. Und Franz Beckenbauer wirkt auch bisweilen wie einer dieser Wirtschaftskapitäne, wenn er majestätisch, mit vor der Brust verschränkten Armen, auf die von ihm geführte Produktionsgemeinschaft herunterblickt.

Das Fernsehen vermittelt es so, aber das ist vordergründig. Es steckt so etwas wie ein Stück kaiserlicher Souveränität drin, die auf Magnetwirkung zielt. Und zwar auf eine ganz andere als jene, an die Trainer glauben, die wie tolle Schäferhunde an der Linie entlangrasen und nicht begreifen wollen, daß kein Spieler ihre wilden Gesten und Schreie begreift. Wenn sie plötzlich bellen würden, wäre das noch verständlicher.

Beckenbauer haßt das wie eine schlecht sitzende Krawatte. Und er kommt auch zum Spiel mit einer, die gut sitzt, als ob er nicht ins Stadion, sondern ins elegante, vollklimatisierte Büro ginge. Manche Karriere-Trainer empfinden das als affig, aber an den Karren, der eine kaiserliche Karosse ist, können sie ihm nicht fahren. Auch Raymond Goethals kann es nicht, doch vor dem Spiel gegen AC Mailand hat zwangsläufig ein

Spannungsfeld zwischen den beiden Männern entstehen müssen. Goethals: „Die Verantwortung trage ich, und ich halte den Kopf hin, wenn ich Tigana und Cantona aus der Mannschaft schmeiße!"

Franz Beckenbauer: „Ich habe mir die letzten drei Spiele des AC Mailand angeschaut, und wir haben uns zu Beratungen zusammengesetzt. Da kommt viel Taktisches auf den Tisch, und das Studium des Gegners ist gerade in diesem speziellen Fall meine wichtigste Aufgabe. Wir sind zwar Frankreichs stärkste Vereinsmannschaft, aber wir spielen gegen Europas stärkste Vereinsmannschaft. Es gibt Möglichkeiten, sie in Schach zu halten, aber groß sind sie nicht. Raymond Goethals weiß das so gut wie ich. Wir brauchen Glück. Auch bei gewissen Entscheidungen in der Mannschaftsaufstellung, die ich ihm überlasse."

Man kann das Diplomatie nennen, auf jeden Fall arbeiten die beiden durch die Umstände zusammengekommenen Männer als Zweckgemeinschaft für dieses eine hohe Ziel.

Für den Vereinspatriarchen Silvio Berlusconi ging es um anderes, als Milan gegen OM antrat und damit er auch gegen Bernard Tapie. Gegen einen Gernegroß, der seinen Thron wollte und schon gewaltig daran gerüttelt hatte. Und der auf seinem stolzen Viermaster ein Fest feiern wollte, wie es noch keines gegeben hatte. Präsidenten der Spitzenklasse sind allergisch gegen solche pretentiösen Vorhaben.

Gegner von hohem Format: Franz Beckenbauer, der Fußballchef von Olympique Marseille, traf im Europacup auf den AC Milan mit seinem Trainer Arrigo Sacchi (oben) und den drei holländischen Stars Rijkaard, van Basten und Gullit (unten von links).

Europacup-Fieber

Kapitel siebenundzwanzig

... in welchem der Kaiser sich anschickt, den begehrten Pokal zum ersten Mal nach Frankreich zu entführen, und ganz Marseille vom Virus der Fußball-Leidenschaft erfaßt wird

Franz Beckenbauer und Raymond Goethals führen Olympique Marseille in die schloßartige Festung von Erba, die des Kaisers Hauptquartier bei der Weltmeisterschaft 1990 gewesen ist. Von hier aus hat er die Italien-Kampagne dirigiert, von hier aus ist er nach San Siro ins Giuseppe-Meazza-Stadion gefahren, um mit einem eindrucksvollen 4:1-Sieg über Jugoslawien in diese Weltmeisterschaft zu starten.

Welche Erinnerungen! Wie hätte er diese Rückkehr nach drei Vierteln eines Jahres ahnen sollen! Rückkehr zur Quelle? Rendezvous mit einer Geliebten, die Ruhm heißt?

Auf den Kieswegen, neben denen der Trainingsplatz liegt, auf dem die Weltmeisterschaft präpariert wurde, macht er einsame Schritte, die sich vergleichen lassen mit denen auf dem olympischen Rasen von Rom nach dem Titelgewinn gegen Argentinien.

Gedanken kommen auf. Unweigerlich sind sie in solcher Umgebung. Das Tor von Matthäus. Es ist so einfach und grandios in Ansatz und Ausführung gewesen, daß es die Jugoslawen in die Knie zwang. Und es schrie nach da capo.

Bernard Tapie setzt auf die Rückkehr Beckenbauers in das WM-Hauptquartier vom Sommer 1990. Dort suggeriert er seinen Spielern, daß ein Weltmeister aus dem Schloß entsprungen ist, in dem sie wohnen. Mythos entsteht, und wer darüber lächelt, hat keine Ahnung von den Fäden des Irrationalen, die in das Spiel einer Mannschaft hineingesponnen werden können.

Für die Mailänder ist Olympique Marseille keine furchterregende Größe. Arrigo Sacchi, ihr Trainer, hat es nicht ein einziges Mal für nötig befunden, die Mannschaft zu beobachten. Sacchi ist ein Fußball-Gouverneur, der sich von Beckenbauer noch grundsätzlicher unterscheidet als sein Vereinspräsident Berlusconi von Tapie.

Goethals und Franz haben die Schwächen des Gegners studiert, der Belgier brachte sie seiner Truppe bei: „Sorgt für Ruhe in den eigenen Reihen und jede Minute für Unruhe bei den andern! Milan ist nicht das unüberwindliche Star-Ensemble der letzten Jahre. Der Lack ist ab, es fehlt van Basten. Und Gullit ist nach seiner langen Verletzungspause nicht mehr die Kampfmaschine, die den Geniestreich in dem Moment serviert, in dem es am meisten weh tut. Im defensiven Bereich sind sie noch stark, um das Risiko klein zu halten, aber den Rhythmuswechseln fehlt die alte Wucht, den Torchancen die Klarheit."

Beckenbauer war nicht zum Vergnügen nach Mailand gefahren. Videocassetten sind gut und schön, aber sie geben das Bild nicht, das sich dem Praktiker im Stadion auftut.

Warum also kein Sacchi in Marseille? Ist er sich so sicher, daß er nichts gesehen haben muß vom Gegner?

In Erba, wo ihn alles an Italia '90 erinnert, kaut Franz Beckenbauer daran herum. Der Weg führt nach San Siro, in eines der schönsten Stadien der Welt, das jetzt Giuseppe Meazza heißt. Und Bernard Tapie will, daß er sich nicht auf die Tribüne setzt, sondern auf die Bank neben Goethals.

Gut, wird er machen. Es ist eine Rückkehr zum Vorzimmer seines größten Erfolgs.

Dreimal hat Franz den Europapokal gewonnen, aber in 36 Jahren ist nie einer nach Frankreich gegangen. Und der schöne Marseiller Traum kann hier in San Siro enden. Eine hohe Niederlage ist beim Rückspiel nicht wettzumachen. Dann ist alles, was er versucht hat, sinnlos gewesen. Auch diese Reisen nach Mailand. Und es irritiert ihn die Selbstsicherheit eines Gegners, der in Marseille nicht einmal nachgeprüft hat, was auf ihn zukommt. Das paßt nicht ins Bild eines Klubs, der nichts dem Zufall überläßt.

Man hat sich erkundigt. Die großen Klubs erhalten vor allen Europapokalspielen Besuch vom Gegner. Manchmal kommen ganze Delegationen zum legitimen Spionieren. Ist Arrigo Sacchi ein Hellseher, der's nicht nötig hat? Natürlich nicht. Arrigo Sacchis verlängertes Auge heißt Natale Bianchedi, und er ist mit Sicherheit der diskreteste Spion in der europäischen Fußballszene. Es gibt kein Bild von ihm, aber er muß alt wie Methusalem sein. Eingeweihte behaupten, er habe den jungen Meazza auf dem Schoß gehabt und Sacchi den Fußball beigebracht. Auf alle Fälle ist er für Sacchi der Heilige Antonius von Padua. Alles, was Bianchedi von den europäischen Schauplätzen mitbringt, ist für den Trainer Evangelium. Er meldet sich nie irgendwo an, kauft sich immer seine Eintrittskarte, und es kommt auch vor, daß er mit wachen Augen und Ohren genau in jenem Hotel schläft, in dem die gegnerische Mannschaft Quartier genommen hat. Wenn man Beckenbauer heißt, geht das nicht. Da gibt man schon ein Dutzend Autogramme zwischen Drehtür und Rezeption.

Natale Bianchedi hat Olympique Marseille vor dem Mailänder Spiel im Stade Vélodrome unter die Lupe genommen und seinem Freund Sacchi alle erdenklichen Informationen geliefert wie früher aus München, Madrid, Barcelona oder Sofia.

Wer denkt noch daran, daß seinerzeit dieser AC Milan, der heute mit dem niederländischen Trio van Basten, Gullit und Rijkaard aufwartet, mit dem schwedischen Trio Gren – Nordahl – Liedholm Furore machte? Nach ihnen kam Schnellinger, der Kölner.

Diese Mailänder wollten mit ihren großen Banken nicht nur das finanzielle Zentrum des Landes sein, sondern mit ihrer „Scala" das kulturelle und mit ihrem Fußball auch das sportliche.

Fußball, hier Calcio genannt, ist viel bedeutender als bei uns und hat mit Lebensart zu tun. Es gibt eine Geschichte dazu, und sie ist so schön, daß sie nicht unter den Tisch fallen darf. Ugo Tognazzi hat sie mir erzählt, einer der ganz Großen von Bühne und Film Italiens. Es fiel ihm leicht, auch Beckenbauer zu verehren, weil ihm Kunst eine Art Religion war. „Wenn einer Sachen aus dem Fuß schüttelt wie der, schmeiße ich mich auf den Boden und japse nach Einfällen!" Aber dann sagt er gleich, er sei belastet. Erblich belastet. Das sei in Mailand nun eben mal so Sitte, und man könne es höchstens ändern durch Auswanderung. Aber wohin? Ins eingebildete Rom oder ins verrückte Neapel?

Wohin also?

„In Mailand", sagt er, „hast du gar keine andere Chance, als zu Inter oder zu Milan zu gehen, und bei mir ist die Sache programmiert worden, ehe ich denken konnte."

„Ehe du denken konntest? Das ist ja Religionskrieg!"

„Mehr noch. Raison de vivre, wenn du das besser verstehst."

„Mein Onkel", hat Ugo Tognazzi gesagt, „war ein Tifoso des AC Milan, wie er im Bilderbuch steht. Wäre ich als Mädchen zur Welt gekommen, hätte er mit Sicherheit keine Sekunde an mich verschwendet. So aber hat er zugeschlagen. Er hat eine rotschwarze Schleife um den winzigsten, aber bedeutendsten Teil meiner Männlichkeit geschlungen. Das ist wichtiger als die Taufe gewesen, weil ich fortan nur noch rotschwarz gepinkelt und gedacht habe!"

Man muß, um diese herrliche italienische Geschichte zu erfassen, auch die Symbolik sehen. Das Schleifchen ist am kleinen Unterschied an der männlichsten Stelle angebracht worden, und ein solchermaßen zum Tifoso Erhobener wird im männlichsten Sinne männlich, wenn er nach dem Lokalrivalen Inter Mailand gefragt wird.

Ugo Tognazzi hat es so gesagt: „Wenn es zwei große Klubs in einer Stadt gibt, ist man logischerweise verpflichtet, einen zu lieben und einen zu verachten."

In Marseille gibt es nur einen, und den liebt man. Man liebt auch die Feuerwerke, die er bisweilen in den französischen Fußballhimmel schießt, aber jetzt will man endlich ein ganz grandioses in den europäischen Himmel feuern. In den Kneipen des Alten Hafens wird der Bildschirm an diesem Abend wichtiger als der Pastis, und es bleibt kein Stuhl frei, weil ein richtiger Marseiller bei einem solchen Ereignis nicht mit Pantoffeln in der Stube sitzen kann. Natürlich haben sie alle Angst, aber in der Gruppe kann man sie verscheuchen, und einen Dreck kümmert es sie, was da in den Zeitungen von der unnachahmlichen Mischung aus nordischer Kühle und südländischem Einfallsreichtum steht, mit der der AC Mailand auftrumpft. Hat man in Marseille nicht immer seine eigene Mixtur gehabt, die auch niemand nachzuahmen vermochte, Bonne Mère?

In der Hauptstadt Paris haben sie gelächelt über diesen Legionärsfußball. Ja, so haben sie ihn genannt und dabei vielleicht an das große Marseiller Depot der Fremdenlegion gedacht, von dem die Legionäre ins afrikanische Siddi bel Abbas hinübergeschifft werden.

Ist es nicht geradezu logisch, daß OM, Glamourklub dieser kosmopolitischen Metropole, seine Spieler nicht nur aus allen Ecken des Landes, sondern auch aus Korsika, England, Afrika und Brasilien holt? Und dazu kommt die kosmopolitischste aller Führungstroikas: Tapie, kein Präsident wie andere, sondern ein Bandenchef, Goethals, der knorrige Belgier, der auf den Tisch hauen kann, daß sich Stars, die an Vorrechte geglaubt haben, erschrocken ducken – und Beckenbauer, dem auch ein Arrigo Sacchi nichts vormachen kann, der taktische Korsetts anfertigt für die besten Spieler, die der internationale Markt bietet.

Im Castello de Casiglio zu Erba, von dem er ausgezogen war, um Weltmeister zu werden, hat Franz Beckenbauer seine Suite hoch oben im Turm an Bernard Tapie abgegeben. Und Torjäger Jean-Pierre Papin darf im Bett von Lothar Matthäus schlafen.

Zwar sagt Beckenbauer zu Journalisten, die in seine Gefühle eindringen wollen, daß das alles vorbei sei und daß man den Geist von Erba nicht in Flaschen ziehen könne, aber es ist die typische Antwort eines Mannes, der seine Gefühle nicht auf der Zunge trägt. Natürlich will er im feudalen Burghotel etwas zurückholen von den Tagen, die ihm jetzt, bei aller dynamischen Hektik, die sie hatten, fast unbeschwert vorkommen. Näher, als man glauben könnte, ist ihm die Macumba, mit der sich die Brasilianer vor den großen Spielen in Trance versetzen.

Vielleicht wird das Bett von Matthäus dem Papin helfen. Warum nicht? Der Aberglaube ist ein Zwillingsbruder des Irrationalen.

Und Jean-Pierre Papin schießt im Giuseppe-Meazza-Stadion das Tor, das Olympique Marseille im schwersten Spiel, das es je zu bestreiten hatte, das Wunschergebnis von 1:1 bringt.

In San Siro gibt es lange Gesichter, und im Alten Hafen von Marseille rennen sie aus den Bistros und möchten vor Freude am liebsten ins Wasser springen. Marseiller Optimismus, der keinen Zwillingsbruder kennt, springt an die Decke wie ein Champagnerkorken, und ein Stadion von der dreifachen Größe des alten Stade Vélodrome würde nicht ausreichen, um die Leute zu fassen, die den Marseiller Sieg erleben wollen, der die Tür zum Halbfinale im Europapokal aufstößt.

Etwas anderes ist undenkbar. In Marseille werden die Feste früher gefeiert, als sie fallen.

Und die Mannschaft fliegt heim, als ob sie den Europapokal schon im Gepäck hätte. Franz Beckenbauer kurvt mit dem Auto nach Genf, wo er beim Automobilsalon einen Mercedes-Termin hat. Manchmal pfeift er am Steuer. Es fährt sich leichter, als wenn im Kofferraum eine Mailänder Packung läge. Auch für ihn ist dieses 1:1 eine Befreiung. Und Befriedigung. Nicht nur, weil die taktische Marschroute stimmte, die er mit Goethals ausarbeitete. Sein Gefühl hat ihn nach Erba ins alte WM-Quartier getrieben, und er hat sich durchgesetzt. Ursprünglich hatte der Klub im Hotel Brun, unweit vom Stadion, wohnen wollen.

Beckenbauer hatte den Kopf geschüttelt: „Kein Platz für eine Vorbereitung, wie ich sie mir vorstelle." Tapie hatte seine Suite nicht annehmen wollen, hatte sie „kaiserlich" genannt. Dann ist er hinausspaziert wie Napoleon.

Es ist wirklich alles gekommen, wie es sich der Kaiser vorgestellt hatte.

Beweise solcher Art sind nie lieferbar, und er ist der Letzte, der sich fremde Federn an den Hut stecken würde. Aber hatte er nicht klar erkannt, daß Mailands Abwehrmaschinerie ohne Franco Baresi nicht mit der gewohnten Sicherheit funktionierte?

Der Libero ist für ihn das Maß aller Dinge. Besser als jeder andere erkennt er Störungen in der Arbeit einer Abwehr, und in den Gesprächen mit Goethals hat es totale Übereinstimmung gegeben: Wenn wir uns einigeln und nichts riskieren, ist das der sicherste Weg zur Niederlage. Je mehr wir aber die Abwehr fordern, der Baresi fehlt, um so mehr stören wir deren Gleichgewicht. Und vorne fehlt ihnen van Basten. Zwei oder drei Gegner kann der verschleißen, da hilft keine Manndeckung. Aber ohne ihn wird Gullit überlastet, und dem geben wir einen Bewacher, der diese Spezialität beherrscht.

Der Mann heißt Basile Boli und ist schwarz wie Ebenholz. Und „fort comme un Turc", wie sie in Marseille sagen, stark wie ein Türke.

So hat der Holländer seinen schwarzen Türken bekommen. Schauermärchen aus Tausendundeiner Nacht für ihn. Miserable italienische Kritiken bekam er, obwohl er ein Tor geschossen hat.

Und mit Abedi Pelé leuchtete eine zweite schwarze Perle des OM. Das hat die Italiener noch mehr überrascht. Sie, die sich nicht nur für die Meister des Spiels, sondern auch für die Meister der beißenden Ironie halten, die auch einen Klinsmann zum schwerfälligen Panzer machen können, wenn er gerade einmal nicht die Rennreifen aufzieht und alles umkurvt, hatten den Mann aus Ghana so charakterisiert: „Vom richtigen Pelé hat er bloß die Hautfarbe."

Und dann hat Pelé ihnen eine Gänsehaut beschert. Besonders in der Situation, in der er den Marseiller Sieg auf dem Fuß hatte. Vom Pfosten des leeren Tores ist der Ball zurückgesprungen und hat eine der großen Sensationen in der Geschichte des Europapokals verhindert.

Vielleicht war es gut so. In Marseille hätten sie den Jungen aus Ghana, der das Haar im Genick zum Zopf bindet, größer gemacht als den richtigen Pelé.

Abedi ist umstritten gewesen in den Kurven des Stade Vélodrome und in den Kneipen des Alten Hafens. Man liebte ihn wegen der Virtuosität seines Dribblings, und man verfluchte ihn wegen seiner Verliebtheit in den Ball.

Da hat Beckenbauer eingegriffen. Es sind diese unsichtbaren Korrekturen, von denen nichts nach außen dringt, aber die vom Trainingsplatz in den Wettkampf hineinspringen. Bestätigung von Abedi Pelé nach dem Traumergebnis von Mailand: „Beckenbauer hat mir immer wieder gesagt, daß ich aus der Bewegung heraus, mit dem Ball am Fuß, jeden Angreifer ausschalten kann und dann das Überraschungsmoment ausnützen muß. Es ist mir niemals besser gelungen als heute, und es war ein riesiges Gefühl, als er nach dem Spiel in die Kabine kam. Er hat mich augenzwinkernd angeguckt, eine Faust gemacht und den Daumen hochgehalten."

Für Abedi Pelé hat das mehr bedeutet, als wenn ihn in einem prall gefüllten Stadion alle umarmen wollten.

Es handelt sich hier um psychologische Einflußnahmen, die nichts mit den üblichen taktischen Konzepten zu tun haben. Wohl aber mit Ausstrahlung, mit Handauflegen. Selbstvertrauen kommt da auf, und aus diesem Selbstvertrauen heraus hat Olympique Marseille im Giuseppe-Meazza-Stadion zu San Siro den Auftritt gehabt, der für Franz Beckenbauer die Zeit still stehen ließ.

Diesem Abedi Pelé, der natürlich nicht auf diesen Namen getauft worden ist, sondern ihn in Ghana bekommen hatte, ist der Perfektionist Beckenbauer bei seiner Ankunft in

Marseille nicht um den Hals gefallen. Unter die unsicheren Kantonisten hat er ihn eingereiht, weil Teamwork allemal mehr für ihn zählt als individuelle Brillanz.

Aber bald hat er auch gespürt, wie hart die Ersatzbank den kleinen schwarzen Mann ankam. Und es ging ihm ein bißchen so wie dem dicken Feola, der lange zögerte, ehe er bei der schwedischen Weltmeisterschaft 1958 die Bombe Garrincha zündete, in der die Funken des Glanzes und der Rauch der Vernebelung steckten.

Er schwenkte zu Pelé über, und das fiel ihm um so leichter, als Goethals großen Wert auf diese Unruh in seinem Uhrwerk legte. Gelungen ist die Sache aber nur, weil sich alle Räder richtig drehten. Es mag hochtrabend klingen, aber der französische Fußball hat in San Siro eine dieser Sternstunden gehabt, die viel bedeutungsvoller als ein Resultat sind.

Es ist notwendig, an dieser Stelle nochmals an London 1945 zu erinnern. An das Spiel Arsenal – Dynamo Moskau an der White Hart Lane. Damals, George F. Allison hat es mit großer Verbitterung gesagt, schien der internationale Fußball keine Chance mehr zu haben. Er war überzeugt davon, daß das Spiel, das die Engländer erfunden haben, keine Exportchancen hatte. Kirchturmpolitik schien vorgezeichnet.

Aber der Europapokal kam trotzdem. Und Kinderkrankheiten haben ihn sogar stark gemacht. Der General und Staatsmann Franco wollte zwar 1956 das erste Auftreten einer Mannschaft des kommunistischen Ostblocks verbieten, aber der Himmel über Madrid verdunkelte sich nicht, als sich der Real und Partizan Belgrad ein ebenso sauberes wie sehenswertes Spiel lieferten. Hartes politisches Eis ist da gebrochen.

Aber dann hat es immer wieder Verkrustungen gegeben. Veranstaltungen, die Spiele sein sollten, endeten in wüster Massenhysterie, und die Katastrophe von Brüssel, als beim Europacup-Finale zwischen Liverpool und Turin 39 Menschen ums Leben kamen, haben den Wettbewerb in Frage gestellt.

An der immensen Popularität des Spiels hat sich nichts geändert. Aber war es zu retten auf dieser höchsten internationalen Ebene vor dem Nationalismus. Es war möglich, aber niemand kann neue Katastrophen ausschließen. Und im Herbst 1990 hat man es nicht gewagt, die deutsche Vereinigung mit einem symbolischen Länderspiel der Bundesrepublik gegen die Ex-DDR in Leipzig zu feiern.

Wenn so etwas nicht einmal im nationalen Rahmen geht, wie sollen dann internationale Spiele verlaufen?

Es sind Fortschritte erzielt worden, und die Engländer dürfen nach den Exzessen ihrer Hooligans wieder mitmachen. Ein erfreuliches Absinken des Hooliganismus hat man registriert, und wenn daraus ein Beispiel erwächst, kann das Spiel freier atmen.

Und es hat, auf ganz andere Weise freilich, auch sehr viel frische Luft bekommen durch das Auftreten von Olympique Marseille in Mailand.

Gianni, der italienische Fußball-Philosoph, sieht es so: „Marseille hat mit einer ungeheuren Willenskraft an Bastionen gerüttelt, von denen wir geglaubt hatten, sie seien in San Siro verankert.“

Es wird häufig vergessen, daß sich zu Spielen mit imponierenden Leistungen meist starke Leistungen des Schiedsrichter-Gespanns gesellen. Leicht ist zu beweisen, daß die Resultate vieler Europapokalspiele durch skandalöse Entscheidungen verfälscht wurden, aber fast unmöglich ist der Nachweis von Schiedsrichter-Bestechungen. Daß zu den großen Zeiten von Helenio Herreras Inter Mailand vor allem Schiedsrichter aus dem kargen Osten Europas mit kleinen Koffern ankamen und mit großen heimfuhren, ist kein Geheimnis. Groß ist die Macht pfiffiger Pfeifer, die ein Spiel nicht mit dem Vorschlaghammer zerdeppern, wie es jener Allmachts-Russe 1945 in London machte, sondern sehr subtil ans schnöde Werk gehen.

Klar hat Franz Beckenbauer das schiedsrichterliche Glück erkannt, das Olympique Marseille in Mailand zuteil wurde. Er hatte mit Goethals eine Abseitsfalle abgesprochen, die nur funktionieren konnte, wenn Schieds- und Linienrichter luchsäugig kontrollierten. Und das Schweizer Gespann war – im brodelnden Krater von San Siro nun wirklich keine Selbstverständlichkeit – tatsächlich unnachgiebig.

In der Tat spielten die Franzosen gewaltig hoch, indem sie die Mailänder in der Höhle des Löwen mit deren eigener Waffe angingen. In die eigene Grube ließen sie sie purzeln. Natürlich reichten taktische Kniffe wie die Abseitsfalle nicht aus, um in Mailand zu bestehen. Das Tandem Beckenbauer – Goethals hatte noch eine andere Überraschung ausgebrütet. Gäste, die nach San Siro kommen, pflegen sich warm anzuziehen, und dieses Safety-first-Denken ist ihr erster Schritt zur Niederlage.

Eine gesicherte Abwehr ist für Beckenbauer immer die spielerische Basis gewesen. Für ihn entsteht Kreativität aus der Ruhe von hinten, aus blitzschnellen Rhythmuswechseln, genau in dem Moment, in dem es dem Gegner am meisten wehtut.

Deckenbeleuchtung einschalten, hat Sepp Herberger in seiner Sprache, die Fritz Walter genial übersetzte, dazu gesagt.

Die Mailänder, die Olympique Marseille ihre Spielweise aufdrängen wollten, mit der sie sich auf die höchsten Gipfel gehievt hatten, wurden überrascht von einer Frechheit, die niemand in San Siro erwartet hatte. Marseille erlaubte sich, mit drei Stürmern anzugreifen: Waddle, Papin und Pelé!

Das war Lästerung, die nach Bestrafung schrie, aber die Knute der Hausherren war in der Kabine geblieben. Gullits Führungstor folgte Papins Ausgleich, und die Schmach der „Rossoneri" wäre perfekt geworden, wenn Pelés Flachschuß nicht vom Pfosten zurückgeprallt wäre. Und aus dem Stadion stieg eine Marseillaise, die man hier noch selten gehört hatte.

Beckenbauers Anteil daran? Er will ihn nicht ausgelotet haben. Aber er ist mehr gewesen als Quartiermacher. Und nicht bloß derjenige, dem das Glück nachläuft. Es ist, wie bei der Weltmeisterschaft, ein Mitspielen gewesen.

„Um in einem solchen Spiel zu bestehen", sagt er, „mußt du über deine Verhältnisse spielen."

Die ungewöhnliche Art von Beckenbauers Position in Marseille hat es natürlich auch mit sich gebracht, daß ihn Zeitungen „Frühstücksdirektor" genannt haben. Sehr hinderlich ist die Sprachbarriere für Reporter, die seine Einflußnahme nicht erahnen und denen ein stets gesprächsbereiter Goethals zur Verfügung steht. Ein hochkarätiger Trainer ist der. Der Franz hingegen hat sich nie für einen gehalten. Auch nicht für einen

Manager. Aber es gibt Franzosen, die ihn „Monsieur Football" nennen und begriffen haben, daß er, und sei es nur wegen seines Charismas und seines Sachverstands, etwas von beiden hat.

Eigentlich fuhr er da, wo andere strampelten, im Freilauf. Aber natürlich war er bereit, in der letzten Kurve vor der Zielgeraden den Katzenbuckel zu machen für den großen Sprint.

Die Rollenverteilung für das Rückspiel im Stade Vélodrome in Marseille war so pikant wie das Ereignis. Der Verteidiger des Europapokals reiste nach Marseille wie das Star-Ensemble der Mailänder Scala in den Rumpelkasten eines Provinz-Theaters.

Silvio Berlusconi hat es so gesehen, weil er gegen Bernard Tapie antrat. Arrigo Sacchi konnte nicht umhin, dieses Mißverhältnis auf die Trainerebene zu verlagern. Dieser kauzige Belgier Raymond Goethals war für ihn ein Schreihals, der das detestable und proletarische Kunststück fertigbrachte, die Zigarette selbst beim Brüllen im Mundwinkel wippen zu lassen. Und darüber vergaß Arrigo Sacchi beinahe Franz Beckenbauer.

Und dieser ist mit der Rollenverteilung sehr einverstanden gewesen. Dieses Rückspiel gegen Mailand nahm ihm weder Schlaf noch Klarsicht, aber es erhöhte seine Bedeutung für Spieler, die viel besser als die Strategen des Alten Hafens wußten, wie schwer ihnen eine Wiederholung des Mailänder Glanzstücks werden würde.

Man muß Marseille kennen, um zu begreifen, daß dieses Rückspiel an der Canebière und am Alten Hafen eine ganz andere Bedeutung hatte als am Mailänder Domplatz.

Gianni, der alte Freund, hat es so gesehen: „Sie haben sich die besten Holländer geholt, wie sie in Mailand überhaupt immer auf die Leute des Nordens eingeschworen waren, aber weißt du, was sie in der Gefahr tun?"

„Ei, was denn?"

„Sie schwören auf Giuseppe Meazza, weil er alles fertiggebracht hat, einfach alles."

„Alles?"

„Genau. Von mir aus kannst du an Beckenbauer denken, aber ich sage dir das: Was Meazza in Mailand fertiggebracht hat, ist nicht nur Fußball auf dem höchsten Gipfel, sondern viel mehr."

„Viel mehr?"

„Ja, es geht weit über ihn hinaus, weil er alles Hergebrachte sprengte. Deshalb haben sie ihm mit dem Stadion von San Siro ein Denkmal gesetzt. Was er gemacht hat, war schlicht unvorstellbar, und man hätte es keinem anderen verziehen. Zwölf Jahre hat er bei Inter gespielt und ist dann zum AC übergewechselt. Jeden anderen hätten sie in der Luft zerrissen, aber es gibt Künstler, die außerhalb der Reichweite der bissigsten Kritiker stehen. Denk an Caruso: Wo so einer singt, ist egal, Hauptsache, er tut's!"

Meazza war der Kompletteste von allen. Als unwiderstehlicher Torjäger hat er bei Inter angefangen und als genialer Spielmacher hat er beim AC aufgehört.

Deshalb haben sie ihn die Seele von Milan genannt, und mit einer ungewöhnlich feurigen Rede hat Silvio Berlusconi vor der Reise nach Marseille seine Spieler daran erinnert, warum ihr Stadion den Namen Meazza trägt. Milan hat nach Marseille nicht nur keines jener Polster mitgebracht, die Rückspiele gemütlicher machen, es hatte noch andere Sorgen, die am Alten Hafen längst verscheucht waren: Marseille war praktisch schon wieder französischer Meister, aber Sampdoria und Inter drohten dem AC davonzulaufen. Man reiste mit der ungewohnten Gefahr im Nacken an, sich zwischen zwei Stühle zu setzen.

Aber auch mit einer Erfahrung, die dem OM fehlt. Hatte Milan im Europapokal nicht schon oft genug das Steuer herumgerissen? Das Wissen um diese Auswärtsstärke und um die Konterfähigkeiten der Mannschaft aus massivster Deckung heraus ließ Franz Beckenbauers Optimismus nicht lodern wie den seines Präsidenten. Und die Milchmädchenrechnung, daß ein 0:0 für Marseille das Halbfinale bedeutete, ließ ihn frieren. Gegen Milan ein 0:0 anzustreben, bedeutete programmierten Untergang.

Die gleiche Gefahr aber bedeutete ein Sturmlauf mit der Fahne am Bajonett. Im Gegensatz zu Beckenbauer hat Goethals gar nichts gegen eine drastische Sprache in solchen Fällen, und es ist dem belgischen Haudegen völlig wurscht.

Tatsache ist, daß Olympique Marseille zur Nationalmannschaft wurde. Bernard Tapie hat sich das Szenario seiner Träume geschaffen. Die Schüssel, in der er sein Bad nahm, war nicht das alte Stade Vélodrome, sondern das ganze Land.

Die bereitgestellten Batterien waren glücklicherweise nur Champagnerflaschen, und niemand konnte sie zählen. Frankreich setzte sich am Alten Hafen an den größten aller internationalen Spieltische, der Durst nach Grandeur packte Menschen, die nie ein Stadion betreten und sich sogar lustig über die Leidenschaft beim Fußball gemacht hatten.

An die Marseillaise mußte man denken. „Allons enfants de la patrie, le jour de gloire est arrivé."

Und dann fiel mir Antoine Blondin ein, dieser große Literat und Goncourt-Preisträger, der den Sport liebte wie kein anderer seiner raren Gattung und dies mit Esprit ohne Süffisanz in seinen „bonnes feuilles" über die Tour de France bewies. Das waren Geschenke an Leser wie die des Engländers Geoffrey Green über Fußball. Eine in die Tagesaktualität hineingelieferte Poesie.

Bei einer ereignislosen Mittelmeer-Etappe der Tour de France in glühender Hitze, in der nur die Wasserträger schufteten und die Stars in gegenseitigem Einvernehmen schliefen, hat Antoine Blondin eine zauberhafte Glosse mit der herrlichen Überschrift „Allons enfants de l'apathie!" überschrieben. „Auf geht's, Kinder der Apathie!"

Er fiel mir ein, weil sich ganz Frankreich aufstacheln ließ von diesem fußballerischen Zusammenprall seines Meisters mit dem von Italien. Einem George Orwell wäre das viel zu weit gegangen, aber es ist nun einmal Tatsache, daß die Einschaltquoten des Fernsehens die der ersten Mondlandung überschritten haben.

Überbewertung? Könnte es nicht auch daran liegen, daß der Mensch sich mehr vom Abenteuer ohne Textbuch faszinieren läßt als vom müden Krimi, bei dem man weiß, daß stets der Kommissar und das Recht siegen?

Nun darf man zwar sagen, daß im Fußball immer der Sieger recht habe. Das Stöhnen über Ungerechtigkeit liegt im Spiel so nahe wie die aufschäumende Begeisterung, und der Fußball lebt, weil sich jedes Publikum der Welt zwischen diese beiden Pole begeben will. Farcen aber, wie sie Dynamo Moskau in London abzog, werden nicht akzeptiert. Das Spiel hat sich erfolgreich gegen sie verteidigt.

Der Tag ist da! Im überfüllten Stade Vélodrome ist die Hölle los. Ein atemberaubender und für Marseille typischer Krimi rollt ab. Den Leuten geht die Luft und einem Flutlichtmasten der Strom aus, als die letzte Minute anbricht. 120 Photografen rennen aufs Feld, weil sie einen Pfiff des Schiedsrichters für das Schlußsignal halten – und die Italiener gehen vom Feld, weil es ihnen nicht mehr hell genug ist. Flutlichtpanne Sekunden vor Schluß. Die Italiener tun, als ob die Finsternis total wäre und wollen Schiedsrichter Karlsson aus Schweden zum Abbruch zwingen. Darin sind sie Weltmeister.

War alles umsonst? Drohen Spielabbruch und Wiederholung? Steht man im Halbfinale durch dieses von Chris Waddle erzielte und absolut verdiente 1:0 oder nicht? Der Schütze weiß es am wenigsten. Dreimal hat ihn Baresis Faust an der Schläfe getroffen, und er ist wie ein Traumwandler vom Feld gegangen. Auf der Marseiller Bank sitzt Franz Beckenbauer, und der geht auch zum Schiedsrichter: „Man sieht doch noch ganz gut, oder? Es gib überhaupt keinen Grund, die Partie abzubrechen."

Und der Mann sieht das ein, vielleicht auch, weil er es mit dem Größten zu tun hat, den das Spiel hervorgebracht hat, und der von Tapie nicht geholt worden ist, um Liegestützen mit den Burschen zu machen!

Die Mailänder haben die Fortsetzung verweigert, aber die UEFA hat kein Ohr für diesen lächerlichen und blamablen Sekundenkleinhandel des entthronten Titelverteidigers. Sein Präsident Berlusconi, der, vielleicht ahnend, was kommen würde, zu Hause geblieben war, wird sich am nächsten Tag dafür entschuldigen. Und es gab keinen Protest.

Chris Waddle, dessen Tor am Alten Hafen Korken und Raketen knallen läßt, wird mit einer Gehirnerschütterung ins Krankenhaus gebracht.

Und für den AC Mailand und seinen Trainer Sacchi war Olympique Marseille vom kleinen Fisch zu einem Hai geworden.

Beckenbauer konnte seine Erfahrung einbringen, die für die Mannschaft gut war.

Er machte ihr das Gepäck leichter, indem er von der Bürde der Satten sprach. Indem er ihr sagte, daß man den ersten Europapokal leichter holt als den dritten.

Auch wies er ganz bewußt auf das hohe Durchschnittsalter des Gegners hin. Zwar schien das kein Argument zu sein, weil dieses Durchschnittsalter bei beiden Mannschaften etwa bei 29 lag, aber mit frappierender Überzeugungskraft strich er den Unterschied heraus: „Die Mailänder haben international alles gewonnen, was es zu gewinnen gibt. Aber ihr gar nichts. Deshalb wird sie euer Hunger auffressen, doch es wird nur gelingen, weil ihr keine jungen Spunde seid!"

Wenn man seine Erfahrungen im Spiel auf höchster Ebene hat und clever ist, läßt sich auch mit dem Alter kokettieren.

Türme in der Schlacht:
Libero Mozer und Stopper Boli (beim Kopfball von links) stemmten sich erfolgreich den Angriffen Milans entgegen.

Ein düsteres Kapitel der Europacup-Geschichte: Wegen des Ausfalls eines Flutlichtmastens forderte der AC Milan stürmisch einen Spielabbruch. Doch auch der Protest von Libero Baresi half nichts, Olympique Marseille erreichte das Endspiel.

Den Job gewechselt, aber dem Metier treu geblieben: Franz Beckenbauer und Uli Hoeneß, die gemeinsam Weltmeister und Europacupsieger geworden waren, ziehen heute hinter den Kulissen an den Fäden.

Der Macher aus München

Kapitel achtundzwanzig

... in welchem den Münchner Bayern das Pech an den Füßen klebt, und Uli Hoeneß als Retter auftritt

Kommt es zum Europacup-Finale zwischen Bayern München und Olympique Marseille am 28. Mai 1991 in Bari? Nicht auszudenken. Hoeneß gegen Beckenbauer? Der Franz gegen seine Bayern, bei denen er groß geworden ist?

Uli Hoeneß, Mannschaftskamerad aus alten Tagen beim FC Bayern und der deutschen Nationalmannschaft, kennt die Zusammenhänge im Millionenspiel Fußball.

Schnelldenker in Deutschland haben die Sensation sofort gewittert. Die Bayern müssen im Halbfinale nur noch Roter Stern Belgrad schlagen, Marseille muß gegen Spartak Moskau gewinnen, und das Drama ist perfekt. Was mag in Beckenbauer vorgehen? Was macht er, wenn er im Finale tatsächlich auf seinen alten Klub prallt?

Die Antwort ist einfach. Franz hat sich nie um ungelegte Eier gekümmert. Uli Hoeneß übrigens auch nicht. Beide sind unterkühlte Profis, die das Spiel und seine Imponderabilien viel zu genau kennen, um über den Tag hinauszugucken.

Gravierender Unterschied: Der geborene Manager Hoeneß lebt mehr in der Welt des Geschäfts als in der des Spiels. Schwäbischen Geschäftssinn hat er aus der elterlichen Metzgerei zu Ulm mitgenommen.

Zum Trainerberuf freilich hat es auch ihn nicht hingezogen. Was ihn reizte, war schöpferisches Management mit Ideen, die nicht auf der Straße liegen, und wenn er sich im Trainingsanzug auf die Bank setzt, dann zeigt das Verbundenheit mit dem Trainer, aber nicht Arbeitsteilung. Sein Fulltimejob hat viel mit dem des industriellen Managers zu tun, und er zieht Genugtuung aus der unbestreitbaren Tatsache, daß es nicht viele seines Formats gibt.

Hoeneß und Beckenbauer haben verschiedene Rechnungen aufgemacht, als im März 1991 die Viertelfinal-Rückspiele des Europapokals der Landesmeister anstanden. Mit jeweils einem 1:1 aus den Vorspielen gingen sie hinein, aber der Unterschied war gewaltig. Die Bayern mußten nach Portugal zum FC Porto, und Marseille empfing Milan.

Ungleich günstiger war Beckenbauers Lage. Aber er sah sich weder im Endspiel wie sein Präsident, noch dachte er wie Hoeneß an einen warmen Regen für die Vereinskasse. Für seinen Freund Schwan, den Hobby-Bergsteiger, schien er hoch oben in der Eiger-Nordwand zu stecken, in der Nähe der „Spinne". Über sich nur der Gipfel, aber unter sich auch ein Netz. Tief fallen konnte er nicht. Die Zacken der Kaiserkrone konnten ein Scheitern in Frankreichs Süden aushalten.

Beide, Beckenbauer wie Hoeneß, sind stolz auf ihre Unabhängigkeit, die sich der eine erspielt und der andere erarbeitet hat, und es fällt keinem schwer, den anderen zu achten, weil die Herausforderungen, die sie annehmen, aus dem Spiel kommen. Nahtloser freilich ist Hoeneß in die zweite Karriere gegangen. Zugeflogen ist dem nichts, und was bei Franz Genialität war, ist dynamischer Ehrgeiz bei ihm. Und daß der Metzgerssohn aus Ulm in Nürnberg eine Wurstfabrik hat, die so viel Umsatz macht wie der FC Bayern, beweist nicht nur schwäbischen Geschäftssinn. Es beweist auch, daß er daheim aufgepaßt und erfaßt hat, wie der Wert emsiger väterlicher Arbeit zu vermehren war.

Die Fußballväter, will sagen, des Fußballs Funktionäre, verehrt er weniger. Seine Ansichten vom Berufsfußball sind avantgardistischer, als es den Herren lieb sein kann, und wenn er mit Fernsehanstalten verhandelt, werden sogar neidische Managerkollegen zu seinen Fans, weil sie nicht mit seinem Kampfgewicht in den Ring der Verhandlungen steigen können. Aber seine Siege sind auch die ihren. Dann schimpft keiner mehr über den Heldenklau, der ihnen Spieler wegkauft, um sie auf der langen Bayern-Bank schmoren zu lassen. Aber die Kritik der Konkurrenz hat ihn nie gestört. Die Beweise vom Erfolg seiner Tätigkeit liegen auf dem Tisch – wie auch die von Beckenbauer.

Und nun im Europapokalfinale kann das Schicksal Beckenbauer und Hoeneß als Steuermänner der beiden Endspielmannschaften gegeneinander führen. Wenn Olympique Marseille das Halbfinale gegen Spartak Moskau gewinnt, kommt es nur noch auf die Bayern an. Doch nach dem 2:1-Vorspielsieg in München hatte Jugoslawiens Meister Roter Stern Belgrad die weitaus besseren Karten.

Großen Eindruck hatten sie in München hinterlassen. Aber hatten die Bayern im Viertelfinale nicht in Porto den Spieß umgedreht?

Franz Beckenbauer sah keinen Grund, nicht mehr mit seinen Bayern zu rechnen. Unvorstellbares gibt's längst nicht mehr in seinem Lexikon.

Und Bernard Tapie war schon bei der nationalen Galavorstellung: „Voila Messieurs Dames, ich präsentiere Ihnen den ersten Europapokalsieger Frankreichs."

Uli Hoeneß, der sich in der internationalen Szene besser auskennt als die anderen deutschen Manager, weiß sehr wohl um die finanzielle Akrobatik, die ein Tapie anstellen mußte, um im französischen Fußball, der ganz ungeheuerlich über seine Verhältnisse lebt, eine Mannschaft dieses Formats auf die Beine zu bringen. Für Hoeneß ist es freilich mehr ein pompöser finanzieller Kraftakt als vernünftige Planung. „Der Mann", sagt er, „sucht den schnellen Erfolg um jeden Preis, und der Franz hat im richtigen Moment wieder einmal die richtige Nase gehabt."

Sie kennen sich, haben ungezählte Stunden in der Abhängigkeit voneinander verbracht, die das Spiel fordert, und sie sind geblieben, wie sie im Spiel waren. Hier der Dynamiker des Machbaren, dort der Künstler, der plötzlich und just im rechten Moment das Unerwartete aus dem Hut zieht.

Gut haben sie sich ergänzt, aber es war nicht vorgezeichnet, daß sie ein Europapokal zu Gegnern machen würde. Gewaltig hoch freilich war für Uli Hoeneß die letzte Hürde vor dem Endspiel. Für ihn, der sich seine Maßstäbe setzt und dessen Goethals Jupp Heynckes und dessen Tapie Professor Scherer heißen, bot sich eine ganz andere Lage als für Marseilles Technischen Direktor Franz Beckenbauer.

Hoeneß lag in fataler Weise auf Mailänder Kurs. Die nationale Meisterschaft drohte zur Beute des respektlosen 1. FC Kaiserslautern zu werden, der in jeder Hinsicht so ziemlich das Gegenteil des Münchner Glamour-Klubs ist. Wer hofhält in den „Vier Jahreszeiten", im „Bayerischen Hof" oder beim „Käfer", liebt pfälzische Kachelofenwärme nicht, die nach Saumagen riecht.

Der Manager des FC Bayern ist kein Träumer. Er will das in Deutschland nicht praktikable italienische Mäzenatentum mit totalem Ausschöpfen der Fernsehrechte kompensieren. Und die privaten Kanäle lassen ihn nicht im Regen stehen.

So wie die Dinge lagen, mußte ein Scheitern im Belgrader Halbfinale die Bayern freilich schwer treffen. Die Marseiller Spieler wünschten es sich übrigens unisono. Nicht nur, weil die europäische Visitenkarte der Münchner viel eindrucksvoller als die der Jugoslawen ist, sondern weil sie an die Niederlage des AS St. Etienne im Finale des Glasgower Hampden-Parks 1976 dachten. Das Syndrom, gegen die Deutschen in entscheidenen Spielen, weder mit der Nationalmannschaft noch mit dem Klub, gewinnen zu können, spielte mit.

Es hat in den Bistros des Alten Hafens aber auch Leute gegeben, die nach den Bayern schrieen, weil sie auf ihrer Seite den Mann wußten, der die Münchner besser als jeder andere kennt. Die Strategen des Stammtischs sind in Marseille um einiges lauter und selbstsicherer als anderswo, und es muß natürlich auch gesagt werden, daß sich der Franz keine kaiserlichen Illusionen machen durfte. Denn schnell schaltet der Stammtisch-Stratege um, wenn seine Prognosen nichts taugen. Könnte man im Falle einer Endspielniederlage gegen die Bayern nicht auch einen Verräter in den Reihen gehabt haben?

Aber der Franz dachte ans nächste Spiel. Zunächst stand das Rückspiel gegen Spartak Moskau an, und der Perfektionist Beckenbauer hat noch nie einen neuen Kittel in die Hand genommen, wenn der alte nicht geflickt war. Von den Vorfeiern im Alten Hafen hielt er nichts: „In ein Endspiel geht man erst, wenn alles erledigt ist, und wir haben 90 Minuten vor uns. Die sind in Marseille genau so lang wie überall."

Notre Dame de la Garde lächelt dazu, weil sie ihre Marseiller kennt. Das Trio, das in dieser Stadt herrscht, heißt Rathaus – OM – Provençal. Dieser „Provençal" ist die größte Zeitung der Stadt, und ihr Chefredakteur ist Vizepräsident des OM. Bei großen Siegen des Klubs stellt er unglaubliche Verkaufsrekorde auf. Und Tapie hat ein Sprachrohr, das noch folgsamer ist als „La Stampa", die vom Juventus-Präsidenten Agnelli in Turin dirigiert wird.

Vor dem Halbfinal-Rückspiel Marseille – Spartak Moskau hatte der „Provençal" eine Umfrage gemacht. 98 Prozent seiner Leser sahen ihren Klub im Finale, und wenn sie einen von den zwei Prozent, die anderer Meinung waren, hätten erwischen können, sie hätten ihn im Alten Hafen ersäuft.

Da es unvorstellbar ist, was in Marseille passiert wäre, wenn die Russen nach ihrer klaren Heimniederlage im Stade Vélodrome den Spieß umgedreht hätten, wollen wir auf Unbeschreibliches verzichten. Olympique Marseille, auftretend mit der Sicherheit einer Mannschaft, die höchste Hürden genommen hat, überließ nichts dem Zufall, stutzte die Spartak-Flügel mit meisterlicher Perfektion, und ohne ein Elfmetergeschenk hätte es beim 2:1-Sieg keinen russischen Ehrentreffer gegeben. Dafür gab es mit mehr als fünf Millionen Mark einen französischen Einnahmerekord. Tapie vergißt nie Top-Zuschläge, wenn er Gipfel stürmt.

Aber Franz Beckenbauer hatte das Spiel gar nicht gesehen. Nach Belgrad war er geflogen, um die Mannschaft zu beobachten, die nach einem glücklichen Unentschieden gegen großartige, im Hexenkessel von Belgrad um ihre Chance kämpfende Bayern Ende Mai in Bari im Finale auf Olympique Marseille treffen würde.

Uli Hoeneß und die Bayern-Truppe sind mit Stolz und als Botschafter sportlicher Fairneß nach dem schmerzlichen Ausscheiden nach Hause gefahren.

Franz Beckenbauer erlebte dies alles mit sehr gemischten Gefühlen. Er war zu dem Klub als Spion gefahren, der seinen Bayern den Weg ins Traumfinale versperrt hatte. Wäre es andersrum gelaufen, hätte er vor der direkten Konfrontation gestanden. Ein Alptraum war's, und ein bißchen Schizophrenie war dabei. Er saß auf der Tribüne, die zum Hochsitz wird, von dem aus du den kapitalen Hirsch beäugst, den du erlegen willst. Für den Bayern aus Marseille ist es ein seltsames Rendezvous mit den Bayern aus München geworden.

Es war der 24. April 1991, und schon bei Halbzeit wußte man im Stadion in Belgrad, daß in Marseille alles glatt lief für Olympique. Beckenbauer stand praktisch im Endspiel; die Bayern schienen draußen zu sein. Roter Stern führte 1:0, und das mußte nach dem 2:1-Sieg von München die Entscheidung sein.

Und dann kommt alles ins Spiel, was den Fußball unsterblich gemacht hat. Zwischen der 62. und der 67. Minute stellen Tore von Augenthaler und Bender alles auf den Kopf. 2:1 führen die Bayern, und am Verglühen ist der Rote Stern, weil die Münchner nachsetzen mit einem ungemein elanvollen Endspurt.

Und auf dem Hochsitz ein Beckenbauer, der gar nicht mehr weiß, warum er hergeschickt worden ist. Der mitspielt, weil er ja nie einen anderen Klub gehabt hat als den, der sich da unten ans Unmögliche heranmacht. Cosmos, HSV, Marseille? Da gibt's nichts zu vergleichen, Gentlemen, meine Herren, Messieurs! Hier bin ich Mensch, hier will ich sein und mit hineingehen in die Verlängerung! Sie ist praktisch schon eingeläutet, als die 90. Minute anbricht. Und alle spüren, daß die Mannschaft, die schon geschlagen war, mehr Kräfte in diese zusätzliche halbe Stunde werfen kann.

Und dann Klaus Augenthalers Eigentor. 2:2 und aus, Sense. Nie haben der Veteran und der Klub eine schwärzere Stunde gehabt.

Und auf dem Hochsitz ein Beckenbauer, der's so wenig begreifen will wie die Leute zu Hause und an den Bildschirmen in Europa. Ausscheiden mit einem Eigentor in letzter Minute! Einen grausameren Aberwitz nach dem Aufbäumen der Mannschaft kann es nicht geben. Die Hand Maradonas wäre gnädiger gewesen!

Aber auch das gehört zu den Dingen, die das Spiel groß gemacht haben. Beckenbauer weiß es besser als jeder andere, und Mexiko '70 ist ihm in den Sinn gekommen, der glückhafte Sieg gegen England in Leon und die elende 3:4-Niederlage gegen Italien. Doch Augenthalers Eigentor von Belgrad ist schmerzlicher. Ein „regulärer" gegnerischer Treffer hätte einem wie Uli Hoeneß den Abschied leichter gemacht. Belgrad ist, da hilft auch Beckenbauers Trost nicht, ein verdammtes Pflaster für diesen Uli Hoeneß. Hier hat er beim Elfmeterschießen nach der Verlängerung des Europameisterschafts-Endspiels der Nationalmannschaften 1976 gegen die CSSR den entscheidenden Fehlschuß getan.

„Doch Hoeneß", vor dem Beckenbauer den Hut zieht wie vor kaum einem anderen Manager, „ist einer, der nie aufgibt", sagt Franz.

Sie sind zusammen Weltmeister geworden, als der Uli anfing und der Franz ans Aufhören dachte. Das ist schon deshalb nicht ohne Spannungen abgegangen, weil beide nicht in den Rahmen passen, der für Trainingslager gezimmert wird. Und Jung-Uli tendierte mehr zu Paul Breitner als zum großen Libero, der Gehorsam forderte, weil seine Zeit ablief. Wenn die beiden mehr gemeinsame Zeit vor sich gehabt hätten, wären sie 1974 vielleicht gar nicht Weltmeister geworden.

So kann sich Talent ergänzen. Es ist kein Zufall, daß Hoeneß und Beckenbauer, auf sehr unterschiedliche Weise, um Meisterschaften und Pokale weiterkämpfen. Beide sind sie aus dem Rahmen gefallen, aber keiner hat ein Auffangnetz gebraucht. Alles, was sich mit dem Begriff Klasse verbindet, besitzt jeder auf seine Art.

Blaß und bequem könnte man nun sagen, Uli Hoeneß führe seinen Verein mit Verstand und mit Herz. Es wäre ebenso banal wie richtig. Der Mann ist in der Tat einer, der nie aufgibt, der nicht auf etwas warten kann, so lange er noch die Möglichkeit sieht, etwas zu tun.

Gekannt habe ich ihn schon, als er mit 15 der kraftvollste und talentierteste Ulmer Jugendspieler war, aber richtig kennengelernt habe ich ihn erst im Frühjahr 1975, als ich mit dem FC Bayern zum Europapokalspiel der Landesmeister in die Sowjetunion nach Erewan flog. Es wurde keine lustige Reise für mich in die Stadt des Rundfunksenders mit den legendären Witzen.

Gleich nach der Ankunft hatte ich mir eine Entzündung unter dem rechten Daumennagel zugezogen, aber der Sache, obwohl sie recht hinderlich war, keine besondere Bedeutung beigemessen.

Abends, im Hotel, machte ich, nach dem Rezept der Großmutter, warme Seifenbäder. Doch am letzten Tag war nicht nur der Daumen mächtig angeschwollen, sondern es zeigten sich am Unterarm die ersten roten Streifen der Blutvergiftung. Aber ich mochte nicht in ein armenisches Krankenhaus, zumal wir auf Sammelvisum reisten und ich logischerweise mit der Mannschaft zurück mußte.

Ob ich wieder alleine ausreisen könnte, fragte ich einen Funktionär des Klubs Ararat Erewan. „Im Prinzip ja", sagte er, „aber es wird kompliziert."

Ich flog also mit der Mannschaft und zeigte dem Masseur des FC Bayern meinen Daumen. Der gefiel ihm gar nicht, und er verpaßte mir in der Toilette des Flugzeugs eine Penicillinspritze. Dann führte er mich zum Mannschaftsarzt Dr. Spannbauer, der indes wenig Zeit hatte, weil er bei einem wichtigen Kartenspiel war und viele blaue Scheine im Topf lagen. „Am besten", sagte er, „gehen Sie gleich zum Arzt, wenn wir heimkommen."

Kein schlechter Rat. Was soll man auch machen 10000 Meter über dem Kaukasus? Dann zog er ein As, und ich setzte mich wieder auf meinen Platz. Die gemütliche rundliche Stewardess brachte mir ein Glas Wodka, in das ich meinen Daumen hängte.

Und dann kam Uli Hoeneß, schaute sich die Sache nicht nur an, sondern nahm sie in die Hand: „Wenn du bis Stuttgart wartest, kannst du dich amputieren lassen! Da muß operiert werden, gleich wenn wir in München sind."

„Wir sind erst um 19 Uhr 30 da, und wie soll so etwas gehen?"

„Wirst du gleich sehen."

Uli Hoeneß, noch keineswegs Manager, sondern Fußball-Profi wie alle, die um ihn herumsaßen, nahm einen bezeichnenden Vorgriff auf seine künftige Tätigkeit.

„Ich gehe jetzt ins Cockpit. Auch russische Piloten müssen englisch können."

Das war nicht zu bezweifeln, aber was sollte es bringen? Ich steckte meinen dicken Daumen wieder ins Wodkaglas und hörte die Ansagen der Kartenspieler von weit weg.

Uli Hoeneß kam nach zehn Minuten zurück, und in seinem Gesicht stand ein Triumph, den ich immer vor mir sehe, wenn ich an diesen Flug denke. „Alles klar. Sie haben mit dem Tower in München gesprochen, und die haben meinen Arzt verständigt. Dr. Tasnady, ein hervorragender Chirurg. Er wollte gerade zumachen, bleibt aber jetzt mit zwei Schwestern in der Praxis, bis wir kommen."

„Wir?"

„Logisch. Meine Frau wartet am Flughafen mit dem Auto. Ruckzuck geht das. In einer halben Stunde sind wir in der Praxis."

Genau so war's. Susi Hoeneß raste wie ein kleiner Teufel von Riem in die Innenstadt, Dr. Tasnady löste mir den Daumennagel bei örtlicher Betäubung ab, verpaßte mir einen dicken Verband und sagte, daß ich am nächsten Tag mehr als nur diesen Nagel verloren hätte.

Den Spätzug nach Stuttgart erreichten wir noch, weil der Uli auf dem Bahnsteig mit meinem Koffer einen Spurt einlegte, wie er beim ganzen Spiel in Erewan keinen gemacht hatte.

Ich denke oft daran, wenn dem Bayern-Manager Hochnäsigkeit oder kommerzielles Denken vorgeworfen werden. Die Herausforderungen, die aus der Kombination von Spiel und Geschäft entstehen, sind es, die ihn reizen, aber Harmoniebedürfnis und Hilfsbereitschaft sind nicht geringer als sein Ehrgeiz. Wäre nicht seine ungewöhnliche emotionale Bindung ans Spiel, er hätte in jeder industriellen Branche reüssiert, und seine früher unbezähmbare Lust zum Risiko weiß er zu bändigen, seit er 1982 als einziger von vier Passagieren den Absturz eines Privatflugzeugs überlebt hat.

Beckenbauer war mit den Bayern zurückgeflogen zu einem Kurzbesuch nach München. Die Mannschaft saß mit leeren Händen da, und Hoeneß mag einen neuen Europapokal im kaiserlichen Handgepäck vermutet haben. Er, der für seinen Klub schuftet und mit ihm ins Bett geht und aufwacht, mag auch gedacht haben, daß es der Herr des Balles den Seinen im Schlaf gibt.

Und da ist er nicht der Einzige. Es hat nicht ausbleiben können, daß Frankreichs Medien, die nicht so forsch auf Sensatiönchen aus sind wie die deutschen, dafür aber akribisch Ursachenforschung betreiben, Beckenbauers Anteil am Einzug ins Endspiel auszuloten versuchten.

„A quoi sert Beckenbauer?“ titelte „France Football“. Frei übersetzt heißt das: „Wozu ist Beckenbauer da, welchen Wert hat er?“ Oh, da wird nicht mit dem schweren Säbel gefochten, sondern mit dem Florett. Ein gallisches Sticheln ist's, das den rauhen Praktiker Goethals mit dem stillen, unterkühlten Eleganten vergleicht. Und da ist es nur ein Schritt von Marseille ins Ruhrgebiet der siebziger Jahre. Reizfigur war Beckenbauer, wenn er mit den Bayern nach Dortmund oder Gelsenkirchen kam, weil der Kumpel auf den Rängen den schuftenden Kumpel auf dem Rasen sehen wollte. Den bot er nun wirklich nicht. Trotzdem hat kein anderer seine Popularität erreicht. Von den Erfolgen gar nicht zu reden.

Direkt zynisch kann er da werden: „Vielleicht braucht man hier einen, der keine Ahnung hat, für solche Ziele. Wenn einer schreibt, daß ich in Marseille fröhlich zugucke und nicke, dann kann ich nichts machen, und es ist mir wurscht. Es hat ein Praktiker hermüssen, ein Trainer mit Erfahrung, ganz abgesehen davon, daß auch das Sprachproblem gelöst werden mußte. Gekommen ist der ideale Mann, und was Erfahrung anderer Art angeht, so habe ich, wie ich glaube, auch etwas anzubieten.“

Eine Persönlichkeit wollte und bekam Tapie, und er hat da durchaus dem DFB-Präsidenten Hermann Neuberger geglichen, der nach der verkorksten Europameisterschaft 1984 nach Beckenbauer rief. Not war sein Ratgeber, und vergessen war aller Ärger über den amerikanischen Ausflug des Kaisers.

Tapies Credo war ähnlich: „Ich weiß nicht, ob Olympique Marseille jemals den Europapokal gewinnen wird, aber wenn ich abtrete, will ich sagen können, daß ich alles Notwendige dazu getan habe. Wer glaubt“, brummte er, „ich hätte mir einen kaiserlichen Gartenzwerg vors Haus gesetzt, der freundlich und nutzlos zuschaut, hat keine Ahnung.“

Persönlichkeiten des sowjetrussischen Fußballs: Nikolai Starostin (rechtes Bild), der große alte Mann, ist mit mehr als 90 Jahren noch Manager des Erstligisten Spartak Moskau.
Valeri Lobanowski (unten), der einstige Startrainer des Europacupgewinners Dynamo Kiew, spielt seit dem vorzeitigen Ausscheiden der russischen Nationalmannschaft bei der WM in Italien nur noch eine untergeordnete Rolle.

Russische Geschichten

Kapitel neunundzwanzig

. . . in welchem Nikolai Starostin,
der älteste Manager auf der ganzen Welt,
aus der Schule des sowjetischen Fußballs plaudert

Olympique Marseille hat für das Halbfinale das Traumlos Spartak Moskau gezogen, zuerst auf des Gegners Platz. „Happy days are here again" kann der Franz summen auf seiner Terrasse, unter der die Frühlingssonne das Meer in einen silbernen Spiegel verwandelt.

Mehr als einmal hat er im Herbst ans Kofferpacken gedacht. Und jetzt schließt sich ein Kreis so selbstverständlich wie das „O" von OM. Ans Endspiel kann er denken, für das sie ihn geholt haben.

Sonnenbub? Masselpeter? In Spartak Moskau kann er nur ein Traumlos sehen. Franz gehört nicht zu denen, die von ungelegten Eiern träumen, aber dieses buntverschnürte Marseiller Osterei hat nun wirklich eine traumhafte Füllung.

Doch an dieser Stelle sollte man, noblesse oblige, nicht vom trutzigen Emporkömmling OM berichten, sondern vom ruhmreichen Real Madrid, dem Viertelfinalgegner von Spartak Moskau. Und vor allem von Nikolai Starostin, einem der größten Advokaten des Fußballspiels.

Der Chef von Spartak Moskau ist älter als 90 und so etwas wie Urgestein des Fußballs. Fußball war Leben für ihn, und vielleicht hätte er den Fußball in der Sowjetunion groß gemacht, wenn Stalin den Sport begriffen hätte und dessen Geheimdienstchef Lawrenti Berija nicht als machiavellischer Diktator des Spiels aufgetreten wäre.

Berija hatte unmittelbar nach dem Krieg den Prestige-Trip von Dynamo Moskau nach London angeregt. Nikolai Starostin war während dieser Reise in einem Konzentrationslager inhaftiert gewesen – unter anderen Umständen aber hätte er dabei sein können, so wie er, 46 Jahre später, beim Europapokal der Landesmeister als Vereinspräsident von Spartak Moskau dabei war. Es ist eine der phantastischsten Geschichten, die der Fußball geschrieben hat.

Es war um 1935, kurz bevor Berija Chef der Geheimpolizei wurde. Die vier Brüder Starostin – Nikolai, Pjotr, Andrej und Alexander – waren das stärkste Familienquartett, das je in einem Klub gespielt hat. Bloß, es war der falsche Klub. Nicht zum Polizeiklub Dynamo Moskau sind sie gegangen, sondern zur Neugründung Spartak. Sie waren nicht auseinanderzureißen und verhalfen Spartak zu einer Popularität, von der Dynamo nur träumen konnte. Berija schäumte. Er befahl die Versetzung der vier Brüder zu Dynamo, aber Nikolai Starostin lachte ihn aus und erklärte auch noch öffentlich, Berija sei in Tiflis ein unfeiner und mäßiger Spieler gewesen.

Für jeden anderen hätte das zur Deportation nach Sibirien gereicht, aber Nikolai Starostin wurde sowohl von einer immensen Popularität geschützt als auch von Außenminister Molotow, der bei Stalin für ihn eintrat.

Erst 1942, mitten im Krieg, als man ganz andere Sorgen hatte, konnte Berija zuschlagen. In einer Frühlingsnacht wurden alle vier Starostin-Brüder vom Geheimdienst NKWD verhaftet, Alexander sogar direkt von der Front weg. Zehn Jahre Straflager für jeden gab es nach lächerlich konstruierten Anklagen.

Die Fußballkarriere zerbrach, die Männer zerbrachen nicht. Nikolai nahm später Spartak in den Griff, und er wäre ein großformatiger Manager oder Präsident nach westlichem Muster geworden, wenn es die Verhältnisse erlaubt hätten.

Ein Uli Hoeneß könnte sogar noch lernen von dem! Als die Perestroika kam, versäumte Starostin keine Stunde, um Schluß zu machen mit der staatlichen Gängelei. Nach einer langen Unterhaltung mit ihm in Moskau habe ich mir zwei Fragen gestellt: „Wann hast du mit einem gesprochen, der so viel vom Fußball versteht, und wann hat einer so viel Dynamik, Mut und Geschäftssinn in einer Umgebung gezeigt, die solchen Leuten nur Knüppel in den Weg legt?"

Selbstfinanzierung ist das magische Wort für Nikolai Starostin gewesen. Sponsoren hat er aufgetrieben, was in seinem Land an ein Wunder grenzt, und da er nicht kaufen konnte, hat er eben verkauft. Devisen mußten her. Nationaltorhüter Dassajew ging für 3,5 Millionen Mark, die einen astronomischen Rubelbetrag darstellen, nach Sevilla, Khidiatullin wechselte für 1,5 Millionen nach Toulouse, und zwei weitere Spieler kaufte Red Star Paris für eine gute Million.

Aber man kann nicht alles hergeben und trotzdem stark bleiben. Und da brachte die Auslosung im Viertelfinale des Europapokals 1991 eine Paarung zusammen, die den alten Fuchs Starostin in seinem Moskauer Bau umgetrieben hat.

Real Madrid! Für russische Ohren hat der Name fast märchenhaften Klang.

„Real Madrid kann das riesige Lenin-Stadion dreimal füllen, aber was hast du davon? Jede Menge rachitischer Rubel, job twoiju madj!" Dieses ist der herzhafteste und jeder mißliebigen Situation angepaßte russische Fluch.

Aber Nikolai Starostin hat es dabei nicht belassen. Real Madrid war für ihn ein Traumlos, aus dem er etwas machen mußte. Oh, er kann durchaus sportlich denken, wie es sich gehört. Aber er hält, im Gegensatz zu denen, die ihn einst eingekerkert haben, verdammt wenig von nationalistischem Denken. Sieg um jeden Preis? Wie wär's mit einer Niederlage um einen guten Preis?

Die Rechnung des alten Fuchses, der so gut zur Weisheit des alten Rußland paßt, war einfach: Wir sind bisher nie über das Viertelfinale hinausgekommen, und angesichts des starken Gegners können wir es wohl auch diesmal kaum schaffen. Warum also nicht Reals Berühmtheit in hübsche Devisen ummünzen? Also sprach Starostin.

Der kluge Mann, der aus der Kälte kam, pfiff auf Ruhm und Prestige. Deshalb erklärte er dem Europa-Verband UEFA: „Im März ist das Spielfeld des Lenin-Stadions noch gefroren, und wir schlagen vor, das Spiel in ein neutrales Stadion zu verlegen, sagen wir Paris oder Wien. Eine Vergütung von ungefähr 1,5 Millionen Mark wäre realistisch." Er vergaß geflissentlich hinzuzufügen, daß das vergleichsweise kleine Spartak-Stadion eine Rasenheizung besitzt.

Aber die UEFA machte nicht mit. Sie ließ Nikolai Starostin wissen, daß ein Verkauf von Europapokalspielen nicht vorgesehen und also verboten sei.

Wer hätte sich 1945, als Dynamo Moskau auszog, um die Welt des Fußballs nicht nur zu erstaunen, sondern zu revolutionieren, vorstellen können, daß Russen auf solche Weise zur kapitalistischen Krippe drängen!

Ihre Benachteiligung in den europäischen Wettbewerben liegt freilich auf der Hand. Ein unendlich langer Winter stoppt den Spielbetrieb; sie fangen erst wieder an, wenn andere längst eingespielt sind, und die internationalen Wettbewerbe bringen ihnen nur rachitisches Geld. Sie spielen zum Nulltarif, und 0:0 hat auch das Heimspiel von Spartak Moskau gegen Real Madrid geendet. Damit war Spartaks Ausscheiden vorherzusehen. Doch dann hauten die Moskauer, die bereit gewesen waren, für Geld auf Ruhm zu verzichten, Real Madrid die Tür vor der Nase zu. 3:1 siegten sie sensationell bei den Königlichen.

Franz Beckenbauer hat Spartak in Moskau studiert, kaum daß das Los gefallen war. Und er hat Igor Netto getroffen, den berühmtesten Spartak-Spieler aller Zeiten, sieht man von Nikolai Starostin ab, dem Großfürsten des russischen Fußballs. Für ihn hatte dieser Europapokal der Landesmeister, als Spartak nach dem SSC Neapel auch noch Real Madrid abgefertigt hatte, neue Dimensionen angenommen.

Dieser Pokal war bisher so wenig nach Rußland gegangen wie nach Frankreich. Deshalb hatte Starostin auch nicht daran geglaubt. Verkaufen wollte er ihn im Viertelfinale für harte Devisen, weil der professionelle Fußball in Rußland einen so schweren Stand wie tausend andere Unternehmungen hat.

Aber dann hat's geklingelt. Nicht nur in Rußland, sondern in allen Republiken, sogar in denen, die ihre Unabhängigkeit vom Kreml wollen. Nikolai Starostin wurde fast wichtiger als Gorbatschow und Jelzin.

Nicht Geld hat geklingelt, sondern die Seele. Zur Duscha wurde der Ball, zur Duschinka, zum Seelchen eben. Und das konnte nur geschehen bei dem Klub, den sie die Duscha, die Seele des russischen Fußballs nennen. Mokantes Lächeln ist nicht angebracht, und ich will mich gerne bemühen, den Beweis zu führen.

Wenn man über den Fußball der Welt ein bißchen mehr wissen will als das, was in den Zeitungen steht, ist es vorteilhaft, sich Stützpunkte auszulegen. Der Leser hat die Nützlichkeit von Gianni in Mailand und von Geoffrey in London erfahren, und für das Aufeinandertreffen von Spartak Moskau mit Olympique Marseille ist Jurij aus der Moskauer Kiste gesprungen.

Jurij ist ein Fall für sich. Ein Phänomen eigentlich, und das hat mit der Perestroika zu tun. Wir sind zuerst Freunde gewesen und dann Geschäftspartner geworden. Dieser

Doktor Jurij Archipow, Romancier und Übersetzer, Mitglied des Schriftstellerverbands der UdSSR, hat meinen Roman „Salz im Kaffee“ übersetzt, weshalb ich jetzt in Moskau ein Rubelkonto besitze, das leider nicht einholbar, nicht konvertierbar ist.

Viel wichtiger ist, daß Jurij sich hervorragend in der russischen Fußballszene auskennt. Die erschließt sich uns nur scheibchenweise, und man braucht nicht nur an Marseille und Tapie zu denken, um zu erkennen, daß sie die armen Brüder der europäischen Fußballgemeinschaft sind. Wenn ein russischer Vereinsmanager geschäftlich in den Westen kommt, ist das nicht anders, als wenn ein russischer Wirtschaftsfunktionär auf eine westliche Messe kommt. Sie sind keine vollwertigen Partner.

Aber im Spiel sind sie's, und das hat den alten Nikolai Starostin plötzlich wieder zum Jüngling gemacht. Und es wertet den Fußball auf ganz eigenartige Weise auf. Von einer Rückkehr zur Quelle kann man sprechen, zumal dann, wenn man an die modernen Geldmeister denkt.

So ist Franz Beckenbauer, als er nach Moskau flog, um Spartak zu beobachten, zum Wanderer zwischen zwei Welten geworden. Er war's schon vorher, beispielsweise bei Jaschins 60. Geburtstag, aber das ist etwas ganz anderes gewesen.

Jurij aus Moskau, der ein Philosoph des Spiels ist wie Gianni aus Mailand, hat soeben ein Buch über Beckenbauer herausgebracht mit der üblichen russischen Riesenauflage. Aber sie reicht nicht aus, weil es ein gescheites, feinfühliges Buch ist, das aus der Seele kommt. Wenn der Staatsverlag eine hat, wird er ihm mehr Papier zuteilen müssen. Vier Sätze: „Er ist der größte Spieler, den sein Land hervorgebracht hat. Aber um die große Popularität zu erreichen, braucht es mehr. Charismatische Ausstrahlung gehört dazu, und ich habe bei meinen Aufenthalten in der Bundesrepublik erlebt, wie sie übergreift auf den Mann auf der Straße, auf Akademiker und Künstler. Er ist eine der drei attraktivsten Persönlichkeiten, die ich in meinem Leben kennengelernt habe.“

So fängt das Buch des Jurij Archipow an, und ohne die Perestroika wäre das gar nicht möglich gewesen. Wir haben nächtelang debattiert darüber, und es hat sich gefügt, daß er im Lande war, als das Los Spartak und Olympique im Halbfinale zusammenführte. Die Tübinger Universität hatte ihn zu einem Vortrag eingeladen.

Auf der schwäbischen Alb sitzen wir im dünnen Frühjahrsgras wie zwei Buben, die ihre Fahrräder an den Baum gelehnt haben. Es fällt mir ein, daß wir zwischen zwei Stühlen sitzen, die Moskau und Marseille heißen, aber es kommt Verrückteres ins Spiel.

Einen Teil seines Buchs über Beckenbauer hat er im Schriftstellerheim von Rusa geschrieben, 40 Kilometer nordwestlich von Moskau. Das ist das Städtchen, in dem ich im bitterkalten Winter von 1941 als 18jähriger mit meiner abgeschossenen Panzerbesatzung 14 Tage in einem herrlich warmen Haus mit prächtigen Menschen lebte. Wir teilten mit den Russen, was wir hatten, und die Babuschka pflegte mit wundertätigen Heilkräutern meine verfrorenen Füsse. Und Igor Netto, der Kapitän von Spartak Moskau und der Nationalmannschaft war und den man als den russischen Beckenbauer bezeichnen darf, hat mir später erzählt, daß er ein paar Kilometer weiter östlich als Bub bei seiner Großmutter untergeschlüpft war, weil man deutsche Luftangriffe auf Moskau befürchtete.

Wir reden über Gemeinsamkeiten, die verrückter nicht sein könnten, und sie führen auf ganz direktem Weg zu Spartak Moskau, das Marseille erwartet.

„Ich bin", sagt Jurij, der sich, die Hände hinter dem Kopf verschränkt, auf den Rükken gelegt hat, „auf jeden Fall ein Gewinner." Er blinzelt in die Sonne und läßt einen Grashalm im Mundwinkel wippen.

„Wieso?"

„Ist doch klar! Einer wird gewinnen, und jedem gönne ich den Erfolg. Dem Nikolai Starostin, weil er die Inkarnation des ewigen Rußland ist; dem Franz, weil er für mich die faszinierendste Verkörperung des Spiels ist. Und wer da verliert, ist eigentlich gar kein Verlierer. Du kannst sicher sein, daß es jeder von den beiden begreift."

„Hm. Sicher bin ich bloß, daß wir da kein Stammtischgespräch führen. Du solltest mir deinen Nikolai ein bißchen näher bringen. Und überhaupt Spartak. Ich habe viel mit Igor Netto geredet, und er hat mich sogar nach Rusa in das Haus gefahren, ohne das ich den Krieg nie überlebt hätte, aber von Spartak spricht er nicht viel."

„Weil er der Größte war!" Jurij spuckt seinen Grashalm aus und angelt nach einer Zigarette. „Ich will dir mal was sagen: Auch bei Beckenbauer holst du nicht alles über die Bayern raus, was du wissen willst. Da mußt du zu den Neidern gehen, die sich auskotzen wollen, aber das kotzt dich dann wieder an, oder?"

Da hat er etwas sehr Vernünftiges und Internationales gesagt. Fußball wird überall von Menschen betrieben, ob sie ein paar Rubel verdienen oder das große Geld. Und dann macht er weiter mit dieser Gegenüberstellung Beckenbauer–Starostin, von der er nicht loskommt. Das Spiel um den Europapokal weckt den Poeten in ihm, und es hat mit der Duscha zu tun, mit der Seele.

„Daß es sich um Starostin und Spartak handelt, bedeutet viel mehr, als ihr euch im Westen vorstellen könnt. Der alte Mann und der Ball. Ein Thema für Hemingway wär's."

Jurij Archipow hat die Zigarette ausgedrückt und die Hände hinter dem Kopf verschränkt. Blumig und fast akzentfrei ist das Deutsch, mit dem er eine Geschichte erzählt, wie sie russischer nicht sein könnte.

Und nicht weitschweifiger, geheimnisumwitterter. Bei den Jägern fängt er an und redet von den Gemeinsamkeiten, die Jagd und Spiel haben, und davon, daß die Brüder Starostin die Urväter des russischen Fußballs und eine faszinierende Legende seien. Einer bekannten Jägerfamilie entstammen sie, die über Generationen aus den Palcower Wäldern Wild für die Küche des Zaren lieferte und stets in Moskau ihre Vertretung hatte. Der Vater der Starostin-Brüder, der um die Jahrhundertwende nach Moskau übersiedelte, war noch zaristischer Oberjäger, als seine Söhne Nikolai, Alexander, Andrej und Piotr im Stadtteil Krassnaja Pressuis mit dem Fußball anfingen. Sie haben, sagt Jurij, den Jagdtrieb von jungen Wölfen und die Klarsicht des Vaters gehabt. Und Nikolai, der Älteste, war ein ungewöhnlicher Leitwolf.

Alle traten sie dem Lokalverein Prowkooperatia bei, der in den zwanziger Jahren zur Zeit der „neuen ökonomischen Politik" gegründet worden war, in der für kurze Zeit freies Unternehmertum und beschränktes Privateigentum gestattet waren. Es handelte sich um eine Gewerbe-Kooperative kleiner Unternehmer, und Nikolai Starostin war als Geschäftsführer einer Möbelfirma auch einer.

„Und was", frage ich Jurij, „ist mit Spartak? Ist er nicht der Vereinsgründer?"

„Natürlich. Anfang der dreißiger Jahre kam die totale Kollektivierung und mit ihr die Oberliga im Fußball. Man hatte eine gute Mannschaft und brauchte einen Namen für sie. Die Brüder Starostin sind in Andrejs Wohnung zusammengesessen und haben gegrübelt. Die ganze Nacht fast, aber es kam nichts heraus, bis Nikolais Blick auf das Buch fiel, das auf dem Nachttisch seines Bruders lag: Spartakus, ein Roman von Jovanioli. Das war die Geburtsstunde des Fußballklubs Spartak Moskau."

Schnell wurde er durch die vier Brüder populär. Nikolai war ein ungemein wuchtiger Rechtsaußen, der viele Tore schoß. Aber bedeutender für's Mannschaftsspiel war Andrej, der Mittelläufer.

„Ihn", sagt Jurij, „kannst du mit Beckenbauer vergleichen. Und sogar an Kaiser kannst du denken, denn sie haben ihm den Kriegsnamen 'Bojare' gegeben, was auf mittelhochrussisch 'Hochherr' bedeutet. Und nichts war logischer, als ihn zum Kapitän von Spartak und auch von der Nationalmannschaft zu machen."

„Man hat nicht viel von ihr gehört bei uns."

„Klar, wir waren sehr isoliert vor dem Krieg, und die dreißiger Jahre waren die schlimmsten mit Stalins großen Säuberungen. Aber glaub mir, Spartak spielte dank der Starostin-Brüder einen herrlichen Fußball, und seine Popularität wurde um so größer, als sie sich weigerten, zum verhaßten Polizeiklub Dynamo überzuwechseln. Auch deshalb sind die Leute zu Spartak gegangen, und wenn es zum Derby gegen Dynamo kam, haben sie den obersten Geheimdienstchef Berija bis zur Weißglut gereizt. Das Stadion war der einzige Platz, wo man noch so etwas wie Widerstand zeigen konnte."

„Aber doch nicht offen?"

„Nun ja, mit der Randale von heute läßt sich's natürlich nicht vergleichen. Aber auf dem Fußballplatz kann man jubeln und auch mal pfeifen, und wir Russen verstehen uns auf die hintergründige Demonstration. Berija hat es einfach nicht wagen können, die Starostin-Brüder zu Dynamo zu versetzen. Zu einem sportlichen und einfach legitimen Mythos gegen die Gewalt sind sie geworden. Heute mögen Europapokale zählen, aber ich behaupte, daß der Fußball nie wichtiger für uns gewesen ist als in diesen Jahren!"

Er hat sich aufgerichtet und sitzt da, als ob er einen Stock im Kreuz hätte, und die Hände reden mit. „Damals, mußt du wissen, ist Spartak der Klub der Schauspieler, der Schriftsteller, der ganzen Intelligenzia geworden. Und er ist es geblieben. Spartak ist Phantasie und Kreativität, die ihm buchstäblich in die Wiege gelegt worden sind von den Starostins. In einem Spiel, das nicht verboten werden konnte, haben sie sich gegen die von Dynamo vertretene Obrigkeit aufgelehnt, und mit feinem Gespür hat die russische Seele gejubelt. Sie hat begriffen, daß sich da ein Kollektiv der Spielfreude voll von Sturm und Drang gegen ein kalt ausgeklügeltes und in der Art der Planwirtschaft funktionierendes und deshalb seelenloses Kollektiv stemmte."

Jetzt merke ich, wie wenig ich weiß von einem Fußball, der seltsame Wege gehen mußte in seiner Isolation, und ich fange zu begreifen an, warum dieser Doktor Jurij

Archipow, der professionell Slawistik und Germanistik und aus einem inneren Drang heraus Fußball studiert hat, so fasziniert ist von einem Zusammentreffen des alten Nikolai Starostin und des halb so alten Franz Beckenbauer. Einen Traum träumt er da, wie ihn nur Russen träumen können, und ich darf ihn nicht stören dabei.

Von 1991 geht er auf 1929 zurück. Es ist damals höchst gefährlich gewesen, in Moskau mit Witz, Belesenheit und Manieren den Snob zu spielen. Aber Andrej, der populärste der Brüder, riskierte es. Die ganze Nation erkannte ihn als Helden des Romans „Neid" des berühmten Schriftstellers Juri Olescha, mit dem er im Literatenklub zu essen und nächtelang zu diskutieren pflegte. Das ging über die Freiheiten, die das Regime einem Sportler, und mochte er noch so populär sein, einräumen konnte.

Als Berija Geheimdienstchef wurde, wollte er dem ganzen Spuk durch eine Versetzung des Starostin-Clans zu Dynamo Moskau ein Ende machen. Die Sache mißlang und hat schließlich zur sibirischen Verbannung des gesamten Quartetts geführt. Aber sie haben dank des Fußballs überlebt, weil sie Lagermannschaften gründeten wie später deutsche Kriegsgefangene in Stalingrad und im Ural, und der Name Starostin hat manch bärbeißigen Wächter zum wohlwollenden Fan gemacht.

Überlebt hat aber nur Nikolai, der Älteste, und Jurij bekommt feuchte Augen, als er vom Kreis spricht, der sich nun schließt für den Urvater. „Überleg mal, Holz hat er in Sibirien gefällt, als Beckenbauer geboren wurde, und jetzt erwartet der große alte Mann unseres Fußballs den Größten, den das Spiel hervorgebracht hat, mit einer französischen Mannschaft. Nicht auf Gras müßte man spielen, sondern auf Rosen!"

Aber jetzt muß ich aufpassen, daß er nicht auf der russischen Seele davongaloppiert. Ums Ergebnis geht's dem gar nicht, sondern ums Ereignis, und das ist eine Vorstellung, mit der im Alten Hafen von Marseille niemand etwas anfangen kann. Und von Bernard Tapie wollen wir gar nicht reden.

Jurij sieht das so: Ein alter Mann tritt mit der Batterie seiner alten Taschenlampe gegen Monsieur Tausend Volt an und sieht trotzdem seine Chance. Weil er, der Arme, viel reicher ist als der Reiche, was die Erkenntnisse vom Spiel anbelangt, mit dem er lebt, seitdem er laufen gelernt hat. Und hat das Licht der alten Lampe nicht Neapel und dem ruhmreichen Real Madrid heimgeleuchtet?

Für Jurij ist's ein Fußballmärchen, und er denkt an Aladins Wunderlampe und den fliegenden Teppich. Auf dem sieht er den Alten sitzen, zumal ganz Reales in seine Märchenwelt hineinspielt: Spartak war, was die Finanzlage angeht, gegenüber den anderen großen Klubs immer benachteiligt. Dynamo lebt von der Polizei, Lokomotive von der Eisenbahn, Torpedo vom Autowerk und der Armeeklub von den Streitkräften. Spartak war von den Gewerkschaften abhängig, aber aus diesem Käfig ist der Klub buchstäblich herausgeflogen, seit Starostin die staatliche Luftfahrtgesellschaft Aeroflot als Hauptsponsor gewonnen hat.

Das paßt besser zu jugendlicher Dynamik als Gewerkschaftsbonzen, und von dieser Dynamik hat sich Franz Beckenbauer überzeugen können. Sie steht in krassem Gegensatz zur Spieler-Auffassung des Mailänder Star-Ensembles, und entscheidenden Anteil daran hat der erst 36jährige Trainer Oleg Romanzew, der frühere Libero und Kapitän der Mannschaft. Er hat frischen Wind gebracht, den der alte Breskow nicht mehr entfachen konnte, ein gelungener Starostin-Schachzug, zu dem der Poet Jurij ein Gogol-Wort beisteuert: „Ich habe dich geboren, ich töte dich."

„Mit Spartak leben", fährt er fort, „das ist Leiden und Jauchzen. Das ist das Crescendo der Kalinka, wirbelnder Rausch der Melodie, auf die du wartest nach der Traurigkeit." Und er läßt sich nicht bremsen, weil er eben ein Russe ist: „So leid mir's tut für ihn, aber Spartak kann auch ein Beckenbauer nicht ausrechnen, den ich auf ganz andere Weise verehre als Starostin. Und du hast ja die Popularität, die er genießt, beim Geburtstagsspiel der Weltauswahl für Jaschin erlebt."

Da hat er recht, aber warum soll Spartak ein Rätsel für den Mann sein, der das Spiel im Blut und es auf der ganzen Welt studiert hat?

„Weil", sagt Jurij mit der Feierlichkeit, zu der nur Russen fähig sind, „weil Starostin nicht am Geldhahn des Fußballs dreht, sondern zur Quelle geht. Oh, er hat auch an diesem Geldhahn herumgespielt und ist bereit gewesen, das Spiel gegen Real Madrid zu verkaufen. Devisen sind ein warmer Regen, mit dem einer wie er viel pflanzen kann, aber jetzt, wo er im Halbfinale steht, pfeift er auf sie. Jetzt ist er nur noch Spartakist, und was das Modewort Motivation angeht, so kannst du Gift darauf nehmen, daß er es nicht mit großen Scheinen herbeiwinken muß wie der Monsieur Tapie."

Ich werfe ein, daß Tapies Spieler nicht nur vom Geld heißgemacht sind und auch ein ganzes Land hinter sich wissen, aber da tippt er mit dem Zeigefinger an die Stirn, und aus dem Lächeln springt ein Schüßchen Überheblichkeit: „Spartak ist nicht mit Geld gemacht worden, und deshalb muß keines ausgesetzt werden, um es zu seinem größten Erfolg zu führen."

Die Sonne über der Schwäbischen Alb steht schon tief, als wir ins Dorfwirtshaus hinuntergehen zum Essen. Am Nebentisch politisieren schwäbische Grantler, und es ist höchst unpassend, daß da ein Russe und ein Deutscher ein Fußballspiel zwischen Olympique Marseille und Spartak Moskau in den Griff kriegen wollen. Zwei Tische weiter wird ein Bauer von einem Versicherungsagenten über die Vorteile vernünftiger Abschlüsse unterrichtet.

Jurij, der mit halben Ohr dabei ist, grinst: „Tapie hätte bestimmt gerne auf neutralem Boden gespielt und den armen Russen einen fetten Devisenhappen zukommen lassen, aber die armen Russen sind plötzlich stolz geworden und wollen auch ihr erstes Endspiel. Geld ist viel, aber nicht alles, und der Urvater Starostin, der nie gebadet hat in ihm wie sein Konkurrent Tapie, will zeigen, daß er nicht die geringste Lust für dieses Bad hat. Vor ganz Europa will er den Beweis dafür liefern, daß der Erfolg im Spiel nicht käuflich ist, und ich sage dir, daß das möglich ist mit der jungen Mannschaft, die er aufgebaut hat. Er hat sie nie unter den Erfolgszwang der Mannschaften gestellt, die ich einmal kapitalistisch nennen will. Bei Spartak darf man verlieren, aber es passiert nicht sehr oft, weil man viel zu geben hat und es bis zur letzten Minute tut. Starostin, der nie in seinem bewegten Leben aufgegeben hat, ist ein Fanatiker des Spielers, der es auch so hält. Deshalb hat Spartak in den letzten Minuten so viele Spiele umgebogen, und nicht zuletzt deshalb ist es so populär." Und Jurij schwenkt zu Beckenbauer: „Ich habe ihn tagelang begleiten dürfen, als ich mein Buch über ihn gemacht habe, und ich weiß, wie fein er zwischen Stil und Taktik unterscheiden kann. Sagen wir, daß er sehr prosaisch über diese russische Poesie denkt."

„Hm. Kannst du das verständlicher ausdrücken, ich meine, für den Mann in der Kurve?"

Er säbelt an seinem Rostbraten herum und zuckt mit den Schultern: „Stil ist unnachahmlich, Taktik ist lehrbar. Der Franz war als Stilist und Künstler unnachahmlich, genau wie Maradona, aber er kann ein Spiel, im Gegensatz zum Argentinier, durchblikken. Es hat für ihn nicht erst angefangen, wenn er am Ball war, und deshalb bin ich sicher, daß er erkannt hat, daß sich Spartak nicht ausrechnen läßt wie der AC Mailand. Da stehen zwei ganz andere Spiele auf dem Programm."

Wir greifen zum Trollinger und merken plötzlich, daß wir Stammtisch-Strategie betreiben, weil sich da ein Tisch mit Männern gefüllt hat, auf dem unsichtbar der Ball hüpft. Ein stattliches Mannsbild, das den breitflächigen Hintern auf schmalem Stühlchen wetzt, brüllt, Bierglas und Zigarette mit zwei Händen schwenkend, einen jungen Burschen an: „Prost Thomas! Für jedes Tor, das du am Sonntag machst, kriegst du einen Fünfziger von mir." Der Fußball ist überall, und der Bursche scheint der Mittelstürmer des Ortsvereins zu sein.

Vom europäischen Gipfel steigen wir in tiefste Provinz hinunter, und Jurij, der sogar Schwäbisch versteht, muß grinsen. „Siehst du, sogar bei euren Bauernklubs geht's um Pulver! Wenn die Marseiller Geldmeister nach Moskau kommen, werden sie staunen, wie gut man ohne Geld spielen kann!"

„Ohne großes Geld", protestiere ich. „Auch Spartakisten wollen nicht nur unbezahlte Volkshelden sein."

Er nickt, und im dünnen Lächeln stecken Seele und schlitzohriges Selbstverständnis: „Wir holen auf im Rückwärtsgang, aber ich fürchte, daß du das nicht verstehst."

„Nicht ganz, zugegeben."

„Ist doch ganz einfach: Wir gehen zurück zur Quelle, weil wir arm sind. Was wir mit großen Eimern herausholen, kann durchaus bekömmlicher sein als das, was die anderen zu früh in ihre Champagnergläser schütten, oder?"

Ich habe versucht, darüber nachzudenken und ein Licht gesehen, das unzweifelhaft nicht im Besitz von Bernard Tapie, sondern von Nikolai Starostin war.

Und für Franz Beckenbauer nahte eine ganz andere Reise nach Moskau als alle, die er zuvor gemacht hatte. Genau ein Jahr zuvor war er mit der deutschen Nationalmannschaft nach Italien aufgebrochen, und er hatte alles über seine Gegner gewußt, wenn man von den Vereinigten Arabischen Emiraten absieht. Aber das war auch nicht nötig.

Der Spionage-Trip nach Moskau mit Goethals hatte wenig Erkenntnisse gebracht und ihn an New York erinnert, weil das Meisterschaftsspiel zwischen Spartak und Pamir Duschanbe in einer riesigen Halle auf Kunstrasen ausgetragen wurde. Keiner weiß besser als Beckenbauer, daß da die üblichen Maßstäbe nicht gelten, und keinem gefiel das besser als dem Spartak-Trainer Oleg Romanzew. Er verabschiedete sich vom Tandem Beckenbauer/Goethals, das gerne ein richtiges Spiel gesehen hätte, mit seiner

Mannschaft und einem artigen Diener zu einer Tournee in Japan, und der alte Starostin bemerkte schmunzelnd, daß man leider ein paar Devisen anschaffen müsse, aber sich ja bald auf dem Rasen kennenlernen würde. Allerdings nicht zu den stolzen Preisen von Marseille. Mit Verwunderung hatte er gelesen, daß Tapie für das Rückspiel gegen Mailand 1200 Franc für einen Tribünenplatz verlangt hatte.

Das sind 400 Mark, was im Lenin-Stadion, das 100000 faßt, 40 Millionen ergäbe. Nach dieser Erkenntnis hat es Nikolai Starostin noch mehr gefreut, daß Goethals und Beckenbauer keine besonderen Erkenntnisse mitgenommen hatten.

Immerhin wußte man, daß man sich auf Tempo einzustellen hatte. Mit einem Durchschnittsalter von knapp 24 Jahren war Spartak das jüngste sowjetische Team. Da muß eine Mannschaft, deren Schnitt an die 30 herankommt, Reserven mobilisieren.

Und da dieses Halbfinale zur nationalen Sache erhoben wurde, ist Olympique von der Liga in Watte gepackt worden. Das Meisterschaftsspiel des vorhergehenden Wochenendes wurde verlegt zugunsten eines Trainingslagers, eine Bevorzugung, von der ein FC Bayern oder ein AC Mailand nur träumen können. Zur gleichen Zeit mußte Spartak sich für 100000 Dollar in Japan tummeln, und mit Genugtuung hat man das in Marseille nicht für die beste Vorbereitung auf ein Halbfinale gehalten. Klimawechsel und Zeitverschiebung wurden wie Trümpfe aus Marseiller Ärmeln gezogen, aber Experten dämpften das mit Hinweisen auf die Jugend der Mannschaft und auf Tennisstars wie Boris Becker, die ihre Bälle heute in Tokio und morgen in Paris ballern.

Der alte Starostin aber hat unter seiner dicken Brille von Japan aus beinahe hinübergucken können nach Sibirien, wo er Holz gefällt hat, als Beckenbauer in Giesing seine ersten Schritte machte. Und im Lager hat er den Ball fliegen lassen, der das Leben der beiden Männer auf so unterschiedliche Weise gelenkt hat. Aber gestattete der Fußball ihm jetzt nicht mehr Freiheiten als dem, der so alt war und im goldenen Käfig saß?

Das alte Märchen des Fußballs hatte sein Rendezvous mit dem modernen. So etwas läuft am Stadion ebenso vorbei wie am Bildschirm, aber es gehört zum Spiel. Und es gehört zum Erfassen einer Szene, die undenkbar war, als Starostin seinen Klub gründete. Als Beckenbauer zu laufen anfing, wollte niemand mit den Deutschen spielen. Sie waren sogar ausgeschlossen von der Weltmeisterschaft 1950 in Brasilien.

Es hat in Marseille keinen gegeben, der dankbarer gewesen ist als Franz Beckenbauer. Am FC Bayern vor dem Endspiel vorbeizukommen, war das Wichtigste für ihn. Bayern im Halbfinale wäre eines dieser Fingerhakeln gewesen, die brüderliche Gefühle wecken und aus tausend anderen Gründen an die Nerven gehen, auch wenn der Profi kühler rechnet als die Altvorderen, die in der Kachelofenwärme und im Bierdunst des Vereinslokals ihre Lieder sangen. Der Profi singt für Geld, und wenn Udo Jürgens vorsingt, klimpert's nicht übel.

Unantastbar, originell und ein Medienfressen dazu hätte ein Marseiller Beckenbauer im Endspiel gegen die Bayern sein müssen. Das Finale ist die Zielgerade, auf der's kein krummes Denken gibt. Da sieht auch der gamsbärtigste Bayer den Franz nicht auf der falschen Seite. „La bonne guerre", sagen die Franzosen. Trainingslager hat OM in Landersheim gemacht, dem elsässischen Hauptsitz von adidas, dessen Hausherr jetzt Tapie heißt, und das Tandem Beckenbauer/Goethals hat die Videos der Spiele studiert, in denen Spartak Neapel und Madrid ausgeknockt hat.

Das hat mehr gebracht, als die Reise nach Moskau, aber trotzdem haben die beiden sehr unterschiedlichen Professoren die Moskauer nicht ausrechnen können wie den AC Mailand. Aus dem höchst einfachen Grund, weil die Spartakisten immer noch hinter einem Vorhang spielen. Er ist nicht mehr eisern, aber der Durchblick ist schwierig, und Starostin hat einen hübschen Witz aus der Sache gemacht: „Unser KGB funktioniert überall, bloß im Fußball nicht. Sonst hätten wir schon etliche Weltmeisterschaften und Europapokale gewonnen. Übrigens haben wir's uns gar nicht leisten können, einen Spion nach Marseille zu schicken. Wir nehmen's, wie's kommt, und der Gospodin Tapie darf ruhig wissen, daß die Angelegenheit in Moskau entschieden wird. Wir holen hier den Vorsprung, der uns beim Rückspiel in Marseille vor Überraschungen schützen wird."

Er hat gebadet in der Rolle des russischen Filou, der den französischen Filou Tapie über den Tisch ziehen will. Gleich zwei Meisterschaftsspiele gegen Taschkent und Kiew hat er ausfallen lassen, und damit zwei Fliegen auf einen Schlag erwischt: Die zwei Freundschaftsspiele in Japan haben Spartak den Augen von Goethals und Beckenbauer entzogen, und über die 20000 Rubel, die er dafür pro Match an den Fußballverband abführen mußte, hat der alte Mann milde gelächelt.

„Die zahle ich aus der Westentasche, und da auch diese Bonzen geil auf den Europapokal sind, werden sie sie mir im Siegesfall über Marseille sowieso erlassen. Viel wichtiger für uns ist, daß die Firma UNIPACK, die in unserem Land hervorragendes Verpackungsmaterial herstellt, für 400000 Dollar jährlich auf unseren Trikots steht. Und zwar nicht mit kyrillischen, sondern mit lateinischen Buchstaben. So etwas ist jetzt möglich bei uns, und wenn wir den Europapokal holen, verdoppeln die den Betrag für ein europäisches Entrée!" Man kann nicht abstreiten, daß der Mann, der Spartak Moskau gegründet und durch alle Höhen und Tiefen geführt hat, viel Klarsicht für Entwicklungen besitzt.

Die Klarsicht von Goethals und Beckenbauer hat vor dem Anpfiff vor 100000 im Lenin-Stadion so ausgesehen: Spartak spielt mit einem Libero, der kreativ, aber nicht sehr umsichtig im Stopfen von Löchern ist. Diese Erkenntnis hat Beckenbauer an die Adresse von Waddle, Papin und Pelé gerichtet. Im Mittelfeld müssen die Kreise des Spielmachers Kulkow gestört werden, und bei den Angreifern sprüht ein jugendlicher, schwer berechenbarer Elan.

Gefährlich ist im Lenin-Stadion dann aber nur das erstaunliche Trio „Pa-Pe-Wa" geworden. Beckenbauer: „Es gibt kein dynamischeres im europäischen Fußball." Papin, Pelé und Waddle haben Mailand geschlagen. In San Siro ging's so: Pelé dribbelt Waddle frei, der bedient Papin steil und dessen Schuß sitzt. In Marseille ging's so: Flanke von Pelé und Kopfball von Papin zu Waddle – und dessen unhaltbarer Volley.

Beckenbauer in Moskau zu Pelé: „Diesmal bist du dran, und wenn du's alleine riskierst. Keiner kann dich stoppen, wenn du im Lauf bist!" Und tatsächlich zieht Pelé an der Strafraumgrenze mit einem Paß von Waddle seinem Bewacher Pozdniakow davon und markiert mit einem herrlichen Drehschuß das 1:0. Mit 1:3 geht Spartak im größten Stadion des Landes unter, und das ist schon eine bittere Pille für den populärsten Klub des Landes und den alten Starostin, der den Napoleon Tapie hat heimschicken wollen wie weiland der Zar den großen Korsen 1813.

Der Marseiller Schlachtplan war besser, und es darf durchaus von einer Schlachtung geredet werden, weil es so etwas bisher nur einmal gegeben hat. Man vergißt leicht, daß die Europapokale unterschiedlicher Art sind und daß sich die wahre Elite im Pokal der Landesmeister trifft. In der Tat hat es im Halbfinal-Hinspiel des Europapokals der Landesmeister bisher nur einen Klub gegeben, der auswärts mit zwei Toren Unterschied gewann. Das war der FC Liverpool der großen Tage. In Zürich siegte er 3:1, und anschließend holte er sich auch den Pokal.

Man kann sich in Rußland keine Boulevardpresse vorstellen, aber die Perestroika hat die Journalisten „westlicher", aggressiver gemacht. Obwohl das Spiel ausgesprochen fair war und die Leistung des dänischen Schiedsrichters tadellos, konnte sich bei der Pressekonferenz nach dem Spiel einer die Frage nicht verkneifen, wieviel Tapie dem Unparteiischen bezahlt habe. Die Frage ist mit Recht belächelt worden, aber es ist nicht von der Hand zu weisen, daß sie beim Rückspiel auf den Marseiller Tisch hätte kommen können, wenn nicht Marseille 3:1 gewonnen hätte, sondern Spartak ...

Eine andere Frage aber hat einem russischen Journalisten am Vorabend des Spiels feuchte Augen gemacht. Da er deutsch sprach, wollte er Franz Beckenbauer interviewen, aber er fand ihn nicht beim Abschlußtraining der Marseiller im Lenin-Stadion. Das wunderte ihn, und noch erstaunter war er, daß ihm niemand Auskunft geben konnte. Bis einer wußte: „Er ist auf dem Friedhof."

„Auf dem Friedhof?"

„Ja, bei Lew Jaschin."

Der Franz war in wichtiger Mission gekommen, aber so wichtig, daß sie ihn den großen Freund hätte vergessen lassen, war sie nicht. Das unterscheidet ihn von vielen, die sich für groß halten, und es beweist, was Nikolai Starostin sagt: Die Internationale des Fußballs ist etwas ganz anderes als hektisches Gebrüll in einem Stadion.

Wieder ein Endspiel. Sind magische Hände zu den Füßen gekommen, von denen man sagte, sie könnten zaubern? Wird zu Gold, was er anpackt?

Reden wir noch von Beckenbauer, der Kaiser wurde, und vom bekanntesten Trainer der UdSSR, Valerij Lobanowski, der Zar werden wollte. Der eine ist geradezu spielend durch die erste und die zweite Karriere gegangen und hat die dritte im Visier; der andere ist hängengeblieben an der Perestroika, die ihm mit dem Lächeln einer falschen Glücksgöttin begegnet ist. Präpariert hat Lobanowski eine Traumkarriere mit ein bißchen Cheftum à la Herberger und mit geschicktem Ausnützen der alten sozialen Lage des Landes. Zwar sollte der Star des Fußballs nie den Kollektivgedanken vergessen, aber er sollte gleichzeitig hochgehoben werden in die Kaste der Privilegierten.

So wurden die Spieler von Dynamo Kiew zu den „Dynamosauriern" des sowjetischen Fußballs. Es waren die unschlagbaren Allesfresser, die einen Nikolai Starostin zur Verzweiflung brachten, weil ein diktatorisches System es dem Trainer ermöglichte, bei anderen Klubs zu holen, was der noch brauchte. Eine Nationalmannschaft war geboren, die Furore machte, und Lobanowski wurde ein Mann des Kreml, als Dynamo Kiew 1986 in einem unvergeßlichen Finale des Europapokals der Pokalsieger Atletico Madrid mit einem 3:0, das eigentlich ein 6:0 hätte sein müssen, vom Platz fegte.

Und wenn Gullit und van Basten nicht gewesen wären, wäre Lobanowski im Finale der Europameisterschaft 1988 gegen Holland der sowjetische Fußballzar geworden.

Und dann machte Michail Gorbatschow mit seiner Perestroika den Mann begehrlich. Lobanowski übersah dabei nur, daß es seine Spieler auch wurden. Der Drang nach dem großen Geld, den der ins Ausland strebende Trainer auslöste, verdrängte bei Dynamo Kiew die aus sozialer Not geborenen Tugenden.

Das von Lobanowski nach Westen gerichtete Rohr krepierte, und so endete die Karriere eines Mannes, der sich durchaus als der Vater eines unvollendeten Fußballwunders bezeichnen darf. Aber der Sport hat seinen tragischen Figuren nie nachgetrauert. Beckenbauer hat bei Italia '90 wieder einmal einen in den dunklen Schatten verschwinden sehen, die dem grellen Rampenlicht so nahe sind.

Natürlich hat er in diesem Frühjahr '91 gewußt, daß er nicht wie Lobanowski durch die Falltür purzeln konnte. Ein Scheitern von Olympique Marseille im Rückspiel gegen den AC Mailand konnte einen doppelten Weltmeister die Kaiserkrone nicht kosten.

Aber du bist Kaiser oder nicht. Die Herausforderung steht, und du bist nicht bloß gekommen, um Geld abzuholen, weil ein Präsident glaubt, an dich glauben zu dürfen.

Und man stelle sich jetzt einmal den Unterschied zwischen Bernard Tapie und Nikolai Starostin vor. Hier der Millionär, der mit dem goldenen Vorschlaghammer auf den Lukas haut; dort der eckige, mittellose Fachmann, der mit allen Listen der Welt sein Spiel verteidigt, das ihm kein Geld, aber die Kraft zu einem langen Leben gegeben hat.

Bernard Tapie, für den Geld Religion ist, hätte nicht im Schlaf auf die Idee kommen können, sein Rückspiel gegen Mailand ins größte Stadion der Welt zu verlegen. In seiner Festung wollte er den Titelverteidiger weichkochen, und wenn die UEFA gesagt hätte, er müsse die Einnahmen einem guten Zweck zuführen, dann hätte er es mit huldvollem Lächeln getan. Zumal es klar für ihn war, wer gewinnen würde. Man heißt Tapie oder nicht, so wie man Kaiser heißt oder nicht.

Für ihn war der Kittel geflickt, ehe ihn seine Gesellen in die Hand nahmen.

Und war Olympique Marseille im Vorjahr beim Halbfinale in Lissabon nicht durch ein mit der Hand erzieltes Tor à la Maradona betrogen worden? Trat man da nicht an mit einem gehörigen Bonus?

Das Drama von Bari in
zwei Akten: Der unglückliche
Amoros, dessen Fehlschuß
beim Elfmeter Olympique den
Europacup kostete, und der
jubelnde Prosinecki von Roter
Stern Belgrad.

Der Ball als Roulettkugel

Kapitel dreißig

... in welchem darüber nachgedacht wird,
wie das Fußballspiel vom Alles oder Nichts,
vom Schrecken seiner Elfmeterdramen
befreit werden könnte

Das Unternehmen Europacup ist in Marseille generalstabsmäßig und mit einem finanziellen Aufwand geplant worden, der eigentlich unvorstellbar für französische Verhältnisse ist. Wie soll sich eine Sache rechnen, die so aussieht: Es kommen halb so viele Zuschauer wie in Deutschland, aber die Spieler verdienen mehr als das Doppelte. Und viele schlagen sogar die italienischen Großverdiener. Zwar hat Marseille die höchsten Einnahmen, aber allein Tapies „Stab" frißt ein Budget, das dem einer stolzen Mannschaft entspricht: Beckenbauer, Goethals, Osieck, Fernandez und schließlich auch noch Hidalgo ganz hinten in der Kulisse.

Kein Zweifel, Olympique Marseille ist eine von Tapies Firmen, und das Unternehmen Europacup muß von anderen Firmen mitgetragen werden. Auch von der Stadt, notabene. Was da vom Rathaus ins Stade Vélodrome hineinfließt, würde den fußballfreundlichsten deutschen Bürgermeister um den Schlaf bringen, und von den braven Steuerzahlern wollen wir gar nicht reden. Aber Notre Dame de la Garde hält ihre Hand drüber, und Le President sagt dazu: „Ich habe manches Geld in den Sand gesetzt, aber in Monsieur Beckenbauer war kein einziger Franc falsch investiert." Lustvoll hat Tapie mit dem Erreichen des Endspiels um den Europacup der Landesmeister Lästermäuler gestopft.

Bernard Tapie schießt keine Tore, aber er punktet. Flug- und Busreisen ins italienische Bari wurden zum Traumgeschäft, weil auch die eitlen Pariser plötzlich ihre Liebe für Marseille entdeckten. Der erste Europapokal, der dem Land winkte, machte seine Tour de France. „Allons enfants!"

Franz Beckenbauer hat in diesem Mai 1991, in dem die Marseiller die Tage zählten wie Kinder vor Weihnachten, viel an Ernst Happel gedacht, weil der Schlüssel zum Sieg Taktik heißt. In seinen Gedanken entstand so etwas wie ein internationales Experten-Dreieck, in das auch noch zwei grundverschiedene Jugoslawen namens Cajkovski und Zebec hineinspielten, ein nicht domptierbarer Hasardeur und ein bierernster Schauspieler. Jugoslawische Spielkunst hatte er bei ihnen eingesogen, immerhin ging es in Bari gegen Partizan Belgrad. Aber noch nützlicher erschienen ihm jetzt Klarheit und

Bierruhe des Ernst Happel. Der hat mit den Reportern des Sports Belangloses und mit seinen Spielern Tacheles geredet. Und sich überall, wo er im Ausland hinkam, durchgesetzt. Außerdem gibt es da hochinteressante Wellenlängen. Als Mittelläufer von Rapid Wien und von der österreichischen Nationalmannschaft, später auch von Racing Paris, hat Happel das Spiel immer von hinten aufgezogen, und dann ist er ein Trainer geworden, der in jeder Umgebung reüssierte. 1970 hat er eine Aufgabe, wie sie Beckenbauer in Marseille übernommen hat, gemeistert. Mit Feyenoord Rotterdam holte er den ersten Europapokal nach Holland mit Spielern wie Pieters, Graafland, van Hanegem und Mouljin.

Für Beckenbauer ist Ernst Happel ein Wissenschaftler des Fußballs mit Qualitäten, die er bei aller Wertschätzung der erfolgreichen Fußballehrer nirgendwo sonst angetroffen hat. Das ergibt Wellenlängen zwischen Marseille und Wien, von denen kaum einer eine Ahnung hat.

Happel und Beckenbauer haben ihr klares Bild vom jugoslawischen Fußball: Er bringt mit einer Leichtigkeit, die überall Neid erwecken muß, Virtuosen hervor, aber dann kommen seine Probleme bei den großen internationalen Wettbewerben. Die Virtuosität wird Selbstzweck und verliert ihre Kraft. Der hochgelobte Prosinecki hat sich unter Beckenbauers Lupe mit seinen Eigenwilligkeiten sehr verkleinert, und als viel größere Gefahr ist ihm der gleichfalls dribbelstarke Savicevic vorgekommen.

Happel sagte übrigens einmal, Beckenbauer hätte ins Wiener Wunderteam von Hugo Meisl gepaßt wie Mathias Sindelar, den sie den „Mozart des Fußballs" nannten. Die gleichen Gedanken hatte Jaques Thibert, Chefredakteur von „France Football": „Alles, was Sindelar auf einem Spielfeld machte, hat geleuchtet: Die Leichtigkeit und die Eleganz jeder Bewegung haben ihn übernatürlich erscheinen lassen, weil sie verborgen haben, was an athletischer Wucht hinter ihnen steckte. Es war, als ob er die Gesetze der Schwerkraft ausschaltete. Er hat immer Kaiserwalzer gespielt. Er ist der Letzte der Wiener."

Aber in diesen letzten Tagen vor dem Endspiel von Bari schiebt Beckenbauer Musik und Poesie weg wie damals, als er in der Sportschule von Kaiserau die Weltmeisterschaft vorbereitete. An das erste Spiel der Deutschen bei Italia '90 erinnert er die Marseiller, bei dem er mit voller Verantwortung auf der Mailänder Bank in San Siro saß: „Wir haben mit Wucht, Pressing und kreativer Aggressivität den Wind aus dem jugoslawischen Spiel genommen, und da ist die ganze Elite von Roter Stern dabeigewesen, Leute!"

Das ist der Ton, der ankommt. Kein Schaumschläger steht da vor ihnen, sondern der, der aus der italienischen Schüssel den goldenen Weltpokal herausgezogen hat. Er sagt nicht, „es ist machbar, weil ich es gemacht habe", aber sie wissen, daß er es so meint.

Je länger Beckenbauer über die psychologische Seite des Endspiels gegen Roter Stern Belgrad nachdachte, um so klarer wurde ihm, daß da eine eigenartige Konstellation ausgenützt werden mußte. In Marseille hatten sich Legionäre versammelt und waren zu einem erstaunlichen Team zusammengewachsen. Und war es bei den Jugoslawen nicht so, daß sich ein Team in Legionäre verwandeln wollte? Das Endspiel von

Bari mußte zum großen Rendezvous von Präsidenten, Trainern und Spielervermittlern werden, und sehr nahe lag es, der eigenen Mannschaft zu erklären: „Euch geht es gut, ihr spielt für einen großen Klub, der euch große Gehälter zahlt. Also spielt ihr für das Team. Aber bei den anderen spielt jeder für sich, weil er vom großen Transfer in den Westen träumt!“

War's ein Handicap, daß OM in diesem Jahr an drei Fronten gekämpft hat? Europacup-Finale, französische Meisterschaft und Pokal! Die Leute wollten alles. Im Lexikon der Marseiller gibt es keine Maßstäbe. Aber sie hätten alle auf nationalen Titel und Pokal gepfiffen für die Umarmung des Europacups der Landesmeister.

Beckenbauer natürlich auch, inzwischen ohne schlaflose Nächte. Die sind aber dagewesen, als der Mistral im Herbst das Meer an die Felsen peitschte und er, sprachlos fast, ohne Goethals und sechs verletzte Stammspieler auf dem Trainingsplatz stand. Die Idee, das alles hinzuschmeißen, war da. Ja, sie schien die logischste der Welt zu sein, und es wäre ein Kinderspiel gewesen, den Bettel hinzuschmeißen.

Aber da ist wieder aus dem Bauch die Herausforderung gekommen, die zusammenhängt mit dem eigenen Aufbäumen gegen reparable Fehler oder mit einem Leuchten in den großen Kinderaugen des Abedi Pelé, dem gesagt werden muß, wie er sein riesiges Talent nutzen kann.

Wenn einer in sein 14. Endspiel geht, ist das kein Zufall, sondern ein Rekord. Und er hat nur zwei davon verloren. Wenn aber einer zum Abschluß seiner Karriere in ein Endspiel will und nicht darf, ist das, auch wenn es nicht nach außen dringt, eine Tragödie für ihn.

Sie hat sich am Vorabend des Finales angedeutet. Raymond Goethals ließ den verdienstvollen Veteranen Jean Tigana spüren, daß er ihn als Risiko betrachtete.

Beckenbauer war dieser Meinung nicht, weil er auf die Erfahrung und auf die technische Brillanz des feingliedrigen Mittelfeldspielers setzte. Deshalb hat er sich eingesetzt für ihn. Und es ist nach außen gedrungen, weil Tigana kein Ersatzspieler ist, der vor seinem Trainer einen Diener macht, wenn er ausgeschaltet wird. „Wenn er mich nicht aufstellt, schaue ich mir das Endspiel nicht einmal im Fernsehen an. In einem Boot werde ich sitzen und angeln!“ Nun, ein Tigana, der seinen Platz auf der Brücke des stolzen Schiffes von Marseille sah, wollte nicht abqualifiziert werden zum entbehrlichen Leichtmatrosen.

Es war nicht Beckenbauers Schuld, daß harte Worte fielen, aber sie konnten ihm auch nicht mißfallen. Tiganas Wut wurde öffentlich, als er sagte: „Goethals hat eigenartige Ansichten von zwischenmenschlichen Beziehungen. Er spricht nur mit zwei oder drei Spielern, aber zum Glück ist Monsieur Beckenbauer da, zu dem man mit jedem Problem kommen kann. Der Mann ist große Klasse, ein Monument für mich, wie ich zuvor nie eines erlebt habe.“ Man muß freilich einräumen, daß ein von seinem Trainer enttäuschter Spieler allemal nach einem Halt sucht.

Der Tag der Entscheidung war gekommen. Das Endspiel von Bari stand nach Ablauf der regulären Spielzeit 0:0 – und auch nach der Verlängerung. Das Elfmeterschießen stand vor Olympique wie eine unbezwingbare Wand.

Beim Elfmeter wird der Ball zur Roulettkugel, und als Marseille und Belgrad beim Endspiel in die Verlängerung gingen, wußte Franz Beckenbauer, daß man zwar Kaiser sein kann, aber nicht Roulettkönig. Prächtig war die Kugel für ihn bei Italia '90 gerollt, als Deutschland gegen die Engländer im Halbfinale von Turin das Elfmeterschießen gewann, und als im Endspiel gegen Argentinien Andreas Brehme vom fatalen Punkt aus den Titel holte.

Und nun in Bari wieder Glück in letzter Sekunde? Es ist wirklich die allerletzte des Abenteuers, das im Herbst 1990 begann, Frankreich den ersten Europacup bescheren sollte und über Albanien, Polen, Italien und Sowjetrußland führte.

Die allerletzte Sekunde. Und vom Punkt bis zum Tornetz braucht der Ball nicht einmal die Hälfte davon. Leicht läßt sich's belegen: Das Spielfeld ist 100 Meter lang, der 100-Meter-Läufer braucht zehn Sekunden dafür. Ergo bräuchte er vom Elfmeterpunkt aus eine Sekunde bis ins Ziel. Aber der Ball ist viel schneller.

Und in dieser allerletzten Sekunde bringt Pancev den Fangschuß an, und es gibt keine Worte für die Enttäuschung der Franzosen.

Wird nie ein französischer Klub den Europapokal gewinnen? Die Franzosen haben ihn erfunden und sind seine Opfer.

In die italienische Nacht von Bari hat das „Sevilla-Syndrom" hineingeleuchtet: Frankreich hatte im Halbfinale der WM '82 in Spanien viel besser gespielt als die Deutschen, aber die hatten mehr Glück beim Elfmeterschießen.

Parallele zu Bari: Die Belgrader im Glück. Ihr Torhüter wehrte einen Elfmeter des Pechvogels Manuel Amoros ab. Marseille hatte vorher viel mehr vom Spiel gehabt und auch eine Reihe guter Chancen, aber es war halt das in taktische Konzepte gepreßte Finale, das Beckenbauer vorausgesagt hatte. Gnadenlose Bewachung der Supertechniker. Auf beiden Seiten ein Aufblitzen von Klasse.

Aber wir sind in den neunziger Jahren, und Endspieltore sind leider Raritäten geworden, weil Zerstörung wichtiger geworden ist als Kreativität. So viel besser als der Gegner kannst du im Finale nicht mehr sein, als daß du auf das Glück verzichten könntest.

Die abgrundtiefe Tristesse der ganzen Mannschaft nach der Niederlage hat mich an Raymond Poulidor erinnert, der bei den ganz großen Gelegenheiten den Mythos auf seinem Rennrad mitschleppte, nicht gewinnen zu können.

Da nun Beckenbauer das akkurate Gegenteil von Poulidor ist, hätte die Marseiller Rechnung eigentlich aufgehen müssen. Jeder hatte den Talisman, den Glücksbringer in ihm gesehen, dem nichts, was er anpackt, aus der Hand fällt.

Aber der Fußball weigert sich, nach Gesetzen abzulaufen. Andererseits hat er ungeschriebene Gesetze, seine eigenen: beispielsweise, wenn es zum Elfmeterschießen kommt. Da ist es von vitaler Wichtigkeit, daß der erste Schütze nicht versagt. Versagt er unter der ihm aufgebürdeten Last, gibt er sie weiter an den Zweiten.

Manuel Amoros hat versagt und die Marseiller Niederlage eingeleitet. Das ist die Quintessenz eines Finales, das Ähnlichkeit mit dem WM-Endspiel von Rom hatte, wo die Argentinier das Spiel verweigerten. In Bari haben die Belgrader, je länger das Spiel dauerte, nur noch auf das Elfmeterschießen hingearbeitet, ohne daß die Franzosen den eigentlichen Grund ahnten. Was sie nicht wußten: In Jugoslawiens Liga ist das Unentschieden abgeschafft worden. Wenn nach 90 Minuten keine Entscheidung gefallen ist, kommt das Elfmeterschießen. Der Sieger bekommt einen Punkt, der Verlierer gar nichts. Sechsmal war Roter Stern Belgrad in der laufenden Saison durch diese Mühle gegangen und hatte ihr durch Spezialtraining den Lotteriecharakter genommen.

Das war der Trumpf Nummer eins, als die Schießerei in Bari gestartet wurde. Den zweiten lieferten die Franzosen, indem sie Manuel Amoros den ersten Schuß überließen.

Er hätte nicht schießen dürfen, wenigstens nicht zuerst. Denn Manuel Amoros, einer der verdienten Senioren des Teams, hat in einem solchen Augenblick, und sei es unterbewußt, Sevilla 1982 in den Füßen und im Kopf. Er war dabeigewesen, hatte zu denen gehört, die nach dem Elfmeterschießen mit abgrundtiefer Enttäuschung vom Platz gegangen waren. Nein, er hätte diesen Elfmeter nicht schießen dürfen, und Goethals hätte es wissen müssen. Ein Eingreifen Beckenbauers in dieser Situation wäre schlicht undenkbar gewesen.

Das Glück ließ die bessere Mannschaft im Stich und schüttete rote Sterntaler über die Belgrader.

Das alles wäre zu verhindern gewesen. Aber den Marseillern fehlte nicht nur das Glück, sondern vor allem der Mut. Sie hätten schon während der regulären Spielzeit alles entscheiden können, ja sogar müssen. Goethals hätte Tigana bringen müssen, aber er ließ den Veteranen auf der Bank, obwohl ein listenreicher Fuchs gegen die rigorose Belgrader Abwehrtaktik besser gewesen wäre als ein junger Renner. Und Endspiele verzeihen selten Experimente.

Wäre, hätte, müßte – was zählt, ist das Resultat. Eine Sache, bei der soviel Geld im Spiel ist, kann nicht mehr Spiel in seinem ursprünglichen Sinn sein. Am Abend des Finales in Bari haben 30 Sekunden Werbung beim französischen Fernsehsender TF 1 800000 Francs gekostet, das sind mehr als 250000 Mark, aber die Einschaltquote betrug auch 73,4 Prozent. Vielleicht bewegt der Fußball zu viel, um sich noch natürlich bewegen zu können? Bis zur höchsten europäischen Spitze ist er an diesem Abend geflogen. François Mitterrand, Präsident der Republik, ist in Lille zusammen mit Helmut Kohl am Fernseher gesessen, und mit der feinen Ironie, die ihm eigen ist, hat er zum Bundeskanzler gesagt, daß ja auch ein Kaiser am französischen Jour de Gloire, wie ihn die Marseillaise verkündet, mitwirke.

Aber dann ist der Tag des Ruhmes nicht gekommen, und Mitterrand hat folgendes Telegramm an Bernard Tapie abgesetzt: „Der Sport ist eine Schule des Muts und der Geduld. Ich teile Ihre Enttäuschung. Aber seien Sie versichert, daß das Abenteuer erst beginnt. Die von OM, die aufs ganze Land verteilt sind, werden ihm die Treue halten, und sie sind sicher, daß sich der Erfolg, der ihm heute abend verwehrt wurde, ein anderes Mal einstellen wird."

Wird er das? Das Jahr 2000 winkt schon, und der Europapokal ist in der Mitte dieses Jahrhunderts geboren worden. Von den Franzosen. Auch die Olympischen Spiele der Neuzeit sind ihre Erfindung. Sie haben dem internationalen Sport mehr gegeben als selbst die Engländer, aber der Ball rollt nicht für sie. In Bari ist das 100. Endspiel um einen Europapokal im Fußball ausgetragen worden, und kein einziger ist nach Frankreich gegangen. Sollen sie an das alte russische Sprichwort glauben: „Einmal im Jahrhundert blüht auch die Scheiße?"

Olympique Marseille wird als französischer Meister nächstes Jahr wieder nach dem Europacup greifen. Die 0:1-Endspielniederlage gegen Monaco in der allerletzten Spielminute wird schneller verwunden als das Pech von Bari.

Weißblau wie Bayern war der Himmel über Marseille, als sie von Bari zurückkehrten. Notre Dame de la Garde thronte über dem Alten Hafen wie immer, aber das größte Fest in der Geschichte der Stadt fiel ins Wasser. Hineingefallen wären Goethals und Beckenbauer im Falle des Sieges, weil das die Marseiller Erfolgstaufe ist und weil es einen Erfolg dieser Sorte nie gegeben hatte.

Die Leute, die den ganzen Monat Mai über vorgefeiert hatten, konnten es nicht fassen. Marseille, das brodelnde, das überschäumende, verkroch sich in der Nacht, welche die Nacht des Triumphs hätte werden sollen. Ein Riesenaufgebot von Polizisten, bestellt, um die Begeisterung in rechte Bahnen zu lenken, schlich traurig durch leere Straßen. Und aus den Bistros gähnte eine Sprachlosigkeit, wie sie der Alte Hafen nie erlebt hatte.

In Marseille ist nicht nur die Intensität des Feierns unbegreiflich, sondern auch die des Trauerns. Da gibt es keinen Bonus dafür, daß OM im Europacup in der regulären Spielzeit ungeschlagen blieb.

Trotzdem: Franz Beckenbauer verläßt in Marseille kein sinkendes Schiff, im Gegenteil, ein bemerkenswert seetüchtiges. Und er selbst hat darauf eine Art von Libero gespielt, die mit Libertät zu tun hat, mit der Freiheit zur eigenen Entscheidung.

Klarsichtige Erfahrung hat er eingebracht, und manchem Spieler hat das, was die Franzosen „rayonnement" nennen, also Ausstrahlung, mehr gebracht als die rauhe, feldwebelhafte Tour von Goethals. Aber die beiden Fußball-Feldherren haben sich, nimmt man alles in allem, gut ergänzt, und sind Sportsleute geblieben. Eins wäre leicht und billig für den Franz gewesen, das gewaltige Pech von Bari Trainer Goethals in die Schuhe zu schieben. Klar, daß gesagt wurde, der Belgier habe zu spät ausgewechselt und noch falsch dazu. Beckenbauer sagte: „Der Sieger hat immer recht, der Verlierer nie."

Der Fußball der sechziger Jahre, in dem Franz Beckenbauer groß wurde, ist vorbei. Damals sind Endspiele bei unentschiedenem Ausgang noch wiederholt worden. Das ist das Glück des FC Bayern im Finale gegen Atletico Madrid in Brüssel gewesen. Heute liegt das Glück auf dem Elfmeterpunkt. Aber es wäre leicht von dort wegzuholen. Niemals könnte es diese Rolle spielen, wenn alle fünf Minuten in der Verlängerung ein Spieler jeder Mannschaft ausscheiden müßte, und es könnten hochinteressante taktische Varianten ins Spiel kommen. Weil alles weiterleben würde, was beim Elfmeterschießen getötet wird.

Olympique Marseille lebt weiter. Am Alten Hafen, wo Beckenbauer nicht heimisch, aber trotzdem verehrt wurde, mischen sie die Karten für ein neues europäisches Abenteuer.

Volkstrauertag in Frankreich: Die einheimischen Blätter reflektieren die Stimmung nach der Niederlage von Olympique gegen Roter Stern.

Der Dank nicht nur dieser amerikanischen Girlfans wäre Franz Beckenbauer gewiß, wenn er dem Fußball bei der Weltmeisterschaft 1994 in den USA zum Durchbruch verhelfen würde. Keiner könnte es wie er.

Quo vadis, Franz?

Kapitel einunddreißig

... in welchem über das Erbe des Teamchefs,
über den Nachfolger Berti Vogts
und über die Zukunft des Kaisers nachgedacht wird

Irgendwann, als Franz noch der „Stumpen“ war, hat er begriffen, daß das Spiel mit dem Fuß das größte der Welt ist. Weil es eine andere, raffiniertere Geschicklichkeit verlangt als alle anderen Ballspiele, bei denen die Hände bestimmend sind, die Greifwerkzeuge. Was du greifen kannst, gehört dir. So ist das im Leben, und es ist sehr natürlich.

Ist Fußball also unnatürlich? Das Gegenteil ist der Fall, und den Beweis liefert schon das Kleinkind. Nimm einen Einjährigen, der sich kaum auf den Füßen halten kann, und lege ihm den Ball hin, den bunten hüpfenden aus Gummi. Er will den Ball nicht in die Hände nehmen, sondern treten. Nicht die Hände sind seine ersten Werkzeuge, sondern die Füße, auf denen er stehen und gehen möchte. Da kommt auch etwas vom Spieltrieb der jungen Katze hinzu.

Auf den kleinen Franz ist der Ball anders zugeflogen als auf andere, und er hat von Anfang an Freundschaft mit ihm geschlossen. Schon der Stumpen, winzig wie er war, hat es fertiggebracht, diesen Ball, auch wenn er in scharfer Fahrt ankam, mit der Brust zu stoppen und auf den Fuß abtropfen zu lassen. Zwischen dem Ball und dem Stumpen begann eine wunderbare Love-Story mit Open End.

Sportärzte und Wissenschaftler, die stets großes Interesse an Phänomenen zeigen und beispielsweise bei Garrincha und Gerd Müller diesen ungewöhnlich tiefen körperlichen Schwerpunkt entdeckten, fanden bei Beckenbauer, dessen Wachstum spät und plötzlich kam, dasselbe heraus wie die Fußballexperten: eine vergleichliche Harmonie der Bewegungen. Ihm genügte schon die Andeutung einer Körperfinte, um den Gegner leerlaufen zu lassen, und es ist eines seiner Geheimnisse gewesen, schon mit der nächsten aufzuwarten, ehe sich der Angreifer wieder gefangen hatte.

Entwicklungen des Spiels vorausahnen und mitbestimmen: Es gibt nicht viele, denen es mit diesem Geschick und mit dieser Eleganz gelungen ist.

Anziehungskraft und Ausstrahlung bestimmten sein Handeln auf dem Spielfeld. Nur wenige wissen, daß es Computer-Aufzeichnungen gibt, die beweisen, mit welcher Unwiderstehlichkeit er Bälle angezogen und mit welcher Übersicht er sie verteilt hat. Solche Analysen haben ergeben, daß der Holländer Johan Cruyff pro Spiel rund sieben

Minuten im Ballbesitz gewesen ist. Bei Beckenbauer sind erstaunliche sechzehneinhalb Minuten Ballbesitz während der 90 Minuten Spielzeit festgestellt worden und nicht weniger als 96 Ballkontakte. Keiner kam auch nur annähernd auf dieses Ergebnis, und dabei machte Franz gar nicht den Eindruck, der Aktivste auf dem Feld zu sein. Doch sein Radius und sein Einfluß auf die Entwicklung des Spiels waren überdimensional, und man sieht, daß seine Mitspieler immer ihn gesucht und angespielt haben.

Franz Beckenbauer lebt das Spiel, für das er geboren wurde, aus – wie kein anderer vor ihm. Wer dem Fußball fernsteht, wird freilich milde lächeln darüber, daß eine französische Zeitung Beckenbauer als die bekannteste Sportfigur des Planeten bezeichnet hat. Das ist natürlich überhaupt nicht zu beweisen. Doch in ernsthaften Umfragen nach dem höchsten Bekanntheitsgrad zeitgeschichtlicher Persönlichkeiten von heute rangiert Kaiser Franz ganz weit vorne. Nun, wer in den Iglus der Eskimos und im Hafen von Shanghai nachfragt, wird die gleichen Antworten bekommen wie in Europa oder Südamerika.

Was nicht heißen muß, daß sich da die Baseball-Fans des amerikanischen Mittelwestens anschließen. Aber man darf gespannt darauf sein, wie sie die Fußball-Weltmeisterschaft von 1994 aufnehmen.

Die USA haben diese WM zugesprochen bekommen. Ein Witz der FIFA, des Fußball-Weltverbandes? Sicher nicht. Es handelt sich vielmehr um einen Eroberungskrieg mit televisionären Absichten.

Das Land ist mit den Händen erobert worden, und das, was die Amerikaner aus unerfindlichen Gründen Football nennen, ist ein Eroberungskrieg, ein Kampf um Landgewinn, nicht mit einem runden Ball, sondern mit einem Ei, mit dem die Füße nicht viel anfangen können.

Für das „rundere" Geschicklichkeitsspiel mit den Füßen könnten sich die Amerikaner keine bessere Galionsfigur zur Fußball-Weltmeisterschaft in ihrem Lande wünschen als Franz Beckenbauer.

Wer könnte ein besserer Gesandter sein? Da braucht man gar nicht seinen Freund Henry Kissinger zu fragen. „Mit ihm", sagt der Politiker, „wird alles ganz einfach sein." Und so denken alle, die in den USA etwas von der Sache verstehen.

Das ist die neue Herausforderung. Er kann sie in den Wind schlagen, weil er das Geld nicht braucht. Aber darf das einer, der dem größten Spiel der Welt so viel gegeben hat?

Ob er die Herausforderung annehmen wird? Viele wünschen es ihm und dem Weltfußball.

Auf der Suche nach Vergleichen mit Franz tut man sich schwer. Da ist einer herausgewachsen aus dem Beet, das die großen Spieler hervorbringt – und hat einfach nicht aufgehört zu wachsen. Einer, der alles gewonnen hat.

Als er die Last der Jahre zu spüren begann, begriff er besser als andere, wie sich diese Last abschütteln läßt mit Hilfe des immer noch nicht gestillten Hungers nach Erfolg.

Die verspäteten und mißglückten Comeback-Versuche von Björn Borg oder Mark Spitz haben nichts mit der Sache zu tun, so wenig wie Fußball-Veteranen, die butterloses Gnadenbrot kauen, weil ihnen die Zeit davongelaufen ist. Niemand bleibt dominant in diesem Spiel, weil er ein Großer des Spiels gewesen ist.

Nicht einmal Pelé. Der hat freilich die Herausforderungen nicht angenommen, die Franz Beckenbauer reizten. Di Stefano und Puskas taten es, aber Herrenjahre sind ihre Jahre als Trainer weiß Gott nicht gewesen.

Vielleicht läßt sich das Geheimnis von Beckenbauers „Zeitlosigkeit" auch am Beispiel eines der Spieler enthüllen, mit denen er in Italien Weltmeister geworden ist.

Jürgen Klinsmann ist im Prinzip ein Sonnenbub des Spiels wie er, aber von ganz anderer Art. Er stürzt sich geradezu auf den Ball. Er läuft ständig und mit einer ungeheuren Begeisterung ins Risiko, er kalkuliert es nicht, aber seine Spontaneität ist so mitreißend, daß man ihm Fehler verzeiht, die anderen schwer angelastet werden. Er peitscht heiße Luft in ein Stadion.

Franz Beckenbauer ist ein kalkulierender Abkühler, der auf Heißluft umschaltet, wenn der richtige Moment gekommen ist.

Für Jürgen Klinsmann ist Fußball tatsächlich noch die herrlichste Nebensache der Welt. Reich und unabhängig hat sie ihn gemacht, und er liebt sie, sogar fanatisch. Im Giuseppe-Meazza-Stadion ist der Mailänder von der Schwäbischen Alb der glücklichste Mensch unter Italiens Sonne, wenn ihm eines dieser Tore gelingt, das die Tifosi rasen läßt auf den Rängen, und dann zeigt er ihnen, daß er sie alle am liebsten umarmen möchte.

Franz Beckenbauer braucht diese spontanen Ausbrüche nicht, er hat sich nicht auf das Spiel gestürzt, sondern es ist zugekommen auf ihn.

Das ist der Unterschied, da haben wir die Gegenpole. Klinsmann will, noch ehe er die Dreißig erreicht hat, Schluß mit dem für ihn phantastischen Abenteuer Fußball machen. Das Spiel hat sein Leben gestaltet, aber es ist nicht sein Leben.

Beckenbauer läßt das Spiel nicht los, da ist ein anderer Pakt geschlossen worden als bei allen anderen. Der Ball als Fessel? Man kann in der Tat goldene Ketten entdecken, die keiner vor ihm getragen hat. Im Spiel hat er bleiben müssen, weil er ihm immer noch etwas zu geben hat.

Und Lothar Matthäus, der am Spiel ganz anders klebt als Klinsmann, hat laut geträumt von einer Allianz mit dem Kaiser bei Inter Mailand. Er weiß, daß er ihm viel verdankt. Viel enger als alle anderen hat er sich mit ihm im heißen italienischen Sommer 1990 angefreundet.

Danach kam Marseille, das war ein Herbst, ein Winter, ein Frühling. Drei Viertel eines Jahres nur, angehängt an das Weltmeisterschaftsjahr 1990. Und dann hat ein Viertel einer Sekunde entschieden gegen eine Mannschaft, die schon mit den Fingerspitzen Frankreichs ersten Europapokal berührt hatte.

Was zählt, ist freilich allein der Sieg. Nach dem Glück, das dem Sieger gelächelt hat, fragt keiner, und niemand weiß das besser als Beckenbauer.

An Turin hat er denken müssen, wo er mit der deutschen Nationalmannschaft nach dem Sieg im Elfmeterschießen gegen England glückstrunken hineintaumelte ins WM-Finale gegen Argentinien. Und auch an den Elfmeter von Andreas Brehme, der den Titel brachte. Machtlos stehst du am Rande des Feldes, wenn zum Strafstoß gepfiffen wird, und du kannst nicht immer der Profiteur sein. Das zu erkennen, gebietet dir schon die Ehrfurcht vor dem Gegner.

Die Marseiller, denen der heiß ersehnte Europapokal durch das Elfmeterschießen „gestohlen“ worden ist, hätten „le Kaisär“ liebend gerne prustend im Alten Hafen schwimmen sehen, wie sich's für die großen Sieger gehört, Bonne Mère!

Ein französischer Journalist, der als ironischer Feingeist bekannt ist, hat geschrieben, er könne sich den Kaiser viel leichter mit verschränkten Armen vor Schloß Neuschwanstein in der Haltung von dessen königlichem Erbauer Ludwig II. vorstellen als in einer rauchigen Kneipe in Marseille, und das zeugt von gut gewürzter gallischer Phantasie.

Man sieht das Bild, und wenn man sich daneben den Katsche Schwarzenbeck vorstellt, wie er morgens um acht seinen Schreibwarenladen aufsperrt, mit Vollbart, mit sich und der Welt zufrieden, dann könnte der Unterschied nicht mehr größer sein. Oder den Gerd Müller, der so ruhig geworden ist, vielleicht, weil er für so viel Unruhe in den Strafräumen gesorgt hat, den Sepp Maier, der noch seinen Spaß hat beim Spezialtraining mit den Torhütern der deutschen Nationalmannschaft – wie in alten Tagen. Den Paul Breitner, der den Lesern der auflagenstärksten deutschen Zeitung Geschichten erzählt, kritisch und provokativ, wie er immer war. Oh alte Bayern-Herrlichkeit, vergessen wirst du nie!

Und gar der Uli Hoeneß, über den in diesem Buch viel zu berichten war. Aber keine Maus beißt den Faden an der Tatsache ab, daß da einer aus dem Ensemble, das drei Europapokale der Landesmeister holte und das Herz der deutschen Weltmeistermannschaft von 1974 war, den Fußball verwirklicht hat.

Seine Neider haben miese Karten, weil Erfolg unanfechtbar ist. Basta.

Und sein Nachfolger? Berti Vogts besitzt alle Papiere, um sich Bundestrainer nennen zu dürfen. Er verkörpert die Rückkehr zu alten deutschen Tugenden. Man denkt bei ihm an Sportschule, an Disziplin und sogar an einen Herberger-Enkel. In ein Bad ist er geschmissen worden, in dem sich italienische Wellen mit deutschen mischen und an dessen Rand ein Bademeister namens Beckenbauer mit verschränkten Armen auf seine Weise kommandierte.

Das ist nicht das Metier des mutigen Berti. In ein Becken ist er gefallen, in dem es sich leichter ersaufen als schwimmen läßt. Oh, er hat vieles gelernt und fühlt sich nicht als Zuchtmeister alter deutscher Prägung.

Berti Vogts, liebenswert, ehrgeizig, deutsch bis ins Mark, zu seinen Spieler-Glanzzeiten ein Kämpfer par excellence und wegen seiner Bissigkeit „Terrier“ genannt, überrascht sogar Kenner: Der Mann, der von sich selbst gesagt hat, er könne den Ball nicht zehnmal hintereinander auf dem Fuß tanzen lassen, legt nun in seinem Amt größten Wert auf spielerisch-technische Elemente. Er will keine Holzer. „Einer wie ich hätte bei mir keine Chance in der Nationalelf.“

Vogts hat tatsächlich, wer, der ihn spielen sah, will es bestreiten, um die Beherrschung von Ball und Gegner kämpfen müssen. Nichts ist ihm in den Schoß gefallen, und dennoch ist er ein ganz Großer geworden, auf anderem Terrain als Beckenbauer, der den Ball gestreichelt und mit dem Gegner gespielt hat. Das macht Vogts nicht zum Gouverneur im Trainingslager und an der Außenlinie. Die Spieler spüren den Druck, der auf ihm lastet, und es gibt welche unter ihnen, die dadurch den eigenen Druck vergessen. Er ist, was Beckenbauer nicht war, antastbar.

Aber das muß Vogts wissen. Es wäre jedem Nachfolger so gegangen. Um Ruhe zu kriegen, braucht er Fortüne, und oft genug ist bewiesen worden, daß sie sich dem redlichen Ehrgeizigen nicht verweigert.

Und er weiß auch, daß das Spiel fortgeschritten ist. Er hat es nicht mehr mit Junioren zu tun, sondern mit ausgebufften Profis. Und denen ist die Mentalität der Sportschule abhanden gekommen, die einem Vogts eingeimpft wurde und die Beckenbauer nie behagt hat.

Gewiß, die Crux für Berti Vogts ist der übergroße Schatten seines Vorgängers. Den akzeptierten die Spieler nicht nur; sie begriffen ihn völlig und fürchteten ihn ein wenig. Das hatte es vorher nur bei Herberger gegeben, zu einer ganz anderen Zeit freilich. Es war, als ob Beckenbauer einen riesigen Zeitraum übersprungen und Gleiches erreicht hätte mit Spielern, die in ganz anderen Verhältnissen lebten. Die meisten von ihnen waren Millionäre, die nur lächeln konnten über einen Zuchtmeister alter Prägung.

Das war ein Teamchef, dem sie weder fußballerisch noch geschäftlich etwas vormachen konnten. Die größten Werbeverträge sind nicht auf Spieler zugekommen, sondern auf ihn, dessen Porträt in den Zeitungen keiner Unterschrift bedarf und der Europas größten Konzern zum Hauptsponsor der Nationalmannschaft machte. Kein anderer hätte sich diesen Stern anstecken können.

Zwei total Verschiedene arbeiten am gleichen Ziel. Wer hätte sich 1974 bei der Weltmeisterschaft die ganze Entwicklung von Beckenbauer bis Vogts vorstellen können? Seinerzeit, als der Franz in jenem Endspiel gegen Holland am Beispiel, das Vogts gegen Cruyff gab, selbst zum bedingungslosen Kämpfer gewachsen ist.

Was sie in ihrem tiefen Innern heute voneinander denken, weiß niemand. Dabei sollte nicht vergessen werden, was Beckenbauer immer noch erzählt: „In meinen schlimmsten Teamchef-Tagen 1986 in Mexiko, als ich in meiner Wildheit zu viel austeilte, hat Berti mir sehr viel geholfen. Er war ständig im Dialog mit mir, ehrlich und gerade, wie er eben ist." Eine gegenseitige Achtung bleibt auch bei unterschiedlichen Temperamenten allemal zwischen Männern, die im Sport groß geworden sind.

Was nichts daran ändert, daß der Schrei nach dem großen Beckenbauer in diesem Land laut wird, wenn der kleinere Vogts verliert.

Der mächtige DFB-Präsident Hermann Neuberger, der Beckenbauers amerikanisches Intermezzo 1977 nicht gerade als Fahnenflucht, aber als unschön betrachtet hatte, weiß nicht erst seit Italia '90, welch hochkarätiges Trumpf-As er mit dem Kaiser ausspielen kann. Im nationalen Rahmen ist er der ideale Mann für Sponsorenkontakte, im internationalen ein konkurrenzloser Fußballdiplomat. Neuberger, der ein geradezu „genscherhaftes" Feeling für Entwicklungen besitzt, bietet seinen Größten den Amerikanern geradezu als Propheten an: „Der bereitet euch den Boden für die Weltmeisterschaft vor, wie kein anderer es fertigbrächte."

Schwer läßt sich das bestreiten. So wenig wie die Tatsache, daß Beckenbauer nie in die Verlegenheit kommen wird, eine neue Herausforderung suchen zu müssen. Keinem ist das vor ihm passiert. Aber der Präsident des Deutschen Fußball-Bundes ist natürlich vor allem andern mit einem deutschen Problem konfrontiert. Er hat Beckenbauer geholt, als die Leute aufstöhnten, weil mit der Nationalmannschaft nichts mehr ging.

Dann kam die Wende. Und wer Neuberger kennt, der weiß, daß ihm etwas einfällt, wenn es um neue wichtige Runden für den deutschen Fußball geht. We'll see, on verra, man wird sehen.

Bringen wir die Dinge in den großen Zusammenhang: Das Fußballspiel ist, wenn wir den Vorsprung der Engländer abziehen, ungefähr hundert Jahre alt. Es sind in diesem Zeitraum Millionen von Spielern angetreten, aus denen man eine hübsche Hundertschaft der Außergewöhnlichen ziehen kann.

Jede Zeit hat ihre Stars gehabt, und es ist sicher, daß die besten von ihnen auch im knallharten und vom großen Geld bestimmten Spiel des auslaufenden Jahrhunderts leuchtende Sterne geworden wären.

Aber Sterne verglühen. Warum ist Beckenbauers Gesicht, auch ohne Namensnennung, noch immer ein Renner im PR-Geschäft? Es muß etwas mit Eleganz, Klasse und Zuverlässigkeit zu tun haben und mit einem ganz natürlichen Hineinwachsen des Hochbegabten in immer neue Herausforderungen.

Dieser Begriff wird freilich von den neuen Profis arg strapaziert. Liebend gern hat sich ein Lothar Matthäus das Lasso von Real Madrid überstreifen lassen, um Inter Mailands Präsidenten Pellegrini zu erklären, es stünde eine neue Herausforderung vor ihm. Vor dem Kapitän der Weltmeisterschaftsmannschaft sind halt fünf Millionen Mark in bar gestanden. In Beckenbauers aktiver Zeit wären die ein Traum gewesen, und es gehört nicht viel Phantasie dazu, um die doppelte Summe für das Jahr 2000 vorauszusagen.

Berechtigt ist aber auch die Vorstellung, daß sich Franz Beckenbauer dann immer noch im Geschäft befindet. Nie hat das Wort Evergreen, so verschlissen es sein mag, mehr Berechtigung gehabt.

Unzweifelhaft ist er einer der Zeitlosen des Spiels und wahrscheinlich sein Bedeutendster. Trotz Matthews, trotz Pelé.

Kein Wunder, daß sich alle Welt gespannt fragt: Wohin wird sein Weg noch führen? Quo vadis, Franz?

Das Buch in Bildern

Meister am Ball

So hat er für uns gespielt

Überall auf der Welt wird der Star geliebt und verehrt. Franz Beckenbauer ist die Zuneigung des großen Publikums während seiner aktiven Karriere weitgehend verwehrt geblieben. Die galt den Kämpfertypen und Dauerläufern. Ihm nahm die Mehrzahl der Fußballanhänger übel, daß er nicht kraft harter Maloche, sondern dank eines schier unerschöpflichen Talents den schwindelerregenden Aufstieg zum absoluten Weltstar vollzogen hatte. Seine provokante Art, sich auf dem Spielfeld zu bewegen, ließ keinen Gedanken an Arbeit entstehen, sein Spiel wirkte wie das sanfte Ineinandergreifen harmonischer Bewegungen, leichtfüßig, von lässiger Eleganz wie eine von sicherer Hand hingeworfene Skizze.

Ästhet am Ball und notfalls auch ein großer Kämpfer: Franz Beckenbauer, der „Erfinder“ des Libero. Eleganz und Leichtigkeit prägten sein Spiel. Bisweilen versuchte er sogar, Torwart Sepp Maier zu vertreten (oben links).

Fussball

Maier, Beckenbauer, Müller

Die Mittelachse

Jeder von ihnen war ein Jahrhundertspieler, zusammen waren sie ein unglaublicher Glücksfall für den Fußball. Beim FC Bayern, in Deutschland, in der Welt.

„Der Sepp und ich haben schon in der Jugend zusammen gespielt. Und dann kam der Gerd mit zehn Kilo Übergewicht aus Nördlingen daher" – die Mittelachse war geboren.

160 Mark Grundgehalt bekamen sie seinerzeit monatlich, der karge Lohn stand in keinem Verhältnis zu ihrem Können. Gemeinsam haben die drei Freunde die erfolgreichste Zeit des deutschen Fußballs begründet und alle Titel gewonnen, die der Fußball zu vergeben hat – national und international.

Torhüter Sepp Maier, der beste seines Fachs, war als geborene Stimmungskanone zuständig für Spaß und gute Laune, Grundvoraussetzungen des mannschaftlichen Erfolges. Und zudem verhinderte seine souveräne Klasse, daß die Ausflüge seines Libero Franz Beckenbauer allzu oft ins Auge gingen. Und was die „Katze von Anzing" für Beckenbauer in der Abwehr bedeutete, war der wortkarge, aber schußkräftige Gerd Müller im Angriff: Anspielstation und Doppelpaßpartner.

„Ich habe nie einen hilfreicheren, verbindlicheren Kameraden gehabt als den Gerd. Ohne seine Tore wären wir alle nie geworden, was wir heute sind", meint Franz Beckenbauer.

Der junge Ballkünstler im alten Stadion an der Grünwalder Straße, hier im Duell gegen Mittelstürmer Jupp Heynckes von Borussia Mönchengladbach.

Namen, die noch nicht vergessen sind, wie etwa Olk, Ohlhauser, „Bulle" Roth, Nowak und Nafziger in der Mannschaft von 1966.

Die Bayern

Der Auftakt wurde ein voller Mißerfolg: Die Fußballbuben des FC Bayern fielen 1964 in der Aufnahmeprüfung zur Bundesliga glatt durch. „Gott sei dank, so konnten wir noch ein Jahr Lehrzeit im halbbezahlten Fußball genießen", erklärt Franz Beckenbauer. Aber dann hat sie nichts mehr halten können. Die Himmelstürmer um den ruhigen, erfahrenen Kapitän Werner Olk begeisterten Fußball-Deutschland mit unbekümmertem Offensivdrang, Spielfreude und einer unbändigen Lust am Toreschießen. Der Pokalsieg 1966 war erster Lohn für die jungen Bayern.

Bundesliga-Nostalgie:
Franz Beckenbauer und das „Goldköpfchen" Franz Brungs.

Meister 1969: Beckenbauer, Müller, Roth, Starek, Schmidt, Schwarzenbeck, Ohlhauser, Pumm, Maier, Trainer Zebec, Olk, Brenninger.

Levi's
JEANS

Die Zeit der Reife begann für die Newcomer aus München unter dem jugoslawischen Trainer Branko Zebec, der seiner Mannschaft nun auch taktische Disziplin einbleute, das Draufgängertum wurde mit einem Schuß Nüchternheit und Zweckdenken angereichert. Unter Udo Lattek, der die Mannschaft motivieren konnte wie kein anderer, stürmten die Bayern in die absolute Spitzenklasse.

Schütze Schwarzenbeck, Held des Europacup-Siegers der Landesmeister 1974: Hoeneß, Kapellmann, Roth, Schwarzenbeck, Dürnberger, Müller, Zobel, Jensen, Beckenbauer, Trainer Lattek, Breitner, Weiß, Hansen, Maier, Hadewicz, Torstensson. Linkes Bild: Gerd Müller in voller Aktion.

International hatten die Bayern nach vielen Enttäuschungen und Niederschlägen den siebten Fußball-Himmel erreicht. 1974 eroberten sie mit dem 4:0 gegen Atletico Madrid erstmals den Europapokal der Landesmeister. Gerd Müller und Uli Hoeneß steuerten je zwei Treffer bei. Mit einer unterkühlten Leistung gewannen die Münchner die Endspiele der kommenden beiden Jahre gegen Leeds United (2:0 durch Tore von Roth und Müller) und AS St. Etienne (1:0 durch Roth) und wurden die erfolgreichste europäische Mannschaft der Siebziger.

Einen harten Strauß hatten die Bayern 1975 gegen Leeds United (oben) auszufechten. Nach zähem Kampf gewannen sie den Landesmeistercup wie auch im folgenden Jahr gegen AS St. Etienne.
Dürnberger (unten links) und Horsmann jubeln.

Große Tage im Europapokal: Das Allgäuer Kraftpaket Franz „Bulle“ Roth beim fulminanten Torschuß gegen Dynamo Dresden.

Als Uli noch ein Junger war: Stürmer Hoeneß in Aktion gegen die Abwehr von AS St. Etienne, Finalgegner 1976.

Auch im strengen Winter heiß auf Erfolge: 1976 eroberte Bayern München den Weltpokal gegen den brasilianischen Meister Belo Horizonte.

Des Kaisers Trainer

Meister auf der Bank

Wer den Unterschied zwischen Mann- und Raumdeckung bis ins Detail kennt, wer die Vor- und Nachteile des 4–3–3 gegenüber dem 4–2–4 zu schildern weiß, muß dennoch kein Meister seines Fachs sein. Große Trainer sind allemal große Persönlichkeiten gewesen, außergewöhnliche Menschen mit außergewöhnlichen Charakteren. Franz Beckenbauer hat das Glück gehabt, genau solche Trainer als Begleiter seiner Karriere zu erleben. Sie haben ihn groß gemacht, er hat sie groß gemacht.

Erster Förderer des Giesinger Talents ist Tschik Cajkovski gewesen, fast so rund wie hoch. Der ehemalige Weltklasse-Außenläufer der jugoslawischen Nationalelf hatte den Fußball im Blut. „Mußt du essen, viel essen", forderte er den spargeldürren 18jährigen Libero auf, der dann der beste Fußballer der Welt werden sollte. Lebemann Cajkovski liebte gutes Essen und seine jungen Bayern. Von Strenge hielt er wenig.

Ganz im Gegensatz zu seinem Nachfolger und Landsmann Branko Zebec, dem schweigsamen und mürrischen Taktiker. Die ausgelassenen Hasardeure im Bayerndress formte Zebec mit harter Hand zu einer ausgebufften Profitruppe.

Von dieser Cleverness profitierte Udo Lattek, der von 1970 bis 1975 an der Säbener Straße regierte. Franz Beckenbauer hatte den jungen DFB-Trainer empfohlen und eine gute Nase bewiesen. In die Ära Lattek fiel die erfolgreichste Zeit des Vereins mit drei Meisterschaften und einem Europacup der Landesmeister.

Als Franz Beckenbauer monierte, daß Lattek zuviel Zeit auf dem Tennisplatz zubrächte, holte der Klub-Vorstand den Weltenbummler Dettmar Cramer, den man den „Fußball-Weisen" nannte. Obwohl die Bayern längst schon ihren Zenit überschritten hatten, gelang es dem kleinen Trainer, die Mannschaft noch zweimal zum Europapokal zu führen. Sein Star Franz Beckenbauer aber ging über den großen Teich nach New York, wo er mit dem knorrigen Hennes Weisweiler ein exzellentes Duo abgab.

Des Kaisers letzter Trainer war der Österreicher Ernst Happel, ein Mann, von dem man behauptet, er habe sämtliche Fähigkeiten eines Spielers binnen zehn Minuten erkennen können – und sich niemals geirrt. Franz Beckenbauer bezeichnete Happel als den besten Trainer, den er kennengelernt habe, und der Wiener gab das Kompliment gerne zurück: „Es war ein Genuß, mit ihm zu arbeiten. Einen Mann wie den Franz habe ich noch nie erlebt. Er ist eine Perle von einem Menschen."

Väterlicher Freund: Zlatko „Tschik“ Cajkovski, zwei DFB-Pokale und ein Europacup der Pokalsieger mit den jungen Bayern-Himmelsstürmern.

Grimmiger Taktiker: Branko Zebec, deutscher Meister mit den heranwachsenden Bayern.

Raffinierter Psychologe:
Udo Lattek, mit Franz Beckenbauer und den Bayern dreimal deutscher Meister und einmal Europacupsieger der Landesmeister.

Kleiner Professor:
Dettmar Cramer gewann mit den Bayern den Weltpokal und zweimal den Europapokal der Landesmeister.

Kantiger Dickschädel:
Hennes Weisweiler, mit Franz Beckenbauer bei Cosmos amerikanischer Meister.

Wiener Grantler:
Ernst Happel verhalf Franz Beckenbauer zum letzten Meistertitel beim Hamburger SV.

Die berühmtesten Sportler Deutschlands: Franz Beckenbauer mit Tennisstar Boris Becker, dem Idol unserer Tage, und der lebenden Legende Max Schmeling. Der frühere Profi-Boxweltmeister im Schwergewicht ist ein Vorbild für alle Sportlergenerationen. Hier gratuliert ihm auch Bundestrainer Helmut Schön zum Geburtstag.

Der Kaiser und die Prominenz

Berühmte Freunde

Er hat Tür an Tür mit dem Tänzer Rudolf Nurejew in New York gewohnt, mit dem Tenor Luciano Pavarotti dessen selbstgekochte Spaghetti in Knoblauch und Öl verspeist, Königin Elizabeth von England die Hand gedrückt, mit Placido Domingo an der New Yorker Met die Strauss-Oper „Frau ohne Schatten" besucht und anschließend mit dem Dirigenten Karl Böhm zu Abend gegessen. Franz Beckenbauer ist von den Prominenten aus Kunst, Politik und Wirtschaft als einer der ihren betrachtet worden.

Shakehands mit einem persönlichen Freund und sportlichen Gegner: Franz Beckenbauer und Berti Vogts.

Ehrenspielführer unter sich: Franz Beckenbauer, Fritz Walter (mit Frau Italia) und Uwe Seeler.

Um die Wette gelächelt:
Der Kaiser mit einem König
der Kulturszene, dem französischen Filmstar und Ex-Boxer
Jean-Paul Belmondo.

Freunde, die zu Gegnern wurden, Gegner, die zu Freunden wurden: Franz Beckenbauer mit Bernd Schuster (Mitte rechts), Johan Cruyff und Kazimierz Deyna (unten rechts) sowie Torwart Peter Shilton und Bobby Moore.

Politprominenz und ein Fußballherrscher: Franz Beckenbauer und die drei Bundespräsidenten Heinrich Lübke, Walter Scheel und Richard von Weizsäcker.

COSMOS
6

Cosmos New York

Die Operettenliga

Sein Abschied aus Deutschland war begleitet von Spott und Häme. DFB-Präsident Hermann Neuberger sah ihn bei Cosmos New York in einer „Operettenliga" entschwinden, und der „Spiegel" bemühte gar die Geschichte: „Seit Heinrich IV. in Canossa sich seine bloßen Füße wundstand, seit Ludwig II. im Starnberger See umnachtet baden ging und Wilhelm der Zwote im holländischen Exil Bäume zersägte, ist keine Majestät im Bewußtsein der Nation so tief gesunken wie Kaiser Franz." Doch der fand in der Millionenstadt, was er viele Jahre vermißt hatte – Freunde, Ruhe und Anonymität. Auf dem Spielfeld hatte er in Pelé („der beste Fußballer, den ich erlebt habe, ein wunderbarer Mensch") einen kongenialen Partner. Kaiser Franz wurde in dreieinhalb Jahren dreimal amerikanischer Meister, und auch in der alten Heimat erinnerte man sich wieder des eleganten Stars. Anläßlich der WM 1978 forderten die Fußballanhänger die Rückkehr Franz Beckenbauers. Sogar eine mündliche Bundestagsanfrage gab es zu diesem Thema. Der DFB mochte sich jedoch nicht überwinden – und Bundestrainer Helmut Schöns müde Truppe schied in Argentinien vorzeitig aus. Ein Spitzlicht in seiner zweiten Karriere war der Beschluß des Senats von New Jersey, einen „Franz-Beckenbauer-Tag" auszurufen.

Kaiser in Amerika:
Franz Beckenbauer im Land der unbegrenzten Möglichkeiten und ungewöhnlichen Sitten. Sichtlich fremd ist ihm die emphatische Begrüßung beim Einlaufen durch die Cheergirls gewesen.

Congratulations:
Franz Beckenbauer und sein Cosmos-Kollege Pelé.

Kameraden in der alten, Gegner in der neuen Heimat: Die Wege der einstigen Bayern-Stars Franz Beckenbauer und Gerd Müller hatten sich 1977 getrennt, der Kaiser spielte für Cosmos New York, der Goalgetter für die Fort Lauderdale Strikers in der amerikanischen Profiliga.

Wiedersehen an der Waterkant: Libero Franz Beckenbauer vom Hamburger SV in einem Bundesligaspiel gegen seine Mitstreiter aus alten Tagen, Karl-Heinz Rummenigge und Paul Breitner vom FC Bayern München.

Das Jahr in Hamburg

Abschied

„Ich brauchte eine neue Herausforderung, ich wollte mir was beweisen." Also zog der Kaiser heim in sein Reich, in die Bundesliga zum HSV und wurde noch einmal deutscher Meister. Aber die letzten Monate seiner Karriere wurden ein Martyrium: Prellungen, Zerrungen und Stauchungen plagten ihn. „Ich hatte übersehen, daß die vier Jahre auf Kunstrasen meinen Körper stark strapaziert hatten." Die sonst so kühlen Hanseaten litten mit Beckenbauer, der seine Form nicht mehr fand. Am 1. Juni 1982 feierte der beste deutsche Fußballer aller Zeiten Abschied und schoß im letzten Spiel sein letztes Tor.

Reich mir zum Abschied noch einmal die Hände: Franz Beckenbauers letztes Spiel, der Kaiser geht, Thomas von Heesen kommt. Der Libero trat vom grünen Rasen zum richtigen Zeitpunkt ab, ohne dem Fußball adieu zu sagen.

Die letzte Meisterschaft: Franz Beckenbauer gemeinsam mit Felix Magath, Jimmy Hartwig, Ditmar Jakobs, Manfred Kaltz, Horst Hrubesch (stehend von links), Bernd Wehmeyer, Jürgen Groh, Lars Bastrup, Holger Hieronymus und Uli Stein (kniend) im HSV-Dress.

Der Kaiser und die Fans

Wer sein Publikum liebt...

„Meine Spielweise hat es verboten, Publikumsliebling zu werden. Wenn dich die Leute wirklich mögen sollen, mußt du beim Schlußpfiff von oben bis unten dreckig sein", sagt Franz Beckenbauer, dessen Beziehung zu den Fans lange Zeit ein wenig gestört war. Das hat sich deutlich geändert, inzwischen mögen die Leute den Kaiser, und der mag sie. Nur wer sein Publikum liebe, hat sein Freund, der Tenor Luciano Pavarotti, einmal gesagt, könne auch vom Publikum geliebt werden. Beckenbauer hat im Laufe der Zeit gelernt, die Schwächen seiner Mitmenschen zu respektieren: „Daß ich mich in diesem Punkt geändert habe, das hat viel mit Liebe zu tun, mit Nächstenliebe." Ein Satz, der ihm früher wohl kaum über die Lippen gekommen wäre.

Keine Berührungsangst vor den Fans: Ob auf dem Fußballplatz oder auf der Almhütte, Franz Beckenbauer ist stets begehrt bei seinen Anhängern.

So schön kann Fußball sein: Franz Beckenbauer in einer Szene aus dem WM-Spiel gegen Uruguay, zu dem er ein Traumtor beisteuerte.

Weltmeisterschaft 1966

A star was born

„Zeigt mir eine bessere Mannschaft, und ihr habt den Weltmeister. Zeigt mir einen besseren Mittelfeldspieler als Franz Beckenbauer, und ihr habt den idealen Fußballer. Der Schrecken verbreitende Franz nahm im Mittelfeld die Parade ab wie ein General vor seiner Truppe", schrieb der „Daily Mirror". Ein Star wurde geboren bei dieser Weltmeisterschaft in England. Und in der allgemeinen Betrachtung des deutschen Fußballs trat eine unerwartete Wende ein. Nicht nur als athletisch, schnell, konditionsstark und diszipliniert wurde er auf einmal beurteilt, sondern auch als elegant, spielerisch, ja einfach schön. Der Name Franz Beckenbauer stand für diese neue Ästhetik.
Und auch die Kollegen geizten nicht mit ihren Talenten. Helmut Haller, der Supertechniker, Kapitän Uwe Seeler mit seinem unermüdlichen Einsatz, der brillante junge Wolfgang Overath und sein konsequenter Vereinskollege, der Vorstopper Wolfgang Weber, und die anderen bildeten ein vorzügliches Team: 5:0 gegen die Schweiz, 0:0 gegen Argentinien, 2:1 gegen Spanien, 4:0 gegen Uruguay, 2:1 gegen die UdSSR und am Ende im Finale ein 2:4 mit dem berühmt-berüchtigten „Wembley-Tor", war der Weg. „Der Ball war nicht drin, wir fühlten uns als Betrogene", erinnert sich der Kaiser. Er und seine Freunde aber waren trotzdem diesmal noch Besseren unterlegen: Bobby Charlton und seinen Engländern.

Ein Dokument mit Beweiskraft: Das „Wembley-Tor“ ist keines gewesen, der Ball sprang vor der Linie auf. Durch die Fehlentscheidung kam England zu einem 4:2-Sieg. Bester Mann der Briten – Bobby Charlton mit der Nummer 9.

So traurig kann Fußball sein: Der völlig geknickte Kapitän Uwe Seeler (rechts Mitte) nach der Endspielniederlage gegen die Engländer, die ihr Finale in der königlichen Loge bestreiten durften (unten).

CERTINA
PURITAN

CONDUMEX
PURITAN
CINZANO
Rowenta

CINZANO

Weltmeisterschaft 1970

Der verletzte Feldherr

Selige Erinnerungen an die schönste WM aller Zeiten: Grund zum Jubel hatte die deutsche Nationalmannschaft in Mexiko oft. Gegen die Engländer riß Franz Beckenbauer ein schon verlorengeglaubtes Spiel noch aus dem Feuer.

„Franz Beckenbauer, den rechten Arm an die Brust gebunden, weil er sich fast eine Stunde zuvor an der rechten Schulter verletzt hatte, verließ das Feld wie ein verwundeter, besiegter, aber stolzer preußischer Offizier. Einer der größten Spieler bei dieser Weltmeisterschaft wurde bei jedem Schritt umjubelt", schrieb eine englische Zeitung nach jener Partie, die als Spiel des Jahrhunderts in die Fußballgeschichte einging. Der Kaiser, bei dieser WM als Mittelfeldregisseur neben dem brillanten Wolfgang Overath eingesetzt, wurde nach der Pause durch ein böses Foul so beeinträchtigt, daß er nur noch als Statist mitspielen konnte. Dies allein war der Grund, weshalb die deutsche Mannschaft in diesem Halbfinale von Mexiko gegen Italien die grausame 3:4-Niederlage hinnehmen mußte. Losgelöst von allen taktischen Zwängen hatten sich beide Teams einen grandiosen Kampf voller Raffinesse, voller Tore, voller Gefühle von grenzenlosem Jubel und unendlicher Trauer im ständigen Wechsel geliefert. Am folgenden Tag wurde offiziell vorgeschlagen, man solle in ewiger Erinnerung an das schönste aller Fußballspiele eine Gedenktafel im Stadion anbringen. Für Helmut Schöns Mannschaft war es nur ein schmales Trostpflaster, daß Gerd Müller mit zehn Treffern überlegen Torschützenkönig wurde und die Mannschaft am Ende den dritten Platz durch ein 1:0 gegen Uruguay erreichte.

Große Akteure im „Spiel des Jahrhunderts“: Gerd Müller und Uwe Seeler erwiesen sich den Italienern im Kopfballspiel als überlegen, doch den Azzurri gehörte zum Schluß ein glücklicher Sieg.

Es lebe der Fußball-König: Pelé nach Brasiliens Finalsieg über Italien auf den Schultern eines Mannschaftskameraden.

Beginn der Talfahrt

Obwohl erst im Finale von Italien bezwungen, verspielte die deutsche Mannschaft bei der Weltmeisterschaft in Spanien allen Kredit. Helle Empörung herrschte bei den Fußballfreunden schon nach dem Vorrundenspiel gegen Österreich, bei dem beide Teams aus rechnerisch-taktischen Gründen eine Art „Nichtsangriffspakt" geschlossen hatten. Demonstrativ rieben die Zuschauer Geldscheine zwischen den Fingern, um die Käuflichkeit der allzu friedlichen Kontrahenten anzudeuten. „Lumpen oder Idioten?" fragte ein spanisches Blatt und gab die Antwort selbst: „Ein Stück Fußballporno! Beide tanzten einen schamlosen Walzer." Auf das beste Spiel der Mannschaft um Paul Breitner, Horst Hrubesch und Karl-Heinz Rummenigge, den glücklichen Elfmetersieg gegen die brillanten Franzosen, folgte ein vernichtendes Echo. Den Niedergang des deutschen Fußballs erlebte Franz Beckenbauer lediglich als Zeitungskolumnist mit. Zwei Jahre später holte ihn der DFB, um die rasende Talfahrt aufzuhalten.

Bruno Conti ließ den Weltpokal nach Italiens verdientem 3:1-Sieg gegen Deutschland nicht mehr aus den Händen.

Der Thriller von Sevilla: Ein nervenaufreibendes Elfmeterschießen beendete die Halbfinalpartie gegen Frankreich. Zunächst verschoß Uli Stielike (ganz oben). Der Unglücksrabe wurde anschließend von Littbarski und Schumacher getröstet. Das bessere Ende aber hatten dennoch die Deutschen, sie siegten und jubelten.

eiser
OP

Mit Glück ins Finale

Vergangenheit und Gegenwart, die Erinnerung an die glanzvollen Tage von Mexiko 1970 und die ernüchternde Realität des Turniers 16 Jahre später im selben Land stürzten Franz Beckenbauer in ein tiefes Dilemma. Nie zuvor ist der Gentleman am Ball derart unduldsam, fahrig und schroff gewesen. Der öffentliche Druck, eine sensationsgierige Presse, das Wissen um die Unzulänglichkeit seiner Spieler und mangelnde Sicherheit im noch recht neuen Amt ließen den Kaiser grob werden. „Ich habe lange gebraucht, um all den Ärger bei dieser WM und die Fehler, die ich gemacht habe, zu verarbeiten, letztlich aber habe ich persönlich sehr davon profitiert." Daß die Deutschen sich mit Hängen und Würgen ins Finale durchbissen, war dem taktischen Gespür des Teamchefs zu danken. „Wir hatten keine starke Mannschaft", sagt er unumwunden. Aber er hat aus den bescheidenen Mitteln das Ensemble aus Kämpfern, Dauerläufern und Knochenarbeitern Optimales geschöpft. Und hätte nicht ausgerechnet Torhüter Toni Schumacher im Finale einen rabenschwarzen Tag gehabt, wäre Franz Beckenbauer vielleicht sogar schon in Mexiko Teamchef des Weltmeisters geworden. Das aber, sagt der Kaiser, wäre des Guten zuviel gewesen: „Es war besser für den Fußball, daß Argentinien gewonnen hat."

SEIKO
MEXICO

Kaum zu bremsen:
Diego Maradona wird von seinem Gegenspieler Lothar Matthäus und Ditmar Jakobs zu Fall gebracht.

Folgenschwerer Fehler:
Torhüter Toni Schumacher segelt an einer weiten Flanke vorbei, Argentinien geht mit 1:0 in Führung.

Die Entscheidung:
Burruchaga erzielt das 3:2 gegen Schumacher und Briegel.

Stark in der Defensive (links oben), offensiv nur beim Jubeln – das deutsche Team bei der WM '86.

Weltmeisterschaft 1990

Ein Sieg des Fußballs

Stationen auf dem Weg nach Rom, Erntezeit in Italien, der Teamchef genießt die Früchte seiner sechsjährigen Aufbauarbeit. Das deutsche Siegerteam hat sich nicht nur im Finale als echter Weltmeister erwiesen: Der fulminante Fernschuß von Lothar Matthäus im Auftaktspiel gegen Jugoslawien; Guido Buchwalds konstant-exzellente Leistung in allen Spielen; Andreas Brehmes Nervenstärke und Cleverness; die grandiose Stürmerleistung von Jürgen Klinsmann in der beinharten Auseinandersetzung gegen die Holländer, in der Franz Beckenbauers Mannen die Nerven behielten; der leidenschaftliche Kampf gegen die völlig gleichwertigen Engländer, der erst durch Torhüter Bodo Illgners Rettungstat im Elfmeterschießen entschieden wurde; die Freigiebigkeit beim Toreschießen, wo Rudi Völler und seine Freunde insgesamt 18mal erfolgreich waren; die Fairneß der Mannschaft, ihre vorbildliche Haltung in allen Lagen. „Es war eine wunderschöne Weltmeisterschaft", schwärmt Beckenbauer. Und es war ein großer Sieg für den Fußball. Dank des Teamchefs und seiner Zöglinge.

So schießt Matthäus, so feiert Matthäus: Der Mannschaftskapitän bei einem seiner beeindruckenden Auftritte während der WM in Italien.

Links im Bild eine herrliche Jubelszene der Abwehrgaranten Bodo Illgner und Jürgen Kohler.

Ein Kampf voll Leidenschaft und Tränen: Paul Gascoigne, der beste englische Spieler bei der WM, im Duell mit Klaus Augenthaler (oben). Die Niederlage im Elfmeterschießen konnte der Brite kaum fassen.

Vorspiel eines Skandals: Völler (Nr. 9) attackiert Hollands Keeper van Breukelen (ganz rechts oben). Rijkaard, am Bildrand links, sieht darin ein Foul – und rächt sich, indem er Völler bespuckt.

Die großen Zwerge

Exoten oder Zwerge nennt man sie ein wenig verächtlich. Oh, wie haben sie sich gerächt für diesen bösen Lapsus der Fußballsprache. Costa Rica schickte die ehrwürdigen Kicker aus Schottland vorzeitig auf die Insel zurück. Ägypten jagte den Niederländern und Iren (jeweils 1:1) Angst und Schrecken ein. Ja, und dann war da noch Kamerun mit dem betagten Roger Milla, der für die Zuschauer zum heimlichen, für die Kontrahenten zum unheimlichen Star wurde. 1:0 siegten die „Löwen" aus Afrika gegen Maradona und seine Helfer aus Argentinien, die Titelverteidiger. Welch großartige Fußballer! Bald wird die dritte Welt im Fußball die erste sein.

Der Teamchef und sein Vorgesetzter: Franz Beckenbauer und Präsident Hermann Neuberger vom Deutschen Fußball-Bund bei der Lagebesprechung.

Der Kaiser als Teamchef

Kampf gegen das Ich

Am Anfang stand ein Zufall, ein inszenierter freilich. Denn ohne sein Wissen hatten sich DFB-Präsident Neuberger, sein Manager Robert Schwan und jenes Blatt, für das Franz Beckenbauer mit spitzer Feder Kolumnen verfaßte, bereits auf den Nachfolgekandidaten für den glücklosen Jupp Derwall geeinigt. Franz: „Ich bin bereit", konnte der künftige Teamchef zu seiner eigenen Überraschung lesen. Seine Aufgabe: den deutschen Fußball des Jahres 1984 aus dem Tal der Tränen wieder ans Licht zu führen. Sechs Jahre später war er Weltmeister.

Nie hat Franz Beckenbauer ein Hehl daraus gemacht, daß er sich im Grunde nicht als Trainer versteht. Genies lieben harte Arbeit nicht. Und dennoch hat er sich selbst überwunden und die Ärmel hochgekrempelt, wenn es notwendig war. Es war oft notwendig, weil der Kaiser ein Perfektionist ist, der unter eigenen Unzulänglichkeiten und denen anderer leidet wie kaum jemand sonst. Mit der Zeit ist es ihm gelungen, dabei seine Intoleranz und Ungeduld einzudämmen, so daß sein Verhältnis zu den Spielern immer enger wurde. „Erst in den letzten beiden Jahren", sagt sein Freund und Nachfolger Berti Vogts, „ist der Franz doch noch ein richtiger Trainer geworden." Und das Resumee des Kaisers: „Für meine Persönlichkeitsentwicklung waren die sechs Jahre als Teamchef die wichtigsten."

CAMEL

Anweisungen an der Außenlinie: Der Teamchef schickt Rudi Völler (links oben) und Karl-Heinz Rummenigge (unten) aufs Feld. 1986 bei der Weltmeisterschaft in Mexiko.

Endspurt: Die deutsche Bank begrüßt stürmisch die Sieger.

Der Kaiser als Kommandeur, beim Training mit seinem Stürmer Jürgen Klinsmann vor der WM Italia '90.

Tröster in der Not: Franz Beckenbauer mit dem Verlierer, dem englischen Torwart Peter Shilton.

O.MARSEILLE
OLYMPIQUE de MARSEILLE

Mehr Soll als Haben?

Den Europacup mit allem Pech, das der Fußball zuweilen ausschüttet, aus den Händen gegeben; das nationale Pokalfinale in allerletzter Minute verloren; nur die französische Meisterschaft nach Plan gewonnen. Mehr Soll als Haben unter dem Strich: Marseille, ein verlorenes Jahr für Beckenbauer? Nein, sagt der Kaiser, „es hat sich auf jeden Fall gelohnt, es war ein wertvolles Jahr."

Zu Beginn hatte er die Ressentiments der Südfranzosen gegenüber einem zu überwinden, den sie für typisch deutsch hielten. Seinerseits hat sich Beckenbauer viel von den Marseillern abgeschaut und einiges von seiner deutschen Mentalität über Bord geworfen. „Ich habe gemerkt, daß es auch anders geht. Etwas lockerer, nachsichtiger."

Wie schon damals in der Millionenstadt New York nützte Franz Beckenbauer auch in der mediterranen Metropole die Möglichkeiten, die ein Auslandsaufenthalt bietet: Die französische Küche, die Kultur und ein wenig auch die Sprache haben es ihm angetan. Und er hat, wie er sagt, viele Freunde hinterlassen. „Tout Marseille aime le Kaisär" – flüsterte ihm ein Fan von Olympique Marseille beim Abschied zu: Ganz Marseille liebt den Kaiser.

„A votre santé!"
Ein charmantes Terzett stößt auf das gemeinsame Ziel an. Von links Bernard Tapie, Sybille und Franz Beckenbauer.

Erinnerungen an Marseille: Franz Beckenbauer mit seinem Schützling Basile Boli (oben), der brasilianische Libero Mozer (links) sowie das Trainerduo Raymond Goethals und Holger Osieck. Nie war eine französische Mannschaft so nah am begehrten Cup.

Nicht besser, aber glücklicher: das Team von Europacupsieger Roter Stern Belgrad auf dem Siegerpodest.

Enttäuschung, die im Gesicht geschrieben steht: Präsident Bernard Tapie und Franz Beckenbauer nach der herben Europapokalniederlage.

Franz und die Millionen

Ein Leben ohne Sorgen

Seine Freundschaft zu Daimler Benz-Manager Werner Niefer sicherte dem Deutschen Fußball-Bund einen mächtigen Werbepartner: Franz Beckenbauer war schon immer ein Lieblingskind der werbetreibenden Industrie gewesen. Viele Firmen rissen sich um den glänzend aussehenden Weltstar, der im Laufe seiner Karriere Millionen gemacht hat. Genug Geld jedenfalls, um auch ohne Arbeit ein sorgenfreies Leben führen zu können. Doch finanzielle Sicherheit bedeutet ihm nicht alles. „Geld ist für mich ein notwendiges Zahlungsmittel. Ich hab alles, was ich brauche. Ich will keinen Picasso an der Wand. Wenn ich den sehen will, gehe ich ins Museum, wo der Picasso hingehört. Denn jeder muß das Recht haben sich den anzuschauen."

In vielen Sätteln gerecht ist Franz Beckenbauer als Partner der Industrie. Der Kaiser ist ein Zugpferd der Werbewirtschaft in aller Welt.

Franz Beckenbauer privat

Sein Handicap als Handicap?

Ein Mann, auch wenn er der Öffentlichkeit gehört, hat sein Privatleben. Daß sich das einmalige Talent im Umgang mit dem großen Ball den kleinsten zum Ausgleich erwählt hat, überrascht den echten Golfer nicht. Denn dieses Spiel fesselt jeden, der mit ihm in Berührung gekommen ist. Franz kann ein Lied davon singen. Er hat's weit gebracht, bisweilen auf Handicap acht, wo man schon von Klasse sprechen kann. „Dürfte ich mit dem Fuß einlochen statt mit dem Putter, käme ich in die Nähe der Profis."
Seine zweite große Liebe sind gute Bücher geworden. Über Hermann Hesse ist er zu den fernöstlichen Philosophen gekommen, zu Konfuzius, zu Laotse, dem großen Buddhisten. „Am liebsten lese ich Bücher über die Weisheiten des Lebens."
Manchmal gelingt es ihm, daraus zu lernen, dankbar zu sein gegenüber dem Glück, das nicht von außen kommt, sondern von einem selbst.

Auf dem Green werden beim Golfspiel mehr Schläge gewonnen oder verloren als beim Abschlag oder auf dem Fairway. Hartes Training beim Einlochen für Franz.

Der Wanderer zwischen den Fußballwelten stürmt viele Gipfel. Manchmal auch in seiner Freizeit.

Hahn im Korb: Teamchef Beckenbauer mit EM-Hostessen während der Europameisterschaft 1988 in Deutschland.

Der Kaiser als Familienmensch: Franz Beckenbauer mit seinen Kindern und mit seiner heutigen Ehefrau Sybille.

Adel verpflichtet

Die Gesichter des Kaisers

Vielleicht ist es ja so gewesen: Müde von der Suche nach Superlativen – Fürst, Herzog oder König – entschloß sich irgendein Journalist, einfach nur vom „Kaiser“ zu sprechen. Es ist mehr als nur ein schicker Beiname gewesen, vielmehr eine treffende Bezeichnung für Franz Beckenbauer, der den Fußball hierzulande auf eine höhere Ebene gehievt hat. Der einstige „Proletensport“ ist auch durch ihn salonfähig gemacht worden. Es ist ein weiter Weg gewesen vom Naturtalent, vom Giesinger Jungstar zum Teamchef der deutschen Nationalmannschaft. Lassen wir die Bilder sprechen.

Danke Franz!

Der Nomade in der Wüste Sahara, der Reisbauer in China, der Banker in den Straßenschluchten von New York – Franz Beckenbauer ist für jeden ein Begriff. Sein Name ist wie ein Markenzeichen, ein Programm.

Als der junge Franz die Bühne des großen Fußballs betrat, hat ihm kein Regisseur die Rolle zuordnen müssen, er hat sie selbst gewählt. Es war die Hauptrolle des Libero, des freien Mannes. Eben jene Position, die ihn von allen anderen unterschied, die sich der Zuchtknute von starren Verordnungen zu unterwerfen hatten. Der Kaiser blieb unabhängig, gelöst von den Pflichten des Fußball-Alltags. So hat er sein Talent entwickelt, das Kreativität hieß und in Genie mündete. Auch in seiner zweiten Karriere, in den Jahren als Teamchef.

Libero, ein freier Mann. Ist es nicht das, wovon wir alle träumen, worauf wir, die wir unter dem Diktat vielfältiger Zwänge stehen, sogar ein wenig neidisch sind? Franz Beckenbauer hat Freiheit auf und außerhalb des Spielfelds gelebt – auch dafür, danke Franz.

Schau' mer mal...

Vor einigen Jahren schien es, als läute dem Fußball hierzulande schon das Totenglöcklein. Wie eine bedrohte Tierart werde er aussterben, hingerafft vom Schreckgespenst der Gewalt und verzehrt vom Moloch der Kommerzialisierung, unkten seine Kritiker.

Doch eines hatten sie vergessen. Beim Fußball spielt das Herz mit, das Gefühl, der Bauch. Und weil die nicht auszuschalten und nicht zu berechnen sind, hat der Fußball überlebt. Und er lebt besser denn je.

Es ist ja so einfach: Beim Fußball darf die Seele rülpsen, es darf der kleine Sachbearbeiter seinen gesammelten Zorn herausbrüllen und der Generaldirektor dem Tribünennachbarn vor Begeisterung auf die Schulter hauen.

In einer zunehmend reglementierten und verwalteten Welt ist der Fußball eine Oase, in der ein Mensch noch sein kann, was er ist: Mensch. Deshalb wird dem Fußball, dem Spiel der Spiele, noch ein langes Leben beschieden sein.

Photonachweis

Die Schwarzweiß- und Farb-Photos wurden uns von den nachfolgenden Photographen, Bildagenturen und Archiven zur Verfügung gestellt. Der Verlag dankt allen, die an diesem Buch mitgearbeitet haben.

Rainer Martini (47)
Landsberg

Sven Simon (40)
Essen

Hans Rauchensteiner (16)
München

Pressefoto Fred Joch (13)
Poing

Bildagentur Schirner (12)
Meerbusch

Foto dpa (11)
München

Lorenz Baader (10)
München

Pressebildagentur Werek (9)
München

Allsport / Martin / Cannon (8)
London

Horstmüller (8)
Düsseldorf

Olympia / Sipa Sport (8)
Mailand

pressefoto baumann (7)
Ludwigsburg

Foto-Agentur Hartung (6)
Saarbrücken

Pressefoto Mühlberger (6)
München

Mathias Rogmans (5)
München

Metelmann photographie (3)
Hamburg

Sport-Presse-Fotos Witters (3)
Hamburg

Herbert Liedel (2)
kicker sportmagazin, Nürnberg

Peter Robinson (2)
Blackpool

Regina Schmeken (2)
München

Süddeutscher Verlag (2)
München

adidas Sportschuh-Museum (1)
Herzogenaurach

Franz Beckenbauer privat (1)
München

Gamma (1)
Paris

Pressefoto Eckert (1)
Bamberg

Horst Eißner (1)
kicker sportmagazin, Nürnberg

Heiner Koepcke (1)
Hamburg

photo news (1)
Brüssel

The press Association (1)
London

Kurt Schmidtpeter (1)
Nürnberg

Temp Sport (1)
Paris